형법
각론

刑 | 法 | 各 | 論

형법 각론

刑 | 法 | 各 | 論

안 동 준

전남대학교출판부

머리말

법전원 개원 후 3년이 흘렀지만 갈피를 잡지 못하고 허둥대다 종강한 기억이 생생하다.

각론상의 제반 논의를 망라하여 소개할 여유도 능력도 필요도 없어 건너 뛸 부분, 줄일 부분, 더 보충할 부분으로 나누어 진행했지만 이게 어디 만만한 작업인가?

그럼에도 이 일을 포기할 수 없다고 생각하였다.

초급과 중·고급의 학생들이 함께 수강하고 경쟁하는 지라 더욱 그러하다.

그리하여 저자는 초학이든, 이미 학습량이 상당한 학생이든 다소의 긴장과 호기심을 느끼면서 많은 시간을 할애하지 않고도 독파가 가능하도록 유념하였다.

이를 위해 그저 스쳐가는 정도의 서술과 일반 교재의 수준을 넘는 약간은 세밀한 설명을 병행하였으므로 언뜻 혼란스러울지 모르나 금방 익숙해 질것으로 믿는다.

처음 목표한 분량은 300면 정도였으나 훌쩍 넘겨버렸으니 이 또한 학생들의 수고를 덜어주고 싶다는 원래의 의도에서 많이 벗어나고 말았다.

발간되기까지 준비기간이 상당했음에도 오히려 의문점은 더 많아진 듯하고 본인의 생각을 정확히 표현하지 못한 안타까움이 탈고의 홀가분함 대신 어깨를 무겁게 한다.

그럼에도 일반교재의 방대함에 질린 초급의 학생들과 반복학습이 지겨운 중·고급학생들에게 이 책이 작은 도움이 될 수 있기를... 하는 바램은 있다.

류전철교수와 출판부의 배민숙선생, 배광현선생의 도움이 컸다. 감사드린다.

2011. 8. 개강을 앞두고

안 동 준

목차

사회적 법익을 침해하는 범죄 ____ 281

국가적 법익을 침해하는 범죄 ____ 365

서

- 형법각론상의 범죄행위는 위법성의 정도가 높은 행위를 선택적으로 규정하고 있으므로 본질적으로 임의적이며 단편적이다. 따라서 개별조문의 의미와 적용범위를 명확히 이해하는 일이 중요하다.

  곧 각론의 중점은 조문의 정확한 해석에 있다.

  각론에서 상용되는 보호법익에 대한 탐구와 죄수의 문제, 다른 범죄와의 관계 등을 중시하는 것도 결국은 조문을 정확하게 이해하려는 것이다.

- 각론학습의 유용한 방법은

  ① 각 조문이 예상하는 전형적 사례를 구성해 보는 일

  ② 해당조문의 연혁이나 입법취지를 개관하는 일

  ③ 당해규정의 적용여부가 다투어지는 한계적 사례를 판례 등을 통해 구상해 보는 일. 이를 위해서는 유사 사례를 논점에 따라 꼼꼼히 검토하는 훈련을 반복함이 긴요하다.

  ④ 다른 범죄유형과의 관계를 공범이나 죄수의 관점에서 생각해 본다.

- 각론에서도 체계화는 요구된다. 아무리 단편적이라고 해도.

  체계화는 보통 보호법익을 중심으로 개인적- , 사회적- , 국가적 법익을 침해하는 범죄군으로 나눈다.

  강의도 이 순서에 따르는데, 이유는 개인적 법익을 침해하는 범죄가 일상적이며 해석상의 논점도 풍부하기 때문이다.

개인적 법익을 침해하는 범죄

개인적 법익에 대한 죄는 보호법익에 따라

- 생명·신체에 대한 죄
- 자유에 대한 죄
- 명예 등의 죄
- 재산에 대한 죄로 나눌 수 있다.

생명·신체에 대한 죄에는 살인의 죄, 상해와 폭행의 죄, 과실치사상의 죄, 낙태의 죄, 유기와 학대의 죄가 있고

자유에 대한 죄는 체포와 감금의 죄, 협박의 죄, 약취와 유인의 죄, 강요의 죄 및 강간과 추행의 죄로 구성된다.

명예 등의 죄에는 명예에 관한 죄, 신용·업무와 경매에 관한 죄, 비밀침해의 죄, 주거침입죄를 꼽을 수 있다.

재산죄에는 권리행사를 방해하는 죄, 절도와 강도의 죄, 사기와 공갈의 죄, 횡령과 배임의 죄, 장물에 관한 죄, 손괴의 죄가 속한다.

Lesson 1 살인의 죄

기본적 구성요건은 단순살인죄이며 수정된 구성요건으로는 존속살해죄, 영아살해죄, 촉탁·승낙에 의한 살인죄, 자살교사·방조죄, 위계 등에 의한 살인죄가 있다.

〈살인죄(제250조제1항)= 사람을 살해한 자는 사형, 무기 또는 5년 이상의 징역에 처한다〉

- 보호의 객체는 사람의 생명이며 생명은 개인 존립의 기초이자 제가치의 근원이다.
  그러나 행위(공격)의 객체(대상)은 사람(자연인에 한한다)이므로 여기서는 행위의 객체와 보호의 객체가 다르게 나타난다.
- 행위객체가 사람이므로
  사람이 아닌 태아는 살인죄 대신 낙태죄규정을 통해 보호되며
  死者에 대해서는 사체 등의 오욕이나 영득, 혹은 증거인멸죄에서 다룬다.
  따라서 태아와 사자의 중간에 있는 사람에게는 시기와 종기가 있고 이 판단은 생물학적, 의학적 가능성의 테두리 안에서 규범적으로 결정하게 된다.
  그러나 현대의학의 성과는 이들의 경계를 한층 모호하게 만들고 있다.
- 始期
  출생과 더불어 태아는 사람이 되지만 출생은 모체로부터 독립하는 과정이기 때문에 이 과정의 어느 시점부터 사람으로 볼 것인지 라는 문제가 대두한다.
  이 판단에는 형법적 개입의 필요라는 관점이 결정적이다.
  ① 진통설 : 규칙적인 진통이 시작되면 사람으로 본다. 통설[1]과 판례(대판 2007.6.29, 2005도3832)의 입장이며 독일의 통설이기도 하다.
  이 설의 근거로
  1) 생명보호에 충실하고
  2) 영아살해죄 규정이 분만중의 생명체(모체 내에 있는)를 태아가 아닌 영아로 표시하고 있음을 든다.

---

1) 백형구, 17면 등

그러나 이에 대해서는

1) 상상분만의 경우는 오판이 발생하고

2) 진통단계라면 낙태죄로 처벌해도 충분하며

3) 진통이 없는 출산(제왕절개 같은)에서는 출생시점을 새롭게 정해야 한다는 비판이 있다.

② 일부노출설 : 일본의 통설.[2] 이때 비로소 외부로부터 태아에 대한 직접 공격이 가능하므로.

그러나 행위의 태양에 따라 객체의 성질을 구별하는 것은 옳지 않고 일부 노출된 후에 다시 모체내로 빨려 들어가기도 하므로 이 기준은 불확실하다.

③ 전부노출설 : 민법의 입장.

사법상의 권리와 의무의 주체는 살아있는 사람이고 생사는 전부 노출되었을 때 확실하게 알 수 있으니까.

그러나 생명을 보호하기 위해 형법이 개입하는 시점이 너무 늦어진다.

④ 독립호흡설 : 태반을 통해서가 아닌 본인의 폐로 호흡하기 시작할 때부터 사람이라고 하나 수긍하기 어렵다.

진통설이 타당하다. 과실낙태를 벌하지 않는 현행형법의 태도에 비추어볼 때 고도의 위험이 수반되는 출생과정에서 형법의 생명보호기능은 진통시점에서 그를 사람으로 취급함으로써 온전하게 확보될 수 있기 때문이다.

같은 맥락에서 제왕절개에 의한 인공분만의 경우 수술착수와 더불어 사람이게 된다.

– 終期

생명에 대한 형법적 보호는 사망과 더불어 종료된다. 그러나 사망개념이나 이를 확인하는 기준에 관한 법규정이 없어 오랫동안 별 이의없이 심장사를 죽음의 기준으로 사용해 왔다. 그러나 최근 들어 특히 인공심폐기나 집중치료와 같은 의학적, 기술적 발전과 장기이식의 일반화에 따라 전통적 죽음개념에 대해 의문을 갖게 되었다.

---

2) 山中, 7頁 等.

사망에 대한 논의를 정리하면

① 심장사설[3](=맥박종지설, 호흡종지설 : 종지는 불가역적 정지 상태를 뜻함)

종래의 통설로서 그 근거로는

1) 생사확인이 용이하고
2) 일반인의 감정에도 부합하며
3) 심장사는 곧바로 뇌사로 이어지는 경우(대개는 4-10분 후에)가 대부분이니까.

이에 대한 비판으로는

1) 드물지만 멈춘 심장이 다시 뛰거나 인위적으로 이를 재생시킬 수 있고
2) 장기이식 등 치료를 위해 신선한 장기의 확보가 긴요한데 이 같은 요구를 충족시킬 수 없다.

② 뇌사설[4]

뇌기능의 불가역적 소실이 사망시점이라고 한다.

이에는 다시 대뇌나 소뇌 또는 뇌간사를 기준으로 삼기도 하지만 우리나라에서는 全뇌사설만 주장되고 있다.

뇌사설이 주장되는 이유로는

1) 인격의 중심은 뇌로 상징된다.
2) 뇌기능은 한번 소실되면 회복이 불가능하다.
3) 의학의 발달에 따라 치료용의 장기확보가 시급한데 뇌사설은 심장이 작동하고 있는 사체로부터 이를 적출하므로 이 요청에 부합한다.

그러나 1) 사망의 시점을 장기확보라는 관점에서 결정함은 부당하며
2) 의료기술상 뇌사의 시점을 알 수 없고(뇌사상태임은 확인할 수 있어도) 불가사의하게도 뇌사판정 후 다시 정상적으로 기능하는 경우도 있다.
3) 뇌사판정기준이 국제적으로 통일되어 있지 않다.

---

3) 김/서, 23면; 김종원, 30면; 백형구, 18면; 정영일, 10면.

4) 임웅, 17면.

현행법의 해석과 관련하여 고찰하면

① 뇌사상태 혹은 뇌기능이 정지된 환자에게 인공심폐기를 제거하는 것은 살인죄의 구성요건에 해당하며

② 환자측의 동의를 얻어 존엄사를 인정하는 것도 동의살인죄규정과 상치될 가능성이 크다(판례는 존엄사의 적법성을 긍정한다).

* 장기 등 이식에 관한 법률(뇌사자로부터 장기적출을 허용하는)의 해석과 뇌사설채택여부

2000/2부터 시행된 위 법률에 따르면

① 살아있는 자란 사람 중에서 뇌사자를 제외한 자라고 하여(제4조 제5호) 뇌사설에 따른 것처럼 보이나

② 동조 제6호에서는 사람을 살아있는 사람, 뇌사자 또는 사망한 자로 분류하여 뇌사자 아닌 다른 사망자를 인정하며

③ 다시 제21조는 뇌사자가 이 법에 의한 장기 등의 적출로 사망한 때에는 뇌사의 원인이 된 질병 또는 행위로 인하여 사망한 것으로 본다.

④ 동법 제22조 제3항도 뇌사자와 사망한 자의 장기 등은 이를 적출할 수 있다고 하여 뇌사자와 사망한 자를 구별하고 있다.

따라서 이들을 종합해 보면 뇌사자는 사망한 사람이기는 하나 특수한 형태의 사망자인 셈이므로 결국 특수하지 않은 평범한 사망이란 심장사임을 암시하는 것이 된다.

요컨대 이 법은 사기와 관련하여 전면적으로 뇌사설의 입장에 선 것이 아니라 이식용 장기의 적출을 허용하기 위한 조건을 정하는 데 그친다 하겠다.

→ 생과 사에 관하여 정리되지 않은 어수선한 상태를 나타내고 있을 뿐이다.

- 대뇌와 중뇌, 간뇌는 없고 뇌간만이 활동하는 상태로 태어난 소위 무뇌아의 경우는 뇌사설에 따르더라도 사람이다.
- 살인의 고의가 있어야 한다.

* 피해자 일행을 제압하고 있던 피고인으로서도 집단적인 보복을 할 목적으로 식칼을 가지고 피해자의 집으로 들어간 공동피고인들이 피해자를 살해할 수도 있다는 사실을 예

기할 수 없었다고는 보여지지 아니하므로, 피고인에게도 살인의 범의가 있다(대판 1998.3.24, 97도3231).

- 실행행위는 작위와 부작위의 어느 것으로도 가능하다.

  * 보호자가 의학적 권고에도 불구하고 치료를 요하는 환자의 퇴원을 강청하여 담당 전문의와 주치의가 치료중단 및 퇴원을 허용하는 조치를 취함으로써 환자를 사망에 이르게 한 행위에 대하여, 보호자, 담당전문의 및 주치의가 부작위에 의한 살인죄의 공동정범으로 기소된 사안에서 담당전문의와 주치의에게 환자의 사망이라는 결과발생에 대한 정범의 고의는 인정되나 사망의 결과나 그에 이르는 사태의 핵심적 경과를 계획적으로 조종하거나 저지·촉진하는 등으로 지배하고 있었다고 보기는 어려워 공동정범의 객관적 요건인 이른바 기능적 행위지배가 흠결되어 있으므로 작위에 의한 살인방조죄만 성립한다(대판 2004.6.24, 2002도995).

- 위법성조각사례로서의 안락사와 존엄사

  생명을 단축시키는 적극적 안락사가 위법한지를 둘러싸고 견해가 갈린다. 적법하다고 보는 쪽[5]이 제시하는 적법요건으로는

  ① 불치의 질환으로 사기가 임박할 것

  ② 육체적 고통이 극심할 것

  ③ 고통의 제거나 완화가 목적일 것

  ④ 환자의 진지한 촉탁이나 승낙이 있을 것

  ⑤ 의사에 의해 시행되고 그 방법이 윤리적으로 타당할 것 등이다.

  그러나 적극적 안락사를 적법하다고 하면

  ① 생명보호의 상대화로 말미암아 위법 여부가 오직 유용성의 관점에 따라 결정될 여지가 있고

  ② 남용의 위험을 제거할 수 없으며

  ③ 환자와 의사 사이의 신뢰는 송두리째 무너질 것

  ④ 추정적 승낙을 허용하면 위 ④의 요건은 무의미하게 된다는 반론도 제기된다.

  안락사와는 달리 존엄사는 보다 용이하게 허용되는 듯하다.

  판례(대판 2009.5.21, 2009다17417)에 따르면

  ① 의학적으로 의식의 회복가능성이 없고 생명과 관련된 중요한 생체기능의 상실을 회복할 수 없으며 환자의 신체상태에 비추어 단시간 내에

5) 임웅, 25면 이하.

사망에 이를 수 있음이 명백한 경우에 이루어지는 연명치료는 질병의 호전을 목적으로 하는 것이 아니라 사실상 이를 포기한 상태에서 오직 현 상태를 유지하기 위한 치료에 불과하므로 그에 이르지 아니한 경우와는 다른 기준으로 진료 중단 허용가능성을 판단해야 하고

② 이와 같은 상황에서 죽음을 맞으려는 환자의 의사(추정적 의사도 포함하여)가 있으면 그에 대한 연명치료의 중단은 적법하다.

* 헌재 2009.11.26, 2008헌마385전원재판부

"죽음에 임박한 환자에 대한 연명치료는 의학적 의미에서 치료목적을 상실한 신체침해 행위가 계속적으로 이루어지는 것이라 할 수 있고, 죽음의 과정이 시작되는 것을 막는 것이 아니라 자연적으로는 이미 시작된 죽음의 과정에서의 종기를 인위적으로 연장시키는 것으로 볼 수 있다. 따라서 비록 연명치료 중단에 의해 생명을 단축하더라도 이는 자살이 아니며 오히려 인위적인 신체침해 행위에서 벗어나 자신의 생명을 자연적인 상태에 맡기고자 하는 것으로서 인간의 존엄과 가치에 부합한다고 할 것이다."

[다수의견]

① 환자의 자기결정권은 생명을 단축시키는 내용을 담고 있어 생명권과 모순·대립되지만 이 또한 국민의 기본권이다. 따라서 생명은 그의 인간으로서의 존엄과 가치·행복추구권과 부합하는 방식으로 보호되어야 한다.

② 치료중단은 생명을 자연적 상태에 맡기는 처분으로 연명치료를 계속했을 경우보다 사기가 앞당겨 지더라도 인간의 존엄과 가치를 훼손한 것이 아니다.

③ 환자 본인이 미리 연명치료 중단의 의사를 밝혔다면 이 의사는 존중되어야 한다.

[반대의견]

① 생명권으로부터 죽을 권리가 도출되는 것은 아니다.

② 자연적 상태에 맡긴다는 의미는 무엇일까?

인공심폐기를 제거해도 거뜬히 자발호흡을 하는 경우도 있으므로 치료중단을 이미 시작된 죽음의 과정에 맡기는 것이라고 할 수 없다. 사람의 생명현상은 오묘하여 어떤 확언도 불가능한 것이다.

③ 미리 표시된 환자의 의사는 요지부동이 아니며 표시된 의사가 없는 경우는 또 어떠한가?

미리 표시된 환자의 의사를 존중한다는 것은 결국 법적인 의제, 추정에 불과하다 할 것이다.

이처럼 생명을 단축시키는 안락사는 금지되지만 무용한 치료연장을 중단하는 존엄사는 허용된다고 한다.[6)]

---

6) 김성돈, 39면; 배종대, 69면; 오영근, 28면.

- 피해자의 수에 따라 범죄 개수가 정해진다(생명은 일신전속적이니까).
- 다른 범죄와의 관계
  ① 사체유기죄와의 관계
  살해한 후 사체를 다른 장소로 옮겨 유기하면 살인죄와 사체유기죄의 경합범이다(대판 1984.11.27, 84도2263).
  ② 현주건조물방화치사죄와의 관계
  살해목적으로 현주건조물에 방화하여 사망에 이르게 하면 판례는 살인죄보다 형이 더 무거운 현주건조물방화치사죄 1개로 처벌한다(대판 1996.4.26, 96도485).
  현주건조물방화치상죄와 상해죄의 관계도 동일하게 볼 수 있다.

〈**존속살해죄(제250조제2항)**= 자기 또는 배우자의 직계존속을 살해한 자는 사형, 무기 또는 7년 이상의 징역에 처한다〉

- 부진정신분범이다.
- 직계존속이란
  ① 법률상의 직계존속을 말하며
  ② 혼인 외의 출생자와 생모 간에는 생모의 인지나 출생신고를 기다리지 않고 자의 출생으로 당연히 직계존비속 관계가 인정되나(대판 1980.9.9, 80도1731)
  ③ 〃 〃 생부 간에는 인지절차를 거쳐야 한다.
  ④ 庶부모와 적자 간, 가봉자와 계부 사이는 직계존비속관계가 아니며
  ⑤ 입양된 자(양자)와 실부모사이는 직계존비속관계이다(대판 2007.11.29, 2007도8333).
- 배우자
  ① 법률상의 배우자로 한정되며
  ② 배우자가 사망하면 그 직계존속을 살해해도 일반살인죄가 성립한다.
  부진정신분범인 존속살해죄와 영아살해죄를 비신분자가 신분자와 함께 한 경우 제33조(공범과 신분)를 적용하면 다음과 같다.
  먼저 형법 제33조(=신분관계로 인하여 성립될 범죄에 가공한 행위는 신분관계가 없는 자에게도 전3조의 규정을 적용한다. 단 신분관계로 인하여

형의 경중이 있는 경우에는 중한 형으로 벌하지 아니한다)의 의의와 내용을 정리하면

① 신분범은 신분자만이 범할 수 있고 이는 모든 신분범에 공통된 특징이다.

② 그러나 신분자와 비신분자가 공범관계일 때 공범의 일반원칙에 따라 처리하면 처벌의 흠결이나 균형을 잃은 불합리한 결과가 발생한다.

③ 이리하여 공범과 신분에 관한 형법 제33조가 마련되었으며 이 규정의 취지는(우리 형법의 독특한 측면을 보여주고 있다)

1) 비신분자도 신분자와 함께일 때는 신분범(특히 그 정범까지도)을 범할 수 있고

2) 신분자가 비신분자를 전면에 내세우고 자신은 공범역할에 그쳐도 종속성원칙을 완화시켜 신분자를 신분범으로 처리한다(즉 신분자가 비신분자에 가담하는 경우에도 제33조를 적용).

대판 1994.12.23, 93도1002

① 형법 제152조 제1항과 제2항은 위증범인이 형사사건의 피고인 등을 모해할 목적을 가지고 있었는가 라는 범인의 상태에 따라 형의 경중을 구별하고 있으므로 이는 형법 제33조 단서 소정의 신분관계로 인하여 형의 경중이 있는 경우에 해당한다.

② 피고인이 갑을 모해할 목적으로 을에게 위증을 교사한 이상 정범인 을에게 모해목적이 없었다고 하더라도 형법 제33조 단서의 규정에 의해 피고인을 모해위증교사죄로 처단할 수 있다.

③ 형법 제31조 제1항은 협의의 공범의 일종인 교사범이 그 성립과 처벌에 있어서 정범에 종속한다는 일반적인 원칙을 선언한 것에 불과하고, 신분관계로 인하여 형의 경중이 있는 경우에 신분이 있는 자가 신분이 없는 자를 교사하여 죄를 범하게 한 때에는 형법 제33조 단서가 형법 제31조 제1항에 우선하여 적용됨으로써 신분이 있는 교사범이 신분이 없는 정범보다 중하게 처벌된다.

3) 이 규정이 커버하지 않는 영역은 공범의 일반원리에 따른다.

④ 따라서 조문의 해석을 통해 신분의 효과가 비신분자에게 미치는 범위를 확실히 해야 한다(공범과 신분에 관한 각국의 형법규정은 내용상 차이를 보이고 있다).

* 독일형법 제28조(특별한 인적 요소)

① 정범의 가벌성을 근거짓는 특별한 인적 요소(제14조 제1항)가 공범(교사범 또

는 방조범)에게 결여되어 있으면 제49조 제1항에 따라 그 형이 감경된다.

② 법률이 특별한 인적 요소를 형의 가중, 감경 또는 조각사유로 정하고 있으면 그 규정은 이 인적 요소를 구비하고 있는 범죄참가자한테만 적용된다.

이를 구체적으로 존속살해죄와 영아살해죄 사례에 적용해 보면

[갑과 A가 공동하여 갑의 부 (갑)를 살해한 경우]

① 다수설에 따르면 갑은 존속살해죄의 공동정범
A는 보통살인죄의 공동정범

② 소수설과 판례에 따르면 갑과 A는 존속살해죄의 공동정범
A는 보통살인죄로 처벌받는다.

* 실자와 더불어 남편을 살해한 처는 존속살해죄의 공동정범이다(대판 1961.8.2, 4294형상284; 동지 1997.12.26, 97도2609).

[신분자에 대한 형이 더 무거운 존속살해죄를 교사 · 방조한 경우]

두 가지 유형을 생각할 수 있다.

1) 갑이 A를 부추겨 A의 父인 (A)를 살해하게 하면
통설(본문과 단서의 관계에 관한 학설 중)은 갑을 보통살인죄의 교사범
A는 존속살해죄의 정범
소수설과 판례는 갑을 존속살해죄의 교사범. 그러나 보통살인죄의 교사범의 형으로 처벌한다.
A는 존속살해죄의 정범.

2) 갑이 A를 부추겨 자신의 父인 (갑)을 살해하게 하면 제33조 단서에 따라 통설(여기서의 통설이란 제33조가 이 경우에도 적용된다고 보는 입장을 말한다. 통설 안에서도 제33조 단서의 성격을 둘러싸고 견해가 갈리지만 그에 대한 논의는 생략한다)과 판례는 A를 보통살인죄의 정범
갑은 존속살해죄의 교사범

소수설[7)]은 이 경우 제33조의 적용대상이 아니므로 공범종속성의 원칙을 지켜
A는 보통살인죄의 정범
갑은 보통살인죄의 교사범이 된다고 한다.

그러나 제33조의 문맥상 이 경우에도 제33조는 적용되는 것이므로 이를 부

7) 오영근, 37면.

정하는 소수설은 받아들이기 어렵다.

* 第33조 단서가 "신분관계로 인해 형의 경중이 있으면 중한 형으로 벌하지 아니한다"고 하고 있으므로 위 1)의 경우에는 소수설이 타당, 2)의 경우 통설과 판례에 따를 때 A가 비속이 아니므로 보통살인죄의 정범이 되고 존속살해죄보다 형이 가벼운 보통살인죄로 처벌받으므로 단서규정과도 부합하게 된다. (존속살해죄의 정범은 없고 교사범만 존재하며 그 대신 보통살인죄의 정범이 있어 엄격히 보면 정범없는 공범을 인정하고 있는 것처럼 보이지만 第33조는 이 경우에 적용되는 것이라고 할 수 있다)

[신분자에 대한 형이 더 가벼운 영아살해죄를 교사·방조한 경우]

다시 두 경우로 나누어

1) 갑이 A를 부추겨 A의 영아 (A)를 살해하도록 했을 때

   통설(죄명은 보통살인죄의 교사범, 처벌은 영아살해죄의 교사범으로)과 소수설 모두 갑을 영아살해죄의 교사범

   A를 영아살해죄의 정범으로 벌한다.

2) 갑이 A를 부추겨 자신의 영아 (갑)을 살해하도록 했을 때

   통설은 갑을 영아살해죄의 교사범

   A는 보통살인죄의 정범으로 벌하고

   소수설은 第33조의 적용대상이 아니므로 종속성원칙에 따라

   갑은 보통살인죄의 교사범

   A는 보통살인죄의 정범으로 벌한다.

   그러나 이때는 존속살해죄의 경우와 달리 第33조 단서의 중하게 벌하지 아니한다는 적용될 여지가 없다.

   이유는 第33조 단서가 신분범의 형이 더 중한 경우에 비신분자를 신분자와 연결시켜 신분범의 형으로 무겁게 벌하지 말라고 하기 때문이다.

   그러므로 이 경우에는 직계존속이 아닌 비신분자(A)의 형이 더 높아 단서의 중하게 벌하지 않는다는 부분이 적용되지 않는다(단서는 이를 말하고 있다고 해석)는 뜻이지 소수설처럼 第33조가 통째로 적용되지 않는다는 의미는 아니다.

- 죄수

대판 1996.4.26, 96도485는 현주건조물에 방화하여 존속을 살해한 경우 존속

살해죄와 현주건조물방화치사죄의 상상적 경합이라 하여 형이 무거운 존속살해죄로 처벌하였다.

그러나 이 판례는 양 범죄간에 형의 차이가 있었던 시절의 것으로 지금은 형법의 개정에 의해 양 범죄의 형이 같아졌으므로 현주건조물방화치사죄 일죄만 성립한다고 보아야 한다(학설).

– 가중처벌하는 본 규정의 위헌성 여부.

위헌설: ① 봉건적 잔재(충효를 무조건적으로 강조했던)이고

② 효는 가중처벌을 통해 강제할 가치가 아니다.

합헌설: ① 존속에 대한 두터운 보호가 아니라 비속의 패륜성을 크게 비난하는 것이며

② 법 앞의 평등은 절대적 평등이 아니라 합리적 차별을 수용하는 평등을 말하므로 존속살의 가중처벌은 존비속간의 보편적 도덕원리를 형법에 반영한 결과이다.

* 헌재 결정 2002.3.28, 2000헌바53[존속상해치사죄 규정의 합헌성]

비속의 직계존속에 대한 존경과 사랑은 봉건적 가족제도의 유산이라기보다는 우리 사회윤리의 본질적 구성부분을 이루고 있는 가치질서로서, 특히 유교적 사상을 기반으로 전통적 문화를 계승·발전시켜온 우리나라의 경우에는 비속이라는 지위에 의한 가중처벌의 이유와 그 정도의 타당성 등에 비추어 그 차별적 취급에는 합리적 근거가 있으므로, 헌법 제11조 제1항의 평등원칙에 반한다고 할 수 없고, 또한 가중처벌에 의하여 가족 개개인의 존엄성 및 양성의 평등이 훼손되거나 인간다운 생활을 보장받지 못하게 되리라는 사정을 찾아볼 수 없으며, 오히려 패륜적, 반도덕적 행위의 가중처벌을 통하여 친족 내지 가족에 있어서의 자연적, 보편적 원리를 형법상 보호함으로써 개인의 존엄과 가치를 더욱 보장하고 이를 통하여 올바른 사회질서가 형성될 수 있다고 보아야 할 것이므로, 이 사건 법률조항은 혼인제도와 가족제도에 관한 헌법 제36조 제1항에 위배되거나 인간으로서의 존엄과 가치 또는 행복추구권도 침해하지 아니한다.

* 일본국 최고재판소는 1973.4.4(昭和48년) 판결에서 14:1로 이 규정을 위헌이라고 하였고 뒤이어 1995년(平成7년) 존속살인죄 규정을 삭제하기에 이르렀다.

당시의 판례가 제시한 근거는

① 봉건적 충효의 원리를 형법에 끌어 들였고(6명 의견)

② 하한이 무기형이어서 2회 감경하더라도 3년 6개월이 되어 집행유예선고가 불가능하고 이는 곧 합리적 차별의 한계를 벗어난 것이라고 한다(8명 의견).

〈영아살해죄(제251조)= 직계존속이 치욕을 은폐하기 위하거나 양육할 수 없음을 예상하거나 특히 참작할 만한 동기로 인하여 분만중 또는 분만직후의 영아를 살해한 때에는 10년 이하의 징역에 처한다〉

- 감경사유는 분만 등으로 출생이 현실화되었을 때의 당황, 공포는 임신 중에 느끼는 감도와는 현저히 다르다는 점 때문이다.
  父도 여기에 해당된다.
- 직계존속의 의미를 판례는 법률상의 직계존속으로 한정하나(대판 1970.3.10, 69도2285) 통설은 사실상의 직계존속도 포함시킨다. 후자의 입장이 타당하다.
- 분만직후란 분만으로 인한 심리적 혼란상태가 지속되는 기간을 의미하며
- 경제적 능력이 없어 살해해도 영아살해죄가 된다.
- 본죄에 대해서도 작량감경이 가능하다.

〈촉탁 · 승낙(=합하여 동의)에 의한 살인죄(제252조제1항)= 사람의 촉탁 또는 승낙을 받아 그를 살해한 자는 1년 이상 10년 이하의 징역에 처한다〉

- 의사에 반한 살인이 아니므로 살인죄에 비해 불법이 감경된다.
- 촉탁·승낙의 방법을 둘러싸고
  통설은 촉탁은 명시적, 직접적이지만 승낙은 묵시적이어도 좋다고 한다.
  소수설은 다 같이 명시적, 직접적이어야 한다고 하며 이 입장이 타당하다. 묵시적 승낙도 승낙자의 진의와는 합치하는 것이지만 오해가 발생할 위험이 크기 때문이다.
- 촉탁·승낙의 의사는 실행의 착수 이전에 표시되어야 한다.
- 촉탁·승낙이 유효하려면 촉탁·승낙능력이 있는 자의 진의에 의한 촉탁·승낙이어야 한다.
- 기망을 통해 동의를 얻은 자가 살해했을 때 피기망자가 처분법익자체(=여기서는 생명의 처분)에 대한 착오가 아닌 여타의 사정에 대한 착오에 불과하면 동의는 유효하므로 본죄가 성립한다고 보는 법익관련적 착오론자(平野, 中山, 町野, 中森, 西田 등)와 기망행위의 내용·정도, 자살관여죄에서는 자살시킬 때 기구의 준비 등 제반사정을 총괄하여 당해 행위가 있으면 경험칙상 행위자의 의도대로 피해자를 죽음에 이르게 할 수 있을 때는 피해자가 생명침해 부분에 대한 착오가 없어도 살인죄가 성립한다는 반대(大谷, 平川, 松宮 등)

의견도 있다. 일본 판례는 후자에 가깝다(最判昭33.11.21 刑集12卷15号3519頁). 생각건대 본죄의 구조는 죽음에 대한 결정은 피해자가 주도하나 실행행위는 가해자가 주도한다. 그리고 이때 법익관련적 착오론은 죽음 자체를 알지 못하거나 혹은 생명을 처분하는 것이 아니라고 잘못 아는 경우에 한해 죽음에 대한 결정을 주도하지 못했다고 하는 것이어서 부당하다.

- 동의가 없음에도 있다고 오신하여 살해한 경우 제15조 제①항에 의해 본죄가 성립한다.
- 동의가 있음에도 이를 알지 못하고 살해하면
  ① 보통살인죄설
  ② 촉탁・승낙살인죄설
  ③ 살인미수죄와 본죄의 상상적 경합설
  ④ 주관적 정당화요소가 결여되었음을 이유로 보통살인죄의 불능미수범설로 나뉜다.

  양죄는 구성요건을 달리하므로 ③설이 타당하다.

〈**자살교사・방조죄(제252조제2항)=** 사람을 교사 또는 방조하여 자살하게 한 자도 전항의 형과 같다〉

쟁점은 "자살 자체는 처벌하지 않으면서 그에 대한 관여행위는 처벌하는" 이유가 뭘까 이다. 이 문제는 자살관여죄의 법적 성격을 밝힘으로써 이것과 총칙상의 공범과의 관계, 나아가 본죄의 미수성립시기를 정하는데 영향을 미치게 된다.

- 자살자(자살에 실패한 경우도 포함하여)가 처벌받지 않는 근거로
  ① 책임조각설
  자살자는 정신적으로 급박한 상황, 곤경에 처한 자이므로 책임비난을 할 수 없고 따라서 총론상의 공범이 가능하다(종속적 관계).
  본죄의 미수는 자살행위의 착수시점이 된다.
  지지자가 없다.
  ② 구성요건조각설
  살인죄 구성요건상의 사람은 타인을 말한다.
  따라서 구성요건 자체가 없으므로 총칙상의 공범은 있을 수 없다(제한적 종속형식).

이로부터 자살관여죄규정은 독립된 구성요건임을 알 수 있다.

단 자살자를 제지하는 행위(생명보호라는 온정주의 혹은 가족주의 = Paternalism에 기초한)는 금지되지도, 이에 대해 정당방위를 할 수 있는 것도 아니라면 자살행위는 단순히 윤리적 차원을 넘어 위법하다는 뜻이 아닌가 라는 의문이 생긴다.

그렇다면 입법자는 정책적으로 자살을 법질서가 용인하는 것은 아니지만 반대로 형법상 처벌할 가치(가벌적 위법성)에는 이르지 못한 행위로 보는 것은 아닐까?

- 객체는 자살의 의미를 이해하고 자유롭게 의사를 결정할 능력을 갖춘 자이다. 나아가 이 결심은 강요나 기망, 기타 중대한 의사상의 흠결이 없는 상태에서 이루어지지 않으면 안 된다.[8]
- 실행행위는 교사 · 방조이므로 이 행위를 할 때가 실행의 착수시점이다.
  * 피고인이 인터넷 사이트 내 자살 관련 카페 게시판에 청산염 등 자살용 유독물의 판매광고를 한 행위는 금원 편취 목적의 사기행각의 일환으로 이루어 진 것일 뿐 그 후 다른 경로로 입수한 청산염을 이용한 위 변사자들의 자살행위에 어떠한 물질적 혹은 유형적 기여도 하지 못한 점, 변사자들이 위 카페에서의 교감을 통해 이미 자살을 결의하고 피고인들의 판매광고가 사기행각임이 발각되기까지 하였던 점으로 보아 피고인들이 위 변사자들의 자살 실행에 정신적 혹은 무형적으로 기여했다고 보기도 어려워 피고인의 행위는 자살방조에 해당하지 않는다(대판 2005.6.10, 2005도1373).
- 자살자가 결과실현을 주도하는 점에서 타인이 이를 지배하는 촉탁 · 승낙에 의한 살인죄와 구별된다.
- 합의에 의한 공동자살(情死)에서 살아남은 자의 행위가 본죄의 교사 · 방조에 해당하면 본죄가 성립한다.
- 자살을 결심하게 한 후 그의 촉탁을 받아 살해하면 촉탁살인죄가 성립한다.

〈**위계 등에 의한 촉탁살인 등 죄(제253조)=** 전조의 경우에 위계 또는 위력으로써 촉탁 또는 승낙하게 하거나 자살을 결의하게 한 때에는 제250조의 예에 의한다〉

- 위계란 기망이나 유혹처럼 목적이나 수단을 숨긴 채 피해자의 부지 · 착오를 이용하여 목적을 달성하는 것을 말한다.

---

8) Wessels/Hettinger, Rn.49.

- 위력은 사람의 의사를 제압할 수 있는 유·무형의 힘으로 폭행, 협박만이 아니라 자기의 사회적 지위를 이용하는 것도 포함한다.
- 그러나 위계나 위력 또한 살인행위의 한 형태로 보여지므로 제250조와 제252조 외에 본 규정을 별도로 둘 이유를 찾기 어렵다.

  반대로 법익관련적 착오론에서는 이 규정이 없으면 바로 촉탁·승낙에 의한 살인죄가 성립하므로 그 한에서 본 규정은 의미가 있게 된다.

〈**미수범(제254조)=** 전4조의 미수범은 처벌한다〉

〈**예비, 음모(제255조)=** 제250조와 제253조의 죄를 범할 목적으로 예비 또는 음모한 자는 10년 이하의 징역에 처한다〉

〈**자격정지의 병과(제256조)=** 제250조, 제252조 또는 제253조의 경우에 유기징역에 처할 때에는 10년 이하의 자격정지를 병과할 수 있다〉

Q) 민법과 형법이 출생시점을 달리 보는 태도는 합리적인가?

Q) 진통설과 독립호흡설의 근거는 무엇이며 일부노출설과의 차이점은?

Q) 사망시점과 관련하여 생체기관의 기능정지가 "불가역적"이어야 함을 강조하는 의미는 어디에 있는가?

Q) 안락사의 유형과 존엄사 개념을 설명하고 이들에 대한 형법적 취급을 설명하라.

Q) 안락사의 허용요건에서 정신적 고통을 제외시키는 이유는 무엇인가?

Q) 환자의 추정적 의사는 적극적 안락사에서도 받아들여야 하는 것일까?

Q) 안락사를 책임조각사유로 보려는 견해는 타당한가?

Q) 살해나 치사의 수단이 현존건조물에 대한 방화일 때 판례는 여기에 특별한 의미를 부여하는 듯하다. 이유가 무엇인가?

Q) 공범과 신분에 관한 형법 제33조의 취지는 무엇인가?

Q) 부진정신분범에서 신분자가 비신분자를 교사한 경우 제33조를 적용할 사안이 아니라는 견해는 이 조문을 어떻게 이해하는 것일까?

반대로 이때도 제33조를 적용할 수 있다는 견해는 그 근거를 본조의 어디에서 찾고 있는가? 그리고 이는 타당한가?

Q) 자살을 막기 위해 자살하려는 자에게 폭행을 가했을 때의 처리는?

Q) 자살을 교사한 경우와 위계로 자살을 결심하게 한 경우의 처벌이 다른 이유는 무엇인가?

Lesson 2 상해와 폭행의 죄

- 상해는 대개 폭행을 통해 이루어지므로 양자의 관계는 대단히 긴밀하다. 이로부터 양자를 취급하는 각국의 입법례는 서로 다른 모습을 보인다.
  ① 우리나라는 양자를 법적으로 엄격히 구별한다.
  따라서 폭행치상죄와 상해죄는 별개의 범죄이며 폭행죄는 상해죄의 미수가 아니다.
  마찬가지로 폭행치사죄와 상해치사죄 또한 별개의 범죄이다.
  ② 일본도 양자를 구별하나 통설은 상해죄에 폭행죄의 결과적 가중범인 폭행치상이 포함된다고 한다. 그러나 제208조(폭행죄)의 해석상 상해의 고의를 가진 자만이, 즉 상해미수만이 폭행죄가 된다는 소수견해도 있으며 상해미수를 벌하지 않는 점을 보면 소수설처럼 해석할 여지가 있는 것도 사실이다.

  (제204조 傷害)
  사람의 신체를 상해한 자는 15년 이하의 징역 또는 50만¥ 이하의 벌금에 처한다.
  (제208조 暴行)
  폭행을 가한 자가 사람을 상해함에 이르지 아니한 때는 2년 이하의 징역이나 30만¥ 이하의 벌금, 拘留나 과료에 처한다.

  ③ 독일에서는 다른 범죄의 수단으로 폭행이라는 용어를 사용(Gewaltanwendung)하며 폭행죄를 별도로 규정하고 있지 않다.
  * 제16장 신체의 완전을 침해하는 죄
  §223(Körperverletzung 상해)
  (1) Wer eine andere Person körperlich mißhandelt oder an der Gesundheit schädigt, wird mit Freiheitsstrafe bis zu fünf Jahren oder mit Geldstrafe bestraft.
  (타인을 신체적으로 학대하거나 건강을 해한 자는 5년 이하의 자유형 또는 벌금형에 처한다)
  (2) Der Versuch ist strafbar.
  (미수범은 처벌한다)
- 집단적, 상습적, 흉기 기타 위험한 물건을 휴대하고 폭행, 상해를 가하면 폭력행위 등 처벌에 관한 법률(폭처법)에 의해 가중처벌한다.

* 폭력행위 등 처벌에 관한 법률

제1조(목적):

이 법은 집단적 또는 상습적으로 폭력행위 등을 범하거나 흉기 그 밖의 위험한 물건을 휴대하여 폭력행위 등을 범한 자 등을 처벌함을 목적으로 한다.

제2조(폭행 등):

① 상습적으로 다음 각 호의 죄를 범한 자는 다음의 구분에 따라 처벌한다.

1. 형법 제260조제1항(폭행), 제283조제1항(협박), 제319조(주거침입, 퇴거불응) 또는 제366조(재물손괴 등)의 죄를 범한 자는 1년 이상의 유기징역
2. 형법 제260조제2항(존속폭행), 제276조제1항(체포, 감금), 제283조제2항(존속협박) 또는 제324조(강요)의 죄를 범한 자는 2년 이상의 유기징역
3. 형법 제257조제1항(상해).제2항(존속상해), 제276조제2항(존속체포, 존속감금) 또는 제350조(공갈)의 죄를 범한 자는 3년 이상의 유기징역

② 2인 이상이 공동하여 제1항 각 호에 열거된 죄를 범한 때에는 각 형법 본조에 정한 형의 2분의 1까지 가중한다.

③ 이 법 위반(형법 각 본조를 포함한다)으로 2회 이상 징역형을 받은 자로서 다시 제1항에 열거된 죄를 범하여 누범으로 처벌할 경우에도 제1항과 같다.

④ 제2항 및 제3항의 경우에는 형법 제260조제3항 및 제283조제3항(다같이 반의사불벌죄)을 적용하지 아니한다.

* 어떤 범죄를 어떻게 처벌할 것인가, 즉 법정형의 종류와 범위의 선택은 그 범죄의 죄질과 보호법익 뿐만 아니라 우리 역사와 문화, 입법당시의 시대적 상황, 국민일반의 가치관과 법감정, 범죄예방을 위한 형사정책적 측면 등 여러 요소를 종합적으로 고려하여 입법자가 결정할 사항으로서 광범위한 입법재량 내지 형성의 자유가 인정되어야 할 분야이다. 따라서 법정형이 그 범죄의 죄질 및 행위자의 책임에 비해 지나치게 가혹하여 현저히 형법체계상의 균형을 잃고 있다거나 그 범죄에 대한 형벌 본래의 목적과 기능을 달성함에 있어 필요한 정도를 일탈하는 등 헌법상의 평등의 원칙 및 비례의 원칙 등에 명백히 위배되는 경우가 아닌 한, 쉽사리 헌법위반으로 단정해서는 아니 된다. 그리고 형법규정의 법정형만으로는 어떤 범죄행위를 예방하고 척결하기가 미흡하다는 입법정책적 고려에 따라 이를 가중처벌하기 위해 특별형법법규를 제정한 경우에는 형법규정의 법정형만을 기준으로 하여 그 특별형법법규의 법정형의 과중여부를 쉽사리 논단해서도 안 될 것이다. 이러한 법리에 비추어 본조 ②항의 2분의 1 가중은 헌법위반이 아니다(대판 2006.5.12, 2005도5428).

제3조(집단적 폭행 등):

① 단체나 다중의 위력으로써 또는 단체나 집단을 가장하여 위력을 보임으로써 제2조제1항에 열거된 죄를 범한 자 또는 흉기 기타 위험한 물건을 휴대하여 그 죄를 범한 자는 제2조제1항 각 호의 예에 따라 처벌한다.

② (2006.3.24 삭제)

③ 상습적으로 제1항의 죄를 범한 자는 다음 각 호의 구분에 따라 처벌한다.

1. 제2조제1항제1호에 열거된 죄를 범한 자는 2년 이상의 유기징역
2. 제2조제1항제2호에 열거된 죄를 범한 자는 3년 이상의 유기징역
3. 제2조제1항제3호에 열거된 죄를 범한 자는 5년 이상의 유기징역

④ 이 법 위반(형법 각 본조를 포함한다)으로 2회 이상 징역형을 받은 자로서 다시 제1항의 죄를 범하여 누범으로 처벌할 경우도 제3항과 같다.

- 보복하기 위해 상해죄를 범하면 특정범죄가중처벌 등에 관한 법률(특가법) 제5조의9 제2항에 의해 가중처벌한다.

* 특정범죄가중처벌 등에 관한 법률

제5조의9(보복범죄의 가중처벌 등):

① 자기 또는 타인의 형사사건의 수사 또는 재판과 관련하여 고소·고발 등 수사단서의 제공, 진술, 증언 또는 자료제출에 대한 보복의 목적으로 형법 제250조제1항의 죄(살인)를 범한 사람은 사형·무기 또는 10년 이상의 징역에 처한다. 고소·고발 등 수사단서의 제공, 진술, 증언 또는 자료제출을 하지 못하게 하거나 고소·고발을 취소하게 하거나 거짓으로 진술, 증언, 자료제출을 하게 할 목적인 경우에도 또한 같다.

② 제1항과 같은 목적으로 형법 제257조제1항(상해), 제260조제1항(폭행), 제276조제1항(체포, 감금) 또는 제283조제1항(협박)의 죄를 범한 사람은 1년 이상의 유기징역에 처한다.

③ 제2항의 죄 중 형법 제257조제1항, 제260조제1항 또는 제276조제1항의 죄를 범하여 사람을 사망에 이르게 한 경우에는 무기 또는 3년 이상의 징역에 처한다.

④ 자기 또는 타인의 형사사건의 수사 또는 재판과 관련하여 필요한 사실을 알고 있는 사람 또는 그 친족에게 정당한 사유 없이 면담을 강요하거나 위력을 행사한 사람은 3년 이하의 징역 또는 300만원 이하의 벌금에 처한다.

- 가정내 폭력에 대해서는 가정폭력범죄의 처벌 등에 관한 특례법을 우선적으로 적용한다. 동법은 가정폭력범죄의 형사처벌절차에 관한 특례를 정하고 가정폭력범죄를 범한 자에 대하여 환경의 조정과 성행의 교정을 위한 보호처분을 행함으로써 가정폭력범죄로 파괴된 가정의 평화와 안정을 회복하고 건강한 가정을 가꾸며 피해자와 가족구성원의 인권을 보호함을 목적으로 한다.
- 상해죄와 폭행죄의 보호법익을 둘러싸고 견해가 나뉜다.

① 다수설[1]은 양죄의 보호법익이 다르다고 하면서 폭행죄의 보호법익을 신

---

1) 강구진, 74면; 김/서, 59면; 이재상, 42면; 임웅, 49면; 정영일, 30면.

체의 완전성,

상해죄의 보호법익은 생리적 기능이나 건강이라고 한다.

생리적 기능의 훼손으로는 신체에 대한 상처, 질병감염, 수면장애나 식욕 감퇴와 같은 기능장애를 든다.

② 다 같이 신체의 완전성으로 본다.[2)]

다만 보호의 정도에서 차이가 날 뿐이므로 폭행죄는 추상적 위험범, 상해죄는 침해범이 된다.

③ 절충적 입장은 상해에 생리적 기능의 훼손 뿐만 아니라 신체외관의 중대한 변경도 포함시킨다.

①설에 따를 때 수술의 경우 건강을 보호법익으로 보면 상해죄의 구성요건에 해당하지 아니하나 생리적 기능의 훼손을 기준으로 하면 상해죄가 된다. 즉 생리적 기능과 건강이 항상 일치하지 않는 점을 ①설은 간과한다고 한다. 그러나 생리적 기능의 보호와 건강은 상반된 개념이라기 보다 대체로 호환적이므로 다수설을 배척하는 논거로는 불충분하다.

②설은 신체에 대한 부당한 취급을 폭넓게 상해죄로 벌하는 독일법에서는 의미가 있으나 별도로 폭행죄를 규정하고 있는 우리 형법의 해석으로는 부적절하다.

* 상해죄에서의 상해는 피해자의 신체의 완전성을 훼손하거나 생리적 기능에 장애를 초래하는 것을 의미한다(대판 2000.2.25, 99도4305).

〈**상해, 존속상해죄(제257조)=** ① 사람의 신체를 상해한 자는 7년 이하의 징역, 10년 이하의 자격정지 또는 1천만원 이하의 벌금에 처한다.

② 자기 또는 배우자의 직계존속에 대하여 제1항의 죄를 범한 때에는 10년 이하의 징역 또는 1천500만원 이하의 벌금에 처한다.

③ 전2항의 미수범은 처벌한다〉

- 행위의 객체는 자연인인 타인을 말하므로 自傷의 경우 본죄에는 해당하지 않으나 병역법 제86조와 군형법 제41조제1항에 저촉된다.

---

2) 배종대, 97면; 백형구, 41면; 정영석, 226면.

* 병역법 제86조(도망. 신체손상 등): 병역의무를 기피하거나 감면받을 목적으로 도망가거나 행방을 감춘 경우 또는 신체를 손상하거나 속임수를 쓴 사람은 1년 이상 5년 이하의 징역에 처한다.

군형법 제41조(근무기피목적의 사술):

① 근무를 기피할 목적으로 신체를 상해한 사람은 다음 각호의 구분에 따라 처벌한다.

1. 敵前인 경우: 사형, 무기 또는 5년 이상의 징역
2. 그밖의 경우: 3년 이하의 징역

- 태아에 대한 상해죄 성부

문제된 상황은 태아일 때 모체내로 유독성 물질이 흡입되어 태아가 기형 혹은 장애를 입은 채로 출생한 경우 조기출산이 아니므로 낙태는 될 수 없고 위험행위 시에는 태아였으므로 사람에 대한 상해죄가 성립하기 어렵다는 데 있다.

상해죄를 긍정하는 측은

태아를 모체의 일부라고 하거나(最決昭63.2.29, 刑集42-2-314) 태아를 사람의 초보적 기능을 갖고 있는 존재로 보고 이에 대한 공격은 결과적으로 사람에 대한 상해라는 것이다.

그러나 부정설[3]은

본죄의 객체는 사람이며 상해행위시에 사람이어야 한다.

또한 앞의 견해대로라면 과실로 유산되면 무죄이나 치상이면 과실치상죄가 되고

고의로 살해하면 낙태죄이나 상해하면 상해죄(형이 더 중함)가 되어 수긍할 수 없는 결론에 이른다. 판례(대판 2007.6.29, 2005도3832)도 이 입장이며 낙태죄규정과도 부합하므로 부정설이 타당하다.

- 상해의 고의로 폭행하였으나 폭행에 그친 경우 상해미수죄이고

폭행의 고의였으나 상해결과가 발생하면 폭행치상죄가 성립한다.

* ① 폭행의 고의는 있으나 상해의 고의가 없어 폭행치상죄를 적용해야 함에도 상해죄를 적용한 것은 위법하나, 양죄의 죄질이 동일하고 법정형도 동일하므로 판결결과에 아무 영향이 없다(대판 1985.1.29, 84도2655).

② 상해죄는 상해의 원인인 폭행에 대한 인식이 있으면 충분하고 상해를 가할 의사는 필요하지 않다(대판 2000.7.4, 99도4341).

---

3) 박상기, 46면; 정/박, 47면; 정영일, 31면.

③ 피해자가 입은 요추부 통증은 굳이 치료를 받지 않더라도 일상생활을 하는데 아무런 지장이 없고 시일이 경과함에 따라 자연적으로 치유될 수 있는 정도라고 보여질 뿐만 아니라 실제로도 아무 치료를 받은 일이 없다면 상해로 볼 수 없다(대판 2000.2.25, 99도3910).

- 피해자의 승낙이 있으면 그 내용이 사회윤리에 반하지 않는 한(헌혈 등) 적법하지만 호의동승의 경우에는 승낙범위에 대해 신중한 검토가 필요하다. 수술행위와 관련해서는 견해가 갈리나 다수설과 판례(대판 1993.7.27, 92도2345)는 상해죄의 구성요건에 해당하지만 승낙이 있어 적법하다고 한다. 그러나 치료행위는 그 사회적 가치에 비추어 볼 때 구성요건조각으로 이해함이 타당하다. 다만 오스트리아형법처럼 전단적 치료를 처벌하는 조문[4]을 갖지 않은 우리로서는 환자보호를 위해 판례가 취한 입장이 이해는 된다.
- 죄수는 피해자의 수로 결정한다. 보호법익이 일신전속적이니까. 살인의 고의로 상해를 가져오면 살인미수죄가, 공무를 집행하는 공무원에게 상해를 입히면 공무집행방해죄와 상해죄의 상상적 경합이 된다.

---

4) §110(Eigenmächtige Heilbehandlung) ① Wer einen anderen ohne dessen Einwilligung, wenn auch nach den Regeln der medizinischen Wissenschaft, behandelt, ist mit Freiheitsstrafe bis zu sechs Monaten oder mit Geldstrafe bis zu 360 Tagessätzen zu bestrafen.
② Hat der Täter die Einwilligung des Behandelten in der Annahme nicht eingeholt, daß durch den Aufschub der Behandlung das Leben oder die Gesundheit des Behandelten ernstlich gefährdet wäre, so ist er nach Abs. 1 nur zu bestrafen, wenn die vermeintliche Gefahr nicht bestanden hat und er sich dessen bei Aufwendung der nötigen Sorgfalt(§6) hätte bewußt sein können.
③ Der Täter ist nur auf Verlangen des eigenmächtig Behandelten zu verfolgen.
제110조(專斷적 치료) ① 환자의 동의 없이 치료한 자는 치료가 의술에 합치한 경우에도 6월 이하의 자유형 또는 360일수 이하의 벌금에 처한다.
② 치료가 지연될 경우 환자의 생명 또는 건강이 심각하게 침해될 것이라는 판단에서 환자의 동의를 받지 않은 자는, 그 위험이 존재하지 않았고 행위자가 필요한 주의를 기울였다면(제6조) 이를 인식할 수 있었을 때에 한하여 제1항으로 처벌한다.
③ 전단적 치료를 받은 자의 요구가 있어야 공소를 제기할 수 있다.

〈중상해, 존속중상해죄(제258조)= ① 사람의 신체를 상해하여 생명에 대한 위험을 발생시킨 자는 1년 이상 10년 이하의 징역에 처한다.
② 신체의 상해로 인하여 불구 또는 불치나 난치의 질병에 이르게 한 자도 전항의 형과 같다.
③ 자기 또는 배우자의 직계존속에 대하여 전2항의 죄를 범한 때에는 2년 이상의 유기징역에 처한다〉

- 상해의 폭은 상당히 넓으나 이 가운데 상해의 정도가 높으면 낮은 경우에 비해 불법이 중하므로(결과반가치의 증대) 가중하여 처벌하는 규정이다.
- 본 규정의 성격을
  통설은 부진정결과적가중범으로 이해(상해죄+ 중한 상해결과의 발생)하는 반면 소수설[5]은 결과적 가중범이 아니라 상해죄일 뿐이므로 상해의 고의로 중상해의 결과가 발생하면 본죄가 성립하고, 별도로 중한 결과에 대한 고의 혹은 과실을 요하지 않는다고 한다.
  사실 상해 개념에는 경한 것과 보통의 것, 중한 상해가 모두 포함되므로 본죄의 성립에 특별히 중한 상해에 대한 고의가 있을 필요는 없다는 소수설의 주장에도 일리는 있다. 그러나 실제로 상해와 중상해에 대한 인식은 차이가 있고 이 차이를 중시하여 그에 맞게 의미를 부여할 수도 있을 것이다. 상해죄 외에 중상해죄규정을 별도로 두고 있다면 입법자의 태도는 후자이므로 본조를 중한 결과를 인식(인식가능성도 포함한)할 때 적용되는 규정으로 이해하는 통설의 입장이 무난해 보인다.
  한편 소수설에 대해 책임원칙에 반한다고 하나 소수설도 상해죄가 고의범임을 망각하는 것은 아니므로 이 지적은 옳지 않다.
- 생명에 대한 위험은 구체적 위험을, 불구란 신체의 중요부분이 훼손되거나 기능이 상실됨을 뜻한다. 중요부분인지는 객관적으로 판단한다.
  불치 또는 난치의 질병이란 현대의학으로도 치료가 어렵거나 불가능한 질병을 일컫는다. 중증의 정신질환 등이 이에 해당한다.
  * 피고인이 "피해자의 다리를 부러뜨려 1-2개월간 입원케 하라"는 정도의 교사를 하고 실제 피교사자가 피해자의 우측 가슴을 칼로 찔러 약 3주간의 치료를 요하는 상해를 입힌 정도로는 중상해에 해당하지 않는다(대판 2005.12.9, 2005도7527).

---

5) 백형구, 49면; 정/박, 53면.

- 에이즈보균자가 타인에게 감염시켰을 때도 중상해죄로 처벌할 수 있다[6]. 그러나 감염 여부나 발병, 상해 혹은 사망이 지금의 성행위로 인한 것인지를 가리기가 쉽지 않으므로 어느 때나 이로 인해 중상해의 결과가 발생했다고 단정해서는 안 된다. 따라서 보균자라는 사실을 모르는 상대와 예방조치를 취하지 않은 채 중상해의 고의(미필적 고의도 포함한)로 성관계를 갖고 감염이 이로 인해 발생한 결과일 때 본죄가 성립할 수 있다. 그러나 상대가 보균자임을 알고도 성행위를 했다면 스스로를 위험에 빠뜨렸으므로 상대방을 처벌할 수 없게 된다.

〈상해치사, 존속상해치사죄(제259조)= ① 사람의 신체를 상해하여 사망에 이르게 한 자는 3년 이상의 유기징역에 처한다.
② 자기 또는 배우자의 직계존속에 대하여 전항의 죄를 범한 때에는 무기 또는 5년 이상의 징역에 처한다〉

- 본죄는 상해죄와 존속상해죄의 결과적 가중범이다.

* ① 상해행위를 피하려고 길을 건너다가 차량에 치어 사망하였다면 상해치사죄가 성립한다(대판 1996.5.10, 96도529).

② 피고인의 刺傷(자상)행위가 피해자를 사망하게 한 직접적 원인은 아니었다 하더라도 이로부터 발생한 다른 간접적 원인과 결합하여 사망의 결과를 가져왔다면 이 행위와 사망간에는 인과관계가 있다. 이 사건 진단서에는 직접死因으로 심장마비, 호흡부전, 중간선행사인으로 폐혈증, 급성심부전증, 선행사인은 자상, 장골정맥파열로 되어 있으며, 피해자가 부상 후 1개월이 지나 위 폐혈증 등으로 사망했어도 그 폐혈증이 위 자창으로 인한 과다출혈과 상처의 감염 등에 연유한 것인 이상 자상행위와 사망간에 인과관계가 있어 상해치사죄가 성립한다(대판 1982.12.28, 82도2525).

③ 정신차릴 정도로 때려주라고 했다면 상해에 대한 교사인데 이때 피교사자가 살인을 실행한 경우, 일반적으로 교사자는 상해죄에 대한 교사범이 되는 것이고, 다만 교사자에게 피해자의 사망이라는 결과에 대하여 과실 내지 예견가능성이 있는 때에만 상해치사죄의 교사범이 된다(대판 1997.6.24, 97도1075).

④ 여러 사람이 상해 또는 폭행의 범의로 범행 중 한 사람이 살인을 한 경우, 나머지 사람들은 살인죄의 죄책을 질 수는 없으나 사망결과를 예견할 수 없는 때가 아닌 한 상해치사 또는 폭행치사의 죄책을 면할 수 없다(대판 1996.12.6, 96도2570).

---

6) Sch/Sch-Eser/Sternberg-Lieben, §223 Rn.7; Wessels/Hettinger, Rn. 268ff.

〈상해죄의 동시범에 대한 특례(제263조)= 독립행위가 경합하여 상해의 결과를 발생하게 한 경우에 원인된 행위가 판명되지 아니하면 공동정범의 예에 의한다〉

- 동시범은 서로 간에 의사의 연락이 없이 각자 자기의 범죄를 수행하므로 공동정범이 아니다.
- 따라서 동시범의 경우 결과를 발생시킨 원인행위가 가려지지 않으면 제19조에 따라 각자를 해당범죄의 미수범으로 처벌한다.

  그러나 제263조는 원인행위가 가려지지 않은 상해죄의 동시범에 대해 예외적으로 각자를 (공동)정범으로 처벌한다. 공동정범이 아닌 동시범을 공동정범의 예에 따라 처벌하고 있는 것이다. 그러므로 법적 성격도 이 점을 유념하여 파악해야 한다.

  * 본 규정은 두 사람 이상이 가해행위를 하여 상해의 결과를 가져온 경우에 그 상해가 어느 사람의 가해행위로 인한 것인지가 분명치 않다면 가해자 모두를 공동정범으로 본다는 것이므로 가해행위를 한 것 자체가 분명치 않은 사람에 대하여는 동시범으로 다스릴 수 없다(대판 1984.5.15, 84도488).
- 법적 성질

  ① 거증책임전환설[7]

  보통은 검사에게 피고인이 유죄임을 증명할 책임을 지운다.

  그러나 본 규정은 검사에게 입증의 부담을 덜어주는 한편 피고가 자신이 무죄임을 증명하도록 하는 것이어서 소송법상의 거증책임분배의 원칙이 역전되었다고 본다.

  다수설의 입장이다.

  ② 법률상 추정설[8]

  동시범인 각자를 상해죄의 공동정범으로 추정하는 규정으로 이해한다.

  ③ 이원설[9]

  소송법상으로는 거증책임전환규정이고 실체법상으로는 공동정범으로 의제하는 규정으로 본다.

---

7) 권오걸, 48면; 김/서, 76면; 박상기, 59면; 손동권, 52면 이하; 이재상, 58면; 임웅, 67면; 정영일, 43면.

8) 강구진, 70면.

9) 김종원, 64면; 이형국, 66면.

특례규정은 공동정범의 예에 따른다고 하고 있으므로 공동정범이 아님을 말하고 있다. 따라서 공동정범으로 보는 ②설과 ③설은 옳지 않다.

그렇다면 남은 하나, 거증책임전환설을 본다.

본 규정에서는 In dubio pro reo의 원칙을 포기하고 있는데 그럴만한 이유는 무엇일까? 만약 이에 대해 납득할만한 근거를 제시하지 못한다면 본 조문의 존재이유를 찾기는 어려울 것이다.

그러나 그 근거라면 이 같은 상황에서는 검사가 인과의 전후를 밝히기가 지난하다는 점, 반면 피고들한테는 비교적 수월할 것이라는 점 말고는 다른 특별한 이유를 생각하기가 어렵다. 이로부터 수사기관의 편의를 위한 규정이라는 비판을 완화시키기 위해 검사는 독립행위가 경합했고 상해의 결과는 적어도 이들 가운데 어느 행위에 의해 발생했으며 노력했지만 원인된 행위를 밝힐 수 없었음을 증명해야 한다고 한다. 여기에 덧붙여 판례는 피고의 무죄증명은 통상의 재판절차에서 검사에게 요구하는 엄격한 증거를 통한 유죄의 확신을 법관에게 심어주는 정도여야 한다고 고집하지 않는다.

* … 행위자가 증명해야 하는 것이나 그 증명은 유죄의 인정에 있어 요구되는 것과 같이 법관으로 하여금 의심할 여지가 없을 정도의 확신을 가지게 하는 증명력을 가진 엄격한 증거에 의하여야 하는 것은 아니다(대판 1996.10.25, 95도1473).

이처럼 제263조를 해석함에 있어 대법원은 거증책임을 전환시키면서도 피고인을 배려하는 모습을 보이지만 다른 한편으로 본 규정의 적용을 상해아닌 폭행치사죄나 상해치사죄에까지 확대하는 상반된 태도를 보이고 있다.

- 경합하는 독립행위들은 동시적이든, 異時적이든 상관없다.
- 적용범위

① 상해죄와 폭행치상죄에 대해 본 특례규정을 적용하는 데 견해가 일치한다.

② 상해치사죄에 대해서는 견해가 갈린다.

긍정설은 상해라는 중간단계를 거쳐 사망으로 확대된 것이며

이때도 입증의 곤란은 여전하기 때문이다. 판례도 이 입장이다.

* 시간적 차이가 있는 독립된 상해행위나 폭행행위가 경합하여 사망의 결과가 일어나고 원인된 행위가 판명되지 않으면 공동정범의 예에 의해 처벌될 것이다(대판 2000.7.28, 2000도24660).

그러나 본 규정은 상해에만 적용되어야 하므로 치사에 적용하는 것은 유추적용으로서 부당하다.[10] 예외조항인 본조는 엄격하게 해석해야 하며

상해치사를 가져온 원인행위를 입증하는 일도 그렇게 어렵지만은 않을 것이다.

③ 폭행치사죄

여기서는 상해가 없으므로 적용할 수 없다.

그럼에도 판례(대판 2000.7.28, 2000도2466)가 이를 긍정하는 것은 폭행이 거의 언제나 상해, 혹은 상해의 위험과 직결된다고(다시 말해 찰나적일망정 거쳐 간다고) 보기 때문이다.

④ 강간치상죄

상해의 결과가 발생한 것은 사실이나 강간행위에 상해가 당연히 예상(수반)되는 것도 아니고 상해죄와는 보호법익을 달리하므로 양자는 질적으로 다른 범죄이다.

따라서 동시범에 대한 특례규정은 적용되지 아니한다.

* 형법 제263조의 동시범은 상해와 폭행죄에 관한 특별규정으로서 동 규정은 그 보호법익을 달리하는 강간치상죄에는 적용할 수 없다(대판 1984.4.24, 84도372).

⑤ 과실치상죄

긍정설은 과실미수를 벌하지 않아(독립행위가 경합하면 각자를 미수범으로 벌할 수 있지만 그저 과실범인 과실치상이 경합하는 경우에는 미수를 벌할 수 없다) 처벌의 흠결이 생기므로 이를 피하기 위해 이 규정을 적용해야 한다고 한다.

그러나 본 조는 체계적으로 고의범의 장에 위치하며

과실원인행위자에게 거증책임을 지우는 것도 과한 요구이다.

〈폭행죄(제260조)= ① 사람의 신체에 대하여 폭행을 가한 자는 2년 이하의 징역, 500만원 이하의 벌금, 구류 또는 과료에 처한다.

② 자기 또는 배우자의 직계존속에 대하여 제1항의 죄를 범한 때에는 5년 이하의 징역 또는 700만원 이하의 벌금에 처한다.

③ 제1항 및 제2항의 죄는 피해자의 명시한 의사에 반하여 공소를 제기할 수 없다〉

- 폭행이 있으면 성립하는 거동범이다.

---

10) 강구진, 71면; 김/서, 77면; 박상기, 61면; 이형국, 77면; 임웅, 69면.

- 폭행이란 사람의 신체에 대한 유형력(협박과 같은 정신적, 무형적 압박수단과는 구별되는)의 행사를 말한다.
- 폭행개념은 그 쓰임에 따라 아래와 같이 다양하다.
  ① 최광의의 폭행(소요죄=사람이든 물건에 대해서든 일체의 유형력의 행사)
  ② 광의의 폭행(공무집행방해죄=사람에 대한 직·간접의 유형력 행사)
  ③ 협의의 폭행(폭행죄=사람의 신체에 대한 유형력의 행사)
  ④ 최협의의 폭행(강도죄=사람에 대해 저항할 수 없을 정도로 강한 직·간접적인 유형력의 행사)

* 판례에 따르면

본조의 폭행은 사람의 신체에 대한 유형력의 행사를 가리키며, 그 유형력의 행사는 신체적 고통을 주는 물리력의 작용을 의미하므로 신체의 청각기관을 직접적으로 자극하는 음향도 경우에 따라서는 유형력에 포함될 수 있다.

그러므로 피해자의 신체에 공간적으로 근접하여 고성으로 폭언이나 욕설을 하거나 동시에 손발이나 물건을 휘두르거나 던지는 행위는 직접 피해자의 신체에 접촉하지 아니하였다 하더라도 피해자에 대한 불법한 유형력의 행사로서 폭행에 해당될 수 있는 것이지만,

거리상 멀리 떨어져 있는 사람에게 전화기를 이용하여 전화하면서 고성을 내거나 그 전화 대화를 녹음 후 듣게 하는 경우에는 특수한 방법으로 수화자의 청각기관을 자극하여 그 수화자로 하여금 고통스럽게 느끼게 할 정도의 음향을 이용하였다는 등의 특별한 사정이 없는 한 신체에 대한 유형력의 행사를 한 것으로 보기 어렵다(대판 2003.1.10, 2000도5716).

이처럼 판례는 폭행을 넓게 인정하므로 순수 무형력을 뺀 나머지는 모두 유형력으로 보고 있다고 할 수 있다.

- 반의사불벌죄이다. 단 폭처법 제2조 제4항에 따르면 2인 이상이 공동하거나 누범일 때는 반의사불벌죄가 아니게 된다.
- 폭행이 다른 범죄의 수단이면 폭행은 이 범죄에 흡수된다.
  폭행과 협박이 경합하면 협박은 폭행죄에 흡수된다.

〈**특수폭행죄(제261조)=** 단체 또는 다중의 위력을 보이거나 위험한 물건을 휴대하여 제260조제1항 또는 제2항의 죄를 범한 때에는 5년 이하의 징역 또는 1천만원 이하의 벌금에 처한다〉

- 실행행위의 방법이 단순폭행보다 위험하므로 가중하여 처벌한다.
- 단체란 공동목적을 가진 다수인의 계속적, 조직적인 결합체를 말한다.
  공동의 목적이 반드시 불법할 필요는 없지만 조직적이어야 하므로 일정한 지휘, 통솔 체계를 갖고 있어야 한다.
  구성원은 단체의 위력을 보일만한 숫자여야 하나 단체의 위력을 보이기 위해 그들이 현장에 집합해 있을 필요는 없다.
- 단체를 이루지 못한 다수인의 집합이 다중인데 이같은 다중의 위력을 보이기 위해서는 다수가 현장에 집합해 있어야 한다(필요없다는 입장이 다수이나 조직체인 단체와는 달리 현장에 있어야 위력을 보일 수 있을 것이다). 3인 정도는 그들이 어떤 집단의 힘을 배경으로 한다는 것이 인정되지 않는 한 다중의 위력을 보인 것이라고 할 수 없다(대판 1971.12.21, 71도1930).
- 위력을 보인다는 것은 위력을 상대에게 인식시키는 행위를 말한다.
  단체나 다중은 실제로 존재하여야 한다.
  폭처법 제3조는 단체나 집단을 가장한 경우까지를 포함한다.
- 위험한 물건이란 흉기가 아니더라도 객관적 성질과 사용방법에 따라서는 널리 사람의 생명, 신체에 해를 줄 수 있는 물건을 말한다. 그 판단은 구체적 사안에서 사회통념에 비추어 볼 때 그 물건을 사용하면 상대방이나 제3자가 생명, 신체에 대해 위험을 느낄 수 있는지 여부에 따른다.
- 휴대란 필요시 쉽게 사용할 수 있도록 몸 가까이 비치해 두는 것으로 사용할 의도가 있어야 한다. 따라서 그 범행과 무관하게 우연히 이를 소지한 경우는 이에 포함되지 않으며 이를 상대에게 인식시킬 필요도 없고 실제로 범행에 사용되어야 하는 것도 아니다.
  판례(대판 1997.5.30, 97도597)는 자동차로 친 경우 특수폭행죄에 해당한다고 하나 자동차를 휴대할 수는 없어 부정하는 입장도 있다. 판례입장이 타당하다.

〈폭행치사상죄(제262조)= 전2조의 죄를 범하여 사람을 사상에 이르게 한 때에는 제257조 내지 제259조의 예에 의한다〉

- 결과적 가중범
- 다수의 관련판례가 있다.
  ① 피해자의 신체 여러 부위에 표피박탈, 피하출혈 등의 외상이 생길 정도로 심하게 폭행

을 가함으로써 평소에 오른 쪽 관상동맥폐쇄 및 심실의 허혈성심근섬유화증세 등의 심장질환을 앓고 있던 피해자가 관상동맥부전과 허혈성심근경색 등으로 사망한 경우 폭행행위와 사망간에 인과관계를 인정한다(대판 1989.10.13, 89도556).

② 고교교사가 징계목적으로 왼쪽 뺨을 때려 뒤로 넘어지면서 사망하게 하였으나 피해학생이 두께 0.5미리밖에 안 되는 비정상적으로 얇은 두개골과 뇌수종을 가진 심신허약자로서 좌측 뺨을 때리자 급성뇌압상승으로 넘어지게 된 경우에는 폭행과 사망 간에 인과관계가 부정된다(대판 1978.11.28, 78도1961).

③ 피고인의 폭행정도가 서로 시비하다 상대를 떠밀어 엉덩방아를 찧고 주저앉게 한 정도였고 피해자는 외관상 건강하여 전혀 병약한 흔적이 없는 자인데 사실은 관상동맥경화 및 협착증세를 가진 특수체질자여서 위와 같은 정도의 폭행에 의한 충격에도 심장마비로 사망하였다면 결과에 대한 예견가능성이 없어 폭행치사죄가 안 된다(대판 1985.4.3, 85도303).

④ 폭력행위 등 처벌에 관한 법률 제2조1항에는 형법 제262조 소정의 폭행치상죄는 열거되어 있지 아니하므로 폭행치상의 정범에 대하여는 동법 제2조2항을 적용하여서는 아니된다(대판 1981.3.24, 81도415).

〈상습범(제264조)= 상습으로 제257조, 제258조, 제260조 또는 제261조의 죄를 범한 때에는 그 죄에 정한 형의 2분의 1까지 가중한다〉

* 흉기를 휴대하여 저지른 폭력범행과 흉기 등을 휴대하지 않은 폭력범행은 상습폭력죄의 포괄일죄로 의율할 수 없다(대판 2001.11.30, 2001도5657).

〈자격정지의 병과(제265조)= 제257조제2항, 제258조, 제260조제2항, 제261조 또는 전조의 경우에는 10년 이하의 자격정지를 병과할 수 있다〉

Q) 폭행이 없이 상해가 발생할 수 있는 사례를 들어보라.

Q) 마취상태에서 성형수술을 받았으나 깨어보니 환자가 처음 주문했던 것과 달랐다. 담당의사의 말로는 이것이 최근에 유행하는 형이고 후유증도 낮다고 한다. 의사의 행위는 위법성이 조각될 수 있을까?

Q) 중상해죄의 미수는 벌하지 않으므로 중상해의 고의로 단순상해의 결과를 발생시켰을 때 단순상해죄의 기수로 처벌할 수 있는가? 긍정한다면 근거는 무엇? 단순상해의 고의로 중상해의 결과를 발생시켰을 때는 어떠한가?

Q) 거증책임과 입증책임을 설명하라.

Q) 상해죄의 동시범 특례조항과 관련하여 다음 질문에 답하라.

① 거증책임을 피고인에게 전환시키는 이유.

② 피고인이 부담하는 증명의 정도는 보통의 유죄증명에 비해 낮아도 무방한데 그 이유는 무엇일까?

③ 이 규정을 폭행치사죄에도 적용하는 판례의 바탕에는 어떤 생각이 깔려 있나?

Q) 임신중 중금속에 오염된 식재료를 계속 섭취한 경우처럼 실행행위가 상해의 결과를 초래할 위험이 높고 실제로 이 결과가 출생한 영아한테 실현되었다면 상해죄가 성립한다는 견해의 논거는 무엇이며 타당한가?

Q) 후천성면역결핍증 환자일 가능성이 높은 동성애자나 매춘부 혹은 마약중독자임을 알면서 그와 성관계를 가진 자는 스스로 자신을 위험에 빠뜨렸다는 이유로 감염자를 처벌할 수 없다는 입장과 이 경우에도 형법적 보호를 박탈해서는 안 되므로 감염자임을 적극적으로 알고 있지 않는 한 상대를 상해죄로 처벌할 수 있다는 입장이 있다. 어느 입장이 타당한가?

Lesson 3 과실치사상의 죄

- 과실행위의 속내를 보면 고의행위와는 달리 전면적으로 금지되는 것이 아니다. 오히려 그 유용성 때문에 허용을 원칙으로 하며 중요한 법익(생명이나 신체와 같은)을 침해할 위험성이 있는 행위라도 형법은 이를 엄격히 금지하는 대신 조심해서 수행하라고 주문하는 정도이다.
- 과실범 일반에 대한 총론상의 지식을 요약하면
  ① 결과에 대한 예견가능성도 있고 심지어 허용된 위험의 한도를 넘더라도 그런 행위를 일체 금지할 수 없다는 데에 과실범의 근본적 특징이 있다. 이 특징으로부터 인과관계와 객관적 귀속의 문제를 분리해야 한다는 자각이 싹트는 것은 당연하며 실제로도 귀속의 문제가 과실범 영역에서 먼저 제기 되었다. 고의범에서는 여하한 경우라도 일단 혹은 무조건 금지대상(구성요건차원의)이 되니까 인과관계가 긍정되면 쉽게 구성요건을 충족시키기 때문이다.
  ② 기울여야 할 주의의 정도를 판단함에는
  * 임대차 목적물상의 하자의 정도가 그 목적물을 사용할 수 없을 정도의 파손상태라고 볼 수 없다든지, 반드시 임대인에게 수선의무가 있는 대규모의 것이라고 볼 수 없어 임차인의 통상의 수선 및 관리의무에 속한다고 보여지는 경우에는 그 하자로 인하여 가스중독사가 발생하였다고 하더라도 임대인에게 과실이 있다고 할 수 없으나, 이러한 판단을 함에 있어서 단순히 하자 자체의 상태만을 고려할 것이 아니라 그 목적물의 구조 및 전반적인 노후화 상태 등을 아울러 참작하여 과연 대규모적인 방법에 의한 수선이 요구되는지를 판단하여야 할 것이며, 이러한 대규모의 수선여부가 분명하지 아니한 경우에는 임대차 전후의 임대차 목적물의 상태 내지 하자로 인한 위험성의 징후 여부와 평소 임대인 또는 임차인의 하자 상태의 지실 내지 발견 가능성 여부, 임차인의 수선 요구 여부 및 이에 대한 임대인의 조치 여부 등을 종합적으로 고려하여 임대인의 과실 유무를 판단하여야 할 것이다(대판 1993.9.10, 93도196).

  ③ 주의의무의 체계적 지위
  객관적 주의의무와 주관적 주의의무를
  1) 전자는 구성요건요소 후자는 책임요소로 생각하는 방식
  2) 전자는 객관적 귀속의 척도이고 후자만 구성요건요소로 혹은 후자에

구성요건 요소와 책임요소의 2중 지위를 부여하는 방식

1)의 방식은 a. 유형화된 불법으로서의 구성요건의 본질에 부합

b. 과실불법의 주관화가 가져올 위법성조각사유의 무력화 방지(불법의 개별화는 조기에 구성요건을 조각시킨다)

c. 불법영역에서는 모든 참여자를 객관적 기준에 따라 동등하게 취급하게 되어 일반예방효과 기대됨

d. 능력이 떨어진 자에 대한 배려는 책임에서 행하는 편이 온당하다.

2)의 방식은 a. 각자의 능력에 맞게 주의의무를 부과함으로써 법질서를 합리적으로 유지할 수 있고

b. 체계를 고의범과 일치시키는 편이 타당한데 고의란 구체적 행위자의 주관적 요소이므로 과실도 주관적 주의의무 위반이어야 한다.

c. 객관적 주의의무는 고의범과 과실범에 공통되는 객관적 귀속척도이므로 과실범의 불법내용을 주관적 주의의무위반으로 채울 수밖에 없다.

* 그러나 어디에 배치할 것인지는 논리적 적합성뿐만 아니라 체계의 도구성 즉, 능율성, 간편함(혹은 익숙함)도 함께 고려해야 한다. 그 결과 객관적인 것, 확실한 것, 확인이 쉬운 것은 불법에 배치하고 주관적, 내면적, 불확실한 것들은 뒤에 배치하여 단계적 확인과정을 거치는 편이 체계의 혼란도 피하고 유용할 것으로 생각된다. 또한 주의의무는 구성요건적 행위인지를 가리는 기준이지 결과가 규범적(법적)으로 이 행위 탓이라고 할 수 있는지를 가리는 기준이 아니다(위험성이 있는 행위를 부주의하게 수행하여 초래된 결과일지라도 그것이 이 행위 때문이라고 평가할 수 있느냐 라고 할 때의 "부주의"란 행위를 수식하며 부주의한 결과라는 뜻이 아니다).

④ 주관적 정당화요소가 필요한가? 등도 문제가 된다.
요격하려고 코너에 숨어 기다리는 자를 이 사실을 모른 채 과속운전하여 상해를 입힌 경우 그 처리는 어떻게 해야 할까?
정당방위 혹은 불능미수나 과실치상죄의 어디에 해당하는 것일까?

〈**과실치상죄(제266조)**= ① 과실로 인하여 사람의 신체를 상해에 이르게 한 자는 500만원 이하의 벌금, 구류 또는 과료에 처한다.
② 제1항의 죄는 피해자의 명시한 의사에 반하여 공소를 제기할 수 없다〉

* 운동경기에 참가하는 자가 경기규칙을 준수하는 중에 또는 그 경기의 성격상 당연히 예상되는 정도의 경미한 규칙위반 속에 제3자에게 상해의 결과를 발생시켰다면 그 행위가 사회적 상당성의 범위를 벗어나지 않는 한 과실치상죄는 성립하지 않는다. 그러나 골프경기 중 골프공을 아무도 예상하지 못한 자신의 등 뒤편으로 날려 뒤에 있던 경기보조원에게 상해를 입혔다면 이는 주의의무를 현저히 위반하여 사회적 상당성을 벗어난 행위로서 과실치상죄가 성립한다(대판 2008.10.23, 2008도6940).

– 본죄는 반의사불벌죄이다.

〈**과실치사죄(제267조)**= 과실로 인하여 사람을 사망에 이르게 한 자는 2년 이하의 금고 또는 700만원 이하의 벌금에 처한다〉

– 본죄는 반의사불벌죄가 아니다.

* ① 바다에 면한 수직경사가 암반위로 이끼가 많이 끼어 매우 미끄러운 곳에서 당시 폭풍주의보가 발효 중 이어서 평소보다 높은 파도가 치고 있던 상황에서 피해자와 같은 내무반원인 피고인 등 여러 명이 곧 전역할 병사 갑의 손발을 붙잡아 헹가래를 쳐서 장난삼아 바다에 빠뜨리려고 하다가 그가 발버둥치자 동인의 발을 잡고 있던 피해자가 몸의 중심을 잃고 미끄러지면서 바다에 빠져 사망한 경우 인과관계도, 예견가능성도 있어 피해자의 사망에 대해 과실책임을 면할 수 없다(대판 1990.11.13, 90도2106).
② 부엌과 창고 홀로 통하는 방문이 상단부의 문틈과 벽 사이에 약 1.2센티미터 내지 2센티미터나 벌어져 있고 그 문틈과 문자체 사이도 두 군데나 0.5센티미터의 틈이 있는 정도의 하자는 임차목적물을 사용할 수 없을 정도의 것이거나 임대인에게 수선의무가 있는 대규모의 것이 아니고 임차인의 통상의 수선 및 관리의무의 범위에 속하는 것이어서 비록 임차인이 위 문틈으로 새어든 연탄가스에 중독되어 사망하였다 하더라도 임대인에게 그 책임을 물을 수 없다(대판 1986.7.8, 86도383).

〈**업무상 과실, 중과실치사상죄(제268조)**= 업무상 과실 또는 중대한 과실로 인하여 사람을 사상에 이르게 한 자는 5년 이하의 금고 또는 2천만원 이하의 벌금에 처한다〉

– 본죄는 부진정신분범

- 업무의 특징은
  사람의 사회생활상의 지위에 기할 것
  계속 반복성
  생명과 신체에 위해를 끼칠 위험이 있어야 할 것 등이다.
- 업무는 다시 구성요건에 따라
  진정신분범요소로서의 업무 (허위진단서작성죄, 업무상 과실장물취득죄 등)
  부진정신분범요소로서의 업무 (업무상 횡령죄와 업무상 배임죄)
  보호법익으로서의 업무 (업무방해죄)
  구성요건적 행위의 태양으로서의 업무 (아동혹사죄)의 의미를 갖는다.
- 업무상 과실치사상죄가 가중처벌 되는 이유에 대해서는
  ① 위험한 업무에 종사하는 자에게 법질서는 보다 높은 정도의 주의를 부과하며 이를 위반했으므로 불법의 정도가 높다.[1] 이처럼 주의의무는 불법요소가 되고 업무자에게 높은 주의의무를 부과하는 것도 업무개념에 비추어 수긍할 수 있다고 한다.
  그러나 행위의 위험성이나 생명과 신체침해라는 결과 역시 동일하므로 업무자와 일반인의 행위가 갖는 불법에는 차이가 없고 주의의무를 준수할 능력의 차이만 있을 뿐이므로 이 차이는 책임에서 고려해야 한다는 비판이 따른다.
  ② 반대로 업무자는 숙달된 자이므로 주의능력이 뛰어나 책임이 가중된다.[2]
  그러나 업무자가 항상 주의능력이 뛰어나다고 보는 것은 의제일 뿐 실제와는 다르다고 한다.
  생각건대 생명, 신체에 위험한 업무에 종사하는 자는 이 위험을 예견하고 회피할 능력이 뛰어난다고 하면 그의 부주의는 모두 일반인의 중과실에 해당할 것이므로 중과실과 별도로 업무상 과실을 조문에 규정할 이유가 없을 것이다. 따라서 고도의 주의 의무를 부과하기 때문이라는 ①설을 취한다.
- 업무상 과실의 내용

* ① 선행차량에 이어 피고인 차량이 피해자를 연속으로 역과하는 과정에서 피해자가 사망

1) 김/서, 99면 이하; 김종원, 78면; 이형국, 103면; 임웅, 90면.
2) 김성돈, 86면; 배종대, 137면; 이재상, 78면; 이정원, 97면; 정/박, 80면; 정영일, 60면.

했다면 뒤차 운전자는 충분한 안전거리를 유지하고 진로의 안전을 확인하면서 주행할 주의의무를 위반하였다(대판 2001.12.11, 2001도5055).

② 보행자 신호가 녹색에서 정지신호로 바뀔 무렵 전후에 횡단보도를 통과하는 자동차 운전자는 보행자가 교통신호를 철저히 준수할 것으로 믿고 운전할 것이 아니라 이미 횡단보도에 진입한 보행자가 있는지를 살펴보고 또한 그의 동태를 두루 살피면서 서행하는 등 언제라도 정지할 수 있는 태세로 운전해야 할 업무상의 주의의무가 있다(대판 1986.5.27, 86도549).

③ 제한 속도가 시속 40km인 왕복 6차선 도로의 1차선을 따라 시속 약 50km로 택시를 운전하던 중 무단횡단하던 보행자가 중앙선 부근에 서 있다가 마주오던 차에 충격당하여 택시 앞에 쓰러지는 것을 피하지 못하고 역과시킨 경우, 피해자는 횡단 도중에 여의치 못해 잠시 중앙선 부근에 머무르고 있었던 만큼 그곳을 벗어나기 위해 피고인의 진로 앞으로 횡단을 하리라고 충분히 예상할 수 있다. … 피해자가 다른 차에 충격당하여 피고인의 진로 상으로 들어왔고 피고인이 이를 15m 정도 떨어진 거리에서 발견했다는 점을 고려하면 이 사고는 충분히 피할 수 있었다고 할 것이다(대판 1995.12.26, 95도715).

④ 갑이 택시를 운전하여 시속 40km로 편도 3차선 도로의 1차선을 따라 운행하던 중 차도를 무단횡단하기 위해 중앙선상에 서 있던 피해자가 뒷걸음질을 치다가 반대방향에서 달려오는 을의 차량에 충격되면서 중앙선을 넘어 갑이 운전하던 위 차량의 전면 바로 앞에 떨어지는 바람에 이를 피하지 못하고 사고가 발생했다면 갑한테는 피해자가 자기 차선으로 튕겨져 오는 것까지 예상하고 이에 대비해야 할 주의의무는 없다(대판 1987.9.22, 87도516).

⑤ 내리막길에서 버스의 브레이크가 고장나 대형사고를 피하려고 인도턱에 버스를 부딪쳐 정차시키려 했으나 인도턱을 넘어 돌진, 보행자를 사망에 이르게 했더라도 피고인의 과실은 없다(대판 1996.7.9, 96도1198).

⑥ 태아가 역위로 조기분만되면서 난산으로 분만 후 사망한 경우, 비록 조산위험이 있기는 하였으나 산모에게 진통이 있었다고 단정하기 어려운 상황에서 내진이나 초음파검사 없이 경과를 관찰하기로 한 산부인과 의사의 행위를 진료행위에 있어 합리적인 재량의 범위를 벗어난 것으로 보기 어려울 뿐만 아니라 일반적으로 산부인과 의사에게 요구되는 주의의무를 위반한 것으로 보기 어렵다(대판 2006.12.7, 2006도1790).

⑦ 일반외과 전문의인 피고인이 피해자의 후복막 전체에 형성된 혈종을 발견한지 14일이 지나도록 전산화단층촬영 등 후복막 내의 장기손상이나 농양 형성 여부를 확인하는 적절한 진단방법을 시도하지 않은 채, 염증의 원인을 단순히 장간막 봉합수술에 따른 후유증 정도로만 생각하고 필요 적절한 진단 및 치료조치를 취하지 아니한 것은 진단 및 치료상의 주의의무를 다하지 않은 것으로서 과실이 있다(대판 1996.9.24, 95도245).

⑧ 요추 척추후궁절제 수술중에 메스가 부러지자 담당의사가 이 메스조각(3×5mm)을 찾

아 제거하기 위한 최선의 노력을 다했으나 찾지 못하여 이를 그대로 둔 채 수술부위를 봉합한 경우, 같은 수술과정에서 메스 끝이 부러지는 일은 흔히 있고 무리하게 이를 찾아 제거하려고 하면 부가적인 손상을 줄 우려가 있어 일단 봉합한 후에 재수술을 통하여 제거하거나 그대로 두는 경우도 있는 점에 비추어 담당의사의 과실을 인정할 수 없다(대판 1999.12.10, 99도3711).

⑨ 법정자격을 갖추지 못한 자라 할지라도 현실적으로 광산보안관리책임자의 지위에서 그 업무를 수행한 이상 광산보안관리책임자로서의 업무상 주의의무 있음을 면할 수 없다(대판 1970.6.30, 70도738).

- 과실범의 공동정범

① 백화점붕괴의 원인이 건축계획의 수립, 건축설계, 건축공사공정, 건물완공 후의 유지, 관리 등에 있어서의 과실이 복합적으로 작용한 데에 있다면 각 단계별 관련자들을 업무상과실치사상죄의 공동정범으로 처단할 수 있다(대판 1996.8.23, 96도1231).

② 피고인이 운전자의 부탁으로 차량의 조수석에 동승한 후 운전자의 차량운전행위를 살펴보고 잘못된 점이 있으면 이를 지적하여 교정해 주려 했던 것에 그치고 전문적인 운전교습자가 피교습자에 대하여 차량운행에 관해 모든 지시를 하는 경우와 같이 주도적 지위에서 동 차량을 운행할 의도가 있었다거나 실제로 그와 같은 운행을 하였다고 보기 어렵다면 그 같은 운행중에 일어난 사고에 관하여 과실범의 공동정범의 책임을 물을 수 없다(대판 1984.3.13, 82도3136).

- 중과실은 주의의무 위반의 정도가 현저한 과실, 즉 조금만 주의했어도 결과발생을 피할 수 있었는데도 이를 태만히 한 경우이다. 중과실 여부도 사회통념에 따라 판단한다.

 중과실을 인정한 판례로는 "안수기도 사건(대판 1997.4.22, 97도538)", 부정사례는 "러시안룰렛 게임 사건(대판 1992.3.10, 91도3172)"을 들 수 있다.

- 罪數와 관련하여

① 도로교통법상의 주취운전과 그 기회에 야기된 과실치사상죄와의 관계에 있어서 상상적 경합인지 실체적 경합인지 구체적 사안에 대하여 일률적으로 어느 한 쪽으로 단정할 수 없다(대판 1975.5.27, 75도1158).

 음주측정거부는 기왕의 도로교통안전침해는 물론 향후의 도로교통안전확보와 위험예방을 함께 문제삼지만 주취운전은 이미 이루어진 도로교통안전침해만을 문제 삼는 점에서, 또 전자의 주체는 술에 취한 상태에서 운전했다고 인정할 만한 상당한 이유가 있는 자이지만 주취운전자는 도로교통법시행령이 정한 기준 이상으로 술에 취한 자가 주체이기 때문에 주취

운전의 불법과 책임 내용이 일반적으로 음주측정거부에 포섭된다고 단정할 수 없어 이들 도로교통법위반죄는 실체적 경합관계이다(대판 2004.11.12, 2004도5257).

② 도로교통법 제148조에 의해 처벌되는 동법 제54조 제①항위반죄는 사람의 사상, 물건의 손괴가 있다는 것에 대한 인식이 있을 것을 필요로 하는 고의범으로서, 과실범인 형법 제268조의 죄 중 업무상과실 또는 중과실치상죄 및 도로교통법 제151조의 죄와는 그 보호법익, 주체, 행위 등 구성요건이 전혀 다른 별개의 범죄이므로, 차의 운전자가 업무상과실 또는 중과실에 의하여 사람을 상해에 이르게 하거나 재물을 손괴하고 같은 법 제54조 제1항 소정의 구호조치 등 필요한 조치를 취하지 아니한 경우에는 업무상과실·중과실치상죄 또는 같은 법 제151조의 죄 외에 같은 법 제148조의 죄가 성립하고 이는 실체적 경합범이라고 보아야 한다(대판 1991.6.14, 91도253).

* 도로교통법

제54조 제1항(사고발생시의 조치): 차의 운전 등 교통으로 인하여 사람을 사상하거나 물건을 손괴한 경우에는 그 차의 운전자나 그 밖의 승무원은 즉시 정차하여 사상자를 구호하는 등 필요한 조치를 하여야 한다.

제148조(벌칙): 제54조제1항의 규정에 의한 교통사고 발생시의 조치를 하지 아니한 사람은 5년 이하의 징역이나 1천500만원 이하의 벌금에 처한다.

제151조(벌칙): 차의 운전자가 업무상 필요한 주의를 게을리하거나 중대한 과실로 다른 사람의 건조물이나 그 밖의 재물을 손괴한 때에는 2년 이하의 금고나 500만원 이하의 벌금에 처한다.

* 도로교통법 제54조 제1항, 제2항이 규정한 사고발생시의 구호조치의무 및 신고의무는 교통사고의 결과가 피해자의 구호 및 교통질서의 회복을 위한 조치가 필요한 상황인 이상 교통사고를 발생시킨 당해 차량의 운전자에게 그 사고 발생에 있어서 고의·과실 혹은 유책·위법의 유무에 관계없이 부과된 의무라고 해석함이 상당하다(대판 2002.5.24, 2000도1731).

도로교통법 제54조 제1항의 취지는 도로에서 일어나는 교통상의 위험과 장해를 방지·제거하여 안전하고 원활한 교통을 확보함을 그 목적으로 하는 것이지 피해자의 물적 피해를 회복시켜 주기 위한 규정은 아니다(대판 2005.9.30, 2005도4383).

'도로'란 도로법에 의한 도로, 유료도로법에 의한 유료도로, 그 밖의 일반교통에 사용되는 모든 곳을 말하고 '일반교통에 사용되는 모든 곳'이란 ① 현실적으로 불특정 다수의 사람 또는 차량의 통행을 위하여 공개된 장소로서 ② 교통질서유지 등을 목적으로 하는 일반 교통경찰권이 미치는 공공성이 있는 곳을 의미하며, 특정인들 혹은 그들과 관련된 특정한 용건이 있는 자들만이 사용할 수 있고 자주적으로 관리되는 장소는 이에 포함되지 않는다(대판 2001.7.13, 2000두6909).

- 자동차운전자가 업무상과실치사상죄(제268조)를 범한 후 도주하면 특가법 제5조의3 제1항이 적용된다. 이 규정의 취지는 사고운전자가 피해자의 사상사실을 알면서도, 피해자를 구호하는 등 도로교통법 제54조 제1항의 구호 등 필요한 조치를 하지 않고 현장을 이탈하여 사고를 낸 자가 누구인지를 확정할 수 없는 상태가 발생하지 않도록 하는데 있다. 즉 교통의 안전이라는 공공의 이익과 교통사고로 사상을 당한 피해자의 생명, 신체의 안전이라는 개인적 법익을 보호하려는 것이다.

* 특정범죄가중처벌 등에 관한 법률 제5조의3 제1항(도주차량 운전자의 가중처벌): 도로교통법 제2조에 규정된 자동차, 원동기장치자건거의 교통으로 인하여 형법 제268조(업무상과실, 중과실치사상죄)의 죄를 범한 해당 차량의 운전자가 피해자를 구호하는 등 도로교통법 제54조 제1항에 따른 조치를 하지 아니하고 도주한 경우에는 다음 각 호의 구분에 따라 가중처벌 한다.

1. 피해자를 사망에 이르게 하고 도주하거나, 도주 후에 피해자가 사망한 경우에는 무기 또는 5년 이상의 징역에 처한다.
2. 피해자를 상해에 이르게 한 경우에는 1년 이상의 유기징역 또는 500만원 이상 3천만원 이하의 벌금에 처한다.

동 규정의 도주와 관련한 판례가운데

* 도주로 보는 사례는

① 구호가 필요한 피해자를 부근의 택시 기사에게 병원으로 이송하여 줄 것을 요청하였지만 피해자의 병원 이송 및 경찰관의 사고현장 도착 전에 사고운전자가 현장을 떠났다면 설령 사고운전자가 현장이탈 전에 피해자의 동승자에게 자신의 신원을 알 수 있는 자료를 제공했더라도 본조의 도주에 해당한다(대판 2004.3.12, 2004도250).

② 사고운전자가 피해자를 병원에 데려다 준 후 피해자나 병원 측에 아무런 인적사항을 알리지 않고 병원을 떠났다가 경찰이 피해자가 적어놓은 차량번호를 조회하여 연락을 취하자 2시간쯤 후에 파출소에 출석한 경우도 도주에 해당(대판 1999.12.7, 99도2869).

③ 사고운전자가 피해자를 병원에 후송하였지만 조사경찰관에게 사고사실을 부인하고 자신을 목격자라고 하면서 참고인조사를 받고 귀가한 경우 도주이다(대판 2003.3.25, 2002도5748).

④ 아파트 단지 내의 통행로에서 사고를 당한 3세 남짓의 어린이가 땅에 넘어져 울고 있

으며 무릎에 상처가 난 것을 보았음에도 아무런 보호조치 없이 현장을 이탈하였다면 도주에 해당(대판 2002.9.24, 2002도3190).

반대로 도주를 부인하는 사례를 보면

① 생명, 신체에 대한 단순한 위험에 그치거나(사상이 아닌) 형법 제257조 제1항에 규정된 상해로 평가될 수 없을 정도의 극히 하찮은 상처로서 굳이 치료할 필요가 없어 그로 인한 건강상태를 침해했다고 보기 어려운 경우(대판 2007.4.13, 2007도1405).

② 신호대기를 위하여 정차하고 있다가 브레이크 페달에서 발이 떨어져 차가 서행하면서 앞차의 범퍼를 경미하게 충격하자 사고차량운전자와 동승자가 피해자에게 사과한 후 피해자가 양해를 한 것으로 오인하고 현장을 떠났고, 피해자의 상해와 피해차량의 손괴가 외견상 쉽게 알 수 있는 것이 아닌 경우(대판 1999.11.12, 99도3140).

③ 사고운전자가 피해자를 병원으로 후송하여 치료를 받게 하고 병원에서 피해자의 가족들에게 자신의 인적사항을 알려주었다면 비록 경찰관서에 사고운전자임을 신고하지 않고 동료 운전기사로 하여금 그가 사고운전자인 것으로 신고하게 하였다 하더라도, 피해자를 구호하는 등 도로교통법 제50조 제1항에 규정된 의무를 이행하기 이전에 사고현장을 이탈하여 사고를 낸 자가 누구인지 확정될 수 없는 상태를 초래하였다고 볼 수 없으므로 도주가 아니다(대판 2002.2.8, 2001도4771).

④ 사고운전자가 교통사고 현장에서 경찰관에게 동승자가 사고차량의 운전자라고 진술하거나 그에게 같은 내용의 허위신고를 하도록 하였더라도, 사고 직후 피해자가 병원으로 후송될 때까지 사고장소를 이탈하지 아니한 채 경찰관에게 위 차량이 가해차량임을 밝히고 경찰관의 요구에 따라 동승자와 함께 조사를 받기 위해 경찰지구대로 동행한 경우(대판 2007.10.10, 2007도1738).

특가법 제5조의3제1항과 도로교통법 제54조제1항의 문언대로라면 사고운전자가 즉시 정차하고 사상자를 구호하며 그 밖에 사고장소에서의 교통질서회복과 안전확보를 위한 조치 및 피해자 등 교통사고 관여자에게 사고운전자의 신원을 확인시키는 조치 가운데 어느 하나라도 이행하지 않은 채 도주하면 특가법 규정을 적용할 수 있게 보인다. 그러나 판례는 이 가운데 구호의무를 주된 것으로 보고 다른 의무들은 구호의무와 동등하게 여기지 않고 있다. 즉 도주를 부정하는 위 ③의 예처럼 구호의무를 이행하고 다른 의무를 해태한 경우일 때는 도주운전죄가 아니라고 하며 사고운전자인 피고인 자신이 부상을 입고 경찰에 의해 병원에 후송되어 치료를 받던 중 아무말없이 병원에서 나와 경찰에 연락하지 않았어도 그 당시에는 이미 경찰에 의해 피해자를 구호하는 등의 조치가 이루진 후이므로 도주한 때에 해당하지 않는다(대판 2999.4.13, 98도3315)고 보기 때문이다. 그렇다면 위 특가법 규정을 적용할지 여부는 사고의 경위와 내용, 피해자의 상해부위와 정도, 사고운전자의 과실 정도, 사고운전자와 피해자의 나이와 성별, 사고 후의 정황 등을 종합적으로 고려하여 실제로 피해자를 구호하는 등의 조치가 필요했는지에 달려 있다.

한편 사고운전자에게 피해자나 경찰관 등 교통사고관련자에 대해 자신의 신원을 확인시켜 주어야 할 의무가 있는지는 의문이다. 특가법이나 도로교통법에서 신원확인 의무를 규정하고 있지 않을 뿐만 아니라 이 같은 의무는 형사상 불리한 진술을 강요하는 것이어서 부당하기 때문이다.

- 특가법 제5조의3 제1항 위반죄로 공소제기 되었으나 도주사실이 인정되지 않더라도 업무상과실치사상죄(교통사고처리특례법위반죄)가 인정되면 법원은 유죄판결을 하고 공소권이 없으면 공소기각 판결을 해야 하므로 무죄의 선고를 해서는 안 된다(대판 2005.9.30, 2005도4383).

  반면 도주차량으로 기소되었으나 업무상과실은 인정되지 않고 도로교통법 제54조 제1항 위반 사실만 인정되면 법원은 무죄를 선고해야 하고 공소장 변경없이 도로교통법 제148조, 제54조 제1항을 적용하여 처벌할 수 없다(대판 1991.5.28, 91도711).

- 반의사불벌죄가 아니다.

  그러나 교통사고처리특례법 제3조와 제4조는 이와 달리 교통사고로 업무상과실, 중과실치상죄를 범했을 때 처벌상의 특례를 인정하고 있다.

  * 교통사고처리 특례법 제3조 제2항에서는 업무상과실. 중과실치상죄를 범한 운전자라도 도주 또는 제2항 소정의 11개 사유에 해당하지 않으면 피해자의 명시한 의사에 반해 공소를 제기할 수 없다(반의사불벌죄).

  다시 동법 제4조 제1항에서는 보험 또는 공제에 가입되어 있으면 제3조 제2항 본문에 규정된 죄(도주나 11개 사유를 제외한)를 범한 운전자에 대해 공소를 제기할 수 없게 하고 있다.

Q) 자동차로 인한 교통사고가 발생하면 여러 법규가 적용될 수 있다.

각 법규의 내용을 비교하고 이들 규정간의 관계를 정리해 보라.

Q) 도로교통법은 사고운전자에게 구호의무를 부과하며 이를 위반하면 처벌한다. 그러나 다른 범죄에서는 범죄자가 피해자를 구호하지 않았다고 하여 이 점을 따로 벌하지는 않는다. 이처럼 다르게 취급하는 이유는 무엇인가?

Lesson 4 낙태의 죄

- 태아를 모체 안에서 살해하거나 자연의 분만기 이전에 모체 밖으로 배출시키는 범죄이다. 따라서 태아의 사망여부는 낙태죄의 성립에 영향이 없다(대판 2005.4.15, 2003도2780).

  제왕절개수술도 낙태죄의 구성요건에는 해당한다.
- 보호법익은 1차적으로 태아의 생명이며 2차적으로 모체의 생명과 신체의 안전이다.

  타인낙태, 부동의 낙태에 비해 자기낙태와 동의낙태의 형이 가볍고 낙태죄에 비해 낙태치사상죄를 무겁게 처벌하고 있기 때문이다.

  보호의 정도는 침해범설[1]과 위험범설[2]이 대립하나 위험범설(태아가 사망하지 않고 인위적으로 조기에 배출되어도 낙태니까)이 다수설이다.

  추상적 위험범인가, 구체적 위험범인가를 둘러싸고도 다시 견해가 갈리지만 추상적 위험범설이 타당하다.
- 낙태죄의 처벌은 역사적으로 사회윤리적 가치관과 사회적·경제적 여건, 나아가 해당 국가의 인구정책을 통해 결정되었다. 그리고 이 연장선상에서 지금은 여성의 자기결정권을 강조함으로써 낙태죄의 비범죄화나 축소화의 방향으로 나아가고 있다.

  이 진행방향은 적응사유에 의한 비범죄화나 기간에 따른 낙태허용으로 나타난다.
- 모자보건법상의 인공임신중절이란 모체 밖에서는 생명을 유지할 수 없는 시기에(모자보건법시행령 제15조제1항에 따르면 임신 후 24주 이내이다) 태아를 모체 밖으로 배출시키는 것으로 적응방식에 따른 위법성조각사유이다. 적응사유 외에 임신중절이 적법하기 위해서는 본인과 배우자의 동의하에 임신중절이 의사에 의해 행해져야 한다.

  적응사유는 우생학적(대통령령이 정한 기준에 따른), 의학적, 윤리적 이유로 한정되며 경제적 사유는 제외한다.

---

1) 오영근, 102면; 이재상, 88면.

2) 김성돈, 86면; 김/서, 47면; 김종원, 83면; 박상기, 84면; 백형구, 78면; 정영일, 71면.

모자보건법의 요건을 충족시키지 못하더라도 긴급피난에 의한 낙태가 가능하다.

* 모자보건법 제14조(인공임신중절수술의 허용한계):
  ① 의사는 다음 각호의 어느 하나에 해당되는 경우에만 본인과 배우자(사실상의 혼인관계에 있는 사람을 포함한다. 이하 같다)의 동의를 받아 인공임신중절수술을 할 수 있다.
    1. 본인이나 배우자가 대통령령으로 정하는 우생학적 또는 유전학적 정신장애나 신체질환이 있는 경우
    2. 본인이나 배우자가 대통령령으로 정하는 전염성질환이 있는 경우
    3. 강간 또는 준강간에 의하여 임신된 경우
    4. 법률상 혼인할 수 없는 혈족 또는 인척간에 임신된 경우
    5. 임신의 지속이 보건의학적 이유로 모체의 건강을 심각하게 해하고 있거나 해칠 우려가 있는 경우
  ② 제1항의 경우에 배우자의 사망·실종·행방불명, 그밖에 부득이한 사유로 동의를 받을 수 없으면 본인의 동의만으로 그 수술을 행할 수 있다.
  ③ 제1항의 경우 본인이나 배우자가 심신장애로 의사표시를 할 수 없을 때에는 그 친권자나 후견인의 동의로, 친권자나 후견인이 없을 때에는 부양의무자의 동의로 각각 그 동의에 갈음할 수 있다.

- 태아는 수태 후(모체에 착상한 이후) 분만이 개시되기 전의 인간생명체를 말하므로 착상 전 수정란이나 배아의 법적 지위를 어떻게 볼 것인지는 확실하지 않다.

  만약 재물의 일종으로 본다면 소유자는 이를 자유롭게 처분할 수 있을 것이지만 선뜻 재물성에 동의하기 어렵고 생명의 맹아로서 낙태죄 규정을 유추적용한다면 낙태죄의 성립범위가 부당하게 넓어질 것이다. 나아가 수정란(잔여배아같은)을 착상시키지 않고 소멸시키는 경우도 흔하므로 무죄라는 주장도 가능하다.

  * 생명윤리 및 안전에 관한 법률(2004.1.29. 법률 제7150호)에서는 胚芽를 수정란 및 수정된 때부터 발생학적으로 모든 기관이 형성되는 시기까지의 분열된 세포군이라고 정의한다.

    이 법은 인간복제를 금하며(제11조제1항) 예외적으로 불임치료법 및 피임기술의 개발, 희귀. 난치병 치료목적의 연구일 때에만 잔여배아를 사용할 수 있도록 하고 있다(제17조). 배아의 보존기간과 기간이 지나면 이를 폐기해야 하며(제16조) 위 각각의 위반행위에 대한 처벌조항을 두고 있다.

〈자기낙태죄(제269조제1항)= 부녀가 약물 기타 방법으로 낙태한 때에는 1년 이하의 징역 또는 200만원 이하의 벌금에 처한다〉

- 주체는 임부 자신이므로 진정신분범이다.
  자신이 직접 하든 타인에게 의뢰하여 낙태를 하든 임부에게는 자기낙태죄일 뿐이다.
- 교통사고로 임부가 즉사한 상태에서 아직 살아있는 태아를 배출하는 것은 본죄가 성립하지 않는다(임부는 살아있는 사람을 의미하니까).
- 체외배출 후 살아있는 생명체를 살해하면 낙태죄 외에 살인죄가 가능한가?
  ① 모체 밖에서 생존이 불가능한 경우
  모자보건법상의 인공임신중절도 여기에 해당하므로 적법한 임신중절이라면 살아있다 하여 그를 보호할 의무는 없다. 따라서 방치함으로써 죽게 했어도 살인은 아니지만 이 영아도 사람이므로 적극적으로 살해하면 살인죄가 성립한다.
  ② 생존이 가능한 경우
  생존가능성이 있으면 작위든 부작위든 침해행위를 해서는 안 된다.
  물론 소수견해[3]로 낙태 이후 부작위로 방치, 사망에 이르게 하는 것은 낙태에 수반된 현상일 뿐 살인의 구체적 위험이 있는 것은 아니므로 작위의무가 발생할 수 없다고 보기도 한다.

* 낙태로 살아서 출생한 미숙아가 정상적으로 생존할 확률이 낮다고 하더라도 적극적으로 염화칼륨을 주입하여 사망에 이르게 하였다면 미숙아에 대한 살인의 범의가 인정된다(대판 2005.4.15, 2003도2780).

〈동의낙태죄(제269조제2항)= 부녀의 촉탁 또는 승낙을 받아 낙태하게 한 자도 제1항의 형과 같다〉

- 주체는 업무상 동의낙태죄의 주체를 제외한 제3자이다.
- 촉탁, 승낙은 촉탁, 승낙능력이 있는 부녀의 자유로운 의사에 기하여야 한다.

3) 山口 厚, 生命に對する罪(下), 法學セミナー450号 81頁.

〈업무상 동의낙태죄(제270조제1항)= 의사, 한의사, 조산사, 약제사 또는 약종상이 부녀의 촉탁 또는 승낙을 받어 낙태하게 한 때에는 2년 이하의 징역에 처한다〉

- 부진정신분범

〈부동의낙태죄(제270조제2항)= 부녀의 촉탁 또는 승낙없이 낙태하게 한 자는 3년 이하의 징역에 처한다〉

〈낙태치사상죄(제269조제3항)= 제269조제2항의 죄를 범하여 부녀를 상해에 이르게 한 때에는 3년 이하의 징역에 처한다. 사망에 이르게 한 때에는 7년 이하의 징역에 처한다.

(제270조제3항)= 제270조제1항 또는 제2항의 죄를 범하여 부녀를 상해에 이르게 한 때에는 5년 이하의 징역에 처한다. 사망에 이르게 한 때에는 10년 이하의 징역에 처한다〉

- 본죄는 이들 죄를 범하여 중한 결과가 발생한 결과적 가중범이다.
- 이들 죄란 기수(낙태 미수는 범죄가 아니므로 처벌받지 않음)를 뜻한다.
- 낙태에 수반되는 손상은 상해로 볼 수 없다.

〈자격정지의 병과(제270조제4항)= 전3항의 경우에는 7년 이하의 자격정지를 병과한다〉

Q) 낙태란 원래 태아의 사망을 예정하는 것인데 낙태범인을 다시 살인죄나 유기치사죄로 처벌하면 동일한 생명침해행위에 대해 2중처벌이 아닌가?

Lesson 5 유기와 학대의 죄

- 보호법익은 사람의 생명이나 신체의 안전이다.
  그러나 어느 정도로 생명과 신체의 안전이 위태로울 때 유기죄가 되는지를 알기는 쉽지 않다. 이로부터 유기죄의 성립범위를 명확히 하려는 노력이 행해지고 있는 바 이 노력은 두 개의 방향으로 모아진다.
  즉 보호법익에 대한 위험의 정도와
    보호의무자, 즉 행위주체를 한정하는 것이다
- 보호법익에 대한 위험의 정도는
  ① 추상적 위험범(통설)[1]인가 아니면 구체적 위험범인가?
    이 문제는 미수를 벌하지 않는 유기죄에서 영아를 보육원 문 앞에 버려두고 숨어서 지켜보다가 보모가 데리고 들어가자 돌아선 경우 유기죄가 성립하는지와 관련하여 실제적 의미가 있다.
    추상적 위험범설에 따르면 이때도 유기죄가 성립하지만 구체적 위험범설에서는 구체적으로 위험이 발생하지 않아 유기죄를 부정한다.
    그러나 중유기죄규정과는 달리 유기죄의 조문에서는 구체적인 위험의 발생을 요하지 않으므로 추상적 위험범설이 타당하다. 단 방화죄의 경우에는 같은 추상적 위험범이지만 방화와 소훼만으로 기수가 되는 대신 여기에 추가하여 공공의 위험이라는 위험결과가 구성요건상 예정되어 있다. 반면 유기죄에서의 유기행위는 위험한 상태에 두는 것이므로 이 행위 외에 별도로 위험결과를 요하지 않는다.
  ② 유기죄에 대한 형법규정을 보면 이해되지 않는 부분이 있다.
    1) 생명과 신체에 대한 추상적 위험일 때는 이를 구별하지 않고 동일하게 제271조 제1항을 적용한다(3년 이하의 징역 혹은 500만원 이하의 벌금).
    2) 그러나 구체적 위험이 생명에 대해 발생하면 7년 이하의 징역으로
       신체에 대해 발생하면 제271조 제1항에 따라 3년 이하의 징역 또는 500만원 이하의 벌금에 처하게 하여 구분한다.

---
1) 김/서, 108면; 박상기, 92면; 오영근, 112면; 임웅, 113면.

3) 유기치상이면 7년 이하의 징역에 처함으로써 법정형이 생명에 대해 구체적 위험이 발생할 때와 동일하다.

그러나 유기치상을 생명에 대한 구체적 위험으로 본다면 양자를 구별할 이유가 없을 것이며 실제로 양자를 구별하기도 쉽지 않다.

반대로 모든 치상이 생명에 대한 구체적 위험을 발생시키는 것이 아니라면 동일한 형이어서는 곤란하다.

4) 유기치상(7년 이하의 징역)은 상해(7년이하의 징역, 10년 이하의 자격정지 또는 1천만원 이하의 벌금)나 과실치상(5백만원 이하의 벌금, 구류 또는 과료)보다 중하게 처벌하지만 유기라는 행위방법일 때 특별히 가중해야 할 근거가 무엇인지 확실하지 않다.

〈유기, 존속유기죄(제271조)= ① 노유, 질병 기타 사정으로 인하여 부조를 요하는 자를 보호할 법률상 또는 계약상 의무있는 자가 유기한 때에는 3년 이하의 징역 또는 500만원 이하의 벌금에 처한다.

② 자기 또는 배우자의 직계존속에 대하여 제1항의 죄를 범한 때에는 10년 이하의 징역 또는 1천500만원 이하의 벌금에 처한다〉

- 보호의무란 요부조자의 생명, 신체를 위험으로부터 보호하는 것이지만 경제적 곤궁을 덜어 주는 것은 본죄의 보호의무의 내용이 아니다.
- 행위주체는 법문의 표현대로 법률상 또는 계약상 의무있는 자로 한정되는가?
  아니면 여기에 사무관리나 조리, 관습까지도 포함시켜야 하는가?

한정설[2](통설, 판례)의 논거로는

① 제271조 제1항의 문언에 충실해야 하고

② 조리나 관습이 유기죄상의 보호의무의 근거가 되는 경우란 실은 법률상 혹은 계약상의 근거에 포함될 수 있는 것들임을 든다.

반면 비한정설[3]의 논거는

---

2) 강구진, 121면; 권오걸, 94면; 김성돈, 104면; 김/서, 110면; 박상기, 93면; 배종대, 185면 이하; 손동권, 98면; 오영근, 115면 이하; 이재상, 104면 이하; 정/박, 103면 이하; 진/이, 124면.

3) 김종원, 90면 이하; 이정원, 121면 이하; 임웅, 117면 이하; 이형국, 141면; 정영일, 82면 이하.

① 법률상의 보호의무에 형법 제18조(부작위범)상의 보호의무가 포함되며
② 통설은 제273조(학대죄)에서 조리상의 보호자를 행위주체에 포함시키고 있다.
③ 공동체정신의 구현도 꾀할 수 있다.

그러나 구조불이행죄를 두고 있는 독일에서도 불이행자를 유기죄상의 보호의무자로 간주하지 않는 것처럼 법률의 규정이 항상 보호의무를 발생시킨다고 할 수 없고 선행사실로부터 발생하는 작위의무의 내용이 유기죄상의 보호의무와 일치하는 것도 아니며 유기라는 방식에 불법의 중점이 있는 유기죄의 특성상 보호의무의 인정은 여기에 맞추어야 한다.

나아가 학대죄와 일치시킬 이유도 분명치 않으며

③번에 대해서는 애초부터 견해가 일치하기 어려운 문제이다.

* ① 형법은 유기죄에 있어 법률상 또는 계약상의 의무있는 자만을 주체로 규정하므로 사회상규상의 보호책임을 관념할 수 없다. 따라서 유기죄의 죄책을 인정하려면 보호책임이 있게 된 경위, 사정, 관계 등을 설시하여 구성요건이 요구하는 법률상 또는 계약상 보호의무를 밝혀야 하고, 설혹 동행자에 대한 구조가 필요한 때라도 일정거리를 동행했다는 사실만으로 피고인에게 법률상, 계약상의 보호의무가 있다고 할 수 없다(대판 1977.1.11, 76도3419).

② 강간치상의 범행을 저지른 자가 그 범행으로 인하여 실신상태에 있는 피해자를 구호하지 아니하고 방치하였다고 하더라도 그 행위는 포괄적으로 단일의 강간치상죄만을 구성한다(대판 1980.6.24, 80도726).

③ 형법 제271조제1항에서 말하는 법률상 보호의무 가운데는 민법 제826조제1항에 근거한 부부간의 부양의무도 포함되며, 나아가 법률상 부부는 아니지만 사실혼 관계에 있는 경우에도 위 민법 규정의 취지 및 유기죄의 보호법익에 비추어 위와 같은 법률상 보호의무의 존재를 긍정하여야 하지만, 사실혼에 해당하여 법률혼에 준하는 보호를 받기 위해서는 단순한 동거 또는 간헐적인 정교관계를 맺고 있다는 사정만으로는 부족하고, 그 당사자 사이에 주관적으로 혼인의 의사가 있고 객관적으로도 사회관념상 가족질서적인 면에서 부부공동생활을 인정할 만한 혼인생활의 실체가 존재하여야 한다(대판 2008.2.14, 2007도3952).

– 유기란 요부조자를 보호없는 상태에 둠으로써 그의 생명·신체에 위험을 가져오는 행위이다. 보호없는 상태에 두는 것은 요부조자를 옮기거나 그를 두고 떠나 버리는 행위의 어느 편으로도 가능하다.

- 다른 특별법과의 관계

  ① 도로교통법과의 관계

  도로교통법상의 구호의무는 행정범(교통안전을 위해 경찰에 협력해야 하는 내용의 구호의무)과 형사범을 함께 아우르고 있으며 이중 사람의 생명과 신체를 보호하는 한에서 유기죄와 동일하다. 다만 사고의 원인을 교통으로 한정하는 점에서 유기죄와 법조경합의 관계에 있다.

  ② 특정범죄가중처벌 등에 관한 법률은 도로교통법위반(뺑소니)일 때 세분하여 더욱 가중처벌하고 있다(법조경합).

  * 특가법 제5조의3 제2항(도주차량 운전자의 가중처벌):

    ② 사고운전자가 피해자를 사고장소로부터 옮겨 유기하고 도주한 경우에는 다음 각 호의 구분에 따라 가중처벌한다.

    1. 피해자를 사망에 이르게 하고 도주하거나, 도주 후에 피해자가 사망한 경우에는 사형·무기 또는 5년 이상의 징역에 처한다.
    2. 피해자를 상해에 이르게 한 경우에는 3년 이상의 유기징역에 처한다.

〈중유기, 존속중유기죄(제271조)= ③ 제1항의 죄를 범하여 사람의 생명에 대한 위험을 발생하게 한 때에는 7년 이하의 징역에 처한다.
④ 제2항의 죄를 범하여 사람의 생명에 대하여 위험을 발생한 때에는 2년 이상의 유기징역에 처한다〉

- 重유기죄의 성격을 부진정결과적 가중범으로 보는 설이 있다.
  그러나 위험이 추상적 위험에서 구체적 위험으로 변화한 것일 뿐 결과적 가중범은 아니다.

〈영아유기죄(제272조)= 직계존속이 치욕을 은폐하기 위하거나 양육할 수 없음을 예상하거나 특히 참작할 만한 동기로 인하여 영아를 유기한 때에는 2년 이하의 징역 또는 300만원 이하의 벌금에 처한다〉

- 부진정신분범
- 직계존속에는 사실상의 직계존속도 포함된다(통설).
- 영아살해죄와는 달리 분만중이나 분만직후의 영아는 제외되며 영아는 젖먹이(幼兒가 아니라 乳兒임을 주의)를 의미한다.

〈학대, 존속학대죄(제273조)= ① 자기의 보호 또는 감독을 받는 사람을 학대한 자는 2년 이하의 징역 또는 500만원 이하의 벌금에 처한다.
② 자기 또는 배우자의 직계존속에 대하여 전항의 죄를 범한 때에는 5년 이하의 징역 또는 700만원 이하의 벌금에 처한다〉

- 주체는 사람을 보호 · 감독하는 자이다.
  유기죄와 달리 사무관리 · 관습 · 조리도 보호 · 감독의 근거가 된다.
- 경향범이다.
- 18세 미만의 아동에 대해서는 아동복지법을 적용한다.

* 아동복지법 제2조(용어의 정의):

4. 아동학대라 함은 보호자를 포함한 성인에 의하여 아동의 건강. 복지를 해치거나 정상적 발달을 저해할 수 있는 신체적 · 정신적 · 성적 폭력 또는 가혹행위 및 아동의 보호자에 의하여 이루어지는 유기와 방임을 말한다.

동법 제29조(금지행위): 누구든지 다음 각호의 1에 해당하는 행위를 하여서는 아니된다.

1. 아동의 신체에 손상을 주는 학대행위
2. 아동에게 성적 수치심을 주는 성희롱, 성폭행 등의 학대행위
3. 아동의 정신건강 및 발달에 해를 끼치는 정서적 학대행위
4. 자신의 보호 · 감독을 받는 아동을 유기하거나 의식주를 포함한 기본적 보호 · 양육 및 치료를 소홀히 하는 방임행위
5. 아동을 타인에게 매매하는 행위
6. 아동에게 음행을 시키거나 음행을 매개하는 행위
7. 장애를 가진 아동을 공중에게 관람시키는 행위
8. 아동에게 구걸을 시키거나 아동을 이용하여 구걸하는 행위
9. 공중의 오락 또는 흥행을 목적으로 아동의 건강 또는 안전에 유해한 곡예를 시키는 행위
10. 정당한 권한을 가진 알선기관 외의 자가 아동의 양육을 알선하고 금품을 취득하는 행위
11. 아동을 위하여 증여 또는 급여된 금품을 그 목적 외의 용도에 사용하는 행위

동법 제40조(벌칙): 제29조의 규정을 위반한 자는 다음 각호의 구분에 따라 처벌한다.

1. 제5호 또는 제6호에 해당하는 행위를 한 자는 10년 이하의 징역 또는 5천만원 이하의 벌금에 처한다.
2. 제1호 내지 제4호, 제7호 및 제8호에 해당하는 행위를 한 자는 5년 이하의 징역 또는 3천만원 이하의 벌금에 처한다.
3. 제10호 또는 제11호에 해당하는 행위를 한 자는 3년 이하의 징역 또는 2천만원 이하의 벌금에 처한다.

4. 제9호에 해당하는 행위를 한 자는 1년 이하의 징역 또는 500만원 이하의 벌금에 처한다.

동법 제40조의2(상습범): 상습으로 제40조 각호의 죄를 범한 자는 그 죄에 정한 형의 2분의 1까지 가중한다.

- 행위는 학대이고 이는 육체적 혹은 정신적으로 고통을 가하는 것이다.
  학대인지는 행위의 외적 면만이 아니라 당사자들의 관계나 지위, 환경 등도 고려하여 사회통념에 좇아 판단한다. 잠을 재우지 않는 것, 음식물을 제공하지 않는 행위 등이 이에 해당하고 성교 등 음란행위는 학대가 아니다.
  그러나 이들 행위가 폭행죄나 상해죄 혹은 유기죄에 해당하면 이들 범죄로 처벌한다.

〈아동혹사죄(제274조)= 자기의 보호 또는 감독을 받는 16세미만의 자를 그 생명 또는 신체에 위험한 업무에 사용할 영업자 또는 그 종업원에게 인도한 자는 5년 이하의 징역에 처한다. 그 인도를 받은 자도 같다〉

- 보호법익은 아동의 생명이나 신체이다. 아동의 복지권을 들기도 한다.
  추상적 위험범이다.
- 인도는 현실적이어야 하며 단순한 약속만으로는 안 된다.
- 근로기준법 제65조는 18세 미만자를 도덕상 또는 보건상 유해·위험한 사업에 종사시키는 것을 금하며 위반시에는 3년 이하의 징역 또는 2천만원 이하의 벌금에 처한다(동법 제109조). 따라서 아동혹사죄에서의 업무는 이보다 좁다.
- 아동의 동의가 있어도 본죄는 성립한다.

〈유기등 치사상죄(제275조)= ① 제271조 내지 제273조의 죄를 범하여 사람을 상해에 이르게 한 때에는 7년 이하의 징역에 처한다. 사망에 이르게 한 때에는 3년 이상의 유기징역에 처한다.
② 자기 또는 배우자의 직계존속에 대하여 제271조 또는 제273조의 죄를 범하여 상해에 이르게 한 때에는 3년 이상의 유기징역에 처한다. 사망에 이르게 한 때에는 무기 또는 5년 이상의 징역에 처한다〉

Lesson 6 체포와 감금죄

〈**체포, 감금, 존속체포, 존속감금죄**= ① 사람을 체포 또는 감금한 자는 5년 이하의 징역 또는 700만원 이하의 벌금에 처한다.
② 자기 또는 배우자의 직계존속에 대하여 제1항의 죄를 범한 때에는 10년 이하의 징역 또는 1천500만원 이하의 벌금에 처한다〉

- 보호법익은 신체활동의 자유, 보다 구체적으로는 장소선택의 자유이다
  그 침해를 피해자가 인식할 필요는 없으므로 이 자유는 잠재적 자유를 의미한다.
  영아에게는 이러한 자유가 없으므로 만취하여 숙면중인 자나 정신질환자와는 달리 본죄의 객체가 될 수 없다(다수설).
- 체포란 사람의 신체에 대하여 직접적, 현실적 구속을 가해 신체활동의 자유를 박탈하는 것. 유형, 무형, 작위, 부작위의 어떤 형태로도 가능하다.
- 감금은 일정한 구역을 벗어나기 어렵게 하는 것이므로 이 구역 안에서는 자유롭게 활동할 수 있다. 따라서 장소선택의 자유를 침해하는 행위이지만 약취, 유인에 비해 장소적으로 더 제한된다.
- 계속범의 전형으로 침해행위가 일정 시간 계속되어야 한다.
- 기수시점을 둘러싸고 견해가 대립하는 바
  ① 피해자의 현실적 자유가 침해된 시점이라는 설[1)]이 있으나
  ② 잠재적 자유라도 일정 시간이 경과하는 것이면 족하다는 견해[2)]가 타당하다. 따라서 자고 있는 방문을 잠갔다가 깨기 전에 열었어도 기수가 된다.
- 죄수의 문제
  본죄는 다른 범죄의 수단으로 행해지기도 한다.
  ① 체포한 자가 감금으로 나갈 때 감금죄 일죄
  ② 체포, 감금하기 위해 폭행이나 협박을 하여도 체포감금죄 일죄

---

1) 강구진, 151면; 김종원, 108면; 배종대, 224면; 백형구, 228면; 임웅, 128면; 진/이, 141면.
2) 권오걸, 136면; 김성돈, 131면; 김/서, 136면; 박상기, 126면; 손동권, 121면; 오영근, 126면; 이재상, 123면; 이형국, 182면; 정/박, 118면; 정영일, 98면.

③ 체포, 감금 중에 범한 강간이라면 양죄의 경합범이다

* 강간죄 성립에 언제나, 직접적으로, 또 필요한 수단으로서 감금죄가 수반되는 것은 아니므로 감금 행위가 수단이 된 경우라도 양죄는 상상적 경합관계에 있다(대판 1997.1.21, 96도2715).

④ 살인의 수단으로 체포. 감금을 한 경우 양죄의 경합범이라는 견해도 있으나 불가벌적 수반행위로서 흡수관계로 봐야 한다.

⑤ 감금행위가 단순히 강도상해의 수단이 되는데 그치지 아니하고 강도상해의 범행이 끝난 후에도 계속된 경우에는 1개의 행위가 감금죄와 강도상해죄에 해당하는 경우로 볼 수 없고, 형법 제37조의 경합범관계에 있다 (대판 2003.1.10, 2002도4380).

〈중체포 · 감금죄, 존속중체포 · 감금죄(제277조)= ① 사람을 체포 또는 감금하여 가혹한 행위를 가한 자는 7년 이하의 징역에 처한다.
② 자기 또는 배우자의 직계존속에 대하여 전항의 죄를 범한 때에는 2년 이상의 유기징역에 처한다〉

- 가혹한 행위로는 폭행을 하거나 잠을 재우지 않거나 의식주를 제공하지 않는 등의 행위를 들 수 있다. 그러나 본죄가 체포 · 감금과 가혹행위의 결합범이므로 체포 · 감금죄와 결합된 가혹행위를 내용으로 하는 별도의 범죄에 대한 처벌의 합이 7년을 넘으면 본죄가 아니라 이들 결합되어 있는 각 범죄의 경합범으로 처리한다.

  체포 · 감금 등의 치사상죄 규정인 제281조에서는 가혹행위 없이 과실로 상해의 결과가 발생할 때 1년 이상의 유기징역으로 처벌하므로 본죄와의 형의 균형은 유지된다.

  가혹행위에 그친 경우보다 상해의 결과가 발생했을 때 형이 중한 것은 당연하다.
- 본죄의 미수는 가혹한 행위를 했느냐가 기준이다. 따라서 단순히 가혹한 행위를 할 생각으로 체포 · 감금에 착수하였으나 체포 · 감금이 미수에 그쳤다면 체포 · 감금죄의 미수일 뿐이다.

〈특수체포 · 감금죄(제278조)= 단체 또는 다중의 위력을 보이거나 위험한 물건을 휴대하여 전2조의 죄를 범한 때에는 그 죄에 정한 형의 2분의 1까지 가중한다〉

〈상습범(제279조)= 상습으로 제276조 또는 제277조의 죄를 범한 때에는 전조의 예에 의한다〉

〈미수범(제280조)= 전4조의 미수범은 처벌한다〉

〈체포 · 감금 등의 치사상(제281조)= ① 제276조 내지 제280조의 죄를 범하여 사람을 상해 에 이르게 한 때에는 1년 이상의 유기징역에 처한다.

② 자기 또는 배우자의 직계존속에 대하여 제276조 내지 제280조의 죄를 범하여 상해에 이르게 한 때에는 2년 이상의 유기징역에 처한다. 사망에 이르게 한 때에는 무기 또는 5년 이상의 징역에 처한다〉

– 본죄는 결과적 가중범.

가혹한 행위에 의하여 사상의 결과가 발생하면 본죄가 된다.

그러나 단순히 체포 · 감금에 수반하여 과실로 발생한 치상의 경우와 고의로 가혹행위를 하여 상해결과가 초래된 경우를 동일한 형으로 벌하는 이유는 무엇일가?

체포 · 감금 후에 살인의 고의로 가혹행위를 하면 체포 · 감금죄와 살인죄의 경합범이 된다. 살인고의의 폭은 가혹행위를 넘어가므로.

* 피해자를 억지로 승용차에 태운 후 하차요구를 무시하고 운전하면 이것으로 감금죄가 성립하고 겁에 질린 피해자가 차에서 뛰어내리다가 상해를 입었으면 다시 감금치상죄가 성립한다. 즉 양죄의 실체적 경합이다(대판 2000.2.11, 95도5286).

〈자격정지의 병과(제282조)= 본장의 죄에는 10년 이하의 자격정지를 병과할 수 있다〉

Lesson 7 협박죄

본죄의 보호법익은 의사결정의 자유이고 보호의 정도는 침해범으로 본다(다수설). 반면 판례는 위험범설에 서있다.

〈협박, 존속협박죄(제283조)= ① 사람을 협박한 자는 3년 이하의 징역, 500만원 이하의 벌금, 구류 또는 과료에 처한다.

② 자기 또는 배우자의 직계존속에 대하여 제1항의 죄를 범한 때에 는 5년 이하의 징역 또는 700만원 이하의 벌금에 처한다.

③ 제1항 및 제2항의 죄는 피해자의 명시한 의사에 반하여 공소를 제기할 수 없다〉

- 외국원수, 외교사절에 대해 협박하면 제107조와 제108조가 적용된다.
- 형법상 협박은 다음 세가지 의미로 사용된다.
  ① 일반적으로 공포심을 일으키게 할 만한 해악의 고지(위험범).
  내란죄, 소요죄, 공무집행방해죄 등에서의 협박으로 광의의 협박이다.
  ② 해악을 고지하여 상대가 현실적으로 공포심을 일으키는 협박으로 협의의 협박이다(침해범). 협박죄, 공갈죄상의 협박이 이에 해당.
  ③ 상대방의 반항을 불가능하게 하거나 현저히 곤란하게 하는 최협의의 협박으로 강도죄나 강간죄에서의 협박을 말한다.
- 해악을 가할 것을 고지하여 상대에게 공포심을 불러일으키는 범죄이므로 공포심을 느낄 능력이 없는 자에 대해서는 협박죄가 성립하지 않는다.
  해악 또한 적어도 발생가능한 것으로 생각될 수 있는 정도의 구체적인 것이어야 한다.
  협박은 흔히 다른 범죄의 수단으로 사용된다.
- 고지될 해악의 내용은 어떤 것이든 상관없다. 그러나 단순한 욕설은 해악이 아니다.
- 협박은 길흉화복의 도래를 예고하는 경고와 달리 해악의 실현이 행위자에게 달려 있는 것 같은 외관을 갖춰야 한다.

따라서 설령 행위자가 실제로 영향을 미칠 수 없더라도 피해자가 이를 오신하면 협박이 된다.

* 해악의 고지는 제3자로 하여금 해악을 가하도록 하겠다는 방식으로도 가능하지만, 이 경우 고지자가 제3자의 행위를 사실상 지배하거나 제3자에게 영향을 미칠 수 있는 지위에 있는 것으로 믿게 하는 명시적. 묵시적 언동을 하였거나 제3자의 행위가 고지자의 의사에 의하여 좌우될 수 있는 것으로 상대방이 인식한 경우에 한하여 비로소 고지자가 직접 해악을 가하겠다고 고지한 것과 마찬가지의 행위로 평가할 수 있고, 만약 고지자가 위와 같은 명시적, 묵시적 언동을 하거나 상대방이 위와 같이 인식을 한 적이 없다면 비록 상대방이 현실적으로 외포심을 느꼈다고 하더라도 이러한 고지자의 행위가 협박죄를 구성한다고 볼 수 없다(대판 2006.12.8, 2006도6155).

- 권리행사가 협박죄가 될 수 있는가?

  정당한 권리의 행사에 수반되는 통상의 협박(판례는 사회통념상 용인될 수 있는 정도라고 한다)이라면 본죄는 성립하지 않지만 적정한 권리행사가 아닌 남용이면 협박죄가 된다.

  여기에는 목적이 정당한 것만으로는 적법하지 못한 것처럼, 수단이 불법하다고 하여 언제나 불법한 것도 아니라는 생각이 자리하며 유사한 문제는 공갈죄에서도 나타난다.

  * ① 해악의 고지가 정당한 목적을 위한 상당한 수단이라고 볼 수 있으면 위법성이 조각되지만 위와 같은 관련성이 인정되지 않으면 위법성이 조각되지 아니한다(대판전 2007.9.27, 2007도606).
    ② 징계권자인 친권자가 야구방망이로 때릴 듯이 피해자에게 죽여 버린다고 말하면 협박죄가 된다(대판 2002.2.8, 2001도6468).

- 고소권자가 고소할 의사 없이 고소하겠다고 하여 수단의 상당성이 바로 부정되는 것은 아니다. 예컨대 폭행의 피해자가 고소의사 없이 고소하겠다고 말하는 것은 상당하지만 피해변상의 조건으로 만나주지 않으면 고소하겠다는 것은 협박이 된다.
- 본죄는 반의사불벌죄이나 폭처법이 적용되는 상습협박죄나 집단협박죄는 반의사불벌죄가 아니다.

〈특수협박죄(제284조)= 단체 또는 다중의 위력을 보이거나 위험한 물건을 휴대하여 전조 제1항, 제2항의 죄를 범한 때에는 7년 이하의 징역 또는 1천만원 이하의 벌금에 처한다〉

〈**상습범(제285조)=** 상습으로 제283조제1항, 제2항 또는 전조의 죄를 범한 때에는 그 죄에 정한 형의 2분의 1까지 가중한다〉

〈**미수범(제286조)=** 전3조의 미수범은 처벌한다〉

* 협박죄가 성립하려면 고지된 해악의 내용이 행위자와 상대방의 성향, 고지 당시의 주변 상황, 행위자와 상대방 간의 친숙의 정도 및 지위 등의 상호관계, 제3자에 의한 해악을 고지한 경우에는 그에 포함되거나 암시된 제3자와 행위자 사이의 관계 등 행위 전후의 여러 사정을 종합하여 볼 때에 일반적으로 사람으로 하여금 공포심을 일으키게 하기에 충분한 것이어야 하지만, 상대방이 그에 의하여 현실적으로 공포심을 일으킬 것까지 요구하는 것은 아니며, 그와 같은 정도의 해악을 고지함으로써 상대방이 그 의미를 인식한 이상, 상대방이 현실적으로 공포심을 일으켰는지 여부와 관계없이 구성요건은 충족되어 협박죄의 기수에 이른 것이다. 따라서 협박죄는 의사결정의 자유를 보호법익으로 하는 위험범이라 봄이 상당하고, 협박죄의 미수범 처벌조항은 해악의 고지가 현실적으로 상대방에게 도달하지 않았거나 상대가 이를 지각하지 못했거나 고지된 해악의 의미를 인식하지 못한 경우 등에 적용될 뿐이다.

  그러므로 정보보안과 소속 경찰관이 자신의 지위를 내세우면서 타인의 민사분쟁에 개입하여 빨리 채무를 변제하지 않으면 상부에 보고하여 문제를 삼겠다고 말한 사안에서, 객관적으로 상대방이 공포심을 일으키기에 충분한 정도의 해악의 고지에 해당하므로 현실적으로 피해자가 공포심을 일으키지 않았다 하더라도 협박죄의 기수에 이르렀다고 본다(대판전 2007.9.28, 2007도606).

Lesson 8 약취와 유인의 죄

- 被引取자를 자기나 제3자의 실력적 지배로 옮겨 행동의 자유를 침해하는 범죄지만
  체포·감금죄만큼 엄격한 장소적 제한을 받지 않으므로 피인취자의 지금까지의 생활환경에서 생활할 자유를 침해한다고 봄이 보다 정확하다.
  이 점은 특히 행동의 자유가 없는 영아인취도 인취죄가 되는 데서 뚜렷이 드러난다.
  * 강도범행을 하는 과정에서 혼자 주거에 있는 미성년자를 체포. 감금하는 등으로 일시 부모의 보호관계가 사실상 배제되었더라도 그 의도가 미성년자를 기존의 생활관계 및 보호관계로부터 이탈시키는 데 있는 것이 아니라 금품강취를 위해 반항을 제압하려는 것이라면 미성년자를 약취한다는 범의를 인정할 수 없고 보통 시간적 간격도 짧아 그 주거지를 중심으로 영위되었던 기존의 생활관계로부터 완전히 이탈되었다고 평가하기도 곤란하다(대판 2008.1.17, 2007도8485).
- 실력적 지배없이 그저 도망가게 하는 것만으로는 본죄가 되지 아니한다.
- 이 장을 구성하는 범죄로는
  미성년자 인취죄(제287조)
  영리등을 위한 인취, 매매등(제288조)
  국외이송을 위한 인취, 매매죄(제289조), 본죄의 예비.음모죄(제290조)
  결혼목적인취죄(제291조)
  인취, 매매된 자의 수수 또는 은닉죄(제292조)
  제293-296조에서는 위 범죄에 대한 상습범, 미수범, 자격정지나 벌금형의 병과, 형의 감경, 고소에 대해 정하고 있다.

〈**미성년자의 약취·유인죄(제287조)=** 미성년자를 약취 또는 유인한 자는 10년 이하의 징역에 처한다〉

- 통설은 보호법익을 미성년자의 행동의 자유와 보호자의 감독권으로 본다.
  그러나 의사능력, 행위능력이 없는 영아도 본죄의 피해자가 될 수 있으므로 미성년자의 행동의 자유라고 단언하기는 어렵다.

* 피해자가 스스로 가출하였지만 그것이 피고인의 교리설교에 의하여 하자있는 의사로 이루어진 것이고, 동피해자를 보호감독권자의 보호관계로부터 이탈시켜 피고인의 지배하에 옮긴 이상 미성년자유인죄가 성립한다(대판 1982.4.27, 82도186).

- 침해범이며 자유에 대한 침해가 계속되는 한 본죄는 계속되므로 계속범이다.
- 실부모나 친권자도 본죄의 주체가 될 수 있다.
- 혼인한 미성년자(20세 미만)도 본죄의 객체이다.

  민법상의 성년의제는 친권자로부터 벗어나 독립적으로 법률행위를 할 수 있게 하려는 취지이고 이를 본죄에까지 적용할 수는 없기 때문이다.
- 약취는 폭행, 협박으로

  유인은 기망과 유혹으로 기존의 지배관계를 변경하는 것을 말한다.

  유혹은 기망의 정도에 이르지는 않지만 감언이설로 상대를 현혹시켜 판단의 적정을 그르치게 하는 행위이다(대판 1996.2.27, 95도2980).
- 기수시기는 기존의 지배관계가 종료되고 새로운 지배관계가 설정될 때이다. 따라서 피인취자를 반드시 장소적으로 이전할 필요는 없다.
- 인취된 미성년자를 감금하면 양죄의 경합범이나

  특가법 제5조의2 제2항 제3호는 인취한 미성년자를 폭행, 상해, 감금 또는 유기하거나 가혹한 행위를 하면 무기 또는 5년 이상의 징역에 처한다.

  * 특가법 제5조의2(약취. 유인죄의 가중처벌):

  ① 형법 제287조(미성년자의 약취, 유인)의 죄를 범한 사람은 그 약취 또는 유인의 목적에 따라 다음 각호와 같이 가중처벌한다.

  1. 약취 또는 유인한 미성년자의 부모나 그밖에 그 미성년자의 안전을 염려하는 사람의 우려를 이용하여 재물이나 재산상의 이익을 취득할 목적인 경우에는 무기 또는 5년 이상의 징역에 처한다.
  2. 약취 또는 유인한 미성년자를 살해할 목적인 때에는 사형 · 무기 또는 7년 이상의 징역에 처한다.

  ② 형법 제287조의 죄를 범한 사람이 다음 각호의 어느 하나에 해당하는 행위를 한 경우에는 다음 각호와 같이 가중처벌한다.

  1. 약취 또는 유인한 미성년자의 부모나 그밖에 그 미성년자의 안전을 염려하는 사람의 우려를 이용하여 재물이나 재산상의 이익을 취득하거나 이를 요구한 경우에는 무기 또는 10년 이상의 징역에 처한다.
  2. 약취 또는 유인한 미성년자를 살해한 경우에는 사형 또는 무기징역에 처한다.
  3. 약취 또는 유인한 미성년자를 폭행, 상해, 감금 또는 유기하거나 그 미성년자에게 가혹한 행위를 한 경우에는 무기 또는 5년 이상의 징역에 처한다.

4. 제3호의 죄를 범하여 미성년자를 사망에 이르게 한 경우에는 사형 · 무기 또는 7년 이상의 징역에 처한다.

③ 제1항 또는 제2항의 죄를 범한 사람을 방조하여 약취 또는 유인된 미성년자를 은닉하거나 그밖의 방법으로 귀가하지 못하게 한 사람은 5년 이상의 유기징역에 처한다.

④ 형법 제288조(영리등을 위한 약취, 유인, 매매등). 제289조(국외이송을 위한 약취, 유인, 매매) 또는 제292조제1항(약취, 유인, 매매된 자의 수수 또는 은닉)의 죄를 범한 사람은 무기 또는 5년 이상의 징역에 처한다.

⑤ 상습적으로 제4항의 죄를 범한 사람은 그 죄에 정한 형의 2분의 1까지 가중한다.

⑥ 제1항. 제2항(제4호는 제외한다) 및 제4항에 규정된 죄의 미수범은 처벌한다.

⑦ 제1항부터 제6항까지의 죄를 범한 사람을 은닉하거나 도피하게 한 사람은 3년 이상의 유기징역에 처한다.

⑧ 제1항, 제2항제1호 · 제2호 또는 제4항의 죄를 범할 목적으로 예비하거나 음모한 사람은 1년 이상의 유기징역에 처한다.

인취한 후에 유기하면 유기죄가 성립하는가?

견해는 갈리나 유기죄를 부정하는 측은 인취자에게 법률상, 계약상의 보호의무가 있지 않다고 한다.

* 미성년자를 유인한 자가 계속하여 이를 불법하게 감금하였을 때에는 미성년자유인죄 이외에 감금죄가 성립한다(대판 1961.9.21, 4294형상455).

〈영리등을 위한 인취죄(제288조)= ① 추행, 간음 또는 영리의 목적으로 사람을 약취 또는 유인한 자는 1년 이상의 유기징역에 처한다〉

- 본죄는 목적범이므로 목적달성과는 상관없이 인취가 있으면 기수이다.
- 추행이란 사람의 성적 만족을 충족시키기 위한 행위로서 일반인의 성적 수치심을 유발하는 것이고 추행의 목적은 피인취자를 추행의 주체나 객체로 삼을 목적을 말한다.

  간음목적은 혼인이 아닌 성교의 목적이고 인취자 자신이 이들 추행이나 간음의 주체가 될 필요는 없다.
- 영리목적이란 인취를 통하여 재물이나 재산상의 이익을 얻을 목적을 말한다. 이익은 인취행위로부터 직접 얻는 것만이 아니라 피인취자를 업무에 종사시켜 얻는 대가나 인취행위에 대한 보수도 포함한다.

  석방의 대가로 재물을 취득할 생각으로 인취한 경우에도 영리목적에 해당하는가?

이 경우에 이익을 얻는 방식은 보호자의 심리적 공황상태를 이용하는 것인데 이는 곧 인질의 안전을 담보로 하는, 달리 말해 저항할 수 없는 협박을 구사하는 것이기도 하다. 그렇다면 이를 규제하고 있는 인질강도죄(제336조)와의 관계가 문제될 것이다.

인질강도죄는 체포・감금・약취・유인된 자를 인질로 삼아 재물이나 재산상의 이익을 취득하는 범죄로서 3년 이상의 유기징역에 처한다.

인질로 삼아란 흥정의 대상으로 삼는 것이어서 인질강도죄가 성립하면 본죄가 성립할 수 없다는 입장(법조경합)[1]과 영리목적으로 사람을 인취한 것(이후 피인취자를 노무에 종사시킬 수도 석방의 대가로 흥정할 수도 있고 여러 선택이 가능하다)만으로는 아직 인질강도죄의 실행에 착수하기 전 단계이므로 본죄가 성립한다는 견해(다수설)[2]가 대립하나 인질강도죄의 실행의 착수는 인질로 삼을 의사로 인취한 때이므로 법조경합이 된다.

한편 인취된 미성년자의 부모 등의 우려를 이용하여 재물이나 재산상의 이익을 요구하거나 취득하면 특가법 제5조의2 제2항 제1호에 의해 무기 또는 10년 이상의 징역에 처하므로 인질강도죄규정을 적용하지 않는다.

〈부녀매매죄(제288조)= ② 추업에 사용할 목적으로 부녀를 매매한 자도 전항의 형과 같다〉

- 부녀매매죄는 유상으로 부녀의 지배를 변경하는 죄로 교환도 포함한다.
- 부녀인 한 성년, 미성년, 기혼, 미혼을 불문한다.
  판례는 성년의 정상적인 여자라도 계속된 협박이나 명시적 혹은 묵시적인 폭행의 위협 등의 험악한 분위기로 인하여 법질서의 보호를 포기할 수밖에 없는 상황이라면 매매의 객체가 된다고 한다(대판전 1992.1.21, 91도1402).
- 추업이란 매춘, 유흥업 등을 말하므로 노동은 추업이 아니다.

〈상습범(제288조)= ③ 상습으로 전2항의 죄를 범한 자는 2년 이상의 유기징역에 처한다〉

---

1) 강구진, 162면; 권오걸, 157면; 김성돈, 143면; 김종원, 118면; 오영근, 149면; 임웅, 158면; 정/박, 156면; 정영일, 126면.

2) 김성천, 680면; 김/서, 151면; 박상기, 137면; 배종대, 238면; 백형구, 300면; 유기천(상), 114면; 이재상, 140면; 이형국, 197면.

〈**국외이송을 위한 약취, 유인, 매매죄(제289조)**= ① 국외에 이송할 목적으로 사람을 약취, 유인 또는 매매한 자는 3년 이상의 유기징역에 처한다.
② 약취, 유인 또는 매매된 자를 국외에 이송한 자도 전항의 형과 같다.
③ 상습으로 전2항의 죄를 범한 자는 5년 이상의 유기징역에 처한다〉

- 국외는 대한민국 영역 외를 의미한다.
  따라서 외국에서 대한민국으로 이송할 목적이거나 외국에서 외국으로 이송할 목적이면 본죄에 해당하지 않게 된다.
- 이송목적 인취나 매매를 한 자가 국외이송죄(동조 제2항)까지 범하면
  상상적 경합설
  포괄일죄설
  경합범설[3])이 있으나 경합범설에 따른다.

〈**예비 · 음모죄(제290조)**= 전조의 죄를 범할 목적으로 예비 또는 음모한 자는 3년 이하의 징역에 처한다〉

〈**결혼목적인취죄(제291조)**= 결혼할 목적으로 사람을 약취 또는 유인한 자는 5년 이하의 징역에 처한다〉

- 여타의 인취죄에 비해 불법이 감경(약탈혼이기는 하나)된다.
- 결혼은 법률혼과 사실혼을 다 포함하는 뜻이다.
- 행위자가 피인취자와 결혼할 목적으로 혹은 제3자와 결혼시킬 목적으로 인취하면 본죄가 성립한다.

〈**인취, 매매된 자의 授受(수수) · 은닉죄(제292조)**= ① 제288조 또는 제289조의 약취, 유인이나 매매된 자 또는 이송된 자를 수수 또는 은닉한 자는 7년 이하의 징역에 처한다.
② 제287조 또는 제291조의 약취 또는 유인된 자를 수수 또는 은닉한 자는 5년 이하의 징역에 처한다〉

- 수수란 피인취자를 교부하거나 교부받는 행위로서 대가의 유무를 가리지 않는다.

---

3) 김종원, 123면; 백형구, 306면; 정/박, 161면; 진/이, 180면.

〈**상습범(제293조)=** ① 상습으로 전조의 죄를 범한 자는 2년 이상 10년 이하의 징역에 처한다.
② 추행, 간음 또는 영리의 목적으로 전조의 죄를 범한 자도 전항의 형과 같다〉

〈**미수범(제294조)=** 제287조 내지 제289조와 제291조 내지 전조의 미수범은 처벌한다〉

〈**자격정지 또는 벌금의 병과(제295조)=** 제288조, 제289조, 제292조, 제293조와 그 미수범에는 10년 이하의 자격정지 또는 2천만원 이하의 벌금을 병과할 수 있다〉

〈**형의 감경(제295조의2)=** 이 장의 죄를 범한 자가 약취, 유인, 매매 또는 이송된 자를 안전한 장소로 풀어준 때에는 그 형을 감경할 수 있다〉

〈**고소(제296조)=** 제288조제1항, 제292조제1항 또는 제293조제2항의 각죄 중 추행 또는 간음의 목적으로 약취, 유인, 수수 또는 은닉한 죄, 제291조의 죄와 그 미수범은 고소가 있어야 공소를 제기할 수 있다〉

Q) 인취후 감금하면 양 죄는 경합범이나 유기하면 별도로 유기죄가 성립하지 않는다고 한다. 이유는 무엇이며 이와 같은 태도는 타당한가?

Q) 인취된 미성년자의 부모 등의 우려를 이용한다고 할 때 부모와 근사할 정도로 인질의 안부를 우려하는 자의 예를 들어 보라.

Lesson 9 강요죄

- 편제상으로는 권리행사방해죄 장에 배치되어 있지만 내용상으로는 협박죄와 흡사하게 의사결정과 그에 따른 행동의 자유를 침해하는 범죄이다. 결코 재산범죄가 아니다.
- 강요죄는 의사결정과 행동의 자유를 침해하는 범죄그룹, 예컨대 체포·감금죄나 인취죄, 강간죄, 강도죄나 공갈죄 등의 가장 기본적인 범죄 형태이기도 하다(보충관계일 때가 많음).

  폭처법에서는 강요죄를 가중처벌하고 있다.

  * 폭력행위 등 처벌에 관한 법률 제2조(폭행 등):

  ① 상습적으로 다음 각호의 죄를 범한 자는 다음의 구분에 따라 처벌한다.

  2. 형법 제324조(강요)의 죄를 범한 자는 2년 이상의 유기징역

  ② 2인 이상이 공동하여 강요죄를 범하면 형법 본조에 정한 형의 2분의 1까지 가중한다.
- 본장의 죄는

  단순강요죄(제324조)

  중강요죄(제326조)

  인질강요죄(제324조의2)

  인질상해·치상죄(제324조의3)

  인질살해·치사죄(제324조의4)로 구성되어 있다.

〈단순강요죄(제324조)= 폭행 또는 협박으로 사람의 권리행사를 방해하거나 의무없는 일을 하게 한 자는 5년 이하의 징역에 처한다〉

- 폭행 또는 협박으로 권리행사를 방해하거나 의무없는 일을 하게 하는 범죄이다.
- 폭행은 사람과 물건에 대한 유형력의 행사로 의사결정과 그에 따른 행동의 자유를 박탈할 정도여야 하며 절대적 폭력도 포함된다.
- 협박 또한 상대에게 공포심을 주어 의사결정과 의사실현에 영향을 줄 수 있는 것이어야 한다.

  * 범죄를 저지른 부하직원에게 직장상사가 징계절차에 앞서 단순히 자진 사직을 권한 정도는 본죄의 협박에 해당하지 아니한다(대판 2008.11.27, 2008도7018).

- 권리행사와 강요죄의 관계도 문제되나 권리를 행사하기 위해 폭행이나 협박을 했더라도 그것이 정당한 목적을 달성하기 위한 사회적으로 용인되는 수단이라면 강요죄에 해당하지 않는다.

  마찬가지로 권리행사로 볼 수 없는 행위를 폭행이나 협박으로 저지해도 권리행사의 방해가 아니다. 그러나 권리가 반드시 법률에 근거해야 하는 것은 아니다.

  * 전답의 점유를 침탈당했어도 이를 실력으로 회복할 수는 없으므로 전답의 점유를 실력으로 회수하려는 자에게 폭행을 가했다면 이는 단순폭행죄이고 권리행사를 방해한 것이 아니다(대판 1961.11.9, 4294형상357).

- 의무없는 일을 하게 해야 하므로 강요자한테는 이를 강요할 권리가 없어야 하고 상대방도 이를 따라야 할 의무가 없어야 한다. 강요자에게 일정한 권리가 있더라도 그 권리의 내용이 강요하는 행위와 상관이 없으면 강요죄에 해당한다.

  * 폭력조직 전력이 있는 피고인이 특정 연예인에게 팬미팅공연을 하도록 강요하면서 이를 이행하지 않으면 안 좋은 일을 당할 것이라고 협박한 사안에서 피고인은 팬미팅공연을 할 의무가 있다고 믿었을 가능성이 농후하므로 강요죄의 고의를 인정하기 어렵고 따라서 협박죄가 성립할 뿐 강요죄는 성립하지 아니한다(대판 2008.5.15, 2008도1097)

- 강요죄는 자유를 침해하는 범죄 중 가장 일반적인 범죄이므로

  체포·감금, 약취·유인, 강간, 강제추행 등의 죄가 성립하면 이들 범죄만 성립한다.

  강요죄가 성립하면 협박죄는 배제된다.

  특정 범죄를 범하도록 강요하면 강요죄와 특정범죄교사죄의 상상적 경합이 된다.

〈중강요죄(제326조)= 제324조 또는 제325조의 죄를 범하여 사람의 생명에 대한 위험을 발생하게 한 자는 10년 이하의 징역에 처한다〉

- 본죄는 결과적 가중범
- 강요죄는 폭행죄보다 중한 범죄인데 폭행에 의해 중상해가 발생하면 1년 이상 10년 이하의 징역에 처하지만 중강요죄에서는 10년 이하의 징역으로 벌하므로 오히려 가벼운데 시정을 요한다.

〈인질강요죄(제324조의2)= 사람을 체포 · 감금 · 약취 또는 유인하여 이를 인질로 삼아 제3자에 대하여 권리행사를 방해하거나 의무없는 일을 하게 한 자는 3년 이상의 유기징역에 처한다〉

- 체포 · 감금죄 또는 인취죄 + 강요죄의 결합범
- 인질로 삼는다 함은 인질의 석방이나 생명, 신체의 안전에 대한 제3자의 우려를 이용하여 제3자에게 대가를 강요할 목적으로 피인질자의 자유를 제한하는 것을 말한다.
- 강요의 상대방은 제3자이며 제3자에는 법인이나 국가도 포함된다.
- 처음부터 강요할 목적으로 체포해도 좋고 처음에는 이와 같은 목적이 없었지만 체포후 강요의 고의가 생겨도 본죄가 성립한다.
- 실행의 착수시점
  ① 체포 · 감금이나 약취 · 유인시로 보는 입장[1)]
  ② 강요시로 보는 입장[2)]
  ③ 강요할 생각으로 체포 등을 했다면 체포시가 실행의 착수시점이지만 체포후 강요의 고의가 생겼다면 강요시가 실행의 착수시점이 된다. 이 입장이 타당하다.
- 본죄가 성립하면 체포 · 감금, 약취 · 유인죄는 본죄에 흡수된다.

〈인질상해 · 치상죄(제324조의3)= 제324조의2의 죄를 범한 자가 인질을 상해하거나 상해에 이르게 한 때에는 무기 또는 5년 이상의 징역에 처한다〉

- 인질상해죄는 인질강요죄와 상해죄의 결합범이고
  인질치상죄는 인질강요죄의 결과적 가중범이다.
- 본죄의 미수범은 처벌한다.
  다만 결과적 가중범인 인질치상죄의 미수범이 무엇인가를 둘러싸고 견해가 대립한다.

---

1) 김/서, 131면; 박상기, 119면; 손동권, 178면; 임웅, 150면; 정/박, 143면; 정영일, 118면.
2) 김성돈, 127면; 배종대, 216면; 백형구, 272면; 이재상, 156면; 이정원, 153면; 이형국, 172면.

① 인질강요죄의 미수범이 과실로 상해를 입힌 경우가 미수범[3)]

② 인질치상죄의 미수는 불가능하다는 입장[4)]

- 상해와 치상의 법정형이 동일하나 인질살해와 치사를 구별하는 제324조의4 처럼 본 규정도 정비되어야 할 것이다.

〈**인질살해 · 치사죄(제324조의4)=** 제324조의2의 죄를 범한 자가 인질을 살해한 때에는 사형 또는 무기징역에 처한다. 사망에 이르게 한 때에는 무기 또는 10년 이상의 징역에 처한다〉

- 인질살해죄는 인질강요죄와 살인죄의 결합범이고
  인질치사죄는 인질강요죄의 결과적 가중범이다.

〈**미수범(제324조의5)=** 제324조 내지 제324조의4의 미수범은 처벌한다〉

〈**형의감경(제324조의6)=** 제324조의2 또는 제324조의3의 죄를 범한 자 및 그 죄의 미수범이 인질을 안전한 장소로 풀어준 때에는 그 형을 감경할 수 있다〉

- 임의적 감경규정으로 기수범에 대해서도 적용하며 석방이 자의적일 필요는 없다.
  인질이 도주하는 것을 방관하는 경우처럼 부작위로도 가능하다.

---

3) 박상기, 121면; 배종대, 217면; 이정원, 155면; 임웅, 151면.

4) 백형구, 273면; 오영근, 166면; 이형국, 174면; 정/박, 145면.

Lesson 10 강간과 추행의 죄

- 성적 자기결정의 자유를 보호법익으로 하는 범죄이다.
  종전의 명칭인 정조에 관한 죄가 성적 순결을 강조한다는 지적이 있어 본장의 제목을 강간과 추행의 죄로 변경하기에 이름.
- 순전히 개인적 법익을 보호하려는 취지로 규정하고 있다.
  반면 성풍속에 관한 죄는 사회적 법익을 침해하는 범죄이다(단 간통죄에 대해서는 논란이 있다).
- 성범죄에 대해서는 형법 외에도
  ① 성폭력범죄의 처벌 등에 관한 특례법에서는
  특수강간 등의 가중처벌(제4조), 친족관계에 의한 강간 등의 가중처벌(제5조), 13세미만 미성년자에 대한 강간 등의 가중처벌(제7조), 장애인에 대한 간음이나 추행을 강간죄와 강제추행죄의 형으로 처벌(제6조), 특수강간의 결과적 가중범에 대한 미수범규정(제8-9, 14조), 공중밀집장소에서의 추행죄(제11조), 통신매체이용음란죄(제12조), 타인신체에 대한 카메라이용촬영죄(제13조) 등을 규정하고 있다.
  ② 아동 · 청소년의 성보호에 관한 법률은
  청소년을 상대로 혹은 청소년에게 일정한 행위를 시키는 것을 규제하며
  ③ 특정강력범죄의 처벌에 관한 특례법은
  강간과 추행죄에 대한 처벌과 절차에 대한 특례규정을 두고 있다.
  그러나 이 법들에 대해서는 내용이 중복되고 지나치게 가중처벌한다는 비판이 제기되고 있다.

〈강간죄(제297조)= 폭행 또는 협박으로 부녀를 강간한 자는 3년 이상의 유기징역에 처한다〉

- 주체는 남녀를 불문한다.
  여자만의 정범은 불가능하지만 남자와 공동정범(대판 1998.2.27, 97도1757) 혹은 간접정범의 형식으로 본죄의 실행이 가능하다(자수범이 아님).
  (구)성폭력범죄의 처벌 및 피해자보호 등에 관한 법률 제7조 제1항은 친족관

계에 있는 자가 강간하면 5년 이상의 유기징역에 처하며 동조 제5항은 친족에 사실상의 관계에 의한 친족을 포함하므로 중혼적 사실혼으로 형성된 인척도 여기서의 친족에 해당한다(대판 2002.2.22, 2001도5075).

- 객체는 부녀이면 족하고

기혼·미혼, 성년, 미성년, 음행의 상습성여부를 불문한다.

아동·청소년의 성보호에 관한 법률은 19세 미만의 아동과 청소년을 대상으로 하며 미성년자 간음·추행죄에서는 13세 미만의 부녀로 한정하는 등 대상의 연령에 따라 세분하기도 한다.

판례는 성전환자(신체적으로는 남성이지만 반대성에 귀속감을 느끼는 사람)은 부녀가 아니라고 하였다가(대판 1996.6.11, 96도791) 성전환자에 대한 성폭행을 강제추행이 아닌 강간죄로 판시하였다(대판 2009.9.10, 2009도3580).

* 강간죄의 객체는 여자를 가리키므로 피해자를 법률상 여자로 인정할 수 있어야 한다. 종래에는 사람의 성을 성염색체와 이에 따른 생식기·성기 등 생물학적인 요소에 따라 결정하여 왔으나, 근래에 와서는 생물학적 요소뿐만 아니라 개인이 스스로 인식하는 남성 또는 여성으로의 귀속감 및 개인이 남성 또는 여성으로서 적합하다고 사회적으로 승인된 행동·태도·성격적 특징 등의 성역할을 수행하는 측면, 즉 정신적·사회적 요소들 역시 사람의 성을 결정하는 요소 중의 하나로 인정받게 되었으므로, 성의 결정에 있어 생물학적 요소와 정신적·사회적 요소를 종합적으로 고려하여야 한다(대판 2009.9.10, 2009도3580).

아내강간에 대해 판례는

실질적인 부부관계가 존재하면 설령 남편이 강제로 처를 간음해도 강간죄가 아니라고 하지만(대판 1970.3.10, 70도29) 실질적인 부부관계가 인정될 수 없는 상태일 때는 법률상의 배우자인 처도 강간죄의 객체가 된다고 한다(대판 2009.2.12, 2008도8601).

* 혼인관계가 존속하는 상태에서 남편이 처의 의사에 반하여 폭행 또는 협박으로 성교행위를 한 경우 강간죄가 성립하는지 여부는 별론으로 하더라도, 적어도 당사자 사이에 혼인관계가 파탄되었을 뿐만 아니라 더 이상 혼인관계를 지속할 의사가 없고 이혼의사의 합치가 있어 실질적인 부부관계가 인정될 수 없는 상태에 이르렀다면, 법률상의 배우자인 처도 강간죄의 객체가 된다(대판 2009.2.12, 2008도8601).

  법률상의 처를 강간죄의 객체로 인정한 또 다른 판례는 부산지법 2009.1.16, 2008고합808이 있다.

부부강간은 상대에 대한 배려의무를 가장 심각하게 침해하는 행위이므로 강간죄를 긍정해야 한다.[1] 민법상 동거의무가 있다하여 형법상 강간죄규정을 적용할 여지가 없어지는 것은 아니다.

- 폭행과 협박은 최협의의 개념(강도가 가장 센)에 따른다.

  폭행·협박의 정도에 대한 판단은 폭행·협박의 내용과 정도, 이를 행사하게 된 경위, 피해자와의 관계, 성교 당시와 그 후의 정황 등 모든 사정을 종합하여 판단한다.

  또한 전체 사정을 종합해 볼 때 저항을 현저히 곤란하게 할 정도이면 충분하고 실제로 항거했는지는 문제되지 않는다.

  장애인이 도망가지 못하도록 그의 휠체어를 부수거나 고가의 고려청자를 깰 것처럼 협박하는 등의 물건에 대한 공격도 간접적으로 사람에 대한 것일 때는 본죄의 폭행이나 협박이 된다.

- 姦(간)이란 남녀 성기의 결합을 말한다.
- 폭행, 협박시가 실행의 착수시점이다.

  따라서 강간의 의사로 잠들어 있는 피해자의 가슴과 엉덩이를 만진 것은 폭행이나 협박에 해당하지 않아 강간죄의 실행행위가 될 수 없다.

- 동일한 폭행·협박으로 수회 간음하면 일죄이다.

  * 피해자를 1회 강간하여 상처를 입게 한 후 약 1시간 후에 장소를 옮겨 같은 피해자를 다시 1회 강간한 행위는 그 범행시간과 장소를 달리하고 있을 뿐만 아니라 별개의 범의로 이루어진 행위이므로 실체적 경합범에 해당한다(대판 1987.5.12, 87도694).
  그러나 포괄일죄로 보는 견해도 있다(오영근 176면, 임웅 173면 등).

  강간하기 위해 감금한 경우

  감금죄와 강간죄의 상상적 경합범설(대판 1997.1.21, 96도2715 : 감금행위와 강간에서의 협박이 동일한 1개의 행위이므로)
  실체적 경합범설
  강간죄 일죄설(감금은 폭행이므로) 등으로 견해가 갈린다.

- 성폭력특별법상의 합동강간죄(성폭력범죄의 처벌 등에 관한 특례법 제4조)

---

1) 김성돈, 157면; 김성천, 695면; 박상기, 149면; 배종대, 246면; 백형구, 313면; 오영근, 171면; 유기천(상), 124면.

* [1] 성폭력범죄의 처벌 및 피해자보호 등에 관한 법률 제6조제1항의 2인 이상이 합동하여 형법 제297조의 죄를 범함으로써 특수강간죄가 성립하기 위해서는 공모와 실행행위의 분담이 있어야 하고 그 실행 행위는 시간적, 장소적으로 협동관계에 있다고 볼 정도이면 된다.

[2] 피고인들이 모의한 대로 강간하기 위해 심야에 인가에서 멀리 떨어져 있어 쉽게 도망칠 수 없는 야산으로 피해자들을 유인한 후 곧바로 암묵적 합의에 따라 각자 마음에 드는 피해자를 데리고 불과 100m 이내의 거리에 있는 곳으로 흩어져 동시 또는 순차적으로 피해자들을 강간하였다면, 그 각 강간의 실행행위도 시간적으로나 장소적으로 협동관계에 있었다고 보아야 할 것이므로 피해자 3명 모두에 대한 특수강간죄 등이 성립한다(대판 2004.8.20, 2004도2870).

성폭력특별법상의 흉기휴대강간죄의 성립요건(특례법 제4조)

* 이 법의 목적과 동법 제6조의 규정 취지에 비추어 보면 같은 법 제6조제1항 소정의 "흉기 기타 위험한 물건을 휴대하여 강간죄를 범한 자"란 범행 현장에서 그 범행에 사용하려는 의도로 흉기를 소지하거나 몸에 지니는 경우를 가리키는 것이고, 그 범행과는 전혀 무관하게 우연히 이를 소지하게 된 경우까지를 포함하는 것은 아니라 할 것이나, 범행현장에서 범행에 사용하려는 의도아래 흉기 등 위험한 물건을 소지하거나 몸에 지닌 이상 그 사실을 피해자가 인식하거나 실제로 범행에 사용하였을 것까지 요구되는 것은 아니다(대판 2004.6.11, 2004도2018).

- 친고죄

  수단인 폭행이나 협박만을 떼어서 고소하거나 공소를 제기할 수는 없다(대판전 2002.5.16, 2002도51).

  성폭력특례법(비친고죄)이나 아동·청소년성보호법(반의사불벌죄)은 이들을 비친고죄로 하고 있다.

〈강제추행죄(제298조)= 폭행 또는 협박으로 사람에 대하여 추행을 한 자는 10년 이하의 징역 또는 1천500만원 이하의 벌금에 처한다〉

- 대상은 사람이면 족하므로 남녀노소를 불문한다.

  다수설과 판례는 처에 대하여는 본죄가 성립하지 않는다고 한다.
- 폭행, 협박 자체가 추행에 해당할 때도 본죄가 성립한다.
- 폭행, 협박의 정도를 강간죄의 그것과 같은 정도로 보는 입장[2)]과

2) 김/서, 166면; 배종대, 259면; 백형구, 333면; 오영근, 178면 이하; 이재상, 167면; 이형국, 219면; 정/박, 176면; 정영일, 137면; 진/이, 189면.

좀 더 낮게 보아 저항을 곤란하게 하는 정도로 보는 입장[3])이 있으나 판례는 후자이다.

* [1] 폭행은 반드시 상대방의 의사를 억압할 정도의 것임을 요하지 않고 상대방의 의사에 반하는 유형력의 행사가 있는 이상 그 힘의 대소강약을 불문한다.
 [2] 춤을 추면서 피해자의 유방을 만진 행위가 순간적인 행위에 불과하더라도 피해자의 의사에 반하여 행해진 유형력의 행사에 해당하고 피해자의 성적 자유를 침해할 뿐만 아니라 일반인의 입장에서도 추행행위로 평가될 수 있는 것으로 강제추행에 해당한다(대판 2002.4.26, 2001도2417).

추행은 강간에 비해 쉽게 이루어 질 수 있고 폭행 자체가 추행이 될 때가 있음을 생각하면 후설이 타당하다. 따라서 반항이 현저히 곤란할 정도가 아니어도 추행이 가능하다.

- 추행개념
 ① 객관적으로 일반인에게 성적 수치심이나 혐오감을 가져올 만한 일체의 행위[4])이다.
 ② 여기에 행위자가 성적 자극이나 흥분 또는 만족을 느끼는 경향성(성적 의도나 성적성향)을 추가하기도 한다[5])(이로부터 본죄를 경향범이라고 한다).

* 경향범이란 행위자의 주관적 경향(성향)이 구성요건요소에 부착되어 있거나 객관적 요소와 함께 구성요건의 의미를 결정하고 있는 범죄이다.

그러나 ②설에 따르면

복수나 경멸감정이면 일반인의 성도덕감정을 침해해도 추행이 아니게 되고 보호법익인 피해자의 성적 자유가 행위자의 주관에 의해 좌우되어 부당하다. 따라서 일반인의 성도덕감정을 해할 만한 행위로 제한되며 이는 그 사회의 성도덕이 판단기준으로 작용할 수밖에 없다.

* 추행이라 함은 객관적으로 일반인에게 성적 수치심이나 혐오감을 일으키게 하고 선량한 성적 도덕관념에 반하는 행위로서 피해자의 성적 자유를 침해하는 것이라고 할 것인데, 그 해당 여부는 피해자의 의사, 성별, 연령, 행위자와 피해자의 이전부터의 관계, 그 행위에 이르게 된 경위, 구체적 행위태양, 주위의 객관적 상황과 그 시대의 성적 도덕관념 등을 종합적으로 신중히 결정되어야 한다(대판 2002.4.26, 2001도2417).

---

3) 강구진, 172면; 김성돈, 163면; 박상기, 161면; 손동권, 153면; 임웅, 177면; 정영석, 275면.
4) 권오걸, 189면, 김성돈, 164면; 박상기, 161면; 배종대, 260면; 백형구, 334면; 오영근, 180면; 이재상, 168면; 이형국, 219면.
5) 김/서, 165면; 김종원, 133면; 유기천(상), 124면; 임웅, 179면.

① 여종업원들이 거부의사를 밝혔음에도 사장과의 친분관계를 내세워 함께 술을 마시지 않을 경우 불이익을 가할 것처럼 협박하여 러브샷의 방법으로 술을 마시게 하는 것은 강제추행죄가 된다(대판 2008.3.13, 2007도10050).

② 직장상사가 등 뒤에서 피해자의 의사에 명백히 반하여 어깨를 주무른 경우, 여성에 대한 추행에 있어 신체 부위에 따라 본질적인 차이가 있는 것이 아니므로 이때도 추행에 해당한다(대판 2004.4.16, 2004도52).

- 친고죄

  특별법에서는 친고죄규정을 두지 않고 있다.

〈준강간 · 준강제추행죄(제299조)= 사람의 심신상실 또는 항거불능의 상태를 이용하여 간음 또는 추행을 한 자는 전2조의 예에 의한다〉

- 피해자가 심신상실이나 항거불능 상태이므로 폭행이나 협박이 없이도 간음이나 추행이 가능하며 본죄는 이 상태를 이용하는 것이어서 강간이나 추행과 동등하게 취급한다.
- 본죄는 제3자를 이용하여 범해질 수 있으므로 자수범이 아니다.
- 심신상실은 대체로 형법 제10조의 책임무능력자와 같다.

  심신미약의 경우는 제302조에 따라 처벌한다.

  * 술취한 상태로 잠결에 자신의 바지를 벗기려는 피고인을 자신의 애인으로 착각하여 반항하지 않고 응했을 때 피해자의 의식상태는 심신상실에 이르지 않은 것이다(대판 2000.2.25, 98도4355).

- 항거불능의 상태는 심신상실이 아닌 다른 원인으로 인해 항거할 수 없는 상태를 말한다. 이 상태란 제297조, 제298조와의 균형상 반항이 심리적 또는 물리적으로 절대 불가능하거나 현저히 곤란함을 의미한다(대판 2000.5.26, 98도3257).

〈미수범(제300조)= 전3조의 미수범은 처벌한다〉

〈강간등 상해 · 치상죄(제301조)= 제297조 내지 제300조의 죄를 범한 자가 사람을 상해하거나 상해에 이르게 한 때에는 무기 또는 5년 이상의 징역에 처한다〉

- 강간이 미수일지라도 본죄가 성립한다.

성폭력특례법은 결과적 가중범인 특수강간치상죄와 특수강간치사죄의 미수범처벌 규정을 두고 있다.

* 성폭력범죄의 처벌 및 피해자보호 등에 관한 법률 제9조 제1항에 의하면 같은 법 제6조 제1항에서 규정하는 특수강간의 죄를 범한 자뿐만 아니라 특수강간이 미수에 그쳤다고 하더라도 그로 인하여 피해자가 상해를 입었으면 특수강간치상죄가 성립하는 것이고, 같은 법 제12조에서 규정한 위 제9조 제1항에 대한 미수범처벌규정은 제9조 제1항에서 특수강간치상죄와 함께 규정된 특수강간상해죄의 미수에 그친 경우, 즉 특수강간의 죄를 범하거나 미수에 그친 자가 피해자에 대하여 상해의 고의를 가지고 상해를 입히려다 미수에 그친 경우 등에 적용된다. 원심이 그 판시의 증거를 종합하여 피고인이 전자충격기를 피해자의 허리에 대고 폭행하여 강간하려다가 미수에 그치고 약 2주간의 치료를 요하는 안면부 좌상 등의 상해를 입힌 사실을 인정하고, 이에 대하여 위 법 소정의 특수강간치상죄의 기수에 해당한다고 인정한 것은 정당하고 결과적 가중범의 미수범에 대한 법리오해 등의 위법은 없다(대판 2008.4.24, 2007도 10058).

- 강간상해죄는 강간죄와 상해죄의 결합범이고 강간치상죄는 진정결과적 가중범이다.
- 상해는 가중하여 처벌할 만한 정도여야 하므로 건강상태가 악화되거나 생활하는데 장애를 초래할 정도의 신체기능이 훼손되어야 한다. 따라서 통상 강간에 수반되는 경미한 상해일 때는 본죄의 상해에 해당하지 않는다.

  판례에 따르면

  어깨를 입으로 빨아 생긴 자국, 손바닥에 2센치 정도 긁힌 상처, 3-4일간 가료를 요하는 외음부 충혈이나 근육통, 7일간 가료를 요하는 목이나 가슴부위의 피하출혈과 통증, 음모의 제거 등은 본죄에 해당하지 않지만

  여중생과 건장한 성년남자가 다투던 중 생긴 전치 수일-2주 정도의 타박상과 무릎찰과상, 보행불능·수면장애·식욕감퇴를 야기한 경우, 10일의 치료를 요하는 회음부찰과상, 얼굴과 머리를 몇 차례 때려 코피를 흘리고 콧등을 붓게 한 경우, 손가락을 물며 반항하자 이를 빼내다가 피해자의 치아에 결손을 입힌 경우(자초위난의 경우 긴급피난은 원칙적으로 불가능, 나아가 강간의 기회에 피해자가 스스로 자해한 경우도 강간치상이 된다), 처녀막이 파열된 경우, 젖가슴에 약 10일 치료를 요하는 좌상을 입히고 압통과 종창을 치료하기위해 주사도 맞고 3일 투약한 경우에는 본죄의 성립을 긍정한다.
- 강간 시 상해하려 했으나 상해가 미수이면 강간죄와 상해미수죄의 경합범이 되고 본 죄의 미수범이 아니다.

〈강간등 살인 · 치사죄(제301조의2)= 제297조 내지 제300조의 죄를 범한 자가 사람을 살해한 때에는 사형 또는 무기징역에 처한다. 사망에 이르게 한 때에는 무기 또는 10년 이상의 징역에 처한다〉

- 강간살인죄는 강간죄와 살인죄의 결합범이고 강간치사죄는 진정결과적 가중범이다.
- 수치심으로 자살하는 것은 강간과 사망 간에 인과관계가 없어 본죄가 되지 않는다.

〈위계 · 위력에 의한 미성년자 등에 대한 간음 · 추행죄(제302조)= 미성년자 또는 심신미약자에 대하여 위계 또는 위력으로써 간음 또는 추행을 한 자는 5년 이하의 징역에 처한다〉

- 간음이나 추행의 수단은 폭행 · 협박 대신 위계나 위력이다.
  대상이 미성년자나 심신미약자여서 판단능력이 떨어지므로 이들의 성적 자유를 일반강간죄 외에 추가로 보호할 필요가 있기 때문이다.
- 위계에 의해 부지나 착오에 빠져야 하며 부지나 착오의 대상은 간음이나 추행 그 자체거나 이것과 불가분의 관계에 있는 조건이다. 단 불가분의 관계가 어떤 것인지는 분명하지 않다.

* ① 피고인이 피해자를 여관으로 유인하기 위해 남자를 소개시켜 주겠다고 거짓말을 하고 피해자가 이에 속아 여관으로 오게 되었고 성관계를 하게 되었다 할지라도, 그녀가 여관으로 온 행위와 성교행위 사이에는 불가분의 관련성이 인정되지 아니하는 만큼 이로 인하여 피해자가 간음행위 자체에 대한 착오에 빠졌다거나 이를 알지 못하였다고 할 수는 없다 할 것이어서, 피고인의 위 행위는 형법 제302조의 위계에 해당하지 아니한다(대판 2002.7.12, 2002도2029).

② 피고인은 이미 성경험이 있는 16세의 여자 청소년에게 대가로 50만원을 주겠다고 제의하여 성교행위를 한 다음 약속한 50만원을 주지 않았다.

[1] 청소년의 성보호에 관한 법률 제10조는 위계 또는 위력으로 여자 청소년을 간음한 자는 5년 이상의 유기징역에 처한다고 하며 형법 제302조는 미성년자에 대해 위계 또는 위력으로 간음 또는 추행을 한 자는 5년 이하의 징역에 처한다고 하고 있다. 따라서 청소년성특별법 제10조는 형법 제302조의 죄에 대하여 가중처벌하는 규정일 뿐 그 구성요건을 형법과 달리하지 않는다.

[2] 형법 제302조의 위계란 행위자가 간음 목적으로 상대방에게 오인, 착각, 부지를 일으키고는 상대방의 그러한 심리상태를 이용하여 간음목적을 달성하는 것을 말

하고, 여기서의 오인, 착각, 부지란 간음행위 자체에 대한 오인, 착각, 부지를 말하는 것이지 간음행위와 불가분적 관련성이 인정되지 않는 다른 조건에 대한 오인, 착각, 부지를 가리키는 것은 아니다.

[3] 피고인이 돈을 주겠다고 거짓말을 하고 청소년이 이에 속아 성교행위를 하였더라도, 사리판단력이 있는 청소년에 관하여는 금품의 제공과 성교행위 사이에 불가분의 관련성이 인정되지 아니하는 만큼 이로 인해 청소년이 간음행위 자체에 대한 착오에 빠졌다거나 이를 알지 못하였다고 할 수 없으므로 피고인의 행위는 특별법상의 위계에 해당하지 아니한다(대판 2001.12.24, 2001도5074).

- 위력이란 사람의 의사를 제압할 만한 힘이지만 강간죄나 강제추행죄의 경우보다는 정도가 낮은 것을 말한다.

* 체구가 큰 만 27세의 남자가 만 15세(48kg)인 피해자의 거부에도 불구하고 성교를 하기 위해 피해자의 몸 위로 올라간 것 외에 별다른 유형력을 행사하지 않았어도 청소년의 성보호에 관한 법률상의 위력에 의한 강간죄가 성립한다(대판 2008.7.24, 2008도4069).

〈업무상 위력 등에 의한 간음죄(제303조)= ① 업무, 고용 기타 관계로 인하여 자기의 보호 또는 감독을 받는 부녀에 대하여 위계 또는 위력으로써 간음한 자는 5년 이하의 징역 또는 1천500만원 이하의 벌금에 처한다.
② 법률에 의해 구금된 부녀를 감호하는 자가 그 부녀를 간음한 때에는 7년 이하의 징역에 처한다〉

- 간음일 때만 본조를 적용한다.
- 업무·고용 기타 관계는 법률상 유효하지 않더라도 사실상 이런 관계가 있으면 족하다.
- 구금된 부녀의 경우에는 부녀의 동의가 있어도 본죄가 성립한다.
- 진정신분범이다.

〈혼인빙자 등에 의한 간음죄(제304조)= 혼인을 빙자하거나 기타 위계로써 음행의 상습없는 부녀를 기망하여 간음한 자는 2년 이하의 징역 또는 500만원 이하의 벌금에 처한다〉

- 음행의 상습없는 부녀만이 행위의 객체가 되나 제302조와 중복되므로 여기서는 성년의 부녀로 제한된다.

- 음행의 상습이 없다함은 불특정인을 상대로 성생활을 하지 않는다는 뜻이다.
- 혼인이란 법률혼을 의미하며 사실혼일 때는 기타 위계에 해당한다.
- 정교할 당시에는 혼인할 의사가 있었으나 그 후 사정의 변화로 변심하여 혼인할 의사가 없게 되었다면 본죄는 성립하지 아니한다(대판 2002.9.4, 2002도2994).
- 보호법익은 부녀의 성적 결정권이다.
  그러나 이 경우에도 피해자인 부녀는 성관계에 대해서는 하등의 착오가 없고 혼인부분에만 착오가 있음에도 가해자를 처벌하게 되어 기망과 관련한 판례의 해석이나 다수 견해와 어긋난 면을 보인다.
- 헌법재판소는 이 규정이 헌법 제37조제2항의 과잉금지원칙을 위반하여 남성의 성적 자기결정권 및 사생활의 비밀과 자유를 과잉제한하므로 헌법위반이라고 한다(헌결 2009.11.26, 2008헌바58, 2009헌바191(병합).
  입법론적으로도 폐지의견이 다수이다.

〈미성년자에 대한 간음 · 추행죄(제305조)= 13세 미만의 부녀를 간음하거나 13세 미만의 사람에게 추행을 한 자는 제297조, 제298조, 제301조 또는 제301조의2의 예에 의한다〉

- 대상은 13세 미만자이다.
- 보호법익은 이들 아동이 정상적으로 성적 정체성과 가치관을 형성할 자유이다.
- 특징은 이들이 동의하더라도 (폭행, 협박, 위계, 위력이 없어도) 본죄가 성립한다는 점이다.
- 미수범규정(제300조)를 본죄에 대해서도 적용할 수 있을까?
  판례는 그렇다고 한다.
  * 형법 제305조에서는 형법 제300조를 명시적으로 인용하고 있지 않지만 형법 제305조의 입법취지가 성적으로 미성숙한 13세 미만의 미성년자를 특별히 보호하려는 것이므로 이 취지에 비추어 볼 때 동조에서 규정한 형법 제297조와 제298조의 예에 의한다는 의미는 미성년자 의제강간. 강제추행죄의 처벌에 있어 그 법정형만이 아니라 미수범에 관하여도 강간죄와 강제추행죄의 예에 따른다는 취지로 해석되고, 이러한 해석이 형벌법규의 명확성의 원칙에 반한다거나 죄형법정주의가 금지하는 확장해석이나 유추 해석에 해당하는 것으로 볼 수 없다(대판 2007.3.15, 2006도9453).

〈**상습범(제305조의2)=** 상습으로 제297조부터 제300조까지, 제302조, 제303조 또는 제305조의 죄를 범한 자는 그 죄에 정한 형의 2분의 1까지 가중한다〉

〈**고소(제306조)=** 제297조 내지 제300조와 제302조 내지 제305조의 죄는 고소가 있어야 공소를 제기할 수 있다〉

- 제301조(강간등 상해 · 치상)와 제301조의2(강간등 살인 · 치사)죄에는 본조가 적용되지 않는다. 따라서 고소가 없거나 취소되었다고 하여 공소기각의 판결을 할 수 없다.

Q) 강제추행죄상의 폭행 · 협박은 강간죄의 그것보다 정도가 낮아도 된다는 주장의 근거는?

Q) 본인의 성적 만족이나 흥분을 의도한 것이 아니라 보복 · 모욕 · 학대할 뜻이었어도 강제추행죄가 가능한가?

강제추행죄를 경향범이라 할 때 보복이나 모욕 의사를 실현하는 것도 경향에 포함될 수 있는가?

Q) 행위자는 추행행위를 한다고 생각했지만 일반인의 관점에서 사회통념에 따라 볼 때는 전혀 외설스럽지 않은 행위일 때도 강제추행죄가 성립할까?

Q) 목욕중인 부녀를 몰래 촬영하는 행위는 준강제추행죄인가?

Q) 남편이 친구와 공모하여 자신의 아내를 강간했을 때 강간죄의 공동정범을 인정할 수 있을까?

Q) 지하철 안에서 강제추행을 한 직후 전동차가 멈추자 도주하려 했으나 피해자가 붙잡아 이를 뿌리치던 중 상해의 결과가 발생했다면 강제추행치상죄가 가능한가?

Lesson 11 명예에 관한 죄

- 공연히 사실을 적시하여 사람의 명예를 훼손하거나 사람을 모욕하는 범죄를 말한다.
- 사회의 일원인 개인은 모두 사회로부터 그 가치에 대한 평가(=명예)를 받고 있다.
- 보호법익은 명예인데 명예개념을 둘러싸고 견해가 갈린다.
  ① 외적 명예설
  명예란 사람의 인격적 가치에 대한 사회적 평가이므로 외적, 객관적 명예이며 명예훼손죄에서의 명예란 이를 가리킨다.
  ② 명예감정
  외적 명예와는 달리 자신의 가치에 대해 자기가 내리는 평가(프라이드 혹은 자존심)을 명예라고 한다.
  모욕죄에서의 명예를 이 의미로 보기도 한다.[1)]
  ③ 내적 명예
  외부적 평가나 본인 스스로의 평가와는 무관하게 존재하는 진실한 가치. 이러한 절대적 가치는 타인에 의해 침해될 수 없어 형법의 보호대상이 될 수 없다.
- 본장의 죄는 위험범이다.
- 명예의 주체(조문상의 사람에 포함되는 것은 어떤 것일까?)
  ① 자연인(死者포함)
  ② 법인 등의 단체
  통설은 이들이 법에 의해 인정된 일정한 사회적 역할을 담당하고 단체의 의사를 가질 수 있으면(개개 구성원의 의사와는 별개의 의사를 통해 독립된 존재성을 인정받는다) 주체성을 인정한다.
  반대설은 조문에 사람이라고 표시되어 있으므로 단체를 여기에 포함시킬 수 없고 단체의 의사나 역할은 소규모 친목단체(등산클럽 같은)

---

1) 유기천(상), 138면.

에서도 찾아볼 수 있어 명예에 관한 죄의 적용범위가 아주 넓지만 형법을 통한 명예의 보호는 제한적일 수밖에 없다.

또한 경제적 활동주체로서의 법인에 대한 보호는 신용훼손죄를 통해 보호하는 것으로 충분하다.

명예의 주체를 자연인으로 한정할 수는 없으므로 통설의 입장에 따르기로 한다. 다만 명예의 주체가 될 수 있는 요건을 보다 정교하게 정비하는 일이 시급하다.

③ 명예의 주체가 되지 못한 집단을 지칭하여 폄하함으로써 그 구성원에 대한 명예훼손이 가능한가(집단이 명예의 주체가 되지 못하므로 관점을 구성원에 돌리는)?

가능하다고 본다.

다만 그 요건으로서

집단의 구성원이 사회윤리적 평가를 받을 수 있을 만큼 특정되어야 하고 폄하의 표현도 이 구성원 전부를 포함하는 것이어야 한다. 따라서 예외를 인정하는 판단이나 표현은 명예훼손이 될 수 없다.

반면에 구성원 중 일부를 지적해도 그가 누구인지가 애매하여 구성원 전부가 혐의를 받을 때는 전원에 대한 명예훼손이 가능하다.

* 명예훼손죄는 어떤 특정한 사람 또는 인격을 보유하는 단체에 대하여 그 명예를 훼손함으로써 성립하는 것이므로 피해자가 특정되어야 하지만 집합적 명사를 쓴 경우라도 그 범위에 속하는 특정인을 가리키는 것이 명백하면 명예훼손행위가 된다. 본 건은 K 여상 직원인 피고인이 학교 이사의 지시로 "3.19 동지회 소속 교사들이 학생들을 선동하여 무단하교를 하게 하였다"는 허위 보도자료를 서울시 교육청 기자들에게 배포한 사건으로 위 동지회는 규모가 비교적 작고(약 37명) 구성원이 특정되어 있으므로 피고인의 행위는 위 동지회 소속 교사 모두에 대한 명예를 훼손한 것이다(대판 2000.10.10, 99도 5407).

④ 가족이라는 집단은 이 집단이 수행하는 법적으로 인정된 공통의 사회적 역할이 없고 또한 가족의 의사라는 것도 없다. 가족의 의사라고 일컬어지는 것도 실은 가족 중의 누구, 주로는 가장 등, 유력자의 의사에 불과한 것을 가족의 이름으로... 라고 표현하는 것으로 전근대적 가부장적 잔재로서 현대생활과는 동떨어진 현상에 불과하다.

따라서 가족은 명예의 주체가 될 수 없다.

〈명예훼손죄(제307조)= ① 공연히 사실을 적시하여 사람의 명예를 훼손한 자는 2년 이하의 징역이나 금고 또는 500만원 이하의 벌금에 처한다.
② 공연히 허위사실을 적시하여 사람의 명예를 훼손한 자는 5년 이하의 징역, 10년 이하의 자격정지 또는 1천만원 이하의 벌금에 처한다〉

- 보호법익은 외적 명예이고 추상적 위험범이다.
- 공연성

① 불특정 또는 다수인이 인식할 수 있는 상태에 두는 것으로
불특정이란 가족이나 친구관계처럼 행위자와 긴밀한 관계에 있지 않은 사람을 뜻한다.

② 전파성의 이론
한 사람에게 사실을 유포했어도 그로부터 불특정 또는 다수인에게 전파될 가능성이 있으면 공연성을 인정하는 이론으로 판례(대판 1968.12.24, 68도1569; 2008.2.14, 2007도8155)를 통해 형성되었다.

* 전파가능성을 이유로 공연성을 인정하는 경우에는 적어도 범죄구성요건의 주관적 요소로서 미필적 고의가 필요하므로 전파가능성에 대한 인식이 있음은 물론 나아가 그 위험을 용인하는 내심의 의사가 있어야 하고, 그 행위자가 전파가능성을 용인하고 있었는지의 여부는 외부에 나타난 행위의 형태와 행위의 상황 등 구체적인 사정을 기초로 하여 일반인이라면 그 전파가능성을 어떻게 평가할 것인가를 고려하면서 행위자의 입장에서 그 심리상태를 추인하여야 한다(대판 2004.4.9, 2004도340).

공연성이 부정되는, 즉 전파되지 않을 긴밀한 관계를 보여주는 사례로는

* ① 피고인을 명예훼손죄로 고소할 수 있도록 그 증거자료를 미리 은밀하게 수집, 확보하기 위하여 피고인의 발언을 유도하였다고 의심되는 사람들에게 피해자의 여자문제 등 사생활에 관한 사실을 적시한 경우(대판 1996.4.12, 94도3309).

② 피고인이 피해자와 친밀한 관계에 있는 3인에게 사실을 적시한 경우(대판 1982.3.23, 81도2491).

③ 피고인이 집에서 처한테 전날 외박한 사실을 추궁당하자 이를 모면하기 위해 처에게 피해자와 동침하였다고 말한 경우(대판 1984.3.27, 84도86).

④ 통상 기자가 아닌 일반인에게 사실을 적시할 때는 그 자체로 적시사실이 외부에 공표되는 것이므로 이때부터 전파가능성을 따지지만 기자에게 사실을 적시한 경우에는 기사화되어 보도되어야만 그 사실이 외부에 공표된 것이므로 기자가 취재는 했지만 아직 보도하지 않은 상태라면 전파가능성이 없고 따라서 공

연성이 없다(대판 2000.5.16, 99도5622). 그러나 이 판례에 대해서는 비판이 따르고 있다.

⑤ 어느 사람에게 귀엣말 등 그 사람만 들을 수 있는 방법으로 그 사람 본인의 사회적 가치 내지 평가를 떨어뜨릴 만한 사실을 이야기 하였다면, 위와 같은 이야기가 불특정 또는 다수인에게 전파될 가능성이 있다고 볼 수 없어 공연성을 충족하지 못하는 것이며, 그 사람이 들은 말을 스스로 다른 사람들에게 전파하였더라도 위와 같은 결론에는 영향이 없다(대판 2005.12.9, 2004도2880).

그러나 전파가능성설은 명예훼손죄의 성립을 제한하는 중요한 인자인 공연성의 요건을 유명무실하게 만들어 명예훼손죄의 성립을 쉽게 긍정해 버리는 결과를 초래하고 더욱 상대방의 전파의사가 본죄의 성립을 좌우하게 되어 곤란하다.

나아가 전파할 가능성이 있지만 상대가 전파하지 않았을 때도 명예훼손죄가 성립하게 되어 너무 가혹하다. 덧붙여 전파했다면 전파자가 정범이고 처음 발설자는 공범에 불과한 것은 아닐지?[2)]

- 사실의 적시

① 가치판단이나 의견의 진술은 사실적시가 아니다.

② 적시된 사실은 사회적 평가를 저하시킬 만큼 구체적 이어야 한다.

* ① 명예훼손죄가 성립하기 위하여는 사실의 적시가 있어야 하고 적시된 사실은 특정인의 사회적 가치 내지 평가가 침해될 가능성이 있을 정도로 구체성을 띠어야 한다(대판 1994.10.25, 94도1770).

② 고발은 누구나 할 수 있는 것이므로 어떤 사람이 범죄를 고발했다는 사실이 알려졌다고 해서 고발인의 사회적 가치나 평가가 침해될 가능성이 있다고 볼 수는 없다. 다만 그 고발의 동기나 경위가 불순하다거나 온당하지 못하다는 등의 사정이 함께 알려진 경우에는 고발인의 명예가 침해될 가능성이 있다(대판 2009.9.24, 2009도6687).

③ 인터넷 홈페이지에 게시한 글의 표현행위가 명예훼손과 관련하여 문제가 된 경우 그 표현이 사실을 적시한 것인가, 아니면 단순히 풍자를 하는 것인가, 후자라면 그와 동시에 묵시적으로라도 그 전제가 되는 사실을 적시하고 있는 것인가 그렇지 아니한가의 구별은, 당해 글의 객관적 내용과 아울러 일반의 독자가 보통의 주의로 글을 접하는 방법을 전제로 글에 사용된 어휘의 통상적인 의미, 글의 전체적인 흐름, 문구의 연결방법 등을 기준으로 판단하여야 하고, 여기에다 당해 글이 게시된 보다 넓은 문맥이나 배경이 되는 사회적 흐름 등도 함께 고려

2) 통설은 전파가능성이론을 반대한다. 지지하는 견해로는 김성천, 766면; 박상기, 181면.

하여야 하는 것이다(대판 2007.5.10, 2007도1307).

③ 장래의 사실이어도 그것이 현재의 사실로서의 의미도 가지고 있으면 충분하므로 보름 후 해고가 확정되어 있음을 지금 말했다면 이에 해당한다.

* 사실의 적시란 시간과 공간적으로 구체적인 과거 또는 사실관계에 관한 보고 내지 진술을 의미하는 것이며 그 표현내용이 증거에 의한 입증이 가능한 것을 말한다(대판 1998.3.24, 97도2956; 2008.10.9, 2007도1220).

- 적시된 사실이 허위인지는 적시내용 전체의 취지를 살펴 판단한다. 따라서 중요부분이 객관적 사실과 합치하면 세부에서 진실과 약간 차이가 나거나 다소 과장되었더라도 허위사실이 아니다.
  적시자는 그 사실이 허위임을 인식하여야 한다.
- 정당행위로서 명예를 훼손하면 위법성이 조각된다.

〈**위법성의 조각(제310조)=** 제307조제1항의 행위가 진실한 사실로서 오로지 공공의 이익에 관한 때에는 처벌하지 아니한다〉

- 특수한 위법성조각사유이다.
  본조의 취지는 사인의 명예보호와 정당한 비판활동 간의 조화를 도모하려는 데 있다.
- 공공의 이익이란 국가나 사회, 다수인의 공동이익을 말하며 특정한 사회적 집단이나 그 구성원 전체의 관심과 이익도 이에 포함된다.
  공공의 이익에 관한 것인지 여부는 적시사실의 내용과 성질, 당해사실의 공표가 이루어진 상대방의 범위, 그 표현방법 등 표현 자체에 관한 제반 사정을 감안함과 동시에 그 표현에 의하여 훼손되거나 훼손될 수 있는 명예의 침해 정도 등을 비교·고려하여 결정하여야 한다.

* ① 교장 갑이 여성기간제교사 을에게 차 접대 요구와 부당한 대우를 하였다는 인상을 주는 내용의 글을 게재한 교사 병의 행위는 공공의 이익에 관한 것이다(대판 2008.7.10, 2007도9885).

  ② 아파트 동대표인 피고인이 자신에 대한 부정비리 의혹을 해명하기 위하여 그 의혹 제기자가 명예훼손죄로 입건된 사실 등을 기재한 문서를 아파트 입주민들에게 배포한 경우, 기재내용이 대체로 객관적 사실과 일치하고 배포 상대가 제한적이며 의혹 제기자를 비방하는 표현이 없는 점 등에 비추어 제310조에 해당한다(대판 2005.7.15,

2004도1388).

③ 회사의 대표이사에게 압력을 가해 단체협상에서 양보를 얻어내려는 방법으로 현수막과 피켓을 들고 확성기를 사용하여 반복해서 불특정다수의 행인에게 소리치면서 거리행진을 하여 대표이사의 명예를 훼손한 행위는 공공의 이익을 위해 사실을 적시한 행위가 아니다(대판 2004.10.15, 2004도3912).

④ 피고인이 자기와 관련된 선거범죄 사건의 제보자를 전파가능성이 있는 같은 당 당원들에게 알리는 행위는 공소외인의 제보로 인하여 수사를 받거나 처벌을 받게 될 피고인들 및 그들과 이해를 같이하는 자들의 개인적인 이해관계에 부합하는 행위일 뿐 선거범죄의 처벌을 통하여 공명정대한 선거문화를 정착하려는 공공의 이익에 반하는 행위이다(대판 2006.5.25, 2005도2049).

주요한 동기 내지 목적이 공공의 이익을 위한 것이면 사익적 동기가 부수적으로 내포되었어도 제310조가 적용된다.

* 형법 310조상의 공공의 이익에는 널리 국가, 사회 기타 일반 다수인의 이익에 관한 것뿐만 아니라 특정 사회집단이나 그 구성원 전체의 관심과 이익에 관한 것도 포함되고, 행위자의 주요한 동기 내지 목적이 공공의 이익을 위한 것이라면 부수적으로 다른 개인적인 목적 또는 동기가 내포되어 있거나 다소 모욕적인 표현이 들어 있어도 형법 310조의 적용을 배제할 수 없다.

나아가 공인이나 공공기관의 공적 활동 혹은 정책에 대하여는 국민의 알 권리와 다양한 사상, 의견의 교환을 보장하는 언론의 자유의 측면에서 그에 대한 감시와 비판기능이 보장되어야 하므로 명예를 훼손당한 자가 공인인지, 그 표현이 객관적으로 국민이 알아야 할 공공성, 사회성을 갖춘 공적 관심사안에 관한 것으로 사회의 여론형성 내지 공개토론에 기여하는 것인지, 피해자가 그와 같은 명예훼손적 표현의 위험을 자초한 것인지 여부 등의 사정도 적극 고려되어야 한다. 따라서 이러한 공적 관심사안에 관하여 진실하거나 진실이라고 봄에 상당한 사실을 공표한 경우에는 그것이 악의적이거나 현저히 상당성을 잃은 공격에 해당하지 않는 한 원칙적으로 공공의 이익에 관한 것이라는 증명이 있는 것으로 보아야 한다(대판 2007.1.26, 2004도1632).

- 본조의 소송법적 효과를 둘러싸고 거증책임전환으로 보는 입장(판례)과 일반 소송절차에서처럼 검사에게 증명책임이 있다는 설(다수설)이 대립한다.

  거증책임전환설[3]은 본 규정이 "의심스러우면 피고인의 이익으로" 라는 원칙을 고수하는 대신 피고인이 자신의 행위가 공공의 이익을 위해 진실한 사실을 적시한 것이었음을 증명해야 할 거증책임의 전환규정이라고 한다.

---

3) 서일교, 106면; 유기천(상), 140면; 정영석, 289면; 황산덕, 234면.

그러나 이는 일본이나 독일형법규정과 다르게 규정되어 있는 우리 형법 조문의 특성을 간과한 해석으로 부당하다.

* 형법 제310조의 규정에 따라 위법성이 조각되어 처벌대상이 되지 않기 위하여는 그것이 진실한 사실로서 오로지 공공의 이익에 관한 것이라는 점을 행위자가 증명해야 한다. 다만 그 증명은 유죄를 인정함에 있어 요구되는 것과 같이 법관으로 하여금 의심할 여지가 없을 정도의 확신을 가지게 하는 증명력을 가진 엄격한 증거에 의하여야 하는 것은 아니므로 이때에는 전문증거에 대한 증거능력의 제한을 규정한 형사소송법 제310조의2는 적용될 여지가 없다(대판 1996.10.25, 95도1473).

일본형법 제230조의2 제1항은 "전조 제1항의 명예훼손행위가 공공의 이해에 관한 사실과 관련되고 그 목적이 오로지 공익을 위하는 데 있었다고 인정되는 경우에는 사실의 진실 여부를 판단하여 진실이라는 증명이 있으면 벌하지 아니한다."고 하고 있으므로 거증책임전환설이 맞다. 진실이 증명되면 벌하지 않는 데 처벌하기 위하여 기소한 검사에게 처벌하지 않을 진실증명의 책임을 지울 수는 없기 때문이다.

독일형법 제186조도 "타인과 관련하여 그 사람을 경멸하거나 그에 대한 사회적 평가를 훼손시키기에 적합한 사실을 주장하거나 유포한 자는 그의 주장사실이 진실임이 증명되지 못하면 1년 이하의 징역 또는 벌금형으로 처벌 받는다"고 하여 마찬가지로 진실증명 책임이 피고인에게 있게 된다.

그러나 우리 형법 제310조는 이들과 달리 위법성조각 요건만을 규정하고 있으므로 증명책임은 소송법상의 일반원칙에 따라 검사에게 있다고 해야 한다.[4)]

- 허위사실을 진실한 사실로 착각하고 공익을 위해 이를 적시한 경우

  ① 위법성조각의 전제사실에 대한 착오로 보는 입장(다수설)

  진실한 사실이란 구성요건적 사실이 아니라 위법성과 관련한 사실이므로 이에 대한 착오를 위법성조각사유의 전제가 되는 사실에 대한 착오로 본다. 이 경우 엄격책임설에 따르면 고의의 문제가 아니므로 오신에 상당한 이유가 있으면 책임이 조각된다. 그러나 제한적 책임설은 (구성요건적)고의를 조각시키므로 경솔하게 오신한 경우까지도 본죄의 성립을 부정하게 된다. 법효과제한설도 책임고의를 조각하는 점에서 명예훼손죄가 성립할 수 없다.

4) 강구진, 221면; 김/서, 199면; 이재상, 198면; 이형국, 254면; 정/박, 205면.

② 경솔하게 오신한 경우에도 명예훼손죄가 아니라고 하는 것은 명예보호를 지나치게 축소시켜 개인의 명예보호와 국민의 알 권리를 조화시키고자 하는 본 규정의 취지를 살릴 수 없다. 따라서 그 착오에 상당한 이유가 있을 때만 위법성을 조각시킬 수 있다는 입장에서는 착오를 불가피하게 만드는 사정이 있어야 한다거나 혹은 진실한 사실인지를 성실하게 검토하였지만 착오를 일으킨 경우에만 제310조를 적용할 수 있다고 본다. 판례도 이 입장이다. 그러나 착오가 있다고 하여 위법성을 조각시킬 수는 없다는 비판이 따른다(착오는 고의를 부정함으로써 구성요건을 조각하거나 책임에 영향을 미칠 수는 있어도 행위가 위법한 지는 행위자의 착오와는 무관하게 결정되니까).

③ 갑이 생각하기를 "공무원 A가 오백만원의 뇌물을 수수하였다"고 생각하고 공공의 이익을 위해 이를 적시하였지만 실은 허위사실이었다면 갑의 착오는 오백만원을 수뢰하였다는 사실(구성요건적 사실로서 진실하든 허위이든 명예훼손죄의 구성요건에는 해당한다)에서 의미가 있는 것이 아니라 그것이 허위라는 점(따라서 본조의 적용여부를 결정짓는, 즉 위법성과 관련된 사실)에 대한 것이다. 형법 제310조의 위법성조각사유는 진실한 사실로서 공공의 이익을 위한 적시여야 하므로 허위라는 사실은 위법성과 관련한 착오이다. 단 이 착오는 제310조의 존재나 요건에 대한 착오가 아니라 그 전제가 되는 사실에 대한 것이어서 위법성조각사유의 전제사실에 대한 착오라고 해야 할 듯.

* ① 명예훼손죄에 있어서 인격권으로서의 개인의 명예보호와 정당한 표현의 자유보장이라는 상충된 법익의 조화를 꾀하는 것이 제310조인데 그 적시된 사실이 공공의 이익에 관한 것이며 진실한 것이라는 증명이 없다 할지라도 행위자가 진실한 것으로 믿었고 또 그렇게 믿을 만한 상당한 이유가 있는 경우에는 위법성이 없다고 보아야 할 것이다(대판 1966.8.23, 94도3191).

② 적시한 내용이 진실이라고 믿을 만한 상당한 이유가 있는지는 사실의 성격, 정보원의 신빙성, 사실확인의 용이성, 적시로 인한 피해자의 피해정도 등 여러 사정을 종합하여 그 내용의 진위를 확인하기 위한 적절하고도 충분한 조사를 다 하였는가, 그 진실성이 객관적이고도 합리적인 자료나 근거에 의하여 뒷받침되는가 하는 점에 비추어 판단하여야 한다(대판 2006.1.27, 2003다66806).

- 명예훼손죄와 출판물에 의한 명예훼손죄는 반의사불벌죄이다.

- 죄수결정은 일신전속적 법익을 침해하는 범죄이므로 피해자의 수에 따른다.
- 공연히 허위사실을 적시하여 명예와 신용을 동시에 훼손하면 양 죄의 상상적 경합이라는 견해도 있으나 신용훼손죄만 성립한다. 신용은 특별한 명예이므로 양자는 특별관계에 있기 때문이다.

  진실한 사실을 적시하여 사람의 신용을 훼손하면 신용훼손죄는 성립할 수 없고 명예훼손죄가 된다.

  명예훼손행위가 업무도 방해하면 양죄의 상상적 경합이다.
- 명예훼손죄가 성립하면 별도로 모욕죄는 성립하지 않는다.

〈**사자의 명예훼손죄(제308조)=** 공연히 허위사실을 적시하여 사자의 명예를 훼손한자는 2년 이하의 징역이나 금고 또는 500만원 이하의 벌금에 처한다〉

- 허위사실을 적시하여 사자의 명예를 훼손하는 위험범으로서 보호법익은 죽은 자의 명예이다.
- 허위는 객관적 진실에 반하는 것, 따라서 사자에 대해 진실한 사실을 적시하는 경우에는 본죄가 성립하지 않는다.
- 생존자를 사자로 오인하고 허위사실을 적시하면 본죄 성립.

  진실한 사실을 적시하면 무죄.

  사자를 생존자로 오인하고 허위 사실을 적시하면 본죄 성립.

  진실한 사실을 적시하면 무죄이다.
- 본죄는 친고죄이다.

〈**출판물 등에 의한 명예훼손죄(제309조)=** ① 사람을 비방할 목적으로 신문, 잡지 또는 라디오 기타 출판물에 의하여 제307조제1항의 죄를 범한 자는 3년 이하의 징역이나 금고 또는 700만원 이하의 벌금에 처한다.

② 제1항의 방법으로 제307조제2항의 죄를 범한 자는 7년 이하의 징역, 10년 이하의 자격정지 또는 1천500만원 이하의 벌금에 처한다〉

- 행위방법과 비방목적 때문에 불법이 가중된다. 특히 공연히 사실을 적시할 것을 요건으로 하는 일반명예훼손죄에 비해 출판물을 이용하는 점에서 전파성이 훨씬 강하다.

- 라디오는 구내방송을 포함하나 TV나 영화, 비디오와 같은 영상매체는 본죄의 수단이 아니다.
- 출판물은 등록·출판된 제본인쇄물은 아니더라도 그것과 같은 정도의 효용과 기능을 가진 인쇄물을 말한다.
  * 사실적시의 방법으로 출판물 등을 이용하는 경우 그 성질상 다수인이 견문할 수 있는 높은 전파성과 신뢰성 및 장기간의 보존가능성 등 피해자에 대한 법익침해의 정도가 더욱 크다는 데 그 가중처벌의 이유가 있는 점에 비추어 보면, 형법 제309조 제1항 소정의 기타 출판물은 그것이 등록·출판된 제본인쇄물이나 제작물은 아니더라도 적어도 그와 같은 정도의 효용과 기능을 가지고 사실상 출판물로 유통·통용될 수 있는 외관을 가진 인쇄물로 볼 수 있어야 한다(대판 1998.10.9, 97도158).
- 출판물이 아닌 인터넷 등을 사용한 비방에 대해서는 "정보통신망 이용촉진 및 정보보호 등에 관한 법률" 제70조에 따라 처벌한다.
  * 동법 제70조(벌칙) ① 사람을 비방할 목적으로 정보통신망을 통하여 공공연하게 사실을 드러내어 다른 사람의 명예를 훼손한 자는 3년 이하의 징역이나 금고 또는 2천만원 이하의 벌금에 처한다.
    ② 사람을 비방할 목적으로 정보통신망을 통하여 공공연하게 거짓의 사실을 드러내어 다른 사람의 명예를 훼손한 자는 7년 이하의 징역, 10년 이하의 자격정지 또는 5천만원 이하의 벌금에 처한다.
    ③ 제1항과 제2항의 죄는 피해자가 구체적으로 밝힌 의사에 반하여 공소를 제기할 수 없다.
- 비방할 목적이 있어야 한다.
  * ① 비방할 목적이란 가해의 의사 내지 목적을 요하는 것으로 이 목적이 있었는지는 적시사실의 내용과 성질, 당해 사실의 공표가 이루어진 상대방의 범위, 그 표현의 방법 등 그 표현 자체에 관한 제반 사정을 감안함과 동시에 명예의 침해정도 등을 비교, 고려하여 결정한다(대판 2007.7.13, 2006도6322).
    ② 형법 제309조제1항 소정의 비방할 목적이란 가해의 의사 및 목적을 요하는 것으로 공공의 이익을 위한 것과는 행위자의 주관적 의도의 방향에서 상반되는 관계에 있다. 따라서 형법 제310조는 형법 제309조제1항 소정의 행위에 대하여 적용되지 않고 비방할 목적을 필요로 하지 않는 형법 제307조제1항의 행위에 대해서만 적용된다. 적시한 사실이 공공의 이익에 관한 경우에는 특별한 사정이 없으면 비방목적이 없다고 봄이 상당하므로 형법 제307조제1항 소정의 명예훼손죄의 성립여부가 문제될 수 있고 이에 대하여 다시 형법 제310조에 의한 위법성조각 여부가 문제될 수 있다(대판 2003.12.26, 2003도6036).
- 공표사실의 허위성에 관한 증명책임 및 증명의 정도

* 공표된 사실이 허위라는 점은 검사가 증명하여야 한다. 그런데 특정되지 아니한 기간과 공간에서의 구체화되지 아니한 사실의 부존재(이는 곧 허위사실이 된다)를 증명한다는 것은 사회통념상 불가능한 반면 그 사실이 존재한다(진실한 사실이 된다)고 주장·증명하는 것이 보다 용이하므로 이같은 사정은 검사가 그 입증책임을 다하였는지를 판단함에 있어 고려되어야 하고, 따라서 의혹을 받을 일을 한 사실이 없다고 주장하는 사람에 대하여 의혹을 받을 사실이 존재한다고 적극적으로 주장하는 사람은 그러한 사실의 존재를 수긍할 만한 소명자료를 제시할 부담을 지며 검사는 제시된 증거의 신빙성을 탄핵하는 방법으로 허위사실임을 입증할 수 있을 것이다(대판 2005.7.22, 2005도2627).

- 본죄를 제307조에 포함시켜 처리할 수 있으므로 본 규정을 삭제하자는 주장도 있다.

〈**모욕죄(제311조)**= 공연히 사람을 모욕한 자는 1년 이하의 징역이나 금고 또는 200만원 이하의 벌금에 처한다〉

- 명예훼손죄에 비해 사실의 적시를 요하지 않으며 보호법익을 둘러싸고 견해가 갈린다.
- 보호법익에 대해 통설은 명예훼손죄와 마찬가지로 외적 명예라고 하지만 판례의 태도는 일관되지 않다.

* ① 양 죄의 보호법익은 외부적 명예로 차이가 없으나 명예훼손은 구체적 사실을 적시하여 명예를 침해함에 반해 모욕죄는 단순한 추상적 판단이나 경멸적 감정의 표현을 통해 사회적 가치를 저하시킨다(대판 1987.5.12, 87도739).

② "부모가 그런 식이니 자식도 그런 것이다"와 같이 표현하여 상대가 다소 기분을 상할 수 있다 하더라도 그 내용이 너무나 막연하여 그것만으로 곧 상대방의 명예감정을 해하여 모욕죄를 구성한다고 보기는 어렵다(대판 2007.2.22, 2006도8915).

통설의 근거는

① 사실의 적시는 그렇지 않은 방법에 비해 명예를 훼손할 위험성이 높다. 사람에 대한 사회적 평가는 주로 개개사실관계에 대한 평가가 집적된 결과이니까.

따라서 모욕죄에 비해 명예훼손죄를 무겁게 처벌하게 된다.

② 조문은 다같이 공연성을 요구하지만 명예감정은 공연하지 않더라도 얼마든지 침해될 수 있어 굳이 공연성을 범죄조문에 명기할 필요가 없었을 것이다.

③ 명예감정이 없는 유아나 정신질환자 혹은 법인의 명예도 보호해야 한다.

소수설은 명예감정을 보호법익이라고 한다.

소수설의 논거는

① 사실의 적시가 없다는 방법상의 차이는 법정형의 차이에서 반영되고 있으며

② 명예감정은 1대1로 대면한 상태로도 침해될 수 있지만 형법이 공연성을 요구하는 것은 강하게 명예감정이 침해되는 유형을 제시하는 것으로 이를 통해 처벌의 제한 내지 명확성을 확보하려는 정책적 이유로 본다.

③ 같은 맥락에서 형법이 명예감정이 없는 자에 대해 보호할 것인지는 궁극적으로 당벌성의 문제이다(위태범으로 규정하고 있음).

통설의 논거가 설득력이 있고 실제적이다.

- 모욕이란 사실의 적시없이 추상적 판단이나 경멸적인 감정을 표현하는 것이다. 그러므로 구체적이지 않은 사실의 적시는 모욕에 불과하다.
- 무례하고 거친 표현은 모욕이 아니다. 나아가 경미한 모욕 또한 모욕죄가 될 수 없다.

  * 골프클럽 경기보조원들의 구직편의를 위해 제작된 인터넷 사이트 내 회원게시판에 특정 골프클럽의 운영상 불합리성을 비난하는 글을 게시하면서 위 클럽담당자에 대하여 한심하고 불쌍한 인간이라는 등 경멸적 표현을 한 사안에서 게시의 동기와 경위, 모욕적 표현의 정도와 비중 등에 비추어 볼 때 이 행위는 사회상규에 위배되지 않는다(대판 2008.7.10, 2008도1433).

- 정치·학문·예술 등 분야의 논평이 어느 정도의 경멸적 판단을 포함할지라도 공익성을 가지면 제310조를 적용할 수 있는가?

  긍정설[5])도 있으나 다수의 견해[6])는 제310조의 문리상 적용할 수 없다고 본다. 다수설이 타당하며 이 경우에는 제20조 정당행위규정을 적용할 수 있다.
- 한 개의 행위로 여러 사람을 모욕하면 상상적 경합.

  문서에 사실도 적시하고 모욕도 한 것처럼 한 개의 행위로 두개의 범죄를 범했을 때 명예훼손죄 일죄.

5) 권오걸, 270면; 서일교, 110면; 이재상, 202면; 이형국, 261면; 임웅, 222면; 황산덕, 238면.

6) 김성돈, 204면; 김성천, 778면; 김/서, 208면; 박상기, 195면; 배종대, 300면; 백형구, 360면; 오영근, 221면; 정/박, 212면; 정영일, 191면; 진/이, 241면.

보호법익이 같다고 보면 법조경합, 다르면 상상적 경합으로 보기도 한다. 폭행을 가해 경멸의 의사를 표시하면 폭행죄와 모욕죄의 상상적 경합이다.

〈고소와 피해자의 의사(제312조)= ① 제308조와 제311조의 죄는 고소가 있어야 공소를 제기할 수 있다
② 제307조와 제309조의 죄는 피해자의 명시한 의사에 반하여 공소를 제기할 수 없다〉

Q) 명예의 주체가 특정되어야 할 이유가 무엇인가?

Q) 단체가 명예의 주체가 되기 위한 요건을 들어보라.

Q) 공연히 험담을 해도 아무도 그의 말을 믿지 않아 사회적 평가가 훼손될 위험은 없지만 기분이 나쁜 것은 사실인데 보호법익이 명예감정이 아니라고 하면 모욕죄가 성립하지 않게 된다. 이래도 괜찮을까?

Q) 공지의 사실을 적시해도 명예훼손죄가 되는가?

Q) 전파가능성설에서도 공연성을 고수하는 이유는 무엇인가?

Q) 신문기자한테만 말한 것은 전파가능성이 없다고 한다. 왜 그런가?

Q) 사회적으로 영향력이 큰 공인에 대한 명예훼손은 가급적 인정하지 않는 경향이다. 이유는 무엇이며 그렇다면 공인의 사생활 보호는 어떻게 해야 하나?

Q) 적시한 사실이 진실한 사실이라고 착각하였다면 어쨌든 허위사실을 적시한 것이니까 제310조상의 공공의 이익이 될 수 없다는 지적은 타당한가?

Lesson 12 신용, 업무와 경매에 관한 죄

- 이들 죄는 사람의 신용을 훼손하거나 업무를 방해하거나 경매. 입찰의 공정을 해하는 것을 내용으로 하며 같은 장에 속해 있지만 상호 독립된 범죄이다. 그 법적 성격에 대해서는 재산범죄라는 소수 의견도 있지만 통설은 명예 내지 자유에 대한 죄와 재산죄의 성격을 함께 갖는 것으로 본다.
  이들 범죄가 재산을 보호하는 수단과 밀접하게 관련되는 면이 있음은 사실(이 한에서 재산범죄의 주변적 영역을 커버하게 된다)이나 그것이 전부라고 할 수는 없으므로 통설의 입장이 타당하다.

〈신용훼손죄(제313조)= 허위의 사실을 유포하거나 기타 위계로써 사람의 신용을 훼손한 자는 5년 이하의 징역 또는 1천500만원 이하의 벌금에 처한다〉

- 사람의 신용을 해하는 범죄이다.
  신용이란 사람의 가치에 대한 사회적 평가라는 점에서 넓게는 명예훼손죄에 포함된다.
  그러나 형법은 양죄를 구별하고 있으므로 경제적 측면에서의 人에 대한 사회적 평가(경제적 신용)로 좁히는 것이 일반적이다. 그렇더라도 명예훼손죄와의 유사성이 완전히 불식되는 것은 아니다. 특히 신용훼손죄의 구성요건은 허위사실의 유포를 요건으로 하지만 명예훼손죄의 그것은 진실한 사실의 유포일 때도 범죄가 성립하므로 보충적으로 명예훼손죄가 적용될 수 있다.
  경제적 측면의 의미에 대해 학설과 판례는 그 사람의 지불능력과 지불의사에 대한 평가라고 본다. 그러나 일본의 유력설과 판례는 신용을 경제적 측면에서의 사람에 대한 평가일반으로 보기 때문에 판매된 상품의 품질, 효능이나 사람의 기량에 대한 사회적 신뢰까지도 신용에 포함시킨다.
  신용을 어떻게 보는 가에 따라 명예훼손죄의 성립범위가 영향을 받는다(연동).

  * ① 신용훼손죄에서의 신용은 경제적 신용, 즉 사람의 지불능력 또는 지불의사에 대한 사회적 신뢰를 말하는 것이다(대판 2006.5.25, 2004도1313).
  ② 퀵서비스 운영자인 피고인이 배달업무를 하면서, 손님의 불만이 예상되는 경우에는

평소 경쟁관계에 있는 피해자 운영의 퀵서비스 명의로 된 영수증을 작성·교부함으로써 손님들로 하여금 불친절하고 배달을 지연시킨 사업체가 피해자 운영의 퀵서비스인 것처럼 인식하게 한 사안에서, 퀵서비스의 주된 계약내용이 신속하고 친절한 배달이라 하더라도, 그와 같은 사정만으로 위 행위가 피해자의 경제적 신용, 즉 지급능력이나 지급의사에 대한 사회적 신뢰를 저해하는 행위에 해당한다고 보기는 어렵다(대판 2011.5.13, 2009도5549).

* 第233条(일본형법상의 신용훼손죄)에서 말하는 신용이란 사람의 지불능력 또는 지불의사에 대한 사회적 신뢰만이 아니라 판매되는 상품의 품질에 대한 사회적 신뢰도 포함한다(最判平15.3.11刑集57巻3号293頁).

- 허위사실은 객관적 진실과 다른 내용의 사실이므로 진실한 사실이나 단순한 의견 혹은 가치판단을 유포해도 본죄는 성립하지 않게 된다.
- 위계란 착오·부지를 이용하거나 기망·유혹의 방법으로 판단을 그르치게 하는 일체의 행위를 말한다.
- 사람에는 자연인, 법인, 법인격없는 단체가 다 포함된다.
- 추상적 위험범이다.
- 한 개의 행위로 명예와 신용을 다 훼손할 때
  ① 상상적 경합설[1]은 양죄를 서로 다른 범죄로 보는 태도
  ② 신용훼손죄설(법조경합)[2]은 양죄를 특별과 일반의 관계로 본다(다수설).
- 진실한 사실을 적시하여 명예와 신용을 훼손하면 명예훼손죄만 성립한다.
- 한 개의 행위로 신용을 훼손하고 업무도 방해하면 양죄는 독립된 범죄이므로 상상적 경합이 된다.

〈업무방해죄(제314조)= ① 제313조의 방법 또는 위력으로써 사람의 업무를 방해한 자는 5년 이하의 징역 또는 1천500만원 이하의 벌금에 처한다〉

- 보호법익은 업무이고
  업무란 사회생활상의 지위에 기하여 계속적으로 종사하는 사무를 말한다.
  따라서 주주권의 행사와 같은 1회성 사무는 업무가 아니다.
  업무는 형법상 보호할 가치가 있어야 하지만 이 가치는 그 업무가 꼭 적법해

1) 박상기, 203면; 백형구, 364면; 손동권, 211면; 유기천(상), 170면 이하; 정/박, 218면.
2) 강구진, 227면; 김/서, 212면; 오영근, 235면; 이재상, 207면; 이형국, 267면; 임웅, 225면; 정영일, 199면.

야 한다는 뜻은 아니다(사실상 평온하게 이루어져 사회적 활동의 기반이 되는 점에 방점). 그러나 반대로 사실상 평온하게 행해지고 있어도 그 자체가 범죄를 구성하는 것처럼 업무 자체가 명백히 위법하다면 보호대상이 될 수 없음도 자명하다.

* ① 피고인은 피해자소유의 건물 1층을 임대하여 레스토랑을 운영하는 자로 임대차계약 종료문제로 민사소송 중임.

  그러던 차 피해자가 구청장의 조경공사촉구지시를 받고 피고의 양해를 구하지 않은 채 조경공사를 시행하자 피고인이 피해자로부터 조경공사를 도급받아 공사 중인 인부들의 앞을 가로막고 작업장의 전구를 소등하였다.

  대법원은 피고인이 방해하였다는 피해자의 조경공사업무는

  1) 피해자의 직업 또는 사회생활상의 지위에 기하여 계속적으로 종사하는 사무도, 사업도 아니며
  2) 주된 업무인 피해자의 건물임대업무와 밀접불가분의 관계에 있는 계속적인 부수적 업무도 아니고
  3) 단순히 1회적 사무에 지나지 않아 업무방해죄의 성립을 부정하였다(대판 1993.2.9, 92도2929).

  ② 업무의 양도·양수 여부를 둘러싸고 분쟁이 발생한 경우에 양수인의 업무에 대한 양도인의 업무방해죄가 인정되려면, 당해 업무에 관한 양도·양수 합의의 존재가 인정되어야 함은 물론이고, 더 나아가 그 합의에 따라 당해 업무가 실제로 양수인에게 양도된 후 사실상 평온하게 이루어져 양수인의 사회적 활동의 기반이 됨으로써 타인, 특히 양도인의 위법한 행위에 의한 침해로부터 보호할 가치가 있는 업무라고 볼 수 있을 정도에 이르러야 한다. 그러므로 회사 운영권의 양도·양수 합의의 존부 및 효력에 관한 다툼이 있는 상황에서 양수인이 비정상적으로 위 회사의 임원변경등기를 마친 것만으로는 회사 대표이사로서 정상적인 업무에 종사하기 시작하였다거나 그 업무가 양도인에 대한 관계에서 보호할 가치가 있는 정도에 이르렀다고 보기 어려워, 양도인의 침해행위가 양수인의 업무에 대한 업무방해죄를 구성하는 것으로 볼 수 없다(대판 2007.8.23, 2006도3687).

  ③ 경영상 계획의 일환으로 시간적·절차적으로 일정기간의 소요가 예상되는 사업장 이전을 추진, 실시하는 행위는 계속성을 지닌 업무의 성격을 가지며 회사의 본래 업무인 목적사업의 경영과 밀접불가분의 관계에서 그에 수반하여 이루어지는 것으로 볼 수 있다(대판 2005.4.15, 2004도8701).

- 업무가 꼭 경제적 업무일 필요는 없다.
- 업무방해의 결과가 실제로 발생할 필요는 없고 그 위험이 있는 것으로 충분하다. 이 위험조차 없다면 업무방해죄는 성립하지 않는다.

* 시험의 출제위원이 문제를 선정하여 시험실시자에게 제출하기 전에 이를 유출하였다고 하더라도 이러한 행위자체는 준비단계에 불과한 것으로 업무방해죄가 성립한다고 할 수 없다(대판 1999.12.10, 99도3487).

– 공무가 여기에 포함되는가?

공무에 대해서는 공무집행방해죄(방해수단은 폭행, 협박, 위계이고 위반시 5년 이하의 징역 또는 1천만원 이하의 벌금에 처한다=제136, 137조)가 따로 있고 그 형은 업무방해죄보다 가볍다.

반면 업무방해죄(수단은 허위사실유포, 기타 위계, 위력이며 5년 이하의 징역이나 1천500만원 이하의 벌금형)는 법정형도 더 무겁고 수단도 다양하여 보다 널리 적용될 수 있는 규정이다.

양자를 별개의 범죄로 볼 것인가, 아니면 내용의 중요부분이 서로 겹치는 특별법과 일반법 관계로 볼 것인지가 쟁점이다.

① 긍정설(포함설)[3)]

공무를 제외할 이유가 없고

행위수단에서 허위사실유포나 위력으로 공무집행을 방해하면 업무방해죄로 처벌해야 하며(이 행위들은 공무집행방해죄의 실행행위가 아니니까)

공무임에도 이를 모르고 업무방해의 고의로 방해행위를 했을 때는 업무방해죄로 처벌해야 한다.

② 부정설(불포함설)[4)]

공무집행방해죄의 구성요건을 다르게 둔 것은 폭행이나 협박이 아닌 허위사실유포나 위력에 의한 공무집행방해는 벌하지 않겠다는 의도이고 보호법익으로서의 공무와 업무는 다르다.

* 업무방해죄와 공무집행방해죄는 그 보호법익과 보호대상이 상이할 뿐만 아니라 업무방해죄의 행위유형에 비하여 공무집행방해죄의 행위유형은 보다 제한되어 있다. 즉 공무집행방해죄는 폭행, 협박에 이른 경우를 구성요건으로 삼고 있을 뿐, 이에 이르지 아니하는 위력 등에 의한 경우는 그 구성요건의 대상으로 삼고 있지 않다. 또한 형법은 공무집행방해죄 외에도 직무강요죄(제136조 제2항), 법정 또는 국회회의장모욕죄(제138조), 인권옹호직무방해죄(제139조), 공무상 비밀표시무효죄(제140조), 부

3) 임웅, 229면; 정영석, 293면; 정영일, 203면; 황산덕, 241면.

4) 권오걸, 286면; 김성돈, 211면; 김종원, 168면; 박상기, 207면; 배종대, 307면; 백형구, 366면; 손동권, 216면; 오영근, 239면 이하; 이재상, 211면; 진/이, 251면.

동산강제집행효용침해죄(제140조의2), 공용서류 등 무효죄(제141조제1항), 공용물파괴죄(제141조 제2항), 공무상보관물무효죄(제142조) 및 특수공무방해죄(제144조) 등과 같이 여러 가지 유형의 공무방해행위를 처벌하는 규정을 개별적·구체적으로 마련하여 두고 있으므로, 이러한 처벌조항 이외에 공무의 집행을 업무방해죄를 통해 보호해야 할 현실적 필요가 적다는 측면도 있다. 그러므로 형법이 업무방해죄와는 별도로 공무집행방해죄를 규정하고 있는 것은 사적 업무와 공무를 구별하여 공무에 관해서는 공무원에 대한 폭행, 협박 또는 위계의 방법으로 그 집행을 방해하는 경우에 한하여 처벌하겠다는 취지라고 보아야 할 것이고, 따라서 공무원이 직무상 수행하는 공무를 방해하는 행위에 대해서는 업무방해죄로 의율할 수 없다고 해석함이 상당하다. 이와 달리 대법원 1996.1.26, 95도1959판결, 2003.3.14, 2002도5883 판결 등에서 위력을 행사하여 공무원들의 업무수행을 방해하면 업무방해죄가 성립한다고 판시한 의견은 이 판결로써 변경하기로 한다(대판전 2009.11.19, 2009도4166).

③ 절충설[5)]

비공무원에 의한 공무수행이나 비권력적 공무수행은 업무에 해당하며

허위사실유포나 위력에 의한 공무집행방해이면 조문의 문언상 공무집행방해죄가 성립하지 않으므로 본죄를 적용해야 한다.

생각건대 공무집행은 업무에 비해 그에 대한 침해가 훨씬 더 어려우므로 조문도 그에 따라 제한적으로 규정했다고 보여지며

업무방해죄의 법정형이 더 중한데 방해수단을 보면 오히려 공무집행을 방해하기 위한 수단이 더 위험하고 직접적이며

양죄의 보호법익이나 체계상의 위치, 실행수단이 달라 이를 법조경합으로 처리할 수 없으므로 부정설을 따른다.

* 그러나 실행수단 중 허위사실의 유포는 위계에 속하며 폭행과 협박은 위력에 속한다고 본다면 약간의 정도차이는 있을 수 있지만 실행수단에 어떤 본질적 차이를 인정하기도 어려울 것이다.

\- 허위사실의 유포나 기타 위계, 위력으로 업무를 방해해야 한다.

* ① 비자발급업무 담당자에게 허위서류를 제출했더라도 그 진위를 가리는 업무자체를 방해한 것이 아니다. 그러나 담당자에게 허위의 주장을 하고 이에 맞게 허위의 소명자료를 첨부하였다면 위계로 심사 업무를 방해한 것이 되어 업무방해죄가 된다(대판 2004.3.26, 2003도7927).

② 단순히 통계처리와 분석 또는 외국자료의 번역과 타자만을 의뢰한 것이 아니라 전체

5) 김/서, 215면; 이형국, 270면; 정/박, 221면.

논문의 초안작성을 의뢰하고 그에 따라 작성된 논문의 내용에 약간의 수정만을 가하여 제출한 경우에는 위계로써 대학원의 학사업무를 방해한 것이다(대판 1996.7.30, 94도2708).

③ 신고한 옥외집회에서 고성능 확성기 등을 사용하여 발생된 소음이 82.9dB 내지 100.1dB에 이르고, 사무실 내에서의 전화통화나 대화가 어려웠으며 밖에서 부근을 통행하기조차 곤란하였고 인근 상인들도 소음으로 인한 고통을 호소하는 정도라면 위력에 의한 업무방해죄가 성립한다(대판 2004.10.15, 2004도4467).

④ 자기 소유의 토지에다 타인이 가옥을 신축하려고 판 기초를 메워버린 행위는 자기 소유, 점유에 대한 부당한 침탈 또는 방해행위를 배제하기 위한 것이고 이를 타인의 업무를 방해한 것이라고 보기는 어렵다(대판 1985.10.22, 85도1597).

⑤ 노동운동을 할 목적으로 자신의 신분을 숨긴 채 타인 명의로 허위의 학력, 경력을 기재한 이력서와 생활기록부 등을 제출하여 채용시험에 합격한 경우, 피고인은 위계에 의하여 위 회사의 근로자로서의 적격자를 채용하는 업무를 방해하였음이 분명하다 할 것이다(대판 1992.6.9, 91도2221).

- 업무방해의 과정에서 타인의 재물을 손괴하면 양죄는 피해자와 행위태양이 다르므로 실체적 경합.

  위력에 의한 업무방해가 동시에 강요죄도 되면 양죄의 상상적 경합관계이다.

〈컴퓨터 등을 통한 업무방해죄(제314조)= ② 컴퓨터 등 정보처리장치 또는 전자기록 등 특수매체기록을 손괴하거나 정보처리장치에 허위의 정보 또는 부정한 명령을 입력하거나 기타 방법으로 정보처리에 장애를 발생하게 하여 사람의 업무를 방해한 자도 제1항의 형과 같다〉

- 정보처리장치의 대표적인 기기가 컴퓨터.

  여기서의 정보처리장치란 독자적인 정보의 검색, 보전, 수정능력을 가진 기기를 말한다.

  따라서 독자적이지 않은 자동판매기, 개찰기, 공중전화기, 전동타자기나 휴대용계산기는 본조의 정보처리장치가 아니다.

- 특수매체기록이란 전기적, 자기적, 전자적, 혹은 광기술을 이용한 기록으로 정보처리장치에 사용되는 기록이다. 이처럼 기록은 매체내에 정보나 데이터가 보존되어 있는 상태를 말하므로 정보 자체나 매체물 자체는 기록이 아니다. 문서는 육안이나 감각으로 읽는다는 점에서 기기를 통해서만 읽기가 가능한 특수매체 기록이 될 수 없다.

녹음테이프, 녹화필름, 마이크로필름은 정보처리장치에서 사용하는 기록이 아니므로 본죄의 객체가 아니지만 비밀침해죄의 객체에는 해당한다.

기록은 어느 정도 영속성이 있어야 하므로 통신 중 또는 중앙처리장치에 의하여 처리중인 데이터 역시 본죄의 객체가 아니다.

- 행위는 손괴, 허위정보나 부정한 명령의 입력, 기타 방법으로 정보처리에 장애를 발생시키는 것을 말한다. 이러한 행위태양은 정보통신망이용촉진 및 정보보호 등에 관한 법률에서도 규제하고 있다.

* 정보통신망이용촉진 및 정보보호등에 관한 법률

제48조(정보통신망 침해행위 등의 금지): ① 누구든지 정당한 접근권한 없이 또는 허용된 접근권한을 초과하여 정보통신망에 침입하여서는 아니된다.

② 누구든지 정당한 사유없이 정보통신시스템, 데이터 또는 프로그램 등을 훼손·멸실·변경·위조 또는 그 운용을 방해할 수 있는 프로그램(악성프로그램)을 전달 또는 유포하여서는 아니된다.

③ 누구든지 정보통신망의 안정적 운영을 방해할 목적으로 대량의 신호 또는 데이터를 보내거나 부정한 명령을 처리하도록 하는 등의 방법으로 정보통신망에 장애를 발생하게 하여서는 아니된다.

제71조(벌칙): 제48조 제2항과 제3항의 규정을 위반한 자는 5년 이하의 징역 또는 5천만원 이하의 벌금에 처한다.

제72조(벌칙): 제48조 제1항의 규정을 위반한 자는 3년 이하의 징역 또는 3천만원 이하의 벌금에 처한다.

* ① 컴퓨터시스템 서버를 관리하던 피고인이 전보발령을 받아 더 이상 웹서버를 관리 운영할 권한이 없는 상태에서 웹서버에 접속하여 홈페이지 관리자의 아이디와 비밀번호를 무단으로 변경한 행위는 본죄에 해당한다(대판 2006.3.10, 2005도382).

② [1] 컴퓨터 등 정보처리장치란 자동적으로 계산이나 데이터처리를 할 수 있는 전자장치로서 하드웨어와 소프트웨어를 모두 포함하고 기타 방법이란 장애를 초래하는 가해수단으로서 컴퓨터의 작동에 직·간접으로 영향을 미치는 일체의 행위를 말한다. 본 죄가 성립하기 위해서는 위와 같은 가해행위로 정보처리장치가 그 사용목적에 부합하는 기능을 하지 못하거나 사용목적과 다른 기능을 하는 등 정보처리의 장애가 현실적으로 발생해야 한다.

[2] 메인 컴퓨터의 비밀번호는 시스템관리자가 시스템에 접근하기 위해 사용하는 보안 수단에 불과하므로 단순히 이 비밀번호를 알려주지 아니한 것만으로는 정보처리장치의 작동에 직접 영향을 주어 그 사용목적에 부합하는 기능을 하지 못하게 하거나 다른 기능을 하게 하였다고 볼 수 없어 본죄로 의율할 수 없다(대판 2004.7.8, 2002도631).

- 본죄가 성립하면 별도로 손괴죄(컴퓨터에 대한)가 성립하지 않는다. 상상적 경합이라는 견해도 있다.

  본죄의 행위가 동시에 배임에 해당하면 양죄의 상상적 경합.

  본죄의 행위가 동시에 공무원에 대한 폭행이 되면 본죄와 공무집행방해죄의 상상적 경합이다.

〈경매 · 입찰방해죄(제315조)= 위계 또는 위력 기타 방법으로 경매 또는 입찰의 공정을 해한 자는 2년 이하의 징역 또는 700만원 이하의 벌금에 처한다〉

- 경매와 입찰의 공정을 보호법익으로 하는 추상적 위험범.
- 경매란 매도인이 다수의 매수인으로부터 구두청약을 받아 최고가 청약자와 하는 매매 방식이고,

  입찰은 경쟁에 참가한 사람들에게 문서로 계약내용을 표시하게 하여 가장 유리한 조건을 제시한 청약자와 맺는 경쟁계약이다.
- 입찰방해죄가 성립하려면 적법하고 유효한 입찰 절차가 존재해야 한다.

  * 실제로는 수의계약을 체결하면서 입찰절차를 거쳤다는 증빙을 남기기 위해 입찰을 전혀 시행하지 아니한 채 형식적으로 입찰서류만을 작성하여 입찰이 있었던 것처럼 조작한 행위는 입찰방해행위가 아니다(대판 2001.2.9, 2000도4700).
- 행위는 위계, 위력, 기타방법이므로 입찰에 참가하지 못하도록 입찰장소의 출입을 막거나 강제로 경매법정 밖으로 끌어내거나 특정업자에게만 예정가격을 귀띔해 주는 등의 행위가 이에 해당한다.
- 공정을 해하는 행위에는 가격결정 만이 아니라 경쟁방법을 해하는 행위도 포함된다.

  여기서 적정한 가격이란 시장가격이 아니라 경매 · 입찰의 진행과정에서 얻어지는 가격(경쟁가격)을 의미한다.

  * ① 입찰방해죄는 위태범이므로 결과의 불공정이 현실적으로 나타날 것은 요하지 않으며 그 행위가 설사 동업자 간에 무모한 출혈경쟁을 방지하기 위한 수단에 불과하여 입찰가격이 입찰실시자의 이익을 해하거나 입찰자에게 부당한 이익을 주지 않았어도 실질적으로는 단독입찰을 하면서 경쟁입찰인 것 같이 가장하였다면 그 입찰가격으로 낙찰받게 한 점에서 입찰의 공정을 해한 것이다(대판 2003.9.26, 2002도3924).

  ② 입찰의 공정을 해하는 행위란 공정한 자유경쟁을 방해할 염려가 있는 상태를 발생시키는 것, 즉 공정한 자유경쟁을 통한 적정한 가격형성에 부당한 영향을 주는 상

태를 발생시키는 것으로, 그 행위에는 가격결정뿐 아니라 적법하고 공정한 경쟁방법을 해하는 행위도 포함되고, 지명경쟁입찰의 시행자인 법인의 대표자가 특정인과 공모하여 그 특정인이 낙찰자로 선정될 수 있도록 예정가격을 알려주고 그 특정인은 나머지 입찰참가인들과 담합하여 입찰에 응하였다면 입찰의 실시없이 서류상으로만 입찰의 근거를 조작한 경우와는 달리 현실로 실시된 입찰의 공정을 해하는 것으로 평가되어 입찰방해죄가 성립한다(대판 2007.5.31, 2006도8070).

③ 입찰자들 상호간에 특정업체가 낙찰받기로 하는 담합이 이루어진 상태에서 그 특정업체를 포함한 다른 입찰자들은 당초의 합의에 따라 입찰에 참가하였으나 일부 입찰자는 자신이 낙찰받기 위하여 당초의 합의에 따르지 아니한 채 오히려 낙찰받기로 한 특정업체보다 저가로 입찰하였다면, 이러한 일부 입찰자의 행위는 위와 같은 담합을 이용하여 낙찰을 받은 것이라는 점에서 적법하고 공정한 경쟁방법을 해한 것이 되고, 따라서 이러한 일부 입찰자의 행위 역시 입찰방해죄에 해당한다(대판, 2010.10.14, 2010도4940).

- 담합행위란 통모를 통해 특정인을 경락자나 낙찰자로 하기 위해 다른 참가자는 일정가격 이상 또는 이하로 호가·입찰하지 않기로 협정을 하는 것이다. 따라서 담합이 있으면 본죄에 해당하는 것이지만 과당경쟁을 피하기 위해 예정가액의 범위 안에서 하는 담합이라면 설사 담합자간에 금품의 수수가 있었어도 입찰방해죄는 성립하지 않는다.
- 신탁입찰(콘소시엄을 결성하면서 대표자 1인의 이름으로 응찰하는 입찰형식)은 본죄의 담합이 아니다.
- 범죄행위가 법원경매업무를 담당하는 집행관의 구체적인 직무집행을 저지하거나 현실적으로 곤란하게 하는 데까지는 이르지 않고 입찰의 공정을 해하는 정도라면 이 행위는 본죄에만 해당할 뿐 제137조의 위계에 의한 공무집행방해죄에는 해당하지 않는다.

Q) 신용훼손죄와 명예훼손죄의 관계를 설명하라.

Q) 업무에 계속성을 요구하는 이유는 무엇인가?

주주권의 행사는 어째서 계속성이 없는 업무일가?

Q) 학생들의 학습도 본죄의 업무인가?

일상의 가사노동을 주부가 하는 경우와 가사도우미가 하는 경우 형법상 차이가 있는가? 있다면 이유는 무엇인가?

Q) 불요불급한 일을 시킴으로써 당장 해야 할 일이나 본래 해야 할 일을 못하게 해버리는 것도 업무방해죄에 해당할까?

Q) 위조된 현금카드를 사용하여 은행의 현금지급기에서 금원을 인출하는 것도 업무방해죄가 될 수 있을까?

Lesson 13 비밀침해의 죄

〈**비밀침해죄(제316조)**= ① 봉함 기타 비밀장치한 사람의 편지, 문서 또는 도화를 개봉한 자는 3년 이하의 징역이나 금고 또는 500만원 이하의 벌금에 처한다.

② 봉함 기타 비밀장치한 사람의 편지, 문서, 도화 또는 전자기록 등 특수매체기록을 기술적 수단을 이용하여 그 내용을 알아낸 자도 제1항의 형과 같다〉

– 보호법익은 개인의 비밀이며 추상적 위험범이다.

간첩죄, 외교상비밀누설죄, 공무상비밀누설죄, 군사기밀보호법은 개인의 비밀을 보호대상으로 하지 않는다.

개인의 비밀을 침해하는 방법이 다양하고 기술적으로도 진화되어 형법의 비밀침해죄규정만으로는 감당할 수 없게 되었다. 그리하여 여러 특별법이 제정되었고 대표적인 것으로는 통신비밀보호법 제16조나 전기통신사업법 제94조 내지 95조 등을 들 수 있다.

* 통신비밀보호법

제3조(통신 및 대화비밀의 보호): 누구든지 이 법과 형사소송법 또는 군사법원법의 규정에 의하지 아니하고는 우편물의 검열. 전기통신의 감청 또는 통신사실확인자료의 제공을 하거나 공개되지 아니한 타인간의 대화를 녹음 또는 청취하지 못한다. 다만 다음 각호의 경우에는 당해 법률이 정하는 바에 의한다.

제14조(타인의 대화비밀침해금지): 누구든지 공개되지 아니한 타인간의 대화를 녹음하거나 전자장치 또는 기계적 수단을 이용하여 청취할 수 없다.

제16조(벌칙): ① 다음 각호의 1에 해당하는 자는 10년 이하의 징역과 5년 이하의 자격정지에 처한다.

1. 제3조의 규정에 위반하여 우편물의 검열 또는 전기통신의 감청을 하거나 공개되지 아니한 타인간의 대화를 녹음 또는 청취한 자.
2. 제1호의 규정에 의하여 지득한 통신 또는 대화의 내용을 공개하거나 누설한 자.

제18조(미수범): 제16조에 규정된 죄의 미수범은 처벌한다.

전기통신사업법

제83조(통신비밀의 보호): ① 누구든지 전기통신사업자가 취급 중에 있는 통신의 비밀을 침해하거나 누설하여서는 아니된다.

② 전기통신업무에 종사하는 자 또는 종사하였던 자는 그 재직중에 통신에 관하여 알게 된 타인의 비밀을 누설하여서는 아니된다.

제94조(벌칙): 다음 각호의 어느 하나에 해당하는 자는 5년 이하의 징역 또는 2억원 이하의 벌금에 처한다.

3. 제83조 제2항을 위반하여 재직 중에 통신에 관하여 알게 된 타인의 비밀을 누설한 자.

제95조(벌칙): 다음 각호의 어느 하나에 해당하는 자는 3년 이하의 징역 또는 1억5천만원 이하의 벌금에 처한다.

7. 제83조 제1항을 위반하여 전기통신사업자가 취급 중에 있는 통신의 비밀을 침해하거나 누설한 자.

- 비밀의 주체에 국가가 포함될 수는 없지만 법인이나 법인격없는 단체에 대해서는 찬·반으로 갈린다.
- 비밀장치란 문서 자체에 설치되어 있는 경우 뿐 만 아니라 봉함 이외의 방법으로 외부포장을 만들어서 그 안의 내용을 알 수 없게 만드는 장치 일체를 말한다. 따라서 잠금장치가 있는 용기나 서랍도 본조의 비밀장치가 된다.
- 개봉하면 족하므로 그 내용을 인식하지 못했더라도 본죄의 기수가 된다. 그러나 기술적 수단을 이용할 때는 조문상 그 내용을 알았을 때 기수가 된다. 기술적 수단이 아닌 단순히 불빛에 투시하여 내용을 아는 것은 본죄에 해당하지 않는다.
- 친고죄이며 고소권자는 항상 발신자와 수신자 모두이다.
- 편지를 절취하여 개봉하면 절도죄와 본죄의 실체적 경합관계이다.

〈업무상 비밀누설(제317조)= ① 의사, 한의사, 치과의사, 약제사, 약종상, 조산사, 변호사, 변리사, 공인회계사, 공증인, 대서업자나 그 직무상 보조자 또는 차등의 직에 있던 자가 그 업무처리중 지득한 타인의 비밀을 누설한 때에는 3년 이하의 징역이나 금고, 10년 이하의 자격정지 또는 700만원 이하의 벌금에 처한다.

② 종교의 직에 있는 자 또는 있던 자가 그 직무상 지득한 사람의 비밀을 누설한 때에도 전항의 형과 같다〉

- 보호법익은 개인의 비밀과 부차적으로 특정직업종사자들의 비밀준수에 대한 일반인의 신뢰이다.
- 본죄는 진정신분범.

자수범인지에 대해서는 견해가 갈린다.[1)]

누구든지 부정한 이익을 얻거나 기업에 손해를 가할 목적으로 그 기업에 유용한 영업비밀을 누설한 때에는 부정경쟁방지 및 영업비밀보호에 관한 법률에 의해 처벌된다.

* 부정경쟁방지 및 영업비밀보호에 관한 법률

제18조(벌칙): ① 부정한 이익을 얻거나 기업에 손해를 입힐 목적으로 그 기업에 유용한 영업비밀을 외국에서 사용하거나 외국에서 사용될 것임을 알면서 취득·사용 또는 제3자에게 누설한 자는 10년 이하의 징역 또는 그 재산상 이득액의 2배 이상 10배 이하에 상당하는 벌금에 처한다.

② 부정한 이익을 얻거나 기업에 손해를 입힐 목적으로 그 기업에 유용한 영업비밀을 취득·사용하거나 제3자에게 누설한 자는 5년 이하의 징역 또는 그 재산상 이득액의 2배 이상 10배 이하에 상당하는 벌금에 처한다.

제18조의2(미수): 제18조 제1항 및 제2항의 미수범은 처벌한다.

- 비밀은 객관적으로 보호해줄 가치가 있고 개인 또한 비밀로 지켜지기를 원하는 사실을 말한다. 따라서 허위사실이나 가치판단은 비밀이 될 수 없다.
- 피해자의 승낙이 있으면 구성요건이 조각된다.
- 증언거부권자의 증언

  ① 본죄긍정설

  증언거부권을 행사하지 않고 증언한 이상 본죄가 성립한다.

  증언을 거부할 수 있는 사정에서는 증언을 거부해야 할 의무가 발생하니까.

  ② 위법성이 조각된다는 설

  거부권행사여부는 권리행사로서 본인이 선택할 문제이고 그에 따라 증언한 이상 본 죄는 성립하지 않는다. 통설[2)]의 입장이다.

  ③ 이익을 비교하여 더 큰 이익을 위해 증언거부권을 포기한 때만 위법성이 조각된다고 한다. 그러나 이러한 태도는 증언거부권을 인정한 취지에 반하게 된다.

〈고소(제318조)= 본장의 죄는 고소가 있어야 공소를 제기할 수 있다〉

---

1) 자수범긍정설은 박상기, 227면; 배종대, 329면; 이재상, 228면; 임웅, 244면; 정/박, 240면; 진/이, 274면. 부정하는 견해로는 권오걸, 312면; 김성돈, 231면; 김성천, 802면; 김/서, 236면; 손동권, 240면; 오영근, 264면; 정영일, 223면이 있다.

2) 박상기, 229면; 백형구, 404면; 이재상, 230면.

Lesson 14 주거침입의 죄

- 독점적으로 지배할 수 있는 공간의 확보는 인간의 생존과 발전에 필수불가결한 전제 조건이다.
- 보호법익은 일정 공간(위요지[건물에 부속된 땅으로 그 이용을 위해 제공됨] 포함)의 평온과 안전이며 이를 자유롭게 이용·지배하는 이익을 보호하므로 개인적 법익을 침해하는 범죄이다.

  그러나 법익주체가 개인이라고 해서 개인의 의사에 따라 형법개입여부가 결정된다는 뜻은 아니며 본조가 개인에 대한 직접적 보호를 목적으로 하는 것도 아니다.
- 보호법익을 둘러싸고 견해가 갈리는 데

  ① 주거권설(의사설)[1]

  보호법익을 주거권으로 파악한다. 그러나 주거권의 내용이 무엇인지가 중요한데 이를 사실상의 평온과 대비하면서 그 특징을 보기로 한다.

  주거권에 대해서는 보통

  "주거의 평온을 확보하기 위한 또는 타인에 의해 이 평온이 침해받지 않을 권리" 라거나

  "주거공간에 타인의 출입이나 체재를 결정할 수 있는 권리"라고 하여

  주거권자의 의사를 중심에 놓는다.

  여기서는 주거권자의 의사에 합치하는 한 주거의 평온이 깨질리 없다고 생각한다.

  종래에는 주거권을 가장에게만 인정했으나 지금은 가족구성원 모두에게 인정한다. 단 현재 주거에 살고 있는 자여야 하므로 오래 전에 가출한 자녀에게는 주거권이 없다.

  주거권설에 대한 비판은 현재 주거에 있는 자의 승낙을 받았지만 출타중인 다른 가족은 당연히 이를 거절했을 사정일 때(주거권의 충돌) 누구의 주거권이 우선해야 하는지를 두고 발생한다. 일단은 주거에 현재하는 자

---

1) 박상기, 233면; 이재상, 234면.

의 승낙이 우선한다고 생각할 수 있으나 긴급한 사정이 아니라면 권리는 동등하다고 봐야 한다. 그렇지 않으면 부재자의 주거권은 유명무실해지고 실제로 사실상의 평온설과 같게 된다.

② 사실상 평온설(상태설)[2]

보호법익을 사실상의 평온에서 찾는다.

주거에 대한 지배・관리의 외관을 갖고 있으면 이 상태를 평온이라고 보고 이를 흔드는 것이 주거침입죄라고 생각하니까.

범죄를 권리의 침해라고 고집할 이유는 없으며 사실상 평온하다면 극단적으로 현재자의 의사에 반하더라도 주거침입은 아니라고 한다. 물론 의사에 반하는 진입일 때는 대개 평온도 깨지지만. 그러므로 주인의 심부름으로 급히 문서를 가져오려는 데 가정부가 출입을 거부하였어도 평화롭게 진입하여 서류를 가져왔다면 주거침입죄가 아니다. 반대로 함을 지고 들어갈 때 의사에는 합치하나 진입태도가 극히 소란하면 주거침입죄의 구성요건에 해당하지만 위법하지 않을 뿐이다. 이는 어디까지나 객관적인 진입행태에 주안점을 두기 때문이다.

그러나 어느 때 평온상태가 침해된 것인지를 알기가 어렵기는 마찬가지이다.

판례(대판 1984.6.26, 83도685)는 사실상의 평온설을 취하면서도 남편이 부재중일 때 처와 간통하기 위해 출입한 자를 주거침입죄로 문의한다. 그러나 이는 주거권이라면 모를까 부당하다. 사실상의 평온을 어떻게 이해하더라도 판례와 같은 결론은 무리다.

더욱 판례가 간통죄로 처벌하기 어려워 억지로 주거침입죄를 적용했다면 이는 전형적인 법의 왜곡이고 위 사안은 간통죄로 벌하는 것으로 충분하다 할 것이다.

③ 구분설[3]

침입대상의 차이에 따라 보호법익도 다르다고 한다.

즉 사적 주거시설일 때는 사실상 평온, 공공에게 출입이 허용된 공공시설

---

2) 강구진, 189면; 김/서, 240면; 배종대, 335면; 백형구, 386면; 오영근, 272면; 이형국, 295면; 정/박, 246면; 정영일, 230면.

3) 임웅, 249면.

일 때는 출입에 제한이 없으므로 평온이 깨질 일도 없고 따라서 보호법익도 업무상의 평온과 비밀로 파악한다.

그러나 이때는 주거침입죄가 업무방해죄로 변질되어 곤란하다.

결국 남는 것은 사실상 평온설과 주거권설의 대립이지만 이의 우열을 실행행위인 침입과 관련시켜 대비함이 효과적이다. 구체적으로 생생한 인상을 줄 뿐만 아니라 무엇이 침입인가는 본 범죄의 본질과도 직결되어 있기 때문이다. 그밖에도 본죄가 계속범인지 아니면 상태범인지의 문제와, 범죄목적으로 주거에 진입할 때도 본죄의 성립을 긍정할 수 있는지에 대해서도 보호법익은 영향을 미친다.

평온침해설(객관적인 진입행태가 기준)과
의사침해설(주거권자의 의사가 기준)의 관점에서 개별 사례를 보면

1) 일부 주거권자가 부재한 경우 현재자는 동의하나 부재자의 거부가 추정될 때

   평온설: 본죄부정. 부재자에 대한 배려는 간통죄로 벌하는 것으로 만족해야.

   의사설: 본죄를 긍정한다. 그러나 이 결론의 어색함을 피하기 위해 의사설은 현재자의 의사라거나 현재자에게 관리가 위탁되어 있다고 설명하지만 이는 부재자의 주거권을 부정하는 것에 다름 아니다.

2) 모두가 부재한 경우

   평온설: 평온하게 진입한 이상 주거침입죄를 부정한다.
   따라서 늘 출입하는 친근한 이웃이라면 주거침입이 되지 않지만 낯선 자가, 특히 범죄적 의사로 진입하면 평온은 위태로워져 본죄가 성립한다.

   의사설: 본죄 성립. 단 의사에 반하는 지는 주거권자의 주관적 의사가 아니라 외부적 사정으로부터 알 수 있는 객관적 의사가 기준이다.

   * 양자간 결론에서 실질적 차이는 없다. 진입자가 누구인지가 중요하므로

3) 승낙에 착오가 있는 경우(기망으로 착각에 빠져 승낙한 경우)

   평온설: 승낙이 유효한가는 의미가 없으므로 본죄를 부정한다.

   의사설: 견해가 갈린다.

a. 유효한 승낙이 아니므로 본죄가 성립한다는 입장

b. 법익처분(주거진입부분) 자체에는 착오가 없으므로 유효한 승낙이고 따라서 본죄를 부정한다(법익관련적 착오. 단 평온설에서는 범죄목적을 평온과 관련지으려 한다).

주거침입죄규정은 주거권자의 현실적 의사를 보호할 뿐 의사형성이 착오없이 이루어지도록 하기 위한 규정은 아니니까. 어쨌든 승낙이 강압이 없는 상태에서 현실적으로 있었다는 점을 중시해야 한다는 것이다.

c. 의도한 범죄의 특성에 따라 강도나 절도목적이면 본죄를 긍정하나 증뢰목적이면 본죄를 부정한다.

* 피고인이 피해자의 옛 애인 및 사진찍은 자로 1인 2역을 수행하면서 설령 그 정을 알지 못하는 피해자로부터 승낙을 얻고 피해자의 주거에 들어갔다고 하더라도 그 승낙의 의사표시는 기망 및 협박에 의한 승낙으로 무효이므로 주거침입죄가 성립한다(대판 2007.1.25, 2006도5979).

4) 절도목적으로 백화점에 들어간 경우

이때는 건물의 특성상 처음부터 출입을 허용하고 있으므로 관리자의 의사가 별 의미가 없게 된다.

평온설: 당연히 본죄를 부정한다. 미국의 모범형법전도 건물이 공중에게 개방되어 있거나 당해 진입자에게 출입이 허용되어 있다면 범죄적 의사로 진입하더라도 주거침입죄가 아니라고 한다.[4)]

의사설: 본죄를 인정할 수 있고 판례의 결론도 이와 같다.

주거권설을 취하면서도 이 경우에 주거침입죄로 처벌하는 것은 실제로는 절도죄의 예비를 처벌하는 것이어서 곤란하다는 견해[5)]도 있다.

* 기관장들의 조찬모임에서의 대화내용을 도청하기 위해 도청장치를 설치할 목적으로 손님을 가장하여 조찬모임 장소인 음식점에 들어간 경우에는 영업주가 출입을 허용하지 않았을 것으로 보는 것이 경험칙에 부합하므로 주거침입죄에 해당한다(대판 1997.3.28, 95도2674).

---

4) Samaha, p. 455.

5) 中森, 80頁.

소결: 의사를 실질적으로 이해한다거나 평온의 의미를 실질적으로 파악하고자 하면 양자의 차이는 훨씬 줄어들 것이다.

그렇다면 실제로 큰 차이는 없게 되지만 주거출입의 현실에 비추어 볼 때 평온설이 타당하다.

* 복수의 주거권자가 있는 경우 한 사람의 승낙이 다른 거주자의 의사에 반하는 경우에는 주거출입은 의사에 반한 사람이 갖는 평온, 즉 주거의 지배나 관리의 평온을 해하게 되어 주거침입죄가 된다. 따라서 동거자중의 1인이 부재중이라도 주거의 지배, 관리가 외관상 인정되는 한 위 법리는 그대로 적용되므로 남편의 일시 부재중 간통목적으로 처의 승낙을 얻어 주거에 들어가면 사실상의 평온이 깨져 주거침입죄가 성립한다(대판 1984.6.26, 83도685).

판례도 외관상 인정과 일시 부재중이라는 표현을 사용하여 이런 사정이면 사실상 평온의 이익을 누릴 수 있지만 상당히 오랜 기간 부재일 때는 이 이익이 없다고 볼 여지를 남기고 있다.

- 본죄가 위험범인지 침해범인지는 논란이 있고 상태범설과 계속범설간의 시비도 있다.

  진입하여 나갈 때까지 주거침입이 계속되므로 계속범이라는 주장에 대해 상태범설은 침입동작이 계속될 수 없는 이상 상태범이라고 한다.

〈주거침입죄(제319조)= ① 사람의 주거, 관리하는 건조물, 선박이나 항공기 또는 점유 하는 방실에 침입한 자는 3년이하의 징역 또는 500만원 이하의 벌금에 처한다〉

- 사람의 주거란 일상생활을 영위하는 공간으로 주거용차량(Wohnwagen)도 여기에 해당한다.

  일시적으로 사용하는 텐트도 주거가 되며 정원등 건물의 부속물도 주거에 포함된다.

  * 건조물에는 위요지도 포함되는 데 위요지가 되기 위해서는 건조물에 인접한 주변의 토지여야 하고 외부와의 경계에 문과 담 등을 설치하여 그 토지가 건조물의 이용을 위하여 제공되었다는 것이 명확히 드러나야 한다. 또한 학교 운동장처럼 일반적으로 개방되어 있는 장소라도 필요가 있을 때는 관리자가 그 출입을 금지 내지 제한할 수 있는 것이므로 금지의 의사에 반하여 무리하게 다중이 건조물 구내에 들어가 구호를 외치는 것은 건조물의 사실상의 평온을 해하는 것으로서 건조물침입죄가 성립한다(대판 2004.6.10, 2003도6133).

- 관리란 사실상 지배·보존하는 것이므로 단순히 출입금지 표시를 하는 것은 관리가 아니다.

  관리하는 건조물의 예로는 창고, 작업장, 축사 등을 들 수 있다.

  판례에 따르면 건물신축현장의 타워크레인은 작업을 위하여 토지에 고정되었을 뿐이고 운전실은 작업공간에 불과하여 건조물침입죄의 객체인 건조물이 아니지만(대판 2005.10.7, 2005도5351) 선박건조자재 운반용인 골리앗크레인은 도크에 고정되어 있고 10평정도 되는 방실이 있으며 운전하는 1, 2명의 직원이 있고 외부자의 출입이 금지되므로 건조물에 해당한다(대판 1991.6.11, 91도753).
- 침입은 타인의 의사에 반하여 신체가 들어가는 것. 통설은 전부 들어가야 기수라고 하나 판례(대판 1995.9.15, 94도2561)는 일부여도 기수가 된다고 한다. 판례의 태도가 타당하다.

  아파트 안으로 들어가겠다는 의사로 출입문을 당겨보는 행위는 주거의 평온을 해할 객관적 위험성이 있어 본죄의 실행에 착수한 행위지만(대판 2006.9.14, 2006도2824) 침입하고자 하는 아파트에 사람이 있는지를 확인하기 위해 초인종을 누른 행위는 객관적 위험이 없어 실행의 착수에 이르렀다고 볼 수 없다(대판 2008.4.10, 2008도1464).
- 자기 소유는 아니지만 점유하고 있다면 그 주거는 타인의 주거가 아니다. 따라서 임대차 기간이 지났어도 임대인이 주거에 들어가면 주거침입죄가 될 수 있다.

  * 주거침입죄는 사실상의 주거의 평온을 보호법익으로 하므로 점유할 권리가 없는 자의 점유일지라도 그 주거의 평온은 보호되어야 하고 권리자가 그 권리실행으로서 자력구제의 수단으로 건조물에 침입한 경우라도 주거침입죄가 성립한다(대판 2007.3.15, 2006도7044).
- 공무원이 권한없이 상사의 방에 들어가는 것은 점유하는 방실에 침입하는 것이다.

  비록 그가 이미 해당 건물 안에 들어와 있을지라도 사정은 마찬가지이다.
- 부작위에 의한 주거침입이 가능한가? 긍정하는 의견도 있고 이런 경우라면 관리자는 방조라는 견해도 있다.
- 주거를 침입했어도 긴급피난이나 추정적 승낙이 있으면 위법성이 조각된다.

법령에 의한 주거침입도 마찬가지이다.

사회상규에 반하지 않는 행위도 동일하나 다른 위법성조각사유에 비해 판단이 어렵다.

* 간통현장을 직접 목격하고 그 사진을 촬영하기 위해 상간자의 주거에 침입한 행위는 정당행위에 해당하지 않는다(대판 2003.9.26, 2003도3000).

현재 진행중인 범죄를 저지하기 위해 주거나 방실에 침입했을 때도 같은 결론일까? (주거침입이 긴급하고 불가피하였다면)

- 죄수의 문제

① 주거침입의 수단으로 폭행을 하면 양죄의 상상적 경합

② 살인을 하기 위해 주거에 침입하면 판례는 실체적 경합으로, 주거에 침입한 상태에서 살인을 해도 실체적 경합.

③ 폭처법 제2조, 5조에 해당하면 이 법만 적용한다.

* 폭처법 제2조: 상습적으로 주거침입·퇴거불응죄를 범하면 1년 이상의 유기징역에 처하고 2인 이상이 공동하여 본죄를 범할 때는 형법 본조에 정한 형의 2분의 1까지 가중한다.

제5조: 제4조 제1항의 단체나 집단을 이용하여 이 죄를 범하게 한 자는 그 죄에 대한 형의 장기 및 단기의 2분의 1까지 가중한다.

④ 주거침입죄의 확정판결을 받고도 계속하여 그 집에 거주하면 별도의 주거침입죄가 성립한다(대판 2008.5.8, 2007도11322).

〈퇴거불응죄(제319조)= ② 전항의 장소에서 퇴거요구를 받고 응하지 아니한 자도 전항의 형과 같다〉

- 주체는 적법하게 진입한 자에 한하며
- 미수범을 처벌한다.[6]

그러나 퇴거요구가 있으면 그 즉시 퇴거의무가 발생하고 부리나케 퇴거해야 하는 것은 아니다. 퇴거행위를 개시할 시간이 되었음에도 퇴거하지 않을 때 비로소 실행의 착수가 인정되고 퇴거의 완료에 소요되는 시간이 경과했을 때 기수가 된다.

---

6) 미수가 성립할 수 없다는 견해로는 백형구, 392면; 이재상, 244면; 이정원, 267면; 정/박, 255면.

〈**특수주거침입죄(제320조)=** 단체 또는 다중의 위력을 보이거나 위험한 물건을 휴대하여 전조의 죄를 범한 때에는 5년 이하의 징역에 처한다〉

〈**주거 · 신체수색죄(제321조)=** 사람의 신체, 주거, 관리하는 건조물, 자동차, 선박이나 항공기 또는 점유하는 방실을 수색한 자는 3년 이하의 징역에 처한다〉

- 수색이란 사람이나 물건을 발견하기 위하여 신체나 장소를 조사하는 것.
- 절도나 강도가 금품을 수색한 경우에는 수색은 절도죄나 강도죄에 흡수된다. 간통현장을 포착하기 위해 모텔에 침입하여 범인들을 수색하면 주거침입죄와 주거수색죄의 실체적 경합이다.

Q) 주거권설과 평온설을 설명하고 그 대립이 상대화하고 있는 근자의 경향에 대해 언급하라.

Q) 숙직원과 공모한 다음 범죄목적으로 건물에 들어왔을 때 주거침입죄가 성립하는가?

현장에 없는 건물관리책임자의 의사가 숙직원의 의사보다 우월하다면 그 이유는 무엇일가?

Q) 아파트의 1층 출입구에 있는 승강기를 이용하여 복도 등 공용부분에 들어와 ○○○호실을 감시하는 것은 평온설에 따를 때 주거침입죄가 가능한가?

Q) 주거권자가 다른 주거권자의 의사에 반해 자신의 주거에 진입해도 주거침입죄가 되는지? 이 경우 주거침입죄가 아니라면 공유물을 영득할 때와 결론이 다르게 되는 데 그 이유는 무엇일가?

Q) 연극공연을 방해할 생각으로 입장권을 구입한 다음 입장했을 때 평온설에서도 주거 침입죄를 긍정하는가? 만약 그렇다면 이때는 평온을 어떻게 이해하고 있는 것일까?

Lesson 15 재산범죄 일반론

- 이 개관을 절도죄와 별도로 행하기도 하고 절도죄를 논하면서 행하기도 하지만 절도죄가 가장 보편적이고 흔한 범죄이기 때문에 후자의 방식도 무방하다.
- 형법이 규정하고 있는 재산범죄는
  절도죄와 강도죄, 사기죄와 공갈죄, 횡령죄와 배임죄, 장물죄, 손괴죄, 권리행사방해죄가 있다.
  이들 범죄를 그 특징에 따라 분류해 보면
  재물죄와 이득(익)죄= 행위객체가 재물인가 재산상의 이익인가에 따른 분류이다. 그러나 재물인 부동산에 대해 재물죄인 절도죄가 성립하지 않는 것처럼(통설) 재물이 객체니까 곧바로 재물죄, 이익이니까 이득죄라고 단언해서는 안 된다. 당해 범죄의 구조적 특성에 비추어 판단한다.
  손괴죄와 영득죄= 불법영득의사의 유무에 따른 구분이다.
  탈취죄와 편취죄= 실행행위가 피해자의 의사에 반하는 형태인가, 하자있는 의사에 터 잡은 것인가를 분류의 기준으로 한다.
- 재산범죄란 타인의 재산에 대한 침해를 내용으로 하지만 이때에도 재산상의 손해를 구성요건적 결과로서 요구하는 경우도 있고 반대로 경제적 가치와는 상관없이 물에 대한 소유권을 보호하는 재산범죄도 있다. 물론 후자의 소유권범죄에서도 재산상의 손해가 발생하는 것이 보통이기는 하지만 이는 구성요건적 행위에 수반되는 현상일 뿐 처벌의 전제조건은 아니다. 따라서 소유권을 보호한다는 뜻에는 물이 갖는 경제적 기능만이 아니라 소유권자가 당해 물을 처분할 수 있는 이익도 포함된다.
- 재산범죄를 유형별로 규정하는 각국의 입법례를 보면 상이하다. 이는 각 범죄가 갖는 특징을 여러 각도에서 포착할 수 있기 때문이다.
  한국형법: 절도와 강도, 사기와 공갈, 횡령과 배임, 장물죄, 손괴죄, 권리행사방해죄.
  독일형법: 절도와 횡령, 강도와 공갈, 증거인멸과 장물죄, 사기와 배임, 손괴죄.

일본형법: 절도와 강도, 사기와 공갈(배임죄 포함), 횡령, 도품등에 관한 죄, 회기 및 은닉죄를 하나씩의 장으로 하고 있다.

- 형법은 재산범죄규정을 통해 소유권이나 재산을 물샐틈없이 보호하려고 하지 않으므로 단순한 계약불이행은 재산범죄가 될 수 없다. 입법자에게 형법이란 법익을 보호하는 단편적, 최후적, 보충적 투입수단일 뿐이다.

〈 재물 〉

- 민법 제98조: 물건이라 함은 유체물 및 전기 기타 관리할 수 있는 자연력을 말한다.

  물건을 유체물과 무체물중 관리가 가능한 전기나 자연력으로 한정하는 바 이들의 특징은 배타적 지배가 가능하다는 점에 있다.

  형법 제346조: 관리할 수 있는 동력은 재물로 간주한다.

  따라서 재물은 유체물과 관리가 가능한 동력이게 된다. 단 간주한다는 말에는 본래 재물의 속성을 갖추고 있다고 보기 어려워도 이를 재물로 취급한다(보호필요성 때문에)는 뉘앙스가 강하다. 반면 민법은 전기나 관리할 수 있는 자연력은 물의 속성을 처음부터 갖고 있는 것이라고 생각한다.

  이로부터 형법에서는 재물개념을 둘러싸고 유체성설과 관리가능성설이 대립하게 된다.

  ① 유체성설[1)]

  재물은 본래 일정한 형태와 용적을 가진 物을 의미하는 것이어서 인간의 감각에 의해 그 존재를 확인할 수 있어야 한다.

  또한 형법 규정을 보더라도 관리할 수 있는 동력을 재물로 간주한다고 하여 극히 제한된 범위에서(재물로 보호해야 할 현실적 필요성 때문에) 재물성을 확대할 뿐이다.

  나아가 재물개념에 관리가능성을 포함시키면 재산상의 이익을 따로 보호할 필요가 없지만 형법은 이를 재물과는 별도로 규정하고 있고 관리가능성은 오히려 재산상의 이익의 본질적 특성이므로 이를 재물기준으로 삼

---

1) 강구진, 245면; 김성돈, 252면; 김/서, 274면; 박상기, 243면 이하; 배종대, 355면; 손동권, 265면; 정영일, 256면.

아서는 안 된다고 한다.

② 관리가능성설[2)]

무체물이라도 형법적으로 보호할 필요가 있는데 유체성설은 이를 부정함으로써 재물개념을 지나치게 좁게 이해한다.

형법 제346조의 의미도 재물성을 다투지 않도록 하기 위한 주의(확인)규정인 점, 절도죄의 경우 실행행위인 절취행위에 따라 대상이 결정되는 데 유체물에 대해서만 절취가 가능한 것은 아니다.

생각건대 생활환경의 변화에 따라 양설 모두 그 원형(Ideal Typus)을 유지할 수 없게 되고 제346조도 이러한 경향을 반영하고 있다. 다만 그 방법이 유체성을 원칙으로 하면서 무체물 가운데 절취의 대상(독점적인 지배나 이용가능성에 따라)이 될 수 있는 것들을 하나씩 재물로 간주하는 방식이 더 나은지 아니면 관리가능성을 원칙으로 하면서 무체물 가운데서 절취의 대상으로 보기에 부적합한 것을 제외시키는 편이 더 합당한지의 경쟁으로 귀결되는 듯하다.[3)] 이처럼 양설은 다같이 재물을 가리는 하나의 표준으로 관리가능성을 동원하고 있다. 다만 유체성설은 관리가능성을 전면에 비치하기를 망설이므로 관리가능성의 의미나 내용을 제시할 책임은 관리가능성설에서 훨씬 크다 할 것이다. 그리하여 관리가능성설은 물리적으로 관리가능해야 한다고 한정함으로써 권리나 정보는 재물이 아니라고 한다. 그러나 물리적 관리가 현실세계에 존재하는 것, 우리가 감각적으로 인식할 수 있는 것에 대한 관리라면 유체성설과 별반 다르지 않고 대상성분을 변화시키는 화학적 관리와 대비시키는 뜻이라면 성분변화를 수반하지 않는 점에서 정보절도나 권리절도도 절도로 봐야 하는 딜레마에 빠지게 된다.

* 타인의 전화기를 무단으로 사용하여 전화통화를 하는 행위는 전기통신사업자에 의하여 가능하게 된 전화기의 음향송수신기능을 부당하게 이용하는 것으로, 이러한 내용의 역무는 절도죄의 객체가 되지 아니한다(대판 1998.6.23, 98도700).

---

2) 권오걸, 343면; 김종원, 174면; 백형구, 118면; 서일교, 131면; 오영근, 294면; 유기천(상), 184면; 이재상, 250면 이하; 이형국, 318면; 정/박, 263면; 정영석, 322면; 진/이, 296면; 황산덕, 270면.

3) 왜냐하면 유체물설도 배타적 지배가 불가능한 바닷물은 더 이상 재물이 아니라고 하며 관리가능성설도 권리(장부나 증서를 통해 얼마든지 관리할 수 있다)의 재물성을 부정하기 때문이다.

최근에는 정보의 재물성을 둘러싼 정보절도의 문제가 대두되고 있는바 이는 정보가 수록되어 있는 파일을 복사만 하고 바로 돌려줄 생각으로 가지고 나가 복사한 다음 즉시 반환했을 때 절도죄가 성립하는지 이다.

판례를 보면

> H주식회사는 직물원단고무코팅시스템을 독자적으로 개발하였는데, 동회사의 직원 갑이 회사 연구개발실에서 회사가 갑에게 업무용으로 지급한 노트북 컴퓨터에 저장되어 있는 직물원단고무코팅시스템의 설계 도면과 공정도를 A2용지에 2장을 출력하여 가지고 나와 을에게 넘겨주었다...........
>
> 절도죄의 객체는 관리가능한 동력을 포함한 재물에 한한다 할 것이고 절도죄가 성립하기 위해서는 그 재물의 소유자 기타 점유자의 점유 내지 이용가능성을 배제하고 이를 자신의 점유로 이전하는 행위가 있어야 할 것인 데 컴퓨터에 저장되어 있는 정보 자체는 유체물도 아니고 동력도 아니므로 재물이 될 수 없고 또 이를 복사하거나 출력하여도 해당 정보 자체가 감소하거나 피해자의 점유 및 이용가능성을 감소시키지 않으므로 출력행위를 가지고 절도죄를 구성한다고 할 수 없다.
>
> 피고인이 정보를 출력하여 생성한 문서는 피해회사의 업무를 위하여 생성되어 피해회사에 의해 보관되고 있던 문서가 아니라 회사업무와는 상관없이 피고인이 갖고 갈 목적으로 새로 만든 문서이므로 회사 소유의 문서가 아니며 따라서 타인의 재물을 절취한 것이 아니다(대판 2002.7.12, 2002도745).

다만 본 판결에 따른 파기환송심의 재상고심 판결인 2003.9.23, 2003도1560에서 회사 소유의 A2용지 2장에 대한 절도죄는 인정하였다.

유사한 사안에 대한 일본 판결(東京地判 昭和59.6.15 등)은 이와는 달리 절도죄를 긍정하는 바 그 이유를 다음과 같이 설시한다.

> "국립예방위생연구소 항생물질 製劑실에 근무하는 피고인은 T사 사원에게 교부 복사시킬 생각으로 동실 실장 전용의 벽장에서 M사 개발의 신약에 관한 자료를 담은 파일을 훔쳐 해당 사원에게 교부하였다.
>
> 본건 자료의 (경제적)가치는 그것이 구현된 정보의 가치성에 의존하고 있는 이상 자료의 내용을 복사하여 그 정보를 얻으려는 의사는 위 자료의 권리자를 배제하고 이 자료를 자기의 물과 같이 사용하려는 의사이므로 판시 범행의 동기 및 태양에 비추어 피고인의 불법영득의사를 인정함이 상당하다(돌려 줄 의사였고 실제로 반환했어도 같은 결론에 이른다)."

정보는 그 자체만 보면 형체는 없으나 재산적 가치는 대단히 크며 이를 보존·이용하기 위해 일정한 매체를 사용하고 있다. 따라서 이를 통해 배타적 지배가 가능하게 되지만 다른 한편으로 위 사례처럼 다른 사람이 이를 사용하더라도 그 이용가능성이 줄어들지 않으며(기능이 줄어들지 않는 것처럼) 경제적 가치(오직 그것만 본다면) 또한 그대로이다. 그러나 정보의 특징은 극히 제한된 사람들한테만 접근이 가능하고 그 내용이 비밀일 때 가치를 갖는 것이어서 이를 타인이 이용하거나 지득하였다면 바로 가치가 저하된다. 따라서 형법적 보호는 불가피한데 재산상의 이익을 절취형태로 침범하면 이를 보호하는 규정이 없다. 컴퓨터 등 사용사기죄나 편의시설부정이용 등의 규정은 기망의 방법으로 행하는 침해에 대처하는 규정이기 때문이다.

정보절도를 인정하려는 입장은 현대사회에서 중요한 기능을 수행하는 정보의 보호를 강조하지만 정보 그 자체를 재물로 보기에는 현행법의 해석상 무리이다. 단 정보가 화체되어 있을 때, 즉 어떤 형체를 갖고 있다면 재물로 볼 여지가 있을 지는 불분명하지만 유체성설이라면 동력에 정보를 추가하는 입법적 해결을 선호할 것이다.

- 소유권의 대상이 될 수 없는 유체물도 재물이 될 수 있을까?

  금제품[4]을 놓고 보면 소유와 소지가 다 금지되는 것, 소유만 금지되는 것, 소지만 금지되는 것을 생각할 수 있지만 몰수한 후 소각해야 하는 금제품조차도 절취의 대상이 될 수 있으므로 이 요건은 절대적 기준이 아니다.

  그러나 유체물이더라도 소유권의 대상이 아니면(달이나 바닷물, 기타 무주물) 형법상의 재물이 될 수 없음도 사실이다.

  사람의 신체 또한 소유권의 대상이 아니므로 재물이 아니지만 신체로부터 분리되어 소유권의 대상이 되면 재물이 된다(채혈된 혈액 등). 신체에 장착하여 사용되는 의족이나 안경은 재물이지만 신체의 일부를 이루는 인공관절이나 이식된 장기는 재물이 아니다.

  시험관에 보관되어 있는 수정란이나 이식을 위해 적출된 장기를 재물로 봐야 하는가의 문제도 발생한다.

---

4) 금제품이 재물이 아니라는 견해는 더 이상 찾아보기 어렵고 단지 소유가 금지된 금제품을 재물이라고 할 수 있느냐를 둘러싸고 견해가 갈린다.
재물이 될 수 없다는 입장은 김종원, 177면; 배종대, 358면; 백형구, 128면; 이재상, 258면; 이정원, 246면; 이형국, 319면; 정영석, 324면; 진/이, 299면; 황산덕, 272면.
소유가 금지된 금제품이란 사인소유를 금하는 것이므로 재물성을 긍정해야 한다는 입장은 강구진, 248면; 권오걸, 350면; 김성돈, 256면; 김성천, 839면; 김/서, 279면; 박상기, 246면; 오영근, 302면; 유기천(상), 187면; 임웅, 284면 이하; 정/박, 268면; 정영일, 251면.

그렇다면 소유권이나 점유의 핵심은 배타적으로 지배할 수 있다는 데에 있지 않을까?

물론 소유권에 기한 지배와 점유에서의 지배는 지배의 성질이나 내용에서 차이가 있기는 하다.

* 위조된 유가증권이라도 절차에 따라 몰수되기 전에는 그 소지자의 점유를 보호해야 하므로 재물에 해당한다(대판 1998.11.24, 98도2967).

- 재물은 재산적 가치를 가져야 하는가?

  ① 불요설(통설)[5]

  전체로서 재산을 보호하는 이득죄와 단순한 재물죄는 다르며

  재물을 대상으로 하는 소유권범죄는 재산적 가치와는 상관없이 오직 대상물에 대한(형식적, 법적) 소유권자가 존재하는지가 중요할 뿐이니까.

  ② 필요설

  적어도 재산적 가치는 있어야 형법이 보호할 만한 것이라고 생각하며

  다만 여기서의 재산적 가치는 주관적 가치도 포함하는 뜻이다.

  필요설에 서면서도 주관적 가치는 제외하자는 견해(오영근, 296면)도 있다.

  * ① 재산죄의 객체인 재물은 반드시 객관적인 금전적 교환가치를 가질 필요는 없고 소유자 · 점유자가 주관적인 가치를 가지고 있음으로서 충분하다. 이 경우 주관적 · 경제적 가치의 유무를 판별함에 있어서는 그것이 타인에 의하여 이용되지 않는다고 하는 소극적 관계에 있어서 그 가치가 성립하더라도 상관없어, 사실상 퇴사하면서 회사의 승낙없이 가지고 간 부동산매매계약서 사본들은 절도죄의 객체인 재물에 해당한다(대판 2007.8.23, 2007도2595).

    ② 어떤 권리도 표창하고 있지 않은 백지의 자동차출고의뢰서 용지도 경제적 가치가 없다고 할 수 없어 재물에 해당한다(대판 1996.5.10, 95도307).

  주관적 가치도 없는 물건이면 재물이 될 수 없다.

- 사체는 별도로 사체영득죄(제161조)가 있으므로 재물이 아니다.

  그러나 사체라도 존중, 숭배의 대상이 아니면 재물이 된다.

- 인간과 동물의 힘(에너지), 즉 노동력은 재산상의 이익이므로 이를 몰래 이용하면 사기죄나 민법상의 불법행위라는 입장이 통설이나 관리할 수 있는 동력이므로 재물로 보아야 한다.

---

5) 강구진, 246면; 김/서, 277면; 이재상, 253면; 정/박, 265면.

〈 재산상의 이익 〉

- 재물 이외의 재산적 가치가 있는 이익을 말한다(대판 1997.2.25, 96도3411). 따라서 인간의 행동은 본래 재산권의 대상이 아니지만 택시를 이용하는 것처럼 상대방의 有償적 勞務를 제공받는 것이라면 재산상의 이익이 된다. 그러나 이 이익이 반드시 사법상 유효한 것일 필요는 없고 외견상 재산상의 이득을 얻을 것이라고 인정할 수 있는 사실관계로도 재산상의 이익에 해당한다.
- 재산상의 이익이라고 할 때 재산의 의미에 대해서는

① 법률(법)적 재산설

재산을 법률상 권리와 의무의 총체로 보며

따라서 권리와 의무가 아닌 사실상의 이익(영업상의 노하우나 고객명단 같은)은 재산이 아니며

불법한 이익 또한 법률상 인정된 권리가 아니므로 재산에서 제외한다.

반대로 민사상의 권리·의무관계에 기초한 이익의 상실이 없는 한 경제적 가치가 소멸되어도 재산상의 손해가 없다. 그러한 예로는 상환할 의사나 능력이 없는 자에게 무담보로 거액을 대출하였지만 은행이 여전히 대출채권을 확보하고 있을 때인데 그러나 변제받을 가능성이 없는 채권이란 경제적으로는 전혀 가치가 없다 할 것이다.

이처럼 법률적 재산설은 재산상의 이익, 손해의 실제를 벗어난 공허한 재산개념을 말하고 있을 뿐이다.

② 경제적 재산설[6]

경제적 가치(금전으로 환가가 가능한 이익의 총체)가 있으면 그것이 적법하든 불법하든 사실상의 이익이든 법적인 권리·의무이든지를 가리지 않고 모두 재산으로 본다(극단적으로 경제적 가치를 지니면서 형법의 보호를 받지 못하는 것은 없다).

따라서 대가를 지불할 것처럼 속이고 성관계를 갖거나

6) 권오걸, 440면; 김성돈, 291면; 손동권, 316면; 오영근, 300면; 이재상, 299면; 임웅, 272면; 정/박, 270면 이하; 정영일, 278면; 진/이, 301면.

폭행·협박으로 채무면제를 받으면 각각 사기죄와 강도죄가 성립한다.

그러나 다른 법질서에서는 보호받지 못한 피해자까지를 보호하게 되어 전체법질서의 통일을 해친다는 비판이 있다.

* 일반적으로 부녀와의 성행위 자체는 경제적으로 평가할 수 없고 부녀가 상대로부터 금품이나 재산상의 이익을 받을 것을 약속하고 성행위를 한 경우 약속 자체는 선량한 풍속 기타 사회질서에 위반한 사항을 내용으로 하여 법률상 무효이나 행위의 대가는 경제적 이익에 해당하므로 부녀를 기망하여 성행위의 대가를 지급하지 않으면 사기죄가 성립한다(대판 2001.10.30, 2001도2991).

③ 법률적·경제적 재산설[7](가해자가 얻은 이익 혹은 피해자가 받은 불이익[이들은 경제적 가치가 있는 것들이다]이 법적으로 보호받을 만한가, 즉 권리나 의무의 대상이 될 수 있는지가 기준)

법적으로 보호할 가치가 있는 경제적 이익을 형법상의 재산으로 보므로 경제적 가치가 있더라도 법적으로 뒷받침되지 않으면 재산상의 이익이 아니다. 따라서 성매매의 경우 그 대가를 지불하지 않았을 때 대가를 지불한다는 애초의 계약이 선량한 풍속위반으로 무효이므로 대가의 미지급은 재산상의 이익을 취득한 것이 아니게 되어 사기죄가 성립하지 않는다. 이처럼 절충설은 경제적 재산설이 초래한 민법과의 괴리를 극복하기 위해 규범적 관점을 가미하고 있지만 규범적 관점 또한 모호하다는 비판을 면하기는 어렵다 -재산인지가 자의적으로 판단될 위험이 크다.

이 점은 절충방식의 다양한 변형을 통해 확인할 수 있으며 그 결과 성매매사례에서도 사기죄를 긍정할 수 있다. 순 경제적 재산설에 따른다면 사기죄는 쉽게 긍정된다.

* 국가의 벌금집행권은 재산범죄상의 재산이 아니다. 벌금 혹은 벌금집행권이 경제적 가치를 갖는 것은 사실이지만 제재수단인 벌금형의 의미가 국고를 튼실하게 하는데 있지 않기 때문이다. 따라서 기망수단을 사용하여 벌금을 납부하지 않아도 사기죄는 성립하지 않는다.

- 재산상의 이익 또는 손실이 발생했는지의 판단은 행위전후의 전체재산을 비교하여 산정한다. 일시적인 채무변제의 유예도 재산상의 이익이 된다.

---

7) 강구진, 250면; 김성천, 882면; 김/서, 319면; 박상기, 249면; 배종대, 411면 이하; 이형국, 351면.

〈 점유 〉

- 점유란 물에 대한 사실상의 지배를 말하며 이 정의는 민법과 형법에 공통하나 사실상의 지배라고 할 때도 사회통념에 따른 어느 만큼의 관념적 지배(현실적 지배가 아닌)를 인정한다. 다만 그 범위에서 차이가 있고 이 차이는 양법이 지향하는 목적의 상이에서 연유한다.
- 민법에서는 점유를 있는 상태를 그대로 보호하기 위한 잠정적인 권리(본권을 추정할 뿐 본권이 없을 때도 있다)이지만 점유할 수 있는 권리인 본권은 있어야 할 상태를 지향하는 권리라고 한다.

  또한 사실적 지배에 규범적·비사실적 요소가 포함됨을 수용한다(상속에 의한 점유[점유를 상속받은 경우로 점유나 관리를 요하지 않으며 상속사실을 알 필요도 없다]나 간접점유도 점유이나 점유보조자의 점유는 점유가 아니다. 이 점은 형법과 정반대인데 이처럼 민법은 소유권자의 점유를 넓게 인정하려고 한다).

  본권의 유무는 본래 점유의 성립과는 무관하나(도둑도 점유할 수 있다) 사회통념에 따른 사실적 지배가 있는지를 가리는 하나의 징표나 기준은 될 수 있다. 한편 형법상의 점유는 민법의 그것에 비해 훨씬 사실적 색채가 강한 점유이므로 민법에서처럼 있지도 않은 사실상 지배 상태를 존재하는 것처럼 취급하거나 반대로 사실상 지배하고 있음에도 점유를 부정하는 일을 가급적 피하려고 한다.
- 형법에서 사용하는 점유개념은 그 기능이 구성요건에 따라 다양한데
  ① 보호법익으로서의 점유는 권리행사방해죄
  ② 신분요소로서의 점유는 횡령죄
  ③ 행위객체로서의 점유는 일부설에 따를 때 절도죄가 이에 해당한다.
  그러나 이를 보호법익으로 보는 견해에 따르면 사실상 평온하게 점유되는 상태가 바로 절도죄에서 보호할 법익으로 된다.
- 점유개념은 다음 3요소로 이루어진다.
  ① 객관적·물리적 요소
  재물에 대한 사실상의 지배가 있어야 한다.
  재물과 사람간의 시간적 장소적 근접성은 이를 징표한다.
  적법한 권원에 기한 지배일 필요는 없다.

* ① 승객이 놓고 내린 지하철의 전동차 바닥이나 선반 위에 있던 물건을 가져가면 점유이탈물횡령죄에 해당함은 별론으로 하고 절도죄에 해당하지는 않는다(대판 1999.11.26, 99도3963).

② 고속버스 운전사는 고속버스의 간수자로서 차내에 있는 승객의 물건을 점유하는 것이 아니고 승객이 잊고 내린 유실물을 교부받을 권능을 가질 뿐이므로 유실물을 현실적으로 발견하지 않는 한 이에 대한 점유를 개시하였다고 할 수 없고, 그 사이에 다른 승객이 유실물을 발견하고 이를 가져갔다면 절도에 해당하지 아니하고 점유이탈물횡령죄에 해당한다(대판 1993.3.16, 92도3170).

③ 어떤 물건을 잃어버린 장소가 이 사건 당구장과 같이 타인의 관리 아래 있을 때에는 그 물건은 일응 그 관리자(당구장 주인)의 점유에 속한다 할 것이고, 이를 그 관리자가 아닌 제3자(종업원)가 취거하는 것은 유실물횡령이 아니라 절도죄에 해당한다 할 것이다(대판 1988.4.25, 88도409).

② 주관적 · 정신적 요소

점유의사를 말한다.

이 의사는 순전히 사실상의 지배의사이면 족하므로 어린 아이도 가질 수 있지만 법인의 경우에는 이 의사가 없다. 또한 이 의사는 잠재적이어도 상관없다.

점유의사는 개개의 재물에 대한 특정된 구체적 의사는 아닐지라도 자기의 지배영역에 존재하는 재물에 대한 포괄적, 추상적 의사가 있으면 긍정된다.

그러나 점유의사는 사실적 지배유무를 판단할 때 보조적 역할을 수행할 뿐이다.

死者의 점유를 둘러싸고는 견해가 갈린다. 유형별로 보기로 한다.

첫째 처음부터 재물을 탈취할 생각으로 살해하면 강도살인죄가 성립한다.

둘째 처음에는 그저 살인의 의사로 살인만 하고 이후 탈취의사가 생겨 가져가면

1) 살인죄와 점유이탈물횡령죄의 경합범설[8)](다수설)

사자에게는 점유의사가 없으므로 사자의 점유를 부정한다.

2) 사자의 점유를 인정[9)](살인죄와 절도죄)하면서 다시 견해는 갈리는 바 사자의 생전의 점유를 침해한 것(탈취와 사망이 시간적 · 장소적으

8) 김/서, 282면; 김종원, 207면; 오영근, 386면; 이재상, 319면.

9) 배종대, 424면; 임웅, 349면; 정/박, 344면.

로 근접해 있을 때)이라거나

사망 후에도 일정 시간(일반인의 관점에서 볼 때 아직은 재물에 대해 제3자가 지배하는 상태가 아니라면)은 사자의 점유가 계속된다고 한다.

* 피해자를 살해한 방에서 사망한 피해자 곁에 4시간 30분 쯤 있다가 벽에 걸린 피해자가 소지한 물건들을 영득의 의사로 가지고 나온 경우 피해자의 점유는 사망 후에도 계속되는 것으로 보아야 한다(대판 1993.9.28, 93도2143).

그러나 사자에게 점유를 인정할 수는 없다.

셋째 사망과 무관한 제3자가 이를 가져간 경우 새로운 점유가 인정되지 않는 한 점유이탈물횡령죄가 된다.

③ 사회적·규범적 요소

경험칙에 따라 다시 점유를 신장하기도 축소하기도 한다(관념화, 추상화가 어느 정도는 불가피함).

그러므로 해외여행 중에도 집안의 가재나 차에 대한 점유는 계속되며 음식그릇은 손님이 아닌 식당주인의 점유에 속한다.

* ① 피해자가 신부측 축의금 접수인인 것처럼 행세하는 피고인에게 축의금을 내어놓자 이를 가로챈 사안에서 피해자의 교부행위의 취지는 신부측에게 전달하는 것일 뿐 피고인에게 그 처분권을 주는 것이 아니므로 이를 피고인에게 교부한 것으로 볼 수 없고 그저 신부측 접수대에 교부하는 것에 불과하므로 그 돈의 점유는 접수처에 있다 할 것이다(대판 1996.10.15, 96도2227).
  책략절도로 보고 있다.
  ② 강간피해자가 현장에 핸드백을 두고 도망쳤어도 사회통념상 이 핸드백의 점유는 피해자에게 있다(대판 1984.2.28, 84도38).
  ③ 피시방에 두고 간 핸드폰은 피시방 관리자의 점유하에 있다(대판 2007.3.14, 2006도9338).

– 단독점유와 공동점유

다수가 점유하고 있어도 그 중 1인의 단독점유로 볼 수 있는 경우도 있고 공동점유일 때도 상호간의 관계에 따라 점유자가 누구인지를 판단해야 할 경우도 있다.

사회생활상의 경험칙은 이를 위한 중요한 잣대가 된다.

① 상점주인과 종업원의 관계에서는 주인의 단독점유를 인정하므로 점원의 탈취는 원칙적으로 절도죄가 되나 상하관계일지라도 고도의 신뢰가 있어

어느 정도의 처분권이 위임되어 있거나(대판 1982.3.9, 81도3396) 제3자의 관계에서는 종업원도 점유자가 된다.

② 은행의 금전출납 담당자도 독자적으로 돈을 인출할 지위에 있다면 점유자이다.

③ 물건의 운반을 위탁했을 때 위탁자가 감독과 통제를 할 수 있었다면 위탁자가 점유자이지만 그렇지 못할 경우에는 수탁자를 점유자로 본다.

④ 운행시간이 정해져 있고 운송경로도 특정되어 있는(이탈이 불가능하다) 철도운송의 경우는 철도청 운송파트 직원들의 공동점유가 된다.

⑤ 포장한 채로 물건이 위탁되었다면 그 내용물의 점유자는 누구인가?

1) 내용물과 포장물 모두 수탁자가 점유자라는 설[10)]
2) 〃 〃 위탁자가 〃 [11)]
3) 전체는 수탁자, 내용물은 위탁자라는 설[12)](내용물에 대해서는 수탁자가 자유롭게 지배할 수 있는 상태가 아니니까)
4) 형식적 위탁관계(단순한 심부름꾼 정도)면 위탁자, 실질적 위탁관계(모든 책임을 지는)면 수탁자가 점유자라는 설[13)]이 있으나 4)가 타당하다.

⑥ 잠금장치가 되어 위탁된 경우에도 포장물의 경우와 동일하게 처리한다. 단 그 잠금장치의 해법을 위탁자만이 알고 있는 경우에 이 위탁물이 장소적으로 이동이 쉽지 않다면 (건물 등에 부착되어 있어) 점유자는 위탁자, 이동 가능하면 수탁자가 점유자가 된다. 그러나 판례는 이동가능해도 공동점유를 인정한다.

〈 불법영득의사 〉

– 개념

불법영득의사란 권리자를 배제하고 타인의 물건을 자기의 소유물과 같이 그

10) 김종원, 183면; 백형구, 132면; 오영근, 312면; 임웅, 293면.

11) 황산덕, 275면.

12) 대판 1956.1.27, 4288형상375.

13) 김성돈, 263면; 김성천, 850면 이하; 김/서, 286면 이하; 배종대, 370면; 이재상, 266면; 정/박, 289면; 정영일, 254면 이하.

경제적 용법에 따라서 이용하고 처분할 의사를 말한다(대판 1990.5.25, 90도573). 이를 분설하면

① 적극적 요소로서 재물을 소유자로서 지배할 의사(돌려주지 않으려는 의사). 물론 그의 소망대로 소유권을 취득할 수는 없지만 외관상으로는 그가 마치 진정한 소유권자처럼 보이는 지위를 취득하려는 의사여야 하므로 단순한 점유의사와는 다르다고 한다. 따라서 원래 주인에게 돌려주기 위해 절도범인으로부터 도품을 훔치면 영득의사가 인정되지 않는다.

이 의사는 손괴죄와 구별하는 기준으로 작용한다고 한다.

반대로 이 의사가 없어도 좋다거나 그 내용이 방기, 파괴, 은닉이어도 이를 영득의사로 볼 수 있다는 입장(소유권자만이 이와 같은 행위를 할 수 있으니까)도 있다. 판례의 설명대로라면 손괴의사로 탈취했다가 마음이 바뀌어 이를 사용하면 손괴미수일 뿐 절도로는 벌할 수 없게 되어 부당하기 때문이다.

그러나 손괴의사일 때도 절도죄를 긍정해야 한다면(손괴목적이라도 점유침해의 고의는 있다) 손괴죄란 점유를 침탈하지 않는 손괴일 때만 성립하게 되어 곤란해진다.

② 소극적 요소로서 권리자(소유자)를 지속적으로 배제시키려는 의사가 있어야. 이는 사용절도와 구별하는 기준으로 유용하다고 하나 절도죄가 되지 않는 일시 사용의 뜻이 모호하다.

– 재산범죄(재물죄)가 성립하기 위해 고의 외에 불법영득의사가 필요한가?

① 필요설

고의란 구성요건의 실현을 인식하고 의욕하는 심리상태인데 절도죄와 같은 재물죄의 구성요건적 행위란 점유를 침탈하는 것(이것으로 고의충족)이므로 소유권을 침해하지 않으면서 점유를 침해하는 경우에도 절도죄의 고의를 긍정할 수밖에 없다. 따라서 다같이 점유를 침해하는 손괴죄나 사용절도와 절도죄를 구별하기 위해서는 초과주관적 요소로서의 불법영득의사(소유권자처럼 행세하면서 소유권을 행사하려는 의사)를 필요로 한다는 것이다.

통설과 판례(대판 1996.5.10, 95도3057)의 입장이며 재물죄의 보호법익을 소유권으로 본다.

② 불요설[14)]

형법규정에는 불법영득의사라는 표현이 없고

무엇보다도 점유를 침해하는 절취, 강취의 의사(고의)안에는 권리자인 점유자를 배제하면서 재물을 지배한다는 뜻이 포함되므로 불법영득의사의 핵심내용과 다르지 않다. 절도죄의 고의란 타인 소유, 타인 점유인 재물을 권리자의 의사에 반해 자기의 점유로 옮긴다는 인식인데 이 내용은 불법영득의사와 핵심에서 일치한다.

또한 사용절도는 법익에 대한 침해의 정도(객관적 사정)에 따라 절도가 되기도 하고 그렇지 않을 때도 있는 데 이 차이는 결코 영득의사의 유무에 의해서가 아니다.

이 설은 보호법익도 대체로 점유로 파악한다.

양설의 차이가 과연 보호법익에 대한 견해차이를 반영하는 것일까?

소유권설의 골자를 다시 살펴보면 점유를 침해한다는 객관적 사실만으로 소유권이 변동되는 것이 아니므로 소유권에 영향을 미치는 점유이전인지를 알기 위해 부득이 주관적 요소를 주목하지만 통상의 고의만으로는 이 요청을 충족시킬 수 없다고 한다.

한편 점유설은 점유자의 의사에 반하여 그 점유를 이전하려는 고의 안에는 당연히 해당물에 대한 지배, 이용의 의사가 녹아 있으므로 고의만 있으면 충분하다고 한다.

그러나 과연 보호법익을 매개로 이와 같은 결론을 내릴 수 있을까?

이같은 의문은 점유의 탈취를 통해 소유권의 권능인 사용, 수익, 처분이 가능하므로 점유침해는 곧 소유권에 대한 침해라고 말할 수 있는 반면(따라서 별도의 소유권침해의사는 필요 없다고) 어떤 점유침해가 절도가 되는지를 알기 위해 소유자가 되려는 의사유무를 기준으로 삼을 수도 있기 때문이다. 다시 말해 점유설을 취하면서도 절도가 될 수 없는 사용절도를 인정할 수 있고 점유침해가 있었는지를 알기 위해 권리자배제의사를 끌어 댈 수도 있다는 점이다. 그렇다면 보호법익을 달리 하더라도 같은 결론에 이를 수 있어 보호법익과 불법영득의사가 필요한지의 문제는 필연적으로 결합하는 관계가 아니라고 할 수 있다.[15)]

---

14) 오영근, 320면; 정/박, 296면; 정영석, 334면.

- 불법영득의사는 탈취죄의 주관적 불법요소로 보는 것이 일반적이지만 이용, 처분의사가 이욕적 동기에 불과하므로 책임요소로 볼 여지도 있다. 그렇지만 새로운 점유설정을 통해 대상물에 대한 이용·처분가능성을 범인이 가져가기 때문에 이를 멸실시키는 손괴죄보다 불법이 중하게 되어 불법영득의사를 긍정한다면 이를 주관적 위법요소로 봐야 할 것이다.
- 불법영득의사의 객체

  훔친 예금통장이나 현금카드를 사용하여 현금을 인출한 후 이를 반환한 경우 통장이나 카드에 대한 절도죄가 가능한가?

  ① 물체설에 따르면 영득의 객체는 물체(영득죄의 조문은 행위객체를 재물로 한정한다)인데 이 경우 그 객체인 통장이나 카드를 반환했으므로 절도죄가 될 수 없다고 한다(Binding, Merkel, Liszt, Schmidt).

  ② 가치설은 영득의 대상을 물체가 가진 경제적 가치(물체에 화체되어 있는 가치나 물체의 양도·교환가치)라고 보아 절도죄를 인정한다(Frank, Gleispach, Sauer).

  그러나 이렇게 되면 재물죄가 이득죄로 바뀌게 된다.

  ③ 절충설[16]은 객체를 물체 혹은 물체에 내재한 가치로 본다. 가치를 대상으로 하는 경우란 물체 자체는 껍데기에 불과하기 때문(무시해도 좋을)이다. 따라서 영득죄가 되기 위한 대상으로서의 가치란 그 물체의 종류나 기능에 비추어 볼 때 그것과 특별하게 결합되어 있는 고유한 가치를 의미하게 된다.

  이와 반대로 가치설을 완전히 포기하고 물체설을 수정하려는 입장도 있다. 가치설은 예금통장 사례를 해결하기 위해 고안된 이론이지만 물체설을 통해서도 이에 대한 설명이 가능하므로 가치설적 설명은 과도할 뿐만 아니라 무용하기 때문이라는 것이다. 수정된 물체설에 따르면 물체에 내재하는 사용가능성이나 이용가능성을 자기 것으로 하면 물체를 영득한

---

15) 보호법익에 대한 다툼은 피해자의 점유가 위법해도 절도죄가 성립하느냐의 문제임에 반해 불법영득의사요부의 문제는 행위자에 의한 점유침해가 절도죄가 되기 위해 주관적으로 어떤 심리가 뒷받침되어야 하는가의 문제이기 때문에 양자는 적용국면이 다르다고 한다. 中森喜彦, 刑法基本講座 第5卷, 88頁.

16) 김성천, 860면; 김종원, 187면; 배종대, 385면; 이재상, 274면; 이형국, 325면; 임웅, 304면 등.

것이 되므로 예금통장을 창구에 제시하는 행동은 자신이 이 통장의 소유자임을 주장하는 것이고 예금인출을 위해 통장을 절취할 때 그는 이미 예금자를 배제하고 이 통장을 영득하려는 의사를 가졌다고 할 수 있다. 설령 나중에 통장을 돌려줄 의사였어도 그 사이의 영득사실은 변하지 않기 때문이다.[17]

대개의 사례는 물체설에 따라 해결할 수 있으나 예금통장사례처럼 재산적 가치를 혼합해야할 불가피한 경우도 있다. 그 결과 영득죄와 이득죄의 구별이 모호해질 위험이 발생하게 된다.

* 신용카드를 사용하여 현금지급기에서 현금을 인출하였다 하더라도 신용카드의 경제적 가치(인출기능)가 인출된 예금액만큼 소모된 것이 아니므로 카드를 일시 사용하고 반환하면 불법영득의사가 없다(대판 1999.7.9, 99도857). 현금카드의 경우도 동일하다.

우리나라에서는 예금통장을 절취하여 현금을 찾고 통장을 반환했더라도 가치에 대한 영득을 인정함이 일반적이다. 판례도 같은 태도를 보인다.

* 예금통장은 예금채권을 포함하는 유가증권은 아니지만 예금채권의 행사자격을 증명할 수 있는 자격증권으로서 예금계약사실 뿐 아니라 예금액에 대한 증명기능이 있고, 이러한 증명기능은 예금통장 자체가 가지는 경제적 가치라고 보아야 하므로 예금을 인출하게 되면 그 인출된 예금액에 대해서는 통장의 예금액 증명기능이 상실되고 이 상실된 기능에 상응한 경제적 가치는 소멸된다(대판 2010.5.27, 2009도9008).

한편 소유자에게 즉시 되팔 생각으로 그의 물건을 절취해왔을 때도 절도죄가 성립할까? 이 경우에도 불법영득의사를 찾아볼 수 있으므로 절도죄를 긍정하는 입장과 소유권자가 다시 취득한 이상 물체나 가치가 침탈되지 않아 부정하는 입장으로 나뉜다. 후자에 따르면 절취부분은 불가벌적인 사기죄의 예비행위(사용절도)로 된다.

그러나 대가를 지불하고 구입하였으므로 소유권자는 물에 내재한 경제적 가치를 영구히 잃은 셈이어서 사용절도로 보기는 어렵다 할 것이다.

– 불법한 부분이 영득이어야 하는가? 취거인가?

영득부분이 불법해야 한다면 그 영득주체가 소유권을 실현할 권리가 없는 자여야 한다는 뜻이다. 취거가 비록 불법하더라도 소유권질서가 침해되는

17) NK-Kindhäuser, §242 Rn.88.

것이 아니므로 강요죄는 성립할 수 있어도 절도죄는 될 수 없으므로 소유자가 절취당한 자기 물건을 절취의 방식으로 찾아오는 것은 절도죄가 아니게 된다.

반면 취거가 불법하면, 즉 점유침탈이 법이 인정하는 방식이 아니면 절도죄가 성립한다고 할 때는 위의 경우에도 절도죄가 성립한다. 소유권자의 보호는 민법의 구제 방식을 이용하는 정도여야 하며 이런 경우까지 형법을 적용하지 말라는 것은 곤란하니까.

* … 피고인이 점유자의 승낙을 받지 않고 물품들을 가져갔다면 그 물품에 대한 반환청구권이 피고인에게 있었다 할지라도 피고인의 행위는 절도에 해당한다(대판 1973.2.28, 72도2538).

영득의사를 통설처럼 구성요건요소로 보면 적법한 영득이 되기 위한 사실상의 요건이 갖추어졌다고 착각했을 때 사실의 착오로서 고의가 조각된다. 그러나 이 착오가 위법성조각사유의 요건과 관련되면 허용구성요건의 착오법리에 따라 처리한다.

Q) 정보 자체는 재물이 아니라 할지라도 이를 기록매체에 저장하여 이 매체를 물리적으로 관리한다면 정보에 재물성을 부여할 수 있는 것 아닐까? 나아가 정보를 재산상의 이익이라고 볼 수 없는가?

Q) 파일내용을 사무실에서 자신의 용지를 사용하여 복사한 경우에도 그를 처벌할 수 있을까?

Q) 보관중인 서류를 반출한 대신 팩스나 이메일로 전송했을 때 영득의사를 인정할 수 있는가?

Q) 재물성 여부를 가리는 데 있어 유체물+( )하는 식으로 ( )안을 구체적으로 채우는 방식과 관리가능한 것-( )을 채우는 방식 중 어느 편이 더 효율적이고 안정적일까?

Q) 무임승차할 생각으로 택시를 이용한 후 도망친 경우와 자가용 운전자에게 택시비만큼의 비용을 지불하겠다고 하고 이용 후 도주한 경우 취급상 차이가 있는가?

Q) 점유가 상속에 의해 포괄승계된다면 사자의 점유를 긍정하지 않고도 상속인의 점유를 침탈했다고 평가할 수 없을까?

Q) 법적 재산개념과 경제적 재산개념을 설명하고 지불능력이 부족한 고객에게 은행이 담보없이 보증채무를 부담하는 것만으로 은행에 재산상 손해가 발생했다고 볼 수 있는 견해는 어느 것인가?

Q) 은행창구에서 순번을 기다리던 중 자기 차례가 되자 급히 창구로 가면서 지갑을 앉아 있던 의자에 두고 온 경우와 백화점 5층 벤치에 구입한 상품을 두고 지하 1층 식품매장에 왔다가 그때야 물건을 놓고 온 사실을 깨닫고 황급히 5층으로 올라온 경우 모두 물을 점유하고 있는 상태인가?

Q) 영득의사필요설도 일시 사용을 처벌하기도 하는 데 이 경우 처벌요건은 무엇인가?

Q) 채무를 면하기 위해 차용증서를 폐기할 생각으로 훔쳐도 절도죄가 되는가?

반대로 손괴할 생각으로 들고 나갔다가 이용할 의사가 생겨 영득하거나 그냥 방치했을 때 영득의사필요설은 이를 어떻게 처리할까?

Q) 위 차용증서 건에서 영득의사의 내용인 이용 · 처분의사와 배제의사가 실질적으로는 재물이 아니라 거기에 화체되어 있는 정보가 아닐까? 그래서 만약 이를 절도죄로 문의한다면 절도죄의 객체가 재물이라는 전제를 포기된 상태가 아닌지?

Q) 소유권설에 따르면 소유자가 절도범인으로부터 자기 물건을 절취나 강취의 방법으로 찾아와도 탈취죄가 되지 않는다고 한다. 그러나 이와 같이 점유개념을 상대화해도 상관없을까? 반대로 취거방식이 불법하면 권리자라도 불법영득의사를 인정하는 판례의 태도를 어떻게 이해해야 할까?

Q) 예금통장을 훔쳐 금원을 인출한 후 다시 통장을 반환해도 절도죄가 성립한다는 점을 물체설 혹은 수정된 물체설에서는 어떻게 설명하는가?

Lesson 16 절도죄

〈**절도죄(제329조)=** 타인의 재물을 절취한 자는 6년 이하의 징역 또는 1천만원 이하의 벌금에 처한다〉

- 타인의 재물을 절취하는 것(소유도 점유도 타인에게 있다)을 내용으로 하는 범죄
- 보호법익을 둘러싸고 견해가 첨예하게 갈린다.

① 소유(본)권설[1]

재산범죄영역에서 점유가 보호받는 경우란 제323조(권리행사방해죄)뿐이며 절도죄에서 점유침탈은 구성요건적 행위이므로 그 한에서 점유도 함께 보호받게 되지만(점유의 보호는 소유권을 보호하는 과정에서 파생된 부수적 결과일 뿐 독자적 보호법익이 될 수 없다) 점유는 어디까지나 행위의 객체일 뿐이고

물에 대한 사실상의 지배란 어떤 상태를 나타내는 것일 뿐이므로 그 자체가 법익이 될 수 없다고 한다.

그 결과 소유권에 대한 침해의사인 불법영득의사를 요하게 된다.

② 점유설[2]

물에 대한 사실상의 지배(이는 권리가 없어도 가능하며 이 지배가 있으면 권리없는 점유자도 사용·수익·처분의 재산적 이익을 향유한다. 즉 법익이 된다) 또한 재산법질서의 일부를 이루므로 이 상태를 불법하게 침해할 때는 형법이 개입함은 당연하다. 그 결과 절도범한테서 다시 이를 훔치면 절도죄가 성립한다(소유권설도 이 경우 절도죄를 긍정하지만 그 근거를 소유권이 새로 침해되었다는 데서 찾는다).

더욱이 현대사회에서는 물에 대한 소유와 점유가 분리되는 경향이 강해지고 있으므로 본권과 분리된 소지를 독자적으로 보호하는 것이 현실과도 부합한다.

---

1) 김성천, 831면; 김/서, 272면; 박상기, 250면; 배종대, 351면; 이재상, 247면; 정영일, 249면; 진/이, 317면.

2) 정창운, 132면.

요컨대 절도죄를 포함한 탈취죄의 본질은 타인의 점유를 침해하는 데 있다.
양 입장은 권리행사방해죄 규정의 성격도 상이하게 이해하는 바
소유권설은 이 규정이 자기 소유물에 대한 범죄를 인정한 것이므로 아주 예외적인 현상이지만 점유설은 소유권자라도 당연히 처벌됨을 강조하는 주의규정으로 본다.
그러나 순수점유설은 권리행사방해죄규정을 무의미하게 만들며 반대로 순수한 소유권설은 여하한 경우에도 사용절도를 처벌할 수 없게 한다.

③ 소유권 및 점유설(절충설)[3)]

소유권설은 점유가 갖는 재산적 가치를 과소평가하여 독자적 법익으로 인정하지 않고 점유설은 일체의 점유를 보호해야 하는 점에서 부당하므로 양자를 통합한다.
일본에서는 수정된 소유권설이나 평온점유설 같은 이름으로 부르기도 한다.
생각건대 민법이나 형법 모두 재산관련 법질서를 보호하는 것이지만
민법은 소유권의 귀속을 확정지어 소유권을 가진 자로 하여금 그의 권리를 행사하게 함으로써 거래의 안전을 도모함을 목적으로 하지만
형법은 현실로 존재하는 지배관계(본권으로 뒷받침되고 있다는 추정기능을 가짐)가 이 추정을 명백히 부정하는 사정을 나타내지 않는 한 이를 침해하지 못하도록 하여 법질서를 보호하고자 한다.
사실 소유권자가 동시에 점유도 하고 있을 때는 소유권의 권능행사로 점유의 기능을 다하게 되어 점유의 의미가 퇴색되지만 소유권 없는 점유일 때는 점유의 독자적 의미가 중요해 진다. 이런 점에서 절충설이 타당하다.

* 절도죄는 재물의 점유를 침탈하는 범죄이므로 재물의 점유자가 피해자이지만 점유침탈로 인해 그 재물의 소유자도 해하게 되므로 소유자도 절도죄의 피해자로 보아야 한다(대판 1980.11.11, 80도131).

- 소유권이나 (형법상의)점유의 어느 것도 물에 대한 지배관계를 뜻하지만 내용적으로는 차이가 있다.

먼저 물권인 소유권은 법적인 지배관계를 말하며 소유권자는 물을 보존하고 처분함에 있어 최고의 법적 권능을 갖는 자이다. 이 권리는 사실상 이들 권

---

3) 강구진, 260면; 권오걸, 341면; 김성돈, 250면; 김종원, 178면; 서일교, 138면; 손동권, 262면; 오영근, 322면 이하; 이형국, 312면; 임웅, 274면 이하; 정/박, 278면; 정영석, 331면.

능을 행사할 수 있느냐 와는 상관이 없으므로 절도의 피해자는 여전히 도품에 대해 완전한 소유권, 법적으로는 완전한 지배력을 갖는다.

반면 점유란 사실적 지배관계를 의미하므로 점유자는 물에 대해 물리적, 현실적으로 처분할 수 있는 지위에 있는 자이며 그가 어떻게 이 상태에 이르렀는지는 문제가 되지 않는다(절도범도 이 의미의 점유를 갖는다). 그러므로 제3자가 절도범한테서 불법하게 도품을 취거하면 절도범이 되는 것이다.

- 침해범이다. 소유권은 침해될 수 없어 위험범이라는 설도 있으나 물에 대한 사실상의 지배에 변동이 있었는지가 결정적이므로 침해범으로 보아야 한다.
- 객체는 타인이 점유하는 타인 소유의 재물이므로 행위자가 단독으로 소유하거나 무주물인 경우 절도죄는 성립하지 않는다.

* ① 임대계약 종료 후 식당건물에서 퇴거하면서 임차인이 사용하던 냉장고의 전원을 켜 둔 채 떠났다가 1개월 후에 이를 철거함으로써 그 기간 동안 전기가 소비되었어도 냉장고의 점유·관리가 임차인에게 있었으므로 냉장고를 통한 전기의 사용도 자기가 점유·관리하는 전기를 사용한 것이어서 절도죄가 성립하지 않는다(대판 2008.7.10, 2008도3252).

② 타인의 토지에 권원없이 식재한 수목의 소유권은 토지소유자에게 있으므로 식재한 자가 이로부터 감을 수확해 갔다면 절도죄가 성립한다(대판 1998.4.25, 97도3425). 그러나 피고인으로부터 임차한 토지에 대나무를 식재하여 가꾸어 왔다면 이를 벌채해 간 피고인의 행위는 절도죄에 해당한다(대판 1980.9.30, 80도1874).

③ 명의대여약정에 따른 신청에 의해 발급된 영업허가증과 사업자등록증은 피해자가 인도받음으로써 피해자의 소유가 되었으므로 이를 명의대여자가 가져가면 절도죄가 된다(대판 2004.3.12, 2002도5090).

④ 양도담보권자인 채권자가 제3자에게 담보목적물인 동산을 매각한 경우, 제3자는 채권자와 채무자 사이의 정산절차 종결여부와 관계없이 목적물을 인도받음으로써 소유권을 취득하게 된다. 양도담보설정자(채무자)가 담보목적물을 점유하고 있어 채권자가 매수인인 제3자에게 자신의 목적물반환청구권을 양도하여 목적물을 인도받게 했더라도 제3자는 자기의 소유물을 취거한 것이므로 채권자의 이 같은 행위는 절도죄를 구성하지 아니한다(대판 2008.11.27, 2006도4263).

⑤ 갑이 A회사로부터 重機를 할부로 매수한 다음(소유권은 A회사에 있다) C회사에 이를 지입하고 C회사를 중기등록원부에 소유자로 등록한 후 A회사에 대한 할부대금채무를 담보하기 위해 A명의의 근저당권설정등록을 하였으며 이 중기는 갑이 점유하고 있었는데 A회사원인 피고인들이 이를 가져갔다면 특수절도죄가 성립한다. 비록 갑에게 중기에 대한 사실상의 처분관리권이 있다고 해도 이는 갑과 C(지입받은)회사

간의 내부관계에 지나지 않는 것이고 대외적으로는 C가 소유권자이므로 피고인들의 행위는 C의 소유권을 침해한 것이다(대판 1989.11.14, 89도773).

⑥ 피고인이 컴퓨터에 저장된 정보를 출력하여 생성한 문서는 피해회사의 업무를 위하여 생성되어 피해 회사가 보관하고 있는 문서가 아니라 피고인이 가지고 갈 목적으로 피해 회사의 업무와 관계없이 새로이 생성한 문서이므로 피해 회사 소유의 문서가 아니며 이를 가져가도 절취행위가 아니다(대판 2002.7.12, 2002도745).

- 부동산절도가 가능한가?

① 통설[4]은 이를 부정한다.

1) 부동산은 장소적으로 이전이 불가능하여 절취행위(취거의 의미로서)가 이루어질 수 없다.

2) 부동산에 대한 절취로는 부동산에 대한 권리자의 명의를 변경하거나 경계를 침범하는 것, 또는 불법점거인데 전자는 문서에 관한 죄로, 후자는 경계침범죄나 주거침입죄 혹은 회복이 용이(민사소송으로)하여 따로 부동산절도죄로 처벌할 필요가 없다.

② 긍정설[5]

1) 절취의 뜻을 바로 취거로 새길 수는 없다. 물론 취거가 절취의 중요한 표지이기는 하지만 절취의 핵심은 지배나 관리의 이전(교체)에 있고 대상의 이동에 있지 않다.

2) 침해에 대한 원상회복은 결코 쉽지 않으며 관리의 어려움을 형법이 고려해야 할만큼 사회가 변화하였다.

3) 주거침입죄는 절도죄와 보호법익이 다르며 경계침범은 절취행위의 한 예이다.

공정증서원본등의 부실기재죄는 일반적으로 몸통에 해당하는 다른 범죄를 실행하는 수단이다.

긍정설이 타당하다.

이 문제를 정면으로 다룬 판례는 보이지 않는다. 다만 권원없이 타인의 토지에 수목을 식재한 자가 이를 뽑아가면 절도죄가 된다는 판례(1980.9.30, 80

4) 강구진, 247면; 권오걸, 351면; 김성돈, 255면; 김성천, 837면; 김/서, 279면; 박상기, 246면; 배종대, 359면; 백형구, 325면; 손동권, 268면; 유기천(상), 187면; 이재상, 255면; 이형국, 320면; 진/이, 298면.

5) 김종원, 177면; 오영근, 325면; 임웅, 281면 이하; 정/박, 268면; 정영석, 325면; 정영일, 257면; 황산덕, 279면.

도1874나 1998.4.24, 97도3425)를 부동산절도를 인정한 것으로 보는 견해도 있으나 분리한 순간 동산화하기 때문에 이를 두고 바로 부동산절도라고 말하기는 곤란하다.

일본형법은 부동산절도에 대해 부동산침탈죄(235조의2=타인의 부동산을 침탈한 자는 10년 이하의 징역에 처한다. 단순절도죄의 형이 10년 이하의 징역 또는 50만¥ 이하의 벌금임에 비해 형이 중하다)규정을 따로 두고 이를 통해 규제하고 있다.

침탈의 태양으로는 타인토지에 주택을 신축하거나 농지를 무단경작하거나 인접토지에 미치도록 자택 2층을 개축하거나 남의 땅을 파고 폐기물을 투기하는 행위를 들고 있다.

- 실행행위는 절취, 즉 점유자의 의사에 반하여 자기나 제3자의 사실적 지배로 옮기는 행위이다.

  그러나 기망의 방법으로 점유를 침탈한 경우 절취와 사취의 구별은 쉽지 않은데 이를 위해 일반적으로 제시되는 기준인 처분효과의 직접성은 사기죄의 성립을 지나치게 제한하는 면이 있다.

  * ① 귀금속을 구입할 것처럼 가장하여 순금 목걸이를 건네받은 후 화장실에 갔다 오겠다고 거짓말하고 도주하였다면 목걸이는 아직 피해자가 점유하는 것이어서 절도죄가 된다(대판 1994.8.12, 94도1487).

    ② 자전거를 살 의사 없이 시운전을 빙자하여 교부받은 자전거를 타고 시운전을 하는 척 하다가 그대로 도망간 경우에는 사기죄가 성립한다(대판 1968.5.21, 68도480).

- 실행에 착수한 시점은 점유를 배제하는 것과 밀접한 관계에 있는 행위를 하거나 물색 행위를 할 때이다.

  * ① 절취할 생각으로 방에 들어간 것만으로는 아직 실행에 착수한 것이 아니지만 훔칠 물건을 물색(찾기 시작)하면 실행에 착수한 것이다(대판 1992.9.8, 92도1650; 2003.6.24, 2003도1985).

    ② 차안의 물건을 훔칠 생각으로 내부를 손전등으로 비추어 본 것에 불과한 행위는 점유를 침해하는 데 밀접한 행위를 한 것이 아니지만(대판 1985.4.23, 85도464) 차안에 있는 밍크코트를 발견하고 이를 절취할 생각으로 차의 앞문을 열려고 손잡이를 당기면 밀접한 행위이므로 절도죄의 실행에 착수한 것이다(대판 1986.12.23, 86도2256).

- 기수는 목적물을 자기 또는 제3자의 실력적 지배로 옮겼을 때(취득설)이다.
- 사용절도

① 사용절도에는 일시 사용할 의사만 있을 뿐 영득할 의사가 없어 절도가 아니라고 보는 것이 일반적이다. 그리하여 무단사용이 절도가 되지 않을 때는 사용에 수반한 필연적 법익침해의 결과(자동차의 무단사용에 수반된 휘발유의 소비처럼)도 별도의 죄가 되지 않는다.

② 영득의사표준은 주관적 기준에 따른 구별이나 이 의사의 유무를 실은 객관적 사정에 비추어 판단하고 있는 점에서 무늬만 주관이라고 할 수 있다.

판례(대판 1999.7.9, 99도857)는

무단사용으로 재물의 경제적 가치가 상당정도 소모되거나

사용 후 본래 장소가 아닌 다른 장소에 버리거나(자동차를 원래 장소에서 7-8m 떨어진 곳에 두어도 영득의사 인정)

장시간 점유한 사실이 있으면 영득의사를 인정하고 있다.

③ 결국 판례는 실질적으로 영득의사가 아니라 재물에 대한 이용가능성(사용・수익・처분이라는)을 따르고 있음을 보여주는 셈인데 이 이용가능성은 소유권의 권능이 발현된 것일 수도, 점유의 효과일 수도 있다.

단 사용절도가 절도가 되기 위해서는 권리자의 이용을 실질적으로 침해했어야 하므로 점유가 침해된 즉시 절도죄가 성립하느냐의 문제는 아니다. 핵심은 일정한 사정이 있으면 반환해도 절도가 된다는 점이고 이같은 사정이면 불법영득의사를 긍정하며 따라서 영득의사를 갖고 이용했으니까 반환해도 절도가 된다고 복잡하게 설명할 필요가 없다는 점이다.

– 재물의 타인성

타인성이 부정되는 사례로는

① 행위자의 단독소유물

② 무주물

死體는 숭배의 대상이 아니면 재물이 된다.

신체의 일부(모발, 혈액이나 장기 등)라도 분리되면 재물이지만 인공적인 것(치아나 인공관절 등)일지라도 신체의 부착물로서 고정시켜 쉽게 분리되지 않으면 신체의 일부이므로 재물이 될 수 없다.

③ 금제품(소유나 소지가 금지되어 있는 재물)

금지되지만 사실상 점유가 가능하므로 절도죄 가능하다.

– 罪數

보호법익이 일신전속적인 것이 아니므로 행위의 개수로 범죄의 수를 결정한다.

* ① 단일범의로 절취의 시간과 장소가 접착되어 있고 동일관리인의 관리 하에 있는 방안에서 소유자를 달리하는 두 사람의 물건을 훔쳐도 1개의 절도죄이다(대판 1970.7.21, 70도1133).

② 갑의 집에 침입하여 그 집 방안에서 갑의 재물을 절취하고 다시 그 집에 세들어 사는 을의 방에 침입하여 절취하려다 미수에 그친 경우 이는 범행장소와 물품의 관리자가 다르기 때문에 별개의 범죄가 성립한다(대판 1989.8.8, 89도664).

- 불가벌적 사후행위

절도죄의 법정형에 이미 반영(고려)되어 있는 위험은 실현되어도 별도의 처벌이 따르지 않으나 이를 벗어난 새로운 법익에 대한 침해는 불가벌적 사후행위가 될 수 없다.

* ① 절취한 자기앞수표를 음식대금으로 교부하고 거스름돈을 받는 것은 사기죄가 아니다(대판 1987.1.20, 86도1728).

② 절취한 장물을 절도범인이 자기 것인 양 제3자에게 팔아 금품을 편취하면 사기죄가 되고(대판 1980.11.25, 80도2310) 절취한 신용카드를 사용한 경우도 신용카드의 부정사용은 새로운 법익의 침해이고 이 법익침해는 절도범행보다 큰 것이 대부분이므로 절도범행의 불가벌적 사후행위가 아니다(대판 1996.7.12, 96도1181).

③ 예금통장을 절취하여 진실한 예금명의인인 것처럼 은행원을 기망하여 예금을 인출하는 것은 불가벌적 사후행위가 아니라 사기죄가 별도로 성립한다(대판 1974.11.26, 74도2817). 그러나 예금통장이 갖는 면책증권적 기능에 비추어 은행원은 청구자가 권리자라는 사실에 관해 하등의 의심을 하지 않아도 되므로 도대체 착오에 빠질 수가 없고 그렇다면 이는 절도죄의 불가벌적 사후행위에 불과하다는 반대의견도 있다. 금전의 인출은 통장의 절취를 통해 조성된 형편을 이용하는 것에 불과하고 피해자(예금명의인)에게 끼친 손해는 절도죄의 처벌에 이미 반영되어 있음을 이유로 든다.

- 압수된 증거물을 절취하면 증거인멸죄와 절도죄의 상상적 경합.

압류된 물건의 봉인을 뜯지 않고 가져가 버리면 공무상비밀표시무효죄와 절도죄의 상상적 경합이 된다.

〈야간주거침입절도(제330조)= 야간에 사람의 주거, 간수하는 저택, 건조물이나 선박 또는 점유하는 방실에 침입하여 타인의 재물을 절취한 자는 10년 이하의 징역에 처한다〉

- 범죄의 구조는 주거침입죄와 절도죄의 결합범

- 조문상의 "야간"이 수식하는 대상이 무엇인가를 둘러싸고 견해가 대립한다.
  ①설은 주거침입에만 걸린다고 봄.[6]
  ②설은 적어도 절취가 야간에 이루어져야 한다고 함.[7]
  ③설은 주거침입과 절취 중 어느 하나는 야간에 이루어져야 한다는 입장.[8]
  ④설은 주거침입과 절취 모두가 야간에 이루어져야 한다고 함.[9]
  ②설은 본죄가 절도죄에 대한 가중이므로 절취가 야간에 행해져야 한다는 점을 강조한다.
  그러나 이는 조문의 문언에 부합하지 못할 뿐만 아니라 가중의 근거가 야간에 주거에 침입하는 방식의 절취라고 봄이 타당하므로 무게 중심은 야간에 행해진 주거침입에 있다고 봐야 한다.
- 야간은 일몰 후부터 일출 전까지 이다.
- 실행의 착수는 주거침입 시이다.
  * 다세대주택 2층의 불이 꺼져있는 것을 보고 물건을 절취하기 위하여 가스배관을 타고 올라가다가, 발은 1층 방범창을 딛고 두 손은 1층과 2층 사이에 있는 가스배관을 잡고 있던 상태에서 경찰관에게 발각되자 뛰어내린 경우, 주거에 대한 사실상의 평온을 해할 현실적 위험성이 있는 행위를 개시한 것이 아니어서 본죄의 실행에 착수한 것이 아니다(대판 2008.3.27, 2008도917). 그러나 건물 출입문을 당겼으나 잠겨져 있어 범행에 실패하였다면 실행에 착수한 것이다(대판 2006.9.14, 2006도2824).
  단독주택에 월담 침입하여 동가 마루 밑에 숨어 있다가 절취목적을 달성하지 못했어도 실행에는 착수한 것이다(대판 1970.4.28, 70도507).

〈특수절도죄(제331조)= ① 야간에 문호 또는 장벽 기타 건조물의 일부를 손괴하고 전조의 장소에 침입하여 타인의 재물을 절취한 자는 1년 이상 10년 이하의 징역에 처한다.
② 흉기를 휴대하거나 2인 이상이 합동하여 타인의 재물을 절취한 자도 전항의 형과 같다〉

- ①항 특수절도죄의 해석

---

6) 권오걸, 406면; 오영근, 342면; 이재상, 280면; 대판 2011.4.14, 2011도300.
7) 김성천, 870면; 박상기, 268면; 백형구, 140면; 유기천(상), 214면.
8) 김성돈, 275면; 김종원, 191면; 배종대, 391면; 이형국, 336면; 임웅, 315면 이하; 정/박, 304면; 정영일, 266면; 진/이, 335면.
9) 김/서, 307면.

여기서도 "야간"이 걸리는 대상이 불투명하다. 손괴, 침입, 절취의 어느 부분인가?

야간주거침입절도죄와 같은 선상에서 파악하여 손괴와 주거침입이 야간에 행해져야 한다.

주거침입이 손괴방식을 거치므로 야간주거침입절도죄에 비해 불법이 가중된다. 문호 또는 장벽 기타 건조물의 일부란 주거 등에 대한 침입을 방지하기 위하여 설치된 일체의 圍障(위장)시설을 말한다.

- ②항 전단의 특수절도죄

  흉기여부는 기구의 객관적 성질에 따른다.

  행위자는 흉기를 휴대한다는 점을 인식해야 한다. 이때 본인은 휴대하지 않더라도 공범의 흉기휴대를 인식하고 있으면 본죄가 성립한다.

- ②항 후단의 특수절도죄

  2인 이상이 합동하기 때문에 단독범에 비해 불법의 정도가 높다.

  그렇다면 "합동"이란 무슨 뜻일까? 이 점은 특히 공동정범에서의 "공동"과 어떻게 다른 지를 분명히 해야 한다.

  1) 공모공동정범설[10)]

     합동범도 2인 이상이 행하는 범죄인 이상 비슷한 형태의 공동정범과 구별하는 데 주안점을 둬야 한다. 그리하여 합동의 의미를 2인 이상이 가담하는 정범형식 가운데 공동정범형태를 철저히 배제했을 때 남는 공모공동정범일 수밖에 없다고 한다.

     그럼에도 합동범에 대해 공동정범보다 무겁게 벌하는 이유는 무엇일까? 대답은 공모에만 관여한 배후거물을 무겁게 처벌해야할 형사정책적 필요 때문이라는 것이다. 그렇다면 다시 왜 몇몇 범죄에 대해서만 합동범처벌 규정을 두고 있는 것일까? 대답은 그들이 가장 흔한 범죄이기 때문에 예방목적상 강하게 처벌할 필요가 있다고 한다.

     그러나 공모에만 가담했는데도 실행을 함께 한 공동정범보다 중하게 처벌할 수 있는지는 의문이다.

  2) 가중적 공동정범설[11)]

10) 김종수, "공모공동정범", 법조 제14권2호(1965), 21면 이하.

11) 김종원, 194면; 황산덕, 287면.

공동정범과 합동범 간에 질적 차이는 찾아볼 수 없다고 한다.

그렇다면 왜 "합동"이란 용어를 고집하는 것일까?

그 답은 합동범으로 규정된 범죄群은 집단으로 행해지면 특히 더 위험하므로 이에 대해 가중처벌로 대응하는 공동정범임을 표시하기 위해서이다. 그러나 다른 범죄의 공동정범에 비해 왜 이들 범죄군의 공동정범이 더 위험한지 그 이유가 분명하지 않다.

3) (순수)현장설[12)]

합동범은 모두 현장에 임장하기 때문에 이를 필요조건으로 요구하지 않는 보통의 공동정범보다 더 위험하다고 한다. 그러나 이는 곤란한데 공동정범이라도 모두가 현장에 있는 경우가 수두룩하기 때문이다.

현장설을 취하면서도 현장성 때문에 필요적 공범으로 된다는 입장[13)]이 있다. 그러나 현장에 반드시 있어야 할 것을 이유로 필요적 공범이라면 보통의 공동정범도 반드시 2인 이상의 협력-따라서 2인 이상이 존재함-을 요구하므로 그 한에서 필요적 공범이며 나아가 필요적 공범이 되기 위해 모두가 반드시 현장에 함께 있어야 하는 것도 아니다. 더욱 보다 근본적으로는 원래 임의적 공범형식인 범죄를 2인 이상의 현장협력을 요한다는 이유로 필요적 공범으로 변경할 수는 없다. 필요적 공범이란 애초부터 단독범형식으로는 범죄를 범할 수 없음을 전제로 하니까.

나아가 현장성은 행위가 행해지는 장소적 상황을 나타낼 뿐 정범표지가 아니다.

그럼에도 현장설을 지지하는 의견이 압도적으로 많다. 판례도 형식적으로는 현장설을 취하고 있는 것처럼 보이나 그 실질을 찬찬히 보면 이미 (순수)현장설을 벗어나 있다.

이처럼 변형된 현장설(현장이 정범표지이므로 비현장자는 합동범의 정범이 될 수 없다는) 혹은 다음에 등장하는 현장적 공동정범설과 구별되는 의미의 순수현장설에 따르면 현장에 있는 자는 절도죄의 합동범으로, 현장 밖에서 기능적으로 지배하고 있는 자는 단순절도죄의 공동정범, 또는 합

---

12) 강동범, "합동범의 공동정범", 형사법연구 제13호, 82면; 배종대, "합동범에 관한 연구", 안암법학11호, 92면; 정영일, "합동범에 관한 판례연구", 형사판례연구(7), 116면.

13) 강구진, 289면; 신동운, "합동범의 공동정범", 서울대 법학, 제35권 3·4호, 236면 이하.

동범의 종범으로 처벌된다.

4) 현장적 공동정범설[14)]

이 설은 법문상의 합동의 의미를 무시하는 가중적 공동정범설이나 현장에 있는 자는 무조건 합동(정)범(현장에서 어떤 역할을 했는지를 보지 않고)이라는 현장설을 비판하면서 합동범이란 현장에 있으면서 범죄를 기능적으로 지배하는 자라고 한다.

따라서 현장밖에서 현장범, 즉 합동범을 기능적으로 지배하면 일반적인 정범표지에 따를 때 그 사람도 또한 합동범의 공동정범이 되며 그 결과 실제로는 현장설을 포기하기에 이른다.

* 갑은 공모한 대로 국도상에 트럭을 대기시키고 있다가 을과 병이 마을에서 훔쳐 온 황소를 트럭에 싣고 운반했을 때 갑에게 합동절도죄를 문의할 수는 없고 일반절도죄의 공동정범이나 합동절도죄의 방조범이 된다(대판 1976.7.27, 75도2720).

그러나 이후 대판 1998.5.21, 98도321 에서는 태도를 달리하여

"3인 이상의 범인이 합동절도의 범행을 공모한 후 이중 2인이 현장에서 시간적, 장소적으로 협동관계를 이루어 실행행위를 분담하면서 절도범행을 한 경우 공동정범의 일반이론에 비추어 나머지 1인에 대해서도 그가 현장의 2인의 범죄행위를 자기 의사의 수단으로 하여 합동절도의 범행을 하였다고 평가할 수 있는 정범성의 표지를 갖추고 있다고 보여지는 한 그에 대해 합동절도의 공동정범의 성립을 부정할 이유가 없다."

요컨대 현장에 있지 않아도 합동범이 될 수 있음을 천명하고 있다.

- 특가법에서는 이들 범죄를 가중하여 처벌하고 있다.

제5조의4: ① 상습으로 형법 제329조 내지 제331조의 죄 또는 그 미수죄를 범한 사람은 무기 또는 3년 이상의 징역에 처한다.
② 5명 이상이 공동하여 제1항의 죄를 범한 사람은 무기 또는 5년 이상의 징역에 처한다.

- 주간에 문호 등을 손괴하고 주거에 침입하여 야간에 절도를 하면 주거침입죄, 손괴죄, 절도죄의 경합범이다.

〈상습절도죄(제332조)= 상습으로 제329조 내지 제331조의2의 죄를 범한 자는 그 죄에 정한 형의 2분의 1까지 가중한다〉

---

14) 김일수, 한국형법Ⅳ(1994), 80면 이하.

- 포괄일죄
- 상습으로 단순절도, 야간주거침입절도, 특수절도를 범하면 포괄하여 상습특수절도가 성립.
  * 상습특수절도죄에 대한 기판력은 상습야간주거침입절도죄에도 미친다(대판 1975.12.23, 75도3155; 1991.10.8, 91도1874).

〈자동차등 불법사용죄(제331조의2)= 권리자의 동의없이 타인의 자동차, 선박, 항공기 또는 원동기장치자전거를 일시사용한 자는 3년 이하의 징역, 500만원 이하의 벌금, 구류 또는 과료에 처한다〉

- 입법취지

  법무부의 형법개정법률안 제안이유서 174-175면을 보면

  사용절도는 통설과 판례에 의할 때 처벌할 수없다. 그러나 오늘날은 자동차 사용이 보편화되어 타인의 자동차를 불법사용하는 경우가 증가할 것이고 이로 인한 피해와 피해자의 감정을 고려하여 자동차의 사용절도를 처벌하는 규정을 둔다고 하였다(현대생활에서 자동차는 필수품에 해당).
- 보호법익

  ① 소유권설[15)]

  대상이 타인의 자동차이므로 자기 소유의 자동차일 때는 본죄 불해당.

  ② 사용권설[16)]

  본죄는 일시사용, 즉 영득의사가 없는 경우도 포함하므로 소유자도 본죄의 주체가 된다. 자기 차를 임대해 놓고 불법사용하는 경우를 처벌할 필요가 있기 때문이다.

  "타인의" 도 사용권한이 있는 자란 뜻으로 이해한다.

  이 입장이 타당하다.
- 자동차 등을 본래의 용도인 교통수단으로 일시사용한 때에만 본죄가 성립하므로 장기간 사용하면 절도죄일 뿐이다.

  또한 일시사용이어도 절도죄가 성립하는 경우라면 본죄를 적용할 여지가 없다.

---

15) 박상기, 274면; 배종대, 399면; 이재상, 290면; 이정원, 320면; 정영일, 271면; 진/이, 343면.

16) 권오걸, 418면; 김성돈, 280면; 김성천, 874면; 김/서, 313면; 백형구, 146면; 오영근, 351면; 이형국, 343면; 임웅, 321면; 정/박, 316면.

따라서 절도죄와는 보충관계에 있다.

- ○○市까지 다녀오기로 하고 차를 빌렸으나 20km를 더 가 고향에 들렸다 오는 경우처럼 동의를 받고 사용하다가 동의의 범위를 넘어 일시 사용했을 때 이를 동의없이 사용한 것으로 봐야 하는가?

  그러나 이는 단순히 사법상의 계약위반에 불과한 것으로서 본죄에 해당하지 않는다.

- 상습으로 절도등의 범죄를 저지른 자가 마찬가지로 절도습벽의 발현으로 자동차등 불법사용죄도 함께 저지른 경우 형법 제331조의2 소정의 자동차등 불법사용죄는 특가법 5조의4 1항 소정의 상습절도죄에 흡수되어 1죄만이 성립한다. 따라서 검사가 상습절도 등의 범행을 형법 제332조 대신 특가법 5조의4 1항으로 의율하여 기소하였더라도 공소제기의 효력은 동일한 습벽의 발현에 의한 자동차등 불법사용의 범행에도 미친다(대판 2002.4.26, 2002도429).

〈친족상도례(제328조)= ① 직계혈족, 배우자, 동거친족, 동거가족 또는 그 배우자간의 죄는 그 형을 면제한다.

② 제1항 이외의 친족간에 죄를 범한 때에는 고소가 있어야 공소를 제기할 수 있다.

③ 전2항의 신분관계가 없는 공범에 대해서는 전2항을 적용하지 아니한다.

- 제328조의 규정은 제329조 내지 제332조의 죄 또는 미수범에 준용한다.
- 강도죄와 손괴죄에 대해서는 본조를 적용하지 않는다.

  그러나 특별형법상의 재산범죄에 대해서는 본 규정을 적용한다.

  특정경제범죄 가중처벌 등에 관한 법률에 형법의 친족상도례규정을 적용하지 않는다는 명시적 규정이 없으므로 형법 제354조는 위 특경법 제3조 제1항 위반죄에도 적용된다(대판 2000.10.13, 99오1).

- 친족간의 재산범죄에 대한 해결을 일차적으로 당사자들에게 맡긴다는 정책적 고려에 따른 규정이다.
- 본 규정의 법적 성격은 일단 범죄는 성립하지만 형을 면제하거나 친고죄로 규정하고 있는 점에서 인적 처벌조각사유에 해당한다.

  따라서 공범과 신분에 관한 형법 제33조는 적용되지 않는다.

- 배우자는 법률상의 배우자로 한정한다는 설[17)]이 다수이나 사실상의 배우자

도 포함한다[18]고 본다.

- 친족관계가 존재해야 할 당사자란 누구인가?
  ① 행위자(피고)와 소유자 간[19]
  ② 행위자와 소유자 및 점유자 간[20]
  ②설이 타당하며 판례도 이 입장이다.
  ①설일 때는 피고가 임차인과는 친족관계가 없어도 소유자인 임대인하고만 친족관계이면 친족상도례규정을 적용할 수 있게 되어 곤란하다.
  * 친족상도례에 관한 규정은 범인과 피해물건의 소유자 및 점유자 사이에 친족관계가 있는 경우에만 적용된다(대판 1980.11.11, 80도131).
- 친족관계는 행위시에 존재해야 한다.
  그러나 혼인 외의 출생자에 대한 인지는 그 자의 출생시로 소급하여 효력이 발생하므로(민법 제860조) 비록 범행 후에 인지된 경우라도 친족상도례의 규정이 적용된다(대판 1997.1.24, 96도1731).

〈**미수범(제342조)=** 제329조 내지 제341조의 미수범은 처벌한다〉

〈**자격정지의 병과(제345조)=** 본장의 죄(절도와 강도의 죄)를 범하여 유기징역에 처할 경우에는 10년 이하의 자격정지를 병과할 수 있다〉

〈**動力(제346조)=** 본장의 죄에 있어서 관리할 수 있는 동력은 재물로 간주한다〉

Q) 소유권자인 절도피해자가 입은 손실과 절도범이 얻은 이익은 내용적으로 동일한데 그럼에도 보호법익을 소유권 또는 점유로 엄격히 구별하는 이유는 무엇인가?

Q) 소유권설의 실질은 소유권의 권능이라는 설이 있는데 타당한가?

---

17) 김성돈, 285면; 박상기, 280면; 백형구, 124면; 이재상, 294면; 정/박, 273면; 정영일, 275면.
18) 김/서, 267면; 오영근, 345면; 임웅, 311면.
19) 김성천, 864면; 김/서, 268면; 배종대, 406면 이하; 이재상, 293면; 이정원, 324면; 정영일, 275면.
20) 강구진, 291면; 김종원, 289면; 박상기, 280면; 백형구, 123면; 오영근, 355면; 유기천(상), 223면; 이형국, 334면; 임웅, 311면; 정/박, 274면 이하.

Q) 민법상의 소유권자는 물에 대해 자유롭게 수익 · 처분할 수 있으므로 이런 소유자한테 재산범죄의 책임을 묻는 것은 법질서의 통일을 저해하고 형법의 보충성원칙에도 반하므로 형법은 민법에 종속해야 한다고 한다. 당부를 논하라.

Q) 바다 가운데에 설치된 양식장의 물고기가 그물을 벗어나 돌아다니다가 인근 그물에 걸리자 그물 주인이 이를 가져가면 절도죄가 되는 것일까?

Q) 특수절도죄에서 비현장자의 죄명을 순수현장설은 단순절도죄의 공동정범이나 합동범의 종범이라고 보는 반면 현장적 공동정범설은 합동범의 공동정범이라고 한다. 각각의 논거는?

Q) 고가의 구급약을 싣고 비행하던 헬리콥터 운전자가 이를 절취하기 위해 인적이 드믄 산림을 지나면서 일부를 떨어뜨린 다음 이튿날 자동차로 이를 운반하려 했으나 찾지 못하고 결국 포기한 경우에도 절도죄의 기수인가?

Lesson 17 강도죄

- 폭행·협박을 통해 재물이나 재산상의 이익을 강취하는 범죄
- 폭행·협박죄와 절도죄의 결합범이므로 보호법익 또한 재산일반과 생명·신체의 안전 및 의사결정의 자유이다.
- 단순강도죄
  특수강도죄, 인질강도죄, 해상강도죄
  강도상해·치상죄, 강도살인·치사죄, 강도강간죄
  상습강도죄
  준강도죄로 세분된다.
- 예비·음모를 처벌한다.

〈단순강도죄(제333조)= 폭행 또는 협박으로 타인의 재물을 강취하거나 기타 재산상의 이익을 취득하거나 제3자로 하여금 이를 취득하게 한 자는 3년 이상의 유기징역에 처한다〉

- 폭행 또는 협박으로 타인의 재물을 강취하거나 재산상의 이익을 취득하거나 제3자로 하여금 이를 취득하게 하는 범죄.
- 주거의 강점이 재물강취인가? 아니면 재산상의 이익의 취득인가?
  절도죄와 마찬가지로 강도죄에서도 부동산을 객체에서 제외시키는 입장에서는 재산상의 이익으로 보거나(재물에 포함되지 않는 부동산은 넓은 의미의 재산상의 이익이 된다고 하여) 재물도 재산상의 이익도 아니므로 무죄라고 한다.
  그러나 강도죄에서 부동산을 재물로부터 제외시킬 이유는 없다.[1)]
  * 부동산에 대한 점유권도 강도죄 또는 특수강도죄의 객체가 될 수 있다(대판 1999.1.15, 98도3414).
- 재산상의 이익은 경제적 재산설에 따라 판단한다. 법률적 재산설은 피해자의 어떤 재산을 보호할 것인지가 중심이지만 경제적 재산설은 가해자가 취득한 이익이 재산적 가치가 있는지에 치중한다. 판례도 경제적 재산설의 입장이다.

1) 임웅, 329면; 정영일, 277면.

* 강도죄상의 재산상의 이익이란 재물 이외의 재산상의 이익을 말하는 것으로서, 그 재산상의 이익은 반드시 사법상 유효한 재산상의 이득만을 의미하는 것이 아니고 외견상 재산상의 이득을 얻을 것이라고 인정할 수 있는 사실관계만 있으면 여기에 해당한다(대판 1997.2.25, 96도3411).

재산상의 이익에는 실현된 이익뿐만 아니라 실현될 가능성이 있는 기대이익도 포함된다.

- 폭행과 협박

① 직·간접적으로 사람에 대해 행해지면 충분하므로 폭행이 사람의 신체에 대한 유형력의 행사일 필요는 없다. 따라서 유형력이 직접 물에 대해 행해지는 날치기는 절도이지만 마취제를 흡입시켜 의식불명케 하고 돈을 꺼내가면 강도죄가 성립한다.

② 폭행과 협박은 반항을 억압할 정도여야 한다.
따라서 여기에 미치지 못하면 공갈죄일 뿐이다.
폭행과 협박의 정도에 대한 판단은 사회통념에 따라 객관적으로 행한다.

* 피고인이 범행시 비록 칼을 내보이기는 하였으나 일이백원 정도의 잔돈만을 소지하고 있는 15-16세 정도의 소년만을 대상으로 하였고 피해자가 피고인에게 돈을 돌려주라고 요구한 점, 시계를 벗어달라고 하였으나 피해자가 시계는 안 준 사실로 보아 반항을 억압할 만한 협박이 아니므로 강도죄는 성립하지 않는다(대판 1976.8.24, 76도1932).

- 재물의 강취는 폭행과 협박에 의해 겁에 질려 스스로 내놓아도 그것이 의사가 강하게 억압된 상태에서 이루어졌다면 긍정된다. 그러나 반항이 억압되지 않은 채 연민의 정으로 교부했다면 강도미수죄가 된다.
강간 후 강도의 범의를 일으켜 강간피해부녀의 재물을 강취하면 강간죄와 강도죄의 경합범이 성립한다.

- 재산상의 이익의 취득

① 취득하는 태양은 대개

1) 채무면제의 의사를 표시하게 하거나
2) 권리행사를 못하도록 협박하거나
3) 대가를 지불해야 할 노무의 제공을 받는 것 등이다.

이처럼 재산상의 이익을 취득하기 위해서는 대개 피해자의 처분행위를 수반하나 처분 없이도 이익을 취득할 수 있으므로 처분행위가 꼭 있어야 하는 것은 아니다.

② 채무면제를 위해 채권자를 살해한 경우의 처리는 어떻게?

강도죄가 성립하기 위해 재산상의 이익이 채무자한테로 이전해야 하는데 살해와 동시에 또 살해행위만으로 이익이 이전된 것인지, 아니면 피해자 측의 처분이 있어야 하는지(처분을 요하지 않으면 이욕의 동기로 살인할 때는 항상 강도살인죄로 되어 부당하고 이욕의 동기만으로 이익을 취득했다고 보는 것은 무리하니까)는 답이 쉽지 않다.

처분행위필요설[2]은 재물강도죄가 되기 위해 점유의 이전이라는 외부적 사실이 필요한 것처럼 이득강도죄에서도 이익의 이전을 인정할 만한 외부적 사실(재물이전과 동등하게 볼 수 있는 구체적이고 확실한)이 존재해야 하며 재산적 처분행위가 이에 해당한다고 본다.

반면 불요설(다수설)[3]은 강도죄란 피해자의 의사와는 상관없이 강제적으로 재산상의 이익을 이전시키는 범죄이며 재물강도죄가 피해자의 교부행위를 요구하지 않는데 반해 이득강도죄에서만 이를 요구하는 것은 균형이 맞지 않다고 생각한다.

결국 언제 어떤 조건일 때 재산상의 이익이 이전되었다고 볼 수 있을지를 둘러싼 다툼이지만(일반적으로 이익의 이전이 있었는지를 확정하기가 곤란한 경우가 많다) 이전이 있었다고 하기 위해 반드시 처분행위를 수반해야 하는지는 의문이다. 핵심은 이익의 이전을 확인해 주는 객관적 사정을 어디서 구할 가에 있다할 것이다.

③ 판례의 태도

1) 재물강취에서 피해자의 처분을 요하지 않는 것처럼 이익강취에서도 처분행위는 필요치 않다고 한다(대판 1964.9.8, 64도310). 따라서 살해를 통해 채무독촉을 일시적으로라도 받지 않으면(이 상태를 재산상의 이익으로 본다) 바로 강도죄가 성립하며 피해자의 처분행위는 어차피 사법상 무효이기도 하고 실제로 이를 기대할 수 있는 상황도 아니므로 처분행위는 필요 없다.

---

2) 권오걸, 488면; 김/서, 344면; 박상기, 297면; 오영근, 385면; 유기천(상), 282면; 임웅, 348면 이하; 정/박, 344면.

3) 김성돈, 315면; 김종원, 199면; 배종대, 424면; 백형구, 168면; 이재상, 319면; 이형국, 365면 등.

2) 그러나 이렇게 되면 단순살인죄와 구별할 수 없게 되므로 피해자의 직접적인 처분행위는 아니더라도 무언가 다른 요소를 통해 단순살인죄와 구별해야 하며 이 기준을 객관적 사정, 즉 추급가능성에서 찾기에 이르렀다.

* ① 채무면탈 목적으로 채권자를 살해할 때 상속인도 없으므로 사실상 채권에 대한 추궁을 면하게 될 것을 알고 했다면 강도살인죄가 된다(대판 1971.4.6, 71도287).

② 차용증서가 작성되지는 않았지만 상속인인 피해자의 처가 남편으로부터 전해 들어 대여금채권의 존재를 알고 있었던 것으로 보이므로 피고인이 그 채무를 면탈할 생각으로 채권자를 살해했다고 하더라도 이는 일시적으로 피해자측의 추급(추심, 변제의 독촉)을 면한 것에 불과하여 채무면탈목적으로 살해했다는 사실로부터 곧바로 강도살인죄가 성립한다고 볼 수 없다(대판 2004.6.24, 2004도1098).

이처럼 판례는 피해자의 처분행위 대신 유족의 추급가능성을 내세우면서 일시 추급유예는 재산상의 이익을 취득한 것이 아니라고 한다(반면 사기죄에서는 일시적 추급유예를 재산상의 이익으로 보고 있다). 그러나 동일한 행위임에도 추급이 가능한 가에 따라 강도죄의 성립 여부를 결정해야 하는지는 의문이다.

나아가 강도죄가 성립하기 위해 재산상의 이익을 완벽하게 취득해야 하는 것은 아니므로 강도살인죄를 부정하는 "일시적"의 의미를 명확히 할 필요가 있다.

- 폭행·협박과 재물이나 재산상의 이익강취 사이에는 인과관계가 있어야 한다. 이 관계가 없으면 강도미수죄이다.
- 재물의 인도를 받을 권리를 가진 자가 폭행·협박을 통해 이를 실현한 경우 불법영득, 이득의 의사가 없어 폭행죄나 협박죄에 불과하다는 입장과 이때도 강도죄를 긍정하는 입장이 대립한다.

* ① 채권자로부터 채무자에 대한 외상물품 대금채권의 회수를 의뢰받았다 하더라도 채무자의 반항을 억압할 정도의 폭행과 협박을 가하여 재물 및 재산상 이득을 취한 이상 이는 정당한 권리행사가 아니므로 강도죄가 된다(대판 1995.12.12, 95도2385).

② 피해자를 강간한 후 돈을 내놓으라고 하여 피해자로부터 돈을 받은 즉시 팁이라고 하면서 피해자의 브라자 속으로 집어넣어 주면 불법영득의 의사를 인정하기 어렵다(대판 1986.6.24, 86도776).

- 罪數

수인소유의 재물을 한 사람이 관리하고 있을 때 강취하면 단순일죄.

수인의 가족을 폭행하고 집안의 재물을 강취했을 때도 단순일죄.

여관에 침입하여 호실을 돌아다니며 각별로 폭행, 강취하면 경합범.

1개의 행위로 수인을 협박하고 각자의 재물을 강취하면 상상적 경합이다.

* 여관종업원을 칼로 찔러 상해를 가하고 객실로 끌고 들어가는 등으로 폭행·협박을 하고 있던 중 마침 다른 방에서 나오던 여관주인도 같은 방에 밀어 넣은 후 주인으로부터 금품을 강취하고 1층 안내실에서 종업원의 돈을 꺼내갔다면 두 사람에 대해 각기 강도죄가 성립하나 이들 폭행·협박은 1개의 행위이므로 상상적 경합범이다(대판 1991.6.25, 91도643).

단순히 폭행, 협박의 의사로 시작했다가 반항이 억압된 후에 비로소 재물탈취의 범의가 생겨 탈취했다면 폭행·협박죄와 절도죄의 경합범이 된다.

- 타죄와의 관계

강도의 목적으로 감금하면 강도죄와 감금죄의 상상적 경합.

강도가 체포를 면탈하기 위해 경찰관을 폭행하면 강도죄와 공무집행방해죄의 실체적 경합범이지만 절도범이 체포를 면탈하기 위해 경찰관을 폭행하면 준강도죄와 공무집행방해죄의 상상적 경합관계이다(대판 1992.7.28, 92도917).

주거에 침입하여 강도했을 때 특수강도죄에 해당하지 않는 경우일 때는 주거침입죄와 강도죄의 경합범이 된다.

〈**특수강도죄(제334조)**= ① 야간에 사람의 주거, 관리하는 건조물, 선박이나 항공기 또는 점유하는 방실에 침입하여 제333조의 죄를 범한 자는 무기 또는 5년 이상의 징역에 처한다.
② 흉기를 휴대하거나 2인 이상이 합동하여 전조의 죄를 범한 자도 전항의 형과 같다〉

- ①항 범죄는 주거침입죄와 강도죄의 결합범
- 실행의 착수시기를 주거침입시로 보는 입장[4]과 폭행, 협박의 개시시(다수설)[5]로 보는 입장으로 나뉜다. 다수설은 주거침입시설로는 야간주거침입절도죄와 구별이 행위자의 주관에만 의존하게 되어 불합리하다고 본다. 그러나 실행의 착수시점이 행위자의 의사가 어떤 것인지를 확인할 수 있는 시점이라고 할 수는 없다. 다만 주거침입시설을 취하더라도 행위자의 의사가 아직 확

4) 권오걸, 456면; 김성천, 889면; 정영일, 284면.

5) 김성돈, 300면; 김/서, 330면; 백형구, 157면; 이재상, 315면; 이형국, 355면; 정/박, 340면.

인되지 않은 상태라면 폭행, 협박이 있기 전까지 대개는 야간주거침입절도죄의 실행의 착수로 보게 되어 양 설의 실질적 차이도 그리 크지 않다.

* ① 야간에 흉기를 휴대한 채 타인의 주거에 침입하여 집안의 동정을 살피는 것만으로는 특수강도의 실행에 착수한 것이 아니다(대판 1991.11.22, 91도2296)(폭행, 협박시설을 따른다).

  ② 특수강도죄는 주거침입과 강도의 결합범으로 주거침입이 선행한다. 따라서 실행의 착수도 주거에 침입할 때 긍정된다(대판 1992.7.28, 92도917)(주거침입시설을 따른다).

– ②항 범죄에 관한 판례로는

* 강도합동범 중 1인이 피고인과 공모한대로 과도를 들고 강도를 하기 위해 피해자의 거소에 들어가 칼을 휘두른 이상 강도의 실행에 착수한 것이 분명하고, 피해자들을 찔러 상해를 가하였다면 대문 밖에서 망을 본 공범인 피고인이 구체적으로 상해를 가할 것까지 공모하지 않았다 하더라도 피고인은 상해의 결과에 대해 공범으로서의 책임을 면할 수 없다(대판 1998.4.14, 98도356).

〈준강도죄(제335조)= 절도가 재물의 탈환을 항거하거나 체포를 면탈하거나 죄적을 인멸할 목적으로 폭행 또는 협박을 가한 때에는 전2조의 예에 의한다〉

– 절도죄와 폭행·협박죄의 결합범으로 불법의 정도가 강도죄에 버금간다.
결합의 구조가 일부 강도죄와 역전의 관계를 보이므로 강도죄의 일종으로 치부하지만 조문의 문맥상으로는 오히려 강도죄와는 별개 독립된 범죄로 보아야 한다.
강도죄는 재물을 강취하기 위해(목적) 폭행·협박이 수단으로 동원되지만(따라서 재산범죄로서의 특징이 뚜렷하다) 준강도죄의 경우는 재물탈환을 항거하는 경우만이 이와 유사하다. 조문이 정하고 있는 나머지 두 경우, 즉 체포를 면탈하거나 죄적을 인멸하기 위해 폭행·협박을 할 때 이 폭행과 협박은 재물강취가 아닌 다른 목적에 봉사하기 위한 수단이기 때문이다(따라서 재산범죄로서의 흔적은 주체가 절도범이였다는 데서만 찾아볼 수 있다).
이처럼 조문의 제목이 준강도로 되어 있고 체계상으로도 강도죄의 일종으로 규정되어 있지만 재산범죄로 볼 수 없는 경우를 포함하고 있어(독일형법 제252조나 오스트리아 형법 제131조, 스위스 형법 제140조 일본 구형법 제382조는 모두 절도 중에 재물을 확보하기 위해 폭행, 협박을 한 경우만 준강도로 하고 있다) 준강도죄를 둘러 싼 논란은 이로부터 연유한다.

* 독일형법 제252조(강도적 절도): 절도범인이 도품을 점유하기 위해 절취의 실행 중 또는 그 종료 직후에 범행 현장에서 맞닥뜨린 사람에게 폭행을 하거나 그 사람의 신체나 생명에 대한 즉각적인 위험을 수반한 협박을 하면 강도범인과 동일하게 처벌한다.
  오스트리아 형법은 강도적 절도죄의 형이 강도죄(1년 이상 10년 이하의 징역)에 비해 경하게 되어 있다(6개월 이상 5년 이하의 징역).

- 조문의 해석을 둘러싸고 철저히 강도죄에 맞추려는 입장과 반대로 조문의 문언에 충실하려는 입장이 대립한다. 차례로 본다.

  ① 절도가...

  이를 둘러싸고는 행위의 주체를 지칭한다고 보는 점에서 다툼은 없다. 다만 절도범이라는 점이 신분범에서의 신분에 해당하는 지에 대해서는 견해가 갈린다. 그리고 신분범이라고 하면[6] 여기에 관여하는 제3자에 대해 제33조의 적용문제가 발생할 것이지만 다수설[7]은 절도를 행위관련적 표지로 이해한다.

  그러나 "절도가"를 해석함에 있어 주목할 점은 본죄의 기수가 되기 위해 절도도 기수여야 한다는 최근 판례나 유력한 학설의 주장안에 포함되어 있는 의미를 정확히 이해하는 일이다. 왜냐하면 절도가 기수인지 미수인지는 실행행위와 결과에 의해 결정되는 것이지 범죄주체가 어떤 사람이냐에 따라 결정되는 것은 아니기 때문이다. 그럼에도 절도가 미수여서는 안 되고 기수여야 한다는 주장에는 강도죄와 균형을 이루어야 한다는 조바심 때문에 본문의 "절도가..."를 말로는 행위주체라고 하면서 실제로는 절도범죄를 범한 후와 같은 의미로 사용함으로써 본죄의 기수는 절도와 폭행·협박이 모두 종료했을 때나 적어도 절도가 기수일 때를 의미하게 되었다는 사실이다. 그러나 실행행위라고 한다면 준강도의 미수는 이때부터 시작되어 폭행·협박이 없이도 바로 준강도죄의 미수가 될 것이고 이는 강도죄에 비하여 터무니없이 가벌성을 확장하는 결과에 이르게 될 것이다. 따라서 "절도가"는 실행행위나 범죄와 관련시켜서는 안 되고 어디까지나 행위주체로 인식해야 한다.

  더욱 본죄의 미수범을 처벌하는 이상 절도가 미수라도 상관없다.

  한편 절도를 기수범으로 해석하면 조문상 기수 이후 꽤 시간이 지난 후

6) 김성천, 892면; 김/서, 331면; 박상기, 288면.
7) 권오걸, 461면; 김성돈, 301면; 백형구, 159면; 오영근, 370면; 임웅, 335면; 정/박, 331면.

에도 준강도가 가능하게 되지만 이래서는 곤란하다. 오히려 절도실행 중에 행해진 폭행·협박도 포함된다고 함으로써 난점을 줄일 수 있다.

② 행위주체는 절도죄의 정범만을 의미한다(협의의 공범 제외).

③ 강도도 본죄의 주체가 될 수 있는가?

강도죄는 절도죄를 포함한다는 이유로 긍정하는 쪽이 다수[8)]이나 규정의 문언에 충실해야 할 것이다. 본 규정이 가벌성을 지나치게 확장하고 있음을 생각하면 더욱 그러하다.

- 폭행과 협박은 강도죄에서의 그것과 같은 정도여야 한다.

* 피해자가 체포에 필요한 정도를 넘어 늑골 9, 10번 골절상, 좌폐기흉증, 좌흉막출혈 등 전치 3개월을 요하는 중상을 입힐 정도로 심한 폭력을 가해오자 엉겁결에 솥뚜껑으로 이를 막으려다 스치어 상처를 입히거나(대판 1990.4.24, 90도193), 체포를 면하려고 충동적으로 저항을 시도하여 잡은 손을 뿌리친 경우 준강도죄는 성립하지 않는다(대판 1985.5.14, 85도619).

- 학설·판례는 폭행과 협박이 절도의 기회에 행해져야 한다고 하며[9)] 특히 학설은 대부분 절도의 기회 개념에 절도 미수를 포함시키고 있다.

* ① 폭행·협박은 절도의 실행에 착수하여 그 실행중이거나 그 실행 직후 또는 실행의 범의를 포기한 직후로서 사회통념상 범죄행위가 완료되지 아니하였다고 인정될 만한 단계에서 행하여짐을 요한다(대판 1984.9.11, 84도1398).

② 절도범행 종료 후 얼마 되지 아니한 단계이고 안전지대로 이탈하지 못한 채 아직 피해자에게 체포될 가능성이 있는 단계에서 추적당해 체포되려 하자 구타하면 접근성을 인정한다(대판 1982.7.13, 82도 1352).

③ 절도범행을 마친 지 10분가량 지나 피해자 집에서 200m 정도 떨어진 버스정류장에서 뒤쫓아 온 피해자에게 붙잡혀 피해자 집으로 왔을 때 이때 비로소 절도범인이 폭행했다면 근접성은 없다(대판 1999.2.26, 98도3321).

- 본죄의 미수범은 처벌한다.

그렇다면 언제가 기수인가?

① 절도가 미수여도 폭행·협박이 기수이면 기수범이라는 설(폭행·협박기준설)[10)]

---

8) 권오걸, 464면; 김성천, 891면; 배종대, 432면; 이재상, 309면; 이정원, 340면; 이형국, 357면.

9) 강구진, 305면; 김/서, 333면; 이재상, 310면; 이형국, 358면; 임웅, 339면; 정/박, 333면.

10) 강구진, 308면; 김성천, 896면; 배종대, 436면; 백형구, 160면; 손동권, 333면; 유기천(상), 211면.

문언에 충실한 입장("절도가" 로 되어 있을 뿐 "절도범행을 저지른 자가" 라는 표현이 아니므로)이다. 강도죄에 비해 기수가 되는 폭이 넓어지는 단점이 있으나 그 간격은 양형에서 교정하거나 문언을 수정하는 방식으로 해결해야 한다고 한다.

변경전 판례의 태도이다.

* 준강도의 주체는 절도 즉 절도범인으로, 절도의 실행에 착수한 이상 미수거나 기수이거나를 불문하고, 야간에 타인의 재물을 절취할 목적으로 사람의 주거에 침입한 경우에는 주거에 침입한 단계에서 이미 형법 제330조에서 규정한 야간주거침입절도죄라는 범죄행위의 실행에 착수한 것이라고 보아야 한다.(대판 2003.10.24, 2003도4417).

② 폭행・협박이 미수여도 절도가 기수이면 본죄의 기수로 보거나(절취행위 기준설)[11)]

폭행・협박과 절도가 모두 기수일 때 기수로 본다.[12)]

요컨대 절도가 기수여야만 준강도죄의 기수가 된다고 한다.

* 준강도를 강도죄의 예에 따라 처벌하는 것은 양죄가 재물탈취와 폭행, 협박 사이에 시간상 전후의 차이만 있을 뿐 실질적으로 위법성이 같다고 보기 때문인 바 이와 같은 준강도죄의 입법취지, 강도죄와의 균형 등을 종합적으로 고려해 보면 준강도죄의 기수여부는 절도행위의 기수여부를 기준하여 판단해야 한다(대판전 2004.11.18, 2004도5074).

이 판례의 쟁점을 요약하면

1) 다수의견

재물탈취와 폭행・협박 간에 순서만 바뀌었을 뿐 위법의 정도는 같다(재산범죄로서).

종전의 판례에 따르면 재물탈취 없이도 폭행・협박이 있으면 준강도죄의 기수가 되어 강도죄와 형의 균형을 맞출 수 없다.

2) 별개의견

폭행・협박이 구성요건적 행위이므로 이것의 미수도 준강도죄의 미수인데

다수의견은 절취가 기수이면 폭행・협박이 미수여도 준강도죄의 기

---

11) 권오걸, 471면; 김성돈, 304면; 김/서, 336면; 김종원, 202면; 이재상, 311면; 정/박, 396면; 진/이, 375면.

12) 박상기, 291면; 오영근, 375면; 이정원, 346면; 이형국, 359면; 임웅, 341면; 정영일, 291면.

수라고 보는 점에서 부당하다.

3) 반대의견

본죄는 행위의 위험성 때문에 강도죄와 같이 처벌하는 것일 뿐 독자적인 범죄이므로 재산범죄인 강도죄와 비교할 일이 아니다.

처벌의 불균형은 양형에서 고려함으로써 시정할 수 있다.

이처럼 견해가 3개로 갈리는 근본 이유는 준강도죄규정의 의미와 그것의 해석을 둘러싼 (극단적인)시각차가 존재하기 때문이다.

차례로 보면

첫째 구성요건적 행위는 절취와 폭행, 협박인가?

다수의견과 별개의견은 그렇다고 하나

반대의견은 폭행, 협박만이 실행행위이고 절도는 행위주체를 의미한다.

둘째 준강도죄도 강도죄처럼 재산범죄인가?

다수의견과 별개의견은 이를 긍정하지만

반대의견은 아니라고 한다.

셋째 준강도죄 규정에서 재물의 탈환에 대한 항거목적이 다른 두 목적에 비해 우선순위에서 보다 우위에 있는 것일까?

재산범죄설은 긍정하나 반대의견은 부정한다.

한편 학계에서는 절취는 실행행위가 아니라는 입장과

준강도죄는 결합범이므로 절취행위 또한 실행행위의 일부이고 이렇게 했을 때 미수와 공범의 문제를 잘 해결할 수 있다고 한다.

그러나 후자의 입장은 본문에 반한 억지해석일 뿐만 아니라 폭행, 협박이 미수여도 준강도죄의 기수를 인정하게 되어 부당하다.

이처럼 현행 준강도 규정의 해석을 둘러싸고 논의가 분분한 근본적 이유는 본 규정이 도저히 같은 범주로 묶을 수 없는 사안을 한 조문에 억지로 집어넣었다는 점, 그리하여 강도죄로 처벌할 수밖에 없는 불합리를 피하기 위해 조문상의 "절도가"를 엄격히 제한하는 쪽으로 나갔다는 점(여느 때라면 절도죄와 폭행·협박죄의 경합범으로 처리했을 것을)에 있다.

* 독일과 오스트리아 형법은 재물탈환에 항거할 때만 본죄가 성립한다고 하며 더욱 오스트리아 형법은 준강도가 강도에 비해 불법과 책임이 떨어진다고 생각하여(범죄행위시 극도로 흥분한 상태니까) 준강도죄를 경하게 처벌하고 있다.

- 고의와 불법영득의사 외에 목적을 필요로 하는 목적범.
  단 재물의 탈환을 항거할 목적일 때의 행위사정은 일단 절도가 기수로 되고 난 후의 상황일 수밖에 없다.
- 준강도죄와 공범
  ① 제3자가 폭행·협박에만 가담했을 때
    1) 진정신분범설에서는 가담한 비신분자도 준강도죄의 정범 혹은 공범
    2) 부진정신분범(폭행·협박을 절도범이 범하였기 때문에 가중된다고 본다)이라면 비신분자는 통설에 따를 때 일반범죄의 정범 혹은 공범
    3) 비신분범설에 따르면 승계적 공동정범이 된다.
  ② 절도의 공동정범 중 1인이 준강도죄를 범했을 때 다른 공범의 처리
    1) 다른 공범자는 준강도죄의 공동정범이 될 수 없다(통설)[13]
    2) 공범인 행위자의 폭행·협박을 다른 공범자가 예견할 수 있었으면 다른 공범자 또한 본죄의 공동정범이 된다(대판 1984.10.10, 84도1887). 그러나 이는 곤란하다. 예견가능성이 있더라도 공동의사는 아니므로 초과부분은 행한 사람한테만 해당한다.
- 절도가 특수강도죄상의 폭행·협박(흉기를 휴대한 채)을 하면 특수강도죄의 준강도가 된다(대판전 1973.11.13, 73도1553).
  절도가 갑과 을에게 추격당하자 체포를 면하기 위해 칼로 갑을 찌르고 계속하여 도망하다가 다시 추격해온 을에게 칼을 내밀면서 협박하면 하나의 준강도상해죄가 성립할 뿐 준강도상해죄와 준강도죄의 경합은 아니다(대판 1966.12.6, 66도1392).
  강도상해·치상죄, 강도살인·치사죄, 강도강간죄에 대해서도 준강도범을 강도범과 같이 취급한다.

---

13) 박상기, 292면; 배종대, 439면; 백형구, 161면; 이형국, 359면 이하 등.

〈**인질강도죄(제336조)= 사람을 체포 · 감금 · 약취 또는 유인하여 이를 인질로 삼아 재물 또는 재산상의 이익을 취득하거나 제3자로 하여금 이를 취득하게 한 자는 3년 이상의 유기징역에 처한다**〉

- 사람을 체포 · 감금 · 약취 · 유인하여 인질로 삼아 재물이나 재산상의 이익을 취득하는 범죄. 따라서 보호법익은 타인의 재산권과 인질의 자유 및 생명 · 신체의 안전, 제3자의 의사결정의 자유와 의사활동의 자유이다.
  인질강요죄와는 달리 인질을 안전한 장소로 풀어주더라도 형을 감경하지 않는다.
- "인질로 삼아"란 인질의 안전을 염려하는 자의 심리를 이용하여 인질의 석방이나 안전을 대가로 재물이나 재산상의 이익을 취득하기 위해 자유를 구속하는 것을 말한다.
- 실행의 착수시기를 둘러싸고 체포등의 행위시설[14]과 그것만으로는 체포 · 감금 · 약취 · 유인죄와 구별이 안 된다는 이유로 재물이나 재산상의 이익을 요구할 때[15]로 갈리지만 전자가 타당하다.
- 인질강도죄와 그 수단인 체포 · 감금 · 약취 · 유인죄는 법조경합.
  본죄의 범인이 인질을 상해하거나 살해하면 강도상해죄나 강도살인죄가 성립한다.

〈**강도상해, 치상죄(제337조)= 강도가 사람을 상해하거나 상해에 이르게 한 때에는 무기 또는 7년 이상의 징역에 처한다**〉

- 강도는 미수여도 상관없다.
- 상해에 이르게 한 때는 과실로 인한 상해, 곧 치상을 말한다.
- 상해, 치상의 결과는 강도의 기회에 발생하면 족하다. 그러나 체포과정에서 체포자 스스로의 행위로 발생한 상해는 강도상해죄에서의 상해에 해당되지 않는다.
  * 피고인이 피해자로부터 재물을 강취하고 피해자가 운전하는 자동차에 함께 타고 도주하다가 경찰관이 뒤따라오자 피해자를 칼로 찔러 상해를 가하였다면 강취와 상해 사이에 1시간 20분이라는 간격이 있어도 강도상해죄가 된다(대판 1992.1.21, 91도2727).

---

14) 김성천, 898면; 오영근, 378면; 임웅, 343면; 정/박, 339면.

15) 김성돈, 309면.

- 미수범을 처벌한다.
  강도상해죄의 경우 강도의 기수·미수는 상관없고 상해가 미수인 경우를 의미한다.
  강도치상죄의 미수에 대해서는 결과적 가중범의 미수(총론편)참조.
- 판례(대판 1998.4.14, 98도356)는 강도의 공동정범이 다른 공범자가 강도의 기회에 행한 상해에 대해서도 책임을 진다고 하지만 수용하기 어렵다.
- 결과적 가중범인 강도치상죄의 공동정범이 가능한가? 총론편 참조.
- 강도상해, 치상죄는 일신전속적 법익을 침해하므로 피해자의 수만큼 범죄가 성립한다.
- 본죄에 대하여는 특가법 제5조의5와 특강법 제3조에서 가중처벌하고 있다. 헌법재판소는 책임원칙과 평등원칙 위반을 이유로 특강법 제3조에 대해 위헌결정을 하였다.

  * 특가법 제5조의5(강도상해 등 재범자의 가중처벌): 형법 제337조(강도상해·치상). 제339조(강도강간)의 죄 또는 그 미수죄로 형을 선고받고 그 집행이 끝나거나 면제된 후 3년 내에 다시 이들 죄를 범한 사람은 사형·무기 또는 10년 이상의 징역에 처한다.
  * 특강법 제3조(누범의 형): 특정강력범죄로 형을 선고받고 그 집행이 끝나거나 면제된 후 3년 이내에 다시 특정강력범죄를 범한 경우에는 그 죄에 대하여 정하여진 형의 장기 및 단기의 2배까지 가중한다.

  이 사건 법률조항이란 특강법 제3조 중 "특정강력범죄로 형을 받아 그 집행을 종료하거나 면제받은 후 3년 이내에 다시 형법 제337조(강도상해·치상)의 죄 또는 그 미수죄를 범하여 특가법 제5조의5에 의하여 가중처벌되는 때"에 관한 부분을 말한다.

  [결정요지]

  가. 이 사건 법률조항에서 정한 요건에 해당하면 특가법 제5조의5와 특강법 제3조가 거듭 적용되어 사실상 그 형이 사형, 무기 또는 20년 이상의 징역이 되지만, 위 두 조항은 강도상해죄 등의 누범자로 부터 국민의 생명과 신체의 안전을 보장하고 범죄로부터 사회를 방위하고자 하는 동일한 목적을 위하여 하나의 범죄행위에 대해 형을 거듭 가중하는 것이다. 그리하여 특가법 제5조의5가 정한 요건이 존재하기만 하면 특강법 제3조까지 적용하여 형법 제337조에서 정한 7년 이상의 유기징역보다 3배가까이 가중된 20년 이상의 유기징역에 처할 수 있게 된다. 그 결과 형의 하한이 형법상 유기징역형의 원칙적 상한인 징역 15년 보다 높아져 형벌 본래의 기능과 목적을 달성함에 필요한 정도를 현저히 일탈, 형벌체계상 지나치게 과중한 형벌을 부과한 것이 되어 책임과 형벌의 비례를 요구하는 책임원칙에 반한다.

  나. 형법 제337조 또는 그 미수죄의 누범자는 검사의 기소 여하에 따른 특가법 제5조의5

의 적용여부에 의해 사실상 '무기 또는 징역 14년이상' 에서부터 '사형, 무기 또는 징역 20년 이상'에 이르는 큰 편차의 형을 선고받을 수 있고,

만일 특가법 제5조의5를 적용하고 그 법정형 중 무기징역형을 선택하면 누범에 관한 특강법 제3조를 적용할 여지가 없게 되고 그 후 법률상 감경 또는 작량감경을 하면 처단형이 징역 7년 이상 15년 이하가 되는 데 비하여 애초에 유기징역형을 선택한 후 특강법 제3조를 적용하여 누범가중을 하면 나중에 감경하더라도 처단형이 징역 10년 이상 12년 6월 이하의 징역이 되어 특가법 제5조의5의 법정형 중 가장 가벼운 유기징역형을 선택하는 경우가 무기징역형을 선택하는 것보다 처단형의 하한이 더 높아 불합리하게 되며,

형법상 각 규정에 대하여 특강법 제3조가 적용되는 경우에는 전범과 후범이 강도상해·치상죄인 경우나 그보다 더 무거운 강간치사죄, 강도치사죄 및 해상강도상해·치상죄인 경우에 유기징역형은 모두 동일하게 되는 바 이는 보호법익이나 죄질의 경중이 달라 그에 대한 형을 정함에 있어서도 달리 취급하여야 할 강도상해·치상죄와 강간치사죄, 강도치사죄 및 해상강도상해·치상죄 등을 자의적으로 동일하게 취급하는 결과가 되는 데 이런 불합리한 결과발생이 가능하게 되는 이 사건 법률조항은 형벌체계상의 균형성을 상실하여 평등원칙에도 반한다.

[반대의견]

이 사건 법률조항은 누범에 관한 형법 제35조의 특례규정으로 형법 제35조의 누범과는 달리 전범과 후범의 범죄가 모두 죄질이 불량하고 범행에 대한 비난가능성이 크며 피해가 중한 반인륜적이고 반사회적인 범죄인 특정강력범죄에 해당하는 경우에만 그 법정형의 단기까지도 2배로 가중하고 있는 바 특정강력범죄에 대한 가중처벌을 통하여 국민의 생명과 신체의 안전을 보장하고 범죄로부터 사회를 방위하는데 그 입법목적이 있고, 단순한 누범이 아니라 그 이전의 특정강력범죄로 유죄판결을 받고도 죄질이 중한 같은 특정강력범죄를 저지른 경우에만 가중처벌을 하고 있으며, 그와 같은 경우 비난가능성·반사회성 및 책임이 더 클 뿐만 아니라 범죄예방 및 사회방위라는 목적달성을 위한 특별한 수단이 요구되는 점 등을 고려하면, 이 사건 법률조항이 책임원칙에 반한다거나 평등원칙에 위배되는 조항이라고 볼 수 없다(헌재전 2008.12.26, 2007헌가10, 16병합).

〈강도살인 · 치사죄(제338조)= 강도가 사람을 살해한 때에는 사형 또는 무기징역에 처한다. 사망에 이르게 한 때에는 무기 또는 10년 이상의 징역에 처한다〉

- 살인 또는 치사는 강도의 기회에 행해져야 한다.

강도의 기회란 강도범행의 실행 중이거나 실행 직후 또는 실행의 범의를 포기한 직후로서 사회통념상 범죄행위가 완료되지 아니하였다고 볼 수 있는 단

계를 말한다.

* 강도범행 직후 신고를 받고 출동한 경찰관이 범행현장으로 부터 약 150m 지점에서 도주하는 피고인을 발견하여 격투 끝에 피고인을 붙잡았으나 피고인이 너무 힘이 세고 반항이 심하여 수갑을 채우지 못한 채 순찰차에 밀어 넣고 연행하려 하였으나 그 순간 피고인이 과도로 옆에 앉아 있던 경찰관을 찔러 사망케 하였다. 이 행위는 강도행위와 극히 근접해 있어 사회통념에 비추어 볼 때 범죄가 완료되지 아니한 상태에서 이루어진 것이므로 강도살인죄가 성립한다(대판 1996.7.12, 96도1108).

- 死者의 점유

  강도의 고의로 살해하고 재물을 탈취하면 강도살인죄가 된다.

  피해자의 생전의 점유(강도행위시에는 사람도 살아있었고 그가 점유하고 있었던 것도 사실이다)를 침해한 것이니까. 사자에게는 점유의사가 없으므로 점유할 수 없다.

- 죄수

  강도가 현주건조물에 방화하여 피해자를 살해하면 강도살인죄(사형 혹은 무기형)와 현주건조물방화치사죄(사형, 무기, 7년 이상의 징역)의 상상적 경합(대판 1998.12.8, 98도3416).

〈강도강간죄(제339조)= 강도가 부녀를 강간한 때에는 무기 또는 10년 이상의 징역에 처한다〉

- 강도죄와 강간죄의 결합범
- 주체는 강도이고 강도죄의 기수·미수는 불문한다.

  강간행위 중에 강도하면 본죄가 성립하나 강간 후 새로이 강도의 고의가 생겨 강취하면 강도죄와 강간죄의 경합범이 된다.
- 데이트 중의 남녀에게 다가가 남자에게 강도하고 여자를 강간하는 경우처럼 강도와 강간의 상대방이 다를 때도 본죄가 성립한다.
- 강도강간범이 부녀를 살해·상해한 경우

  ① 강도강간죄와 강도살인·상해죄의 실체적 경합범설

  ② 강도강간죄와 강도살인·상해죄의 상상적 경합범설

  ③ 살해·상해가 강도행위로 인할 때는 강도강간죄와 강도살인·상해죄의 상상적 경합범.

  살해·상해가 강간행위로 인할 때는 강도강간죄와 강간살인·상해죄의 상상적 경합범.

강도강간이 끝난 후에 살해·상해를 하면 양죄의 경합범이 되므로 그 이전이라면 상상적 경합범으로 보아야 할 것이다.

〈해상강도죄(제340조)= ① 다중의 위력으로 해상에서 선박을 강취하거나 선박내에 침입하여 타인의 재물을 강취한 자는 무기 또는 7년 이상의 징역에 처한다.

② 제1항의 죄를 범한 자가 사람을 상해하거나 상해에 이르게 한 때에는 무기 또는 10년 이상의 징역에 처한다.

③ 제1항의 죄를 범한 자가 사람을 살해 또는 사망에 이르게 하거나 부녀를 강간한 때에는 사형 또는 무기징역에 처한다〉

- 해상이란 지상의 경찰권이 미치지 않는 영해와 공해를 말한다.
- 다중의 위력으로 범죄가 행해져야 하므로 다중이 현장에 있음을 전제한다.

〈상습범(제341조)= 상습으로 제333조, 제334조, 제336조 또는 전조 제1항의 죄를 범한 자는 무기 또는 10년 이상의 징역에 처한다〉

* 형법 제341조나 특가법 제5조의4(상습 강·절도 등의 가중처벌) 제3항은 강도, 특수강도, 약취강도, 해상강도의 죄에 관해서는 상습범 가중처벌규정을 두고 있으나 강도상해, 강도강간의 죄에 대해서는 상습범가중처벌규정을 두고 있지 아니하므로 특수강도죄와 그 후에 범한 강도강간 및 강도상해 등 죄는 포괄일죄의 관계에 있지 아니한다(대판 1992.4.14, 92도297).
* 특가법 제5조의4 제3항: 상습으로 형법 제333조. 제334조. 제336조. 제340조제1항의 죄 또는 그 미수범을 범한 자는 사형·무기 또는 10년 이상의 징역에 처한다.

〈미수범(제342조)= 제329조 내지 341조의 미수범은 처벌한다〉

〈예비·음모죄(제343조)= 강도할 목적으로 예비 또는 음모한 자는 7년 이하의 징역에 처한다〉

* 준강도죄에 관한 형법 제335조는 준강도를 강도와 특수강도의 예에 의한다 라고 규정하고 있을 뿐 준강도를 항상 강도와 같이 취급할 것을 명시하고 있는 것은 아니고, 절도범이 준강도를 할 목적을 가진다고 해도 이는 절도범으로서는 결코 원하지 않는 극단적 상황인 절도 범행의 발각을 전제로 한 것이므로 본질적으로 극히 예외적이고 제한적이다. 또한 형법은 흉기를 휴대한 절도를 특수절도라는 가중적 구성요건으로 처벌

하면서도 그 예비행위에 대한 처벌조항을 두고 있지 않는 데, 만약 준강도를 할 목적을 가진 경우까지 강도예비로 처벌할 수 있다고 하면 흉기를 휴대한 특수절도를 준비하는 행위는 거의 모두가 강도예비로 처벌받을 수밖에 없게 되어 흉기를 휴대한 특수절도의 예비행위에 대한 처벌조항을 두지 않은 것과 배치되며 정당한 이유없이 흉기 기타 위험한 물건을 휴대하는 행위 자체를 처벌하는 조항을 폭처법 제7조에 따로 마련하고 있는 점 등을 고려할 때 강도예비・음모죄가 성립하기 위해서는 예비・음모 행위자에게 미필적으로라도 강도를 할 목적이 있어야 하고 그에 이르지 않고 단순히 준강도할 목적이 있음에 그치면 강도예비・음모죄로 처벌할 수 없다(대판 2006.9.14, 2004도6432).

* 폭력행위 등 처벌에 관한 법률 제7조(우범자): 정당한 이유없이 이 법에 규정된 범죄에 공용될 우려가 있는 흉기 기타 위험한 물건을 휴대하거나 제공 또는 알선한 자는 3년 이하의 징역 또는 300만원 이하의 벌금에 처한다.

〈자격정지의 병과(제345조)= 본장의 죄(절도와 강도의 죄)를 범하여 유기징역에 처할 경우에는 10년 이하의 자격정지를 병과할 수 있다〉

Q) 강도죄는 절도죄와는 달리 재물 외에 재산상의 이익을 강취해도 성립한다. 이 때문에 부동산강도가 가능하다는 입장이 있는 데 타당한가?

Q) 강간 후에 비로소 영득의사가 생겨 재물을 탈취했지만 이때는 폭행이나 협박이 없었고 다만 강간에 의해 저항할 수 없는 상태가 지속되고 있었을 뿐이어도 강도죄가 성립하는 것일까?

Q) 채무면탈 목적으로 살해해도 상속인이 추급할 수 있으면 단순살인일 뿐이라는 판례의 태도는 타당한가? 그렇다면 유일한 상속인이 상속받기 위해 피상속인을 살해하면 어떠한가?

Q) 준강도죄의 구성요건을 진정신분범규정으로 보거나 폭행, 협박죄의 부진정신분범 규정으로 이해하기도 한다. 그 근거는 무엇이며 우리 판례의 태도는 어느 쪽인가?
준강도의 사정을 알았지만 폭행, 협박의 시점에서 비로소 개입한 관여자의 죄책을 공범과 신분규정(제33조)에 따라 처리해야 하는가, 아니면 승계적 공동정범의 법리를 적용해야 하는가?

Lesson 18 사기죄

- 사람을 기망하여 재물이나 재산상의 이익을 편취하는 범죄.
  편취라는 점에서 탈취나 갈취와 다르며
  사람이 아닌 기계에 대한 기망은 본죄에 해당하지 않는다.
- 재물이나 재산상의 이익이 보호법익인 점은 분명하나 거래상의 신의성실도 보호법익에 포함될 수 있을까?
  긍정하는 입장[1]은 실행행위인 기망행위의 특징(이런 행위는 거래관계에서 허용될 수 없다고 본다)에 비추어 보면 신의성실도 보호법익이 된다고 한다. 그러나 형법의 목적은 거래의 활성화에 기여하려는 것이 아니라 현존하는 재산질서가 부당하게 침해되지 않도록 하는데 있으므로 거래안전을 통한 거래의 활성화나 촉진을 위한 신의성실은 형법상의 보호법익이 아니라 법익을 보호하는 방법(사기죄에서는 신의성실에 반하는 기망행위를 통해 재산을 침해해서는 안 된다는 형태로 나타남)에 해당한다.[2] 따라서 거래상의 신의칙에 반할 때는 민법적 규제로 충분하며 손해배상과 같은 제재가 적합하다.
- 국가적 법익이나 사회적 법익을 사기적 방법으로 침해할 때 그것이 동시에 사기죄상의 재산권을 침해하는 것과 동일하게 평가될 수 있으면 사기죄가 성립한다.
  그러나 이 침해행위를 별도로 처벌하는 특별법 규정이 있으면 해당 법에 저촉되기는 하나 사기죄는 될 수 없다.
  * 기망행위에 의해 국가적, 공공적 법익을 침해한 경우라도 그와 동시에 사기죄의 보호법익인 재산권을 침해하는 것과 동일하게 평가할 수 있는 때에는 당해 행정법규에서 사기죄의 특별관계에 해당하는 처벌규정을 별도로 두고 있지 않는 한 사기죄가 성립할 수 있다.
    그런데 기망행위에 의해 조세를 포탈하거나 환급공제를 받으면 조세범처벌법 제9조에서 이들 행위를 처벌하는 규정을 별도로 두고 있고, 조세를 강제적으로 징수하는 국가

1) 권오걸, 501면; 김종원, 212면; 배종대, 445면; 서일교, 161면; 유기천(상), 231면; 임웅, 357면 이하. 대판 1997.9.9, 97도1561.
2) 김성돈, 321면;김/서, 416면; 박상기, 302면; 백형구, 172면; 손동권, 351면; 이재상, 325면; 이형국, 374면 이하; 정/박, 351면 이하; 정영일, 305면.

또는 지방자치단체의 직접적인 권력작용을 사기죄의 보호법익인 재산권과 동일하게 평가할 수 없어 형법상 사기죄는 성립하지 않는다(대판 2008.11.27, 2008도7303).

같은 이유로 벌금이나 과료를 기망의 방법을 사용하여 회피하여도 사기죄가 아니게 된다.

- 피기망자의 처분행위를 통해 재산의 이전이 이루어지므로 이 점에 대한 피해자 측의 책임을 고려하여 사기죄구성요건을 제한적으로 적용해야 할 것인지의 문제가 발생한다.

  그러나 피해자가 주의를 다하지 못했다는 이유로 범죄자를 면책하는 것은 사기의 현실과 부합하지 않을 뿐만 아니라 보호법익에 신의성실, 거래상의 주의를 포함시키는 것이어서 부당하다. 피해자의 과실은 양형상 고려하는 정도로 그쳐야 한다.

〈사기죄(제347조)= ① 사람을 기망하여 재물의 교부를 받거나 재산상의 이익을 취득한 자는 10년 이하의 징역 또는 2천만원 이하의 벌금에 처한다.

② 전항의 방법으로 제3자로 하여금 재물의 교부를 받게 하거나 재산상의 이익을 취득하게 한 때에도 전항의 형과 같다〉

- 재물에는 부동산도 포함된다.

  부동산사기의 기수시기는 현실로 점유의 이전이 있거나 소유권이전등기가 경료된 때이다. 명의이전에 의해 부동산에 대한 처분가능성을 취득했고 이것으로 부동산의 점유가 이전되었기 때문이다. 한편 그 전 단계인 권리증 등 이전등기에 필요한 일체의 서류를 사취했을 때 부동산에 대한 사기를 인정하는 견해도 있다.[3]

- ① 재산상의 이익은 광의로는 재물도 포함하지만 양자를 구별할 때는(보통은 구별하여 사용한다) 재물을 제외한 재산적 가치가 있는 이익을 말하며 노무의 제공, 연고권의 취득, 채무면제나 유예 등이 이에 해당한다.

  * ① 채무자가 제3자로부터 지급보증서를 받았을 뿐 아직 이 보증서가 채권자에게 교부되지 않았다면 보증인은 보증채무를 부담하지 않으므로 재산상의 이익을 취득한 것이 아니다(대판 1982.4.13, 80도2667).

  ② 채무이행을 연기받는 것도 재산상의 이익이 되므로 채무자가 채권자에게 소정기일까지 지급의사와 능력이 없음에도 종전 채무의 변제기를 늦출 목적으로 어음을 발행, 교부하면 사기죄가 성립한다(대판 1997.7.25, 97도 1095).

3) 西田, 177頁.

③ 아파트 소유권이전등기청구권을 가압류당한 아파트 수분양권자가 위 청구권을 행사하거나 아파트를 매도할 수 없게 되자 가압류채권자에게 가압류를 해제하여 주면 아파트 매도대금으로 채무를 변제하겠다고 거짓말을 하여 이에 속은 채권자로부터 가압류해제신청서를 받아 가압류를 해제한 후 아파트를 매도하였으면서도 위 채무를 변제하지 아니한 사안에서, 위 수분양권자로서는 가압류가 해제됨으로써 아파트 매도가 용이해져 매도대금을 수령할 수 있게 된 이익이 있으므로 가압류청구금액 상당의 재산상의 이익을 취득한 사기죄가 성립한다(대판 2007.7.26, 2007도3160).

그러나 유예가 채권의 재산적 가치를 사실상 감소시킬 때에 한해, 곧 그런 지체가 있는 줄 알았다면 바로 조치를 취했을 것이라는 특단의 사정이 있을 때만 재산상의 이익이 된다고 하는 일본 판례가 있다(昭和30.4.8. 刑集9卷4号827頁).

이익의 취득이 사법상 무효거나 일시적 이익일지라도 상관없다.

② 문제가 되는 것은 기망으로 재물의 교부를 약속받은 경우에 이것으로 재산상 이익을 취득하였으므로 사기죄의 기수인가, 아니면 아직은 재물사기죄의 미수인가 이다.

동일한 객체에 대해 재물과 재산상 이익의 취득이 외관상 경합으로 보이거나 전후로 연결된 사례가 적지 않기 때문이다.

일반적으로 청구권(채권)의 취득이 재물의 이전과 동일시(필적) 될 만큼 구체적이고 확실하면 혹은 그럴 개연성이 매우 높으면(überwiegend wahrscheinlich) 이 단계에서 기수라고 한다.

이처럼 채권취득(의사표시)이 독립적으로 보호받아야 할 단계에 이르면 이익취득죄의 기수가 되지만 약속이 단순히 재물교부를 목적으로 하는 중간의 경유단계에 불과하면 의사표시 자체를 독립적으로 보호할 가치는 없을 것이다.

- 사기죄는 기망과 착오, 처분행위 및 재산상의 이익(손해발생)이 순차적으로 이루어지는 구조이다.

  차례로 설명하면

〈 기망행위 〉

– 상대방을 착오에 빠뜨리는 행위(재산을 처분하게 할 실질적 위험성을 가진 행위)로서 거래관계에서 통용될 수 없는 정도여야 한다(사기죄에서의 재산보호는 주로 거래에서의 동적 측면을 보호함으로써 실현되는 것이어서 이점에서 재산보호가 정적 측면에서 이루어지는 절도죄와는 다르다). 그 판단은 거래상황, 상대방의 지식, 경험, 직업 등 구체적 사정을 고려하여 일반적, 객관적으로 행한다.

따라서 상품의 선전・광고에 있어 다소의 과장과 허위가 있어도 상거래의 관행과 신의칙에 비추어 시인될 수 있는 정도이면 기망이 아니지만 거래상 중요한 사항에 관한 구체적 사실을 신의성실의 의무에 비추어 비난받을 정도의 방법으로 허위로 고지하면 기망행위가 된다.

기망행위를 수단으로 한 권리행사의 경우에도 마찬가지이다.

* ① 사기죄의 요건인 기망은 널리 재산상의 거래관계에 있어서 서로 지켜야 할 신의와 성실의 의무를 저버리는 모든 적극적 또는 소극적 행위를 말하는 것으로서, 반드시 법률행위의 중요부분에 관한 허위 표시임을 요하지 아니하고, 상대방을 착오에 빠지게 하여 행위자가 희망하는 재산적 처분행위를 하도록 하기 위한 판단의 기초가 되는 사실에 관한 것이면 충분하다(대판 2005.10.28, 2005도5774).

② 피고인의 소위가 피해자에 의한 채권을 변제받기 위한 방편이었다 하더라도 피해자에게 환전하여 주겠다고 기망하여 약속어음을 교부받는 행위는 위법성을 조각할 만한 정당한 권리행사방법이라고 볼 수 없다(대판 1982.9.14, 82도1679).

그러므로 기망개념은 피기망자의 표상에 영향을 미친다는 점을 전제로 하며(따라서 상황을 오판하여 스스로 착오에 빠졌다면 비록 이렇게 오판할 수 있는 상황을 행위자가 만들었어도 그것은 기망의 준비행위일 뿐 기망행위는 아니다.[4] 물론 기망행위가 된다는 의견도 있다.[5]) 착오는 이 영향이 반영된 결과이다.

기망은 작위 뿐만 아니라 부작위로도 가능하다.

* ① 태풍 피해복구보조금 지원절차가 행정당국의 실사를 거쳐 피해자로 확인된 경우에 한해 보조금지원신청을 할 수 있도록 되어 있는 경우, 피해신고는 국가가 보조금의

4) LK-Lackner, §263 Rn.78; Sch/Sch-Cramer/Perron, §263 Rn.36f; Wessels/Hillenkamp, Rn.493.

5) Arzt/Weber, §20 Rn.45ff; Krey/Hellmann, BT II Rn.338; Mitsch, BT II/1 §7 Rn.52.

지원 여부 및 정도를 결정함에 있어 그 직권조사를 개시하기 위한 참고자료에 불과하므로 허위의 피해신고만으로는 위 보조금 편취범행의 실행에 착수한 것이 아니다(대판 1999.3.12, 98도3443)

② 기망은 반드시 법률행위의 중요부분에 관한 허위표시임을 요하지 아니하고 상대방을 착오에 빠지게 하여 행위자가 희망하는 재산적 처분행위를 하도록 하기 위한 판단의 기초가 되는 사실에 관한 것이면 충분하므로, 용도를 속이고 돈을 빌린 경우에 만일 진정한 용도를 고지하였더라면 상대가 돈을 빌려주지 않았을 것이라는 관계가 있으면 기망이 있는 것으로 보아야 한다(대판 1995.9.15, 95도707).

- 묵시적 기망과 부작위에 의한 기망

묵시적 기망은 작위에 의한 기망이지만 그 기망의사는 언어가 아닌 행동을 통해 표시된다. 묵시적 기망의 예로는 절취한 예금통장으로 창구에서 돈을 인출한 경우를 들 수 있다. 그러나 부작위에 의한 기망과의 구별이 어려워 보통은 먼저 묵시적 기망인지를 따져보고 그것이 부정될 때 부작위에 의한 기망여부를 검토한다.

묵시적 기망과 부작위에 의한 기망은 함께 행해지는 경우가 많으며 이 가운데 어느 것에 중점을 둘 것인지에 따라 구별된다. 판례는 상대방이 일정한 사정에 관해 고지를 받았다면 당해 거래에 임하지 않았을 것이 경험칙상 명백하면 이는 불고지라는 부작위에 의한 기망이라고 한다. 그리하여 물건을 판매한 상대가 착오로 더 많은 거스름돈을 내어준 경우에 매수인은 이 착오를 제거해야 할 신의칙상의 의무를 지므로 이를 고지하지 않는 것도 부작위에 의한 기망이 된다(대판 2004.5.27, 2003도4531).[6]

그러나 대금을 지불하는 행위가 기망행위는 아니며 거래 상대의 재산까지를 보호해줄 의무가 구입자에게 있다고 할 수 없어 보증의무를 부정해야 한다는 견해[7]도 있다.

거래이후 비로소 거스름돈이 과다했음을 알면서도 반환하지 않으면 점유이탈물횡령죄가 된다(대판 2004.5.27, 2003도4531). 피해자가 나중에 이 사실을 알고 확인해 올 때 이를 부인하면 별도로 사기죄가 되는 것일까? 동일 재물에 대해 이중으로 평가할 수는 없으므로 거스름돈 수령으로 사기죄를 긍정할 때

6) 권오걸, 531면; 김성천, 922면 이하; 백형구, 176면; 오영근, 407면; 임웅, 366면; 정영일, 313면.

7) 김성돈, 329면; 김/서, 426면 이하; 박상기, 309면; 이재상, 336면 이하; 이형국, 379면; 정/박, 362면.

는 별도의 사기죄를 긍정하기가 어려울 것이다. 점유이탈물횡령죄가 될 때에도 결론은 같다(반환을 거부하는 것의 실질은 횡령의 완성에 불과하다).

이처럼 부작위에 의한 기망이란 순전히 부작위로 상대를 기망한다는 일이 거의 불가능하므로 이미 착오에 빠져있는 자에게 이 사실을 알려 줄 의무있는 자가 이를 일부러 해태한 경우를 말한다. 따라서 부진정부작위범의 법리가 적용되어 복잡해지므로 간편하게 기망여부를 가리는 묵시적 기망인지를 먼저 심사하게 되는 것이다.

* 매매로 인한 법률관계에 아무 영향을 미칠 수 없어 매수인의 권리실현에 장애가 되지 않는 사유라면 매도인한테는 이를 고지할 의무가 없다. 따라서 토지를 매도하고 중도금까지 받은 매도인은 일방적으로 이 계약을 해제할 수는 없지만 이 때문에 제2 매수인의 권리실현에 지장을 주는 것은 아니어서 제2 매수인에게 그와 같은 사정을 고지하지 않더라도 기망이 아니다(대판 1991.12.24, 91도2698).
그러나 자신이 비록 토지 소유자로 등기되어 있지만 진정한 소유자가 아님을 알고 있었다면 당해 토지의 수용보상금을 수령함에 있어 그 토지를 수용한 기업자나 공탁공무원에게 이러한 사실을 고지할 의무가 있다(대판 1994.10.14, 94도1911).

무전취식이나 무전숙박은 주문이라는 행위를 통해 지불의사와 지불능력이 있음을 고지하는 뜻으로 읽혀(주문 행위는 사회통념상 이와 같이 해석된다) 묵시적 기망에 해당한다. 그러나 먹는 도중에 수중에 돈이 없음을 알면서도 계속 먹었다면 부작위에 의한 기망이 된다. 절도범이 장물을 자기 것인 양 하며 처분하는 것도 묵시적 기망이다.

\- 기망은 사실을 적시하는 방법으로 착오를 유발해야 하므로 가치판단을 통해 착오를 유발하는 것은 기망이 아니라는 견해와 이때도 기망이 된다는 견해로 갈린다. 사실 양자는 표리의 관계로 결합되어 있는 경우가 많으므로(가치판단이나 의견에도 증명할 수 있는 사실부분이 중심을 이루는 경우도 적지 않다. 그리고 상대는 이 의견에 따라 태도를 결정하게 되는 데 이때 사실부분은 결정적으로 작용한다. 예를 들어 이 그림은 아름답다고 했다면 이 평가는 사기죄구성요건과는 무관하지만 아름다운 원본이라고 하거나 아름다워서 수집가들 사이에 높은 가격으로 거래된다고 했다면 사기죄가 성립하게 된다) 전체사정에 비추어 기망이 될 수 있는지를 따져야 한다. 이때 결정적인 것은 의견이나 가치판단이 그것의 객관적인 의미내용에 비추어 봤을 때 구체적이고 증명할 수 있는 사실을 핵심내용으로 갖고 있느냐 라는 점이다.

– 피기망자의 자격

① 피해자와 피기망자가 반드시 일치해야 하는 것은 아니다.

단 피기망자가 피해자를 갈음하여 처분할 수 있어야(이를 둘러싸고 권한설과 지위설이 대립한다)하므로 이러한 관계가 없으면 책략절도(절도죄의 간접정범)가 된다. 그러한 예로는 타인의 재물을 자기 것인 양 속여 피해자와 무관한 피기망자를 시켜 가져오게 하는 경우를 들 수 있다.

* 피해자를 위하여 재산을 처분할 수 있는 권능이나 지위라 함은 반드시 사법상의 위임이나 대리권의 범위와 일치하여야 하는 것은 아니고, 피해자의 의사에 기하여 재산을 처분할 수 있는 서류 등이 교부된 경우에는 피기망자의 처분행위가 설사 피해자의 진정한 의도와 어긋나는 경우라 할지라도 위와 같은 권능을 갖거나 그 지위에 있는 것으로 보아야 할 것이다(대판 1994.10.11, 94도1575).

② 死者를 상대로 제소함으로써 사기죄를 범할 수 있는가?

이때 법원이 피기망자가 되지만 소송사기가 되려면 법원이 피해자를 대신하여 처분할 수 있는 지위에 있어야 한다. 그러나 법원에게 이와 같은 지위를 인정할 수 없을 뿐만 아니라 死者에 대한 판결은 그 내용에 따른 효력이 발생하지 않아 상속인에게 그 효력이 미치지 않고 사기죄는 성립하지 않게 된다.

③ 타인과 공모하여 그에게서 의제자백을 받아 소유권이전 등기를 경료하여도 사기죄는 성립하지 않는다. 법원의 판결은 진정한 소유자인 소외 피해자의 처분에 갈음한 효력을 갖지 않으며 의제자백을 통해 처분하더라도 처분자인 의제자백자는 착오에 빠져있지 않고 진정한 소유자로부터 소유권이 이전될 수도 없기 때문이다.

④ 소송사기(삼각사기의 전형)는 법원에 소장을 제출할 때 실행에 착수한 것이 되고 승소판결이 확정될 때 기수가 된다. 법원이 재물의 점유자는 아니지만 점유이전에 대해 종국적으로 결정하는 주체이므로 그가 처분권자이고 피해자는 처분행위의 보조자에 불과하다.

소송사기와 관련하여

허위채권을 근거로 가압류, 가처분이나 재판상의 화해(소송상의 화해와 제소전 화해 둘 다 포함)를 신청했더라도 사기죄는 되지 않지만 지급명령을 신청하면 사기죄가 성립한다.

* ① 가압류는 강제집행의 보전방법에 불과한 것이어서 허위의 채권을 피보전권리로 삼아 가압류를 하였다고 하더라도 그 채권에 관하여 현실적으로 청구의 의사표시를 한 것이라고는 볼 수 없으므로, 본안소송을 제기하지 아니한 채 가압류를 한 것만으로는 사기죄의 실행에 착수한 것이라고 할 수 없다(대판 1988.9.13, 88도55).

그러나 가압류는 소유권자의 처분권을 제약함으로써 채권자로 하여금 그 채권을 강제집행할 수 있는 책임재산을 확보하게 하는 것이어서 강제집행할 책임재산을 확보하지 못한 채권과는 경제적 가치가 전혀 다르므로 가압류결정을 재산상의 이익으로 보면 가압류의 신청은 당연히 실행의 착수가 된다는 견해도 있다. 문형섭, 교재(미간행) 81면 주205.

② 가압류집행까지 마친 자가 그 가압류를 해제하면 소유자는 가압류의 부담이 없는 부동산을 소유하는 이익을 얻게 되므로, 가압류를 해제하는 것 역시 사기죄에서 말하는 재산적 처분행위에 해당하고, 그 이후 가압류의 피보전채권이 존재하지 않는 것으로 밝혀졌다고 하더라도 가압류의 해제로 인한 재산상의 이익이 없었다고 할 수 없다(대판 2007.9.19, 2007도5507).

③ 재판상 화해는 그것으로 인하여 새로운 법률관계가 창설되는 것이므로 화해의 내용이 실제 법률관계와 일치하지 않는다고 하여 사기죄가 성립할 여지는 없다(대판 1968.2.27, 67도1579).

④ 지급명령을 송달받은 채무자가 2주일 이내에 이의신청을 하지 않는 경우에는 구 민사소송법(2002.1.26, 법률 제6626호로 전문 개정되기 전) 제445조에 따라 지급명령은 확정되고, 이와 같이 확정된 지급명령에 대해서는 항고를 제기하는 등 동일한 절차 내에서는 불복절차가 따로 없어서 이를 취소하기 위해서는 재심의 소를 제기하거나 위 법 제505조에 따라 청구이의의 소로써 강제집행의 불허를 소구할 길이 열려 있을 뿐인데, 이는 피해자가 별도의 소로써 피해구제를 받을 수 있는 것에 불과하므로 허위의 내용으로 신청한 지급명령이 그대로 확정된 경우에는 소송사기의 방법으로 승소 판결을 받아 확정된 경우와 마찬가지로 사기죄는 이미 기수에 이르렀다고 볼 것이다(대판 2004.6.24, 2002도4151).

승소판결에 의하여 소유권이전등기를 경료하면 사기죄와 공정증서원본 부실기재죄는 실체적 경합범 관계이다(대판 1983.4.26, 83도188).

〈 착오 〉

- 법익관련적 착오론은 본디 피기망자가 재물 등의 처분을 완전히 인식하고 있으면 착오가 없으므로 사기죄를 부정하지만 사기죄의 典型은 상대방을 동기의 착오에 빠뜨려 처분하게 하는 것으로 피해자는 "재물을 처분한다"와 관련

해서는 정확히 인식하면서(가해자가 속마음과는 달리 그럴 듯하게 둘러 댄 말을 그대로 믿고 처분행위를 하는) 다만 동기에 착오를 일으키고 있는 경우가 대부분이다. 그리하여 지금은 법익관련적 착오가 어떤 경우인지에 대해 재산이란 그것의 이용·수익·교환가치가 보호되는 것이므로 설령 재물 등의 이전 자체에는 착오가 없더라도 피해자의 구체적 급부에 내재하는 경제적으로 중요한 목적(재산처분의 목적)에 착오가 있으면 이를 법익관련적 착오로 보기도 한다.[8] 이처럼 착오 개념을 규범적으로 수정하는 일은 "사실을 알았더라면 교부하지 않았을 것(이는 사실은 몰랐지만 처분 자체는 알고 있는 상태를 가리킨다)"이라는 판례의 표현에서도 간취된다.

착오의 유형으로는

① 피기망자가 처분행위를 하거나 재산상의 이익을 포기한다는 사실 자체를 모르거나

② 피기망자가 재산처분의 범위를 착각하거나

③ 상대가 제공하는 반대급부가 갖는 가치를 잘못 안 경우

④ 처분행위의 목적이나 사회적 기능을 잘못 안 경우를 생각할 수 있다.

이 가운데 특히 문제가 되는 것은 기망을 통해 대상(사실)을 전혀 모르는 상태에 이르렀을 때에도 착오라고 할 수 있는 가이다.

첫 번째 견해는 기망이란 상대방에게 대상에 대해 잘못된 표상을 갖도록 하는 것이므로 상대방의 말이 진실하다고, 혹은 적어도 그럴 가능성이 있다고 그릇 생각했을 때 비로소 착오를 인정하려고 한다(대상에 대한 무지는 생각이 없는 것이므로 이 상태는 결코 기망을 통해 생겨날 수 없다고 한다. 단 표상이 필요하다고 할 때도 잘못된 표상이 구체적일 필요는 없다고 보므로 실제로는 양자간에 그렇게 큰 차이가 있지는 않다).

그러나 착오를 인식과 사실의 불일치로 보면서 이같은 불일치는 대상에 대해 전혀 무지한 상태(수반의식을 포함하는)까지를 포함한다는 다른 견해[9]도 있다. 이에 따르면 피기망자가 사실을 알지 못한 것도 착오이고 실제로

8) 佐伯仁志, 理論刑法學の最前線Ⅱ(2006), 107頁.

9) 수반의식의 형태만 있어도 충분하며 거래상황에 따라 너무나 당연시되는 것, 예를 들면 지불하는 돈이 위조지폐일지 모른다는 생각은 거의 또는 꿈에도 생각하지 않았다 해도 착오에 빠진 상태이다. Fischer, §263 Rn.35, 35a; LK-Tiedemann, §263 Rn.79.

부작위에 의한 기망에서는 이런 현상이 흔히 일어난다고 한다. 나아가 진실을 알지 못한 자는 진실과는 다르게 생각하는 적극적 착오에 빠진 자이기도 하므로 적극적 착오와 무인식은 교환할 수 있는 개념으로 본다.
그러므로 결정적인 것은 착오 가운데 어떤 것이 사기죄상 의미를 갖는가인데 이 판단은 기망을 통해 재산적 이익을 취득하는 사기죄의 본질(피기망자가 범죄의 도구로 되는 간접정범성이 있으므로 간접정범이 될 수 있는 기준을 차용하는 것도 가능할 것이다) 로부터 얻어 질 수 있다고 한다. 결국 일체의 착오가 사기죄 규정에 부합하는 것이 아니라 기망이 작위일 때는 그것이 피기망자의 표상에 지적으로 영향을 미쳐 착오로 연결되어야 하고(피기망자가 의심하지 못하도록 의혹을 흩어버리거나 찬찬히 검토하지 못하도록 방해하는 등 반드시 착오를 새로 유발하지 않고도 작위로 착오를 유지시킬 수 있음을 주의) 부작위에 의한 기망일 경우는 이미 발생한 착오가 제거되지 않고 유지되는 것이어야 한다. 그러므로 열차 승무원이 승객을 둘러보고 무임승차한 사람이 없을 것으로 생각하거나 무임승차 자체에 대해 아무런 표상이 없을 때도 사실과 다른 착오는 존재하지만 기망이 없어(스스로 오판한 것일 뿐이다) 사기죄가 성립하지 않게 된다. 그러나 허위의 승차권을 제시한다거나 무임승차한 자는 지금 나에게 요금을 지불하라고 했음에도 가만히 있으면 기망에 해당하고 승무원으로 하여금 모든 것을 정상이라고 잘못 생각하게 했으므로 이때는 사기죄가 된다.
기망자의 대꾸가 사실이 아님을 주의를 기울였다면 충분히 알 수 있었는지는 착오인정과는 아무 상관없다.
피해자가 기망자의 말을 의심하면서도 처분행위를 했을 때 착오라고 할 수 있을까?
위험의 분배나 피해자책임을 들어 이를 부정하기도 하나 사기죄의 피해자에게 자신을 보호할 의무가 있는 것도 아니고 경솔하여 전혀 의심조차 하지 못한 자보다 불리하게 취급되어야 할 이유도 없으므로 사기죄를 인정해야 한다.

〈 처분행위(교부행위) 〉

- 처분행위란 재산상의 손해를 발생시키는 행위를 말한다.

① 처분행위에는 착오와 손해 사이를 연결하는 결합기능과 재물사기와 책략절도를 구별하는 구별기능, 사기죄를 自損(자손)적 범죄(자신이 도구가 되어 자신의 재산을 침해하는)로 만드는 기능이 있다.

② 처분행위에는 법률행위 뿐만 아니라 피기망자의 사실상의 작위, 수인, 부작위 일체가 포함된다.

③ 처분행위 또는 처분의 객체를 피기망자가 알고 있어야 하는가?(처분의사의 요부)

자신의 행위로 재물이나 재산상의 이익이 타인에게 이전됨을 인식해야 비로소 사기죄상의 처분행위가 된다는 필요설과 불필요설 및 절도죄와 구별하기 위해 재물사기죄의 경우에만 필요하다는 절충설로 나뉜다.

불필요설[10]은 기망에 의해 권리자가 자신의 권리가 있는지를 알지 못해 행사하지 못한 경우에 권리의 불행사는 재산적 처분행위를 했다고 평가할 수 있고 투숙객이 영화보고 온다고 외출한 다음 그대로 도망갔을 때도 피해자는 숙박료의 지불을 일시 유예할 생각이지 행위자에게 완전히 채무를 면해줄 생각은 아니기 때문에 사기죄가 된다고 한다. 즉 사기죄가 성립하기 위해서는 피해자가 자신이 처분한 이익의 내용을 알지 못해도, 혹은 정확히 알지 못해도 사기죄가 된다는 것이다

판례는 필요설[11]을 취하지만 처분의사가 필요하다고 하더라도 사기죄가 성립하기 위해 필요한 의사내용이 무엇인지를 알기는 쉽지 않다. 예를 들어 생선이 든 상자를 고객에게 팔 때 A어종이 10마리 들어있다고 생각했으나 12마리였거나(개수의 착오) B어종이었거나(어종의 착오) 육류가 들어있었을 때(재물종류의 착오) 처분의사를 엄격히 해석하면 어느 경우도 처분의사가 없어 처분행위가 아니지만 재물이 든 상자의 이전으로 의사내용을 일반화하면 3경우 모두 처분의사를 긍정할 수 있게 된다. 그리하여 처분대상에 대한 인식이 필요하다고 주장하는 입장에서도 인식의 내용을 완화(추상화)하게 되는데 이는 이익사기죄의 성립공간을 확보하기 위해서이다. 즉 처분행위의 요건으로 대상에 대한 구체적 인식을 요구하면 여기에 미치지 못하는 추상적, 일반적 인식 하의 재물처분일 때는 책

10) 박상기, 314면.

11) 오영근, 412면; 정영일, 315면.

략절도라도 되지만 재산상의 이익을 취득할 때는 이익절도로서 절도죄를 부정, 무죄가 되어 부당하니까. 그렇다면 적어도 절도죄와 구별이 문제되지 않는 이익사기죄에서는 피기망자가 처분행위를 알고 있을 필요가 없다고 하게 된다.

한편 절충설[12]은 재물사기죄의 경우 自損범죄가 되기 위해 피기망자가 구체적으로 특정의 재물을 이전한다는 것을 알고 교부해야 한다고 한다. 그렇지 않으면 기망을 통해 주의를 분산시킨 다음 그 틈에 재물을 점유한 경우에도 사기죄를 긍정하게 되기 때문이다. 그러나 이전할 객체를 인식하지 못하도록, 혹은 일반적으로는 인식하더라도 구체적으로 인식하지 못하도록 하는 가장 전형적인 사기유형을 사기죄로부터 제외시키는 것은 옳지 않다. 그러므로 마트에서 포장된 식품을 구입하면서 포장물을 뜯고 다른 식품을 보이지 않게 슬쩍 끼워 넣은 다음 그대로 덮어 해당 포장식품 값만 지불했다면 끼워 넣은 식품에 대해 절도죄가 되지만 포장은 그대로 사용하면서 내용물을 송두리째 고가품으로 바꿔 저가품으로 기망하고 지불하면 사기죄가 된다. 끼워 넣은 식품을 판매원이 구체적으로 인식하지 못했으므로 처분행위가 될 수 없다는 입장에서는 이 경우 사기죄 대신 절도죄를 인정하게 될 것이다.

이처럼 필요설을 엄격히 해석하면 사기죄의 성립범위가 지나치게 협소하게 되어 처분의사의 내용을 규범적으로 완화하지 않을 수 없다. 그리하여 처분의 대상만이 아니라 교부에 내재하는 경제적으로 중요한 재산처분의 목적도 고려하여 착오여부를 가려야 한다면 필요설과 불필요설의 대립은 표면적인 것에 불과하다. 책략절도와 사기의 경계도 그 실질은 이것과 같은 흐름이다.

* ① 출판사 경영자가 출고현황표를 조작하는 방법으로 실제 출판부수를 속여 작가에게 인세의 일부만을 지급한 경우, 작가가 나머지 인세에 대한 청구권의 존재 자체를 알지 못하는 착오에 빠져 이를 행사하지 아니한 것은 사기죄에 있어 부작위에 의한 처분행위에 해당한다(대판 2007.7.11, 2005 도9221).

② 처분행위란 재산적 처분행위로서 주관적으로는 피기망자의 처분의사, 즉 처분결과를 인식하는 의사와 객관적으로는 이 의사에 지배된 행위가 있을 것을 요한다(대판 1999.7.9, 99도1326; 2007.7.12, 2005도9221).

---

12) Wessels/Hillenkamp, Rn.517; Sch/Sch-Cramer/Perron, Rn.60.

④ 처분행위가 없으면 절도가 된다. 의류매장에서 옷을 입어보기 위해 점유를 넘겨받아도 이는 교부행위가 아닌 점유의 이완이다(사회통념상). 그리고 기망을 통해 점유를 이완시킨 것은 취거를 용이하게 하거나 취거요건을 조성하는데 불과하므로 점유가 이전된 것이 아니어서 절도죄가 성립한다.

그러나 자전거나 자동차 시운전의 경우는 처분으로 보는 데 이 차이는 결국 점유를 넘기더라도 교부자의 컨트롤범위 내에서 지배·이용하라고 넘긴 것인지, 컨트롤 밖의 영역에서 지배·이용을 허용하는 것인지가 결정적이며 따라서 이는 사실에 대한 평가의 문제라 할 수 있다.

⑤ 처분행위라고 하기 위해 처분효과의 직접성(탈취가 아닌 교부의 징표로서 이를 강조한다)을 요구하기도 한다. 직접성이 없으면 피해자의 행위는 이후에 범인이 재물을 절취해 가기 쉽도록 예비한 것에 불과하여 사기죄상의 처분행위와는 구별해야 한다는 것이다.

이처럼 직접성이란 처분자의 처분에 의해 곧장 재물의 이전이나 재산상의 손해가 발생하는 것, 따라서 범죄자의 추가적 행위를 통해 비로소 이 효과가 나타나면 피해자의 교부행위가 아니게 되어 절도죄일 뿐이라고 한다. 그러나 행위자의 추가적 행위가 행위자의 원래 의도대로 재물취득을 위해 피해자의 도움없이, 또는 그의 존재를 의식할 필요없이 전적으로 그의 수중에서 행해지는 끝맺음 정도라면 행위자의 행위가 재물취득에 불가결하다 하여도 여기에 독자적 의미는 없고 이를 가능하게 한 피해자의 이전 행위가 교부행위가 되는 것이므로(교부받은 증서를 통해 오로지 혹은 주로 행위자가 법적으로 자유롭게 당해 부동산을 처분할 수 있는 단계에 다다른 경우처럼) 처분행위의 가부를 직접성과 연관시킬 일은 아니다(기망당한 피해자가 백지서식의 용지에 서명하고 내용을 일정하게 채우라고 지시하면서 교부했지만 행위자가 이를 어긴 경우에도 서명자의 처분행위를 인정한다).[13)]

---

13) 사례에 따라서는 재산상의 손해와 동등하게 볼 수 있는 재산상의 위험이 이미 발생해 버린 중간단계가 있음을 부인할 수 없다. 그러나 이 위험은 교부행위의 결과(직접적 효과)가 아니라 이 단계에서 비로소 가능하게 된 범죄자의 행위에 의한 직접적 결과일 뿐이다. 즉 재산에 대한 이 정도의 위험은 사기죄상의 손해가 아닌 사기죄의 예비정도에서 발생한 위험수준이다. Wessels/Hillenkamp, Rn.624. 그러나 이 위험은 피해자의 교부행

그렇다면 실질적으로 점유를 상실하여 물에 대한 지배가능성이 없고 기망자가 재물이나 재산상의 이익귀속 여부를 전단할 수 있을 때 이를 가능하게 한 행위를 처분행위라고 해야 옳다. 따라서 주차장 관리인에게 자동차 키를 맡기고 은행에 간 사이 범인이 자신의 자동차인 것처럼 가장하여 키를 받아 차를 가지고 가면 사기죄가 되고 사람을 기망하여 재물을 버리게 한 다음 가져갔을 때도 사기죄가 성립한다.

그래서 직접성을 소재동일성(이익과 손해가 동일한 처분행위에 기초하는 것)으로 해석하지 않고 처분행위를 통해 손해와 이익이 중재되는 관계라거나 손해와 이익이 반면으로 상응한 것으로 보기도 한다.

* ① 사기죄는 피기망자의 처분행위로 재물의 교부를 받거나 재산상의 이익을 취득한 때에 성립하는 것이므로, 피고인이 피해자에게 부동산매도용인감증명 및 등기의무자본인확인서면의 진실한 용도를 속이고 그 서류들을 교부받아 피고인 등 명의로 위 부동산에 관한 소유권이전등기를 경료하였다 하여도 피해자의 위 부동산에 관한 처분행위가 있었다고 할 수 없을 것이고 따라서 사기죄를 구성하지 않는다. 원심이 이 부분 공소사실을 유죄로 인정한 것에는 사기죄에 대한 법리오해의 위법이 있다 할 것이다(대판 2001.7.13, 2001도1289). 그러나 인감증명서의 교부자는 당해 땅에 대해 어떤 효과가 발생할지를 알고 있었고(실제로 일어난 것과는 달랐지만) 처분행위라고 하기 위해서는 이 정도로 충분한 것 아닌지? 만약 처분행위가 아니라면 통상은 절도가 되는 데 그렇다면 부동산절도를 긍정해야 하는 것인가? 그러나 근본적으로는 위 사례에서 처분행위가 있었다고 봄이 타당하다.
  ② 사기죄에 있어서 재물의 교부란 재물에 대한 사실상의 지배를 범인에게 이전하는 것을 의미하는데, 재물의 교부가 있었다고 하기 위해 반드시 재물의 현실적 인도가 필요한 것이 아니고 재물이 범인의 사실상의 지배 아래에 들어가 그의 자유로운 처분이 가능한 상태에 놓인 경우에도 재물의 교부가 있었다고 보아야 한다(대판 2003.5.16, 2001도1825).

– 재산상의 이익이 있어야

이를 부정하는 사례(피고인에게 여전히 채무는 원래대로 남아있다고 보아)로는 피해자에게 백미 100가마를 변제한다고 하면서 10가마의 백미보관증을 100가마의 백미보관증이라고 속여 교부하고 문맹인 피해자는 이 증서가 100가마의 보관증으로 믿고 교부를 받은 경우(대판 1990.12.26, 90도2037).

위를 통해 초래된 것으로 위의 주장을 수긍할 수 없다.

Q) 피고인이 일시적으로, 혹은 꽤 긴 기간 동안 채무변제의 독촉을 받지 않게 되었음에도 재산상의 이익이 없다고 보는 근거는 무엇일가? 채무면제가 아닌 일시적인 변제유예는 재산상의 이익이 되지 아니한가?

채무변제나 담보제공을 심하게 독촉받는 상황에서 풀려나오려고 환매권을 양수받은 사실이 없어 처분권이 없는 부동산에 대해 환매권양도계약을 체결해 준 경우(대판 1986.7.22, 86도681).

약속어음의 위조사실을 숨기고 기왕의 물품대금채무의 변제를 위하여 이를 교부한 경우(대판 1983.4.12, 82도2938).

자기의 채권자에 대한 채무이행으로 존재하지 않는 채권을 양도한 경우(대판 1985.3.12, 85도74).

이처럼 재산상의 이익을 얻었다고 하기 위해서는 그것이 재물교부와 구체적 실질적으로 필적할만 해야 한다.

편취액은 해당 부동산에 근저당권설정등기가 경료되어 있거나 압류나 가압류가 이루어져 있으면 특별한 사정이 없는 한 아무런 부담이 없는 상태에서의 부동산 시가상당액에서 근저당권의 채권최고액 범위 내에서의 피담보채권액, 압류에 걸린 집행채권액, 가압류에 걸린 청구금액 범위 내에서의 피보전채권액 등을 뺀 실제의 교환가치를 그 부동산의 가액으로 보며(대판전 2007.4.18, 2005도7288) 대가가 일부 지급되었어도 그 편취액은 이를 공제하지 않은 교부받은 재물 전부이다(대판 2007.1.25, 2006도7470).

특경법 제3조 제1항의 적용여부를 가리는 이득액을 정함에 있어서는 그 범행의 모든 공범자가 받은 이득액을 합한 금액을 기준으로 한다(대판 1991.10.8, 91도1911).

* 특경법 제3조(특정재산범죄의 가중처벌): 사기, 공갈, 그 상습범, 횡령, 배임, 업무상 횡령과 배임죄를 범한 자는 그 취득한 재물이나 재산상의 이익의 가액에 따라 가중처벌한다.

1. 이득액이 50억원 이상이면 무기 또는 5년 이상의 징역에 처한다.
2. 이득액이 5억원 이상 50억원 미만이면 3년 이상의 유기징역에 처한다.

\- 재산상의 손해

① 피고에게 재산상의 이익이 있다고 구성요건에 기술되어 있다면 그 반면으로 피해자에게는 재산상의 손해가 발생해야 한다고 해야 하는가이다. 불요설[14](판례는 현실의 손해발생은 필요없다고 한다)은 조문에서 이를

찾아볼 수 없으니까 라고.

필요설[15]은 이익을 보는 쪽이 있으면 그 만큼 손해를 보는 측도 당연히 있을 것이므로 이를 기술되어 있지 않는 구성요건요소라고 본다.

양설의 차이는 기망은 있지만 상당한 대가를 지급한 경우에도 사기죄가 되는가 라는 문제에서 잘 드러나며 불요설에 따르면 사기죄의 인정이 용이하다. 그러나 필요설도 대가의 상당성을 어떻게 해석하느냐를 통해 위의 경우에도 사기죄를 긍정할 수 있게 된다.

* ① 사기죄의 본질은 기망행위에 의한 재산이나 재산상 이익의 취득에 있는 것이고 상대방에게 현실적으로 재산상 손해가 발생함을 요건으로 하지 아니한다(대판 2004.4.9, 2003도7828).

② 기망으로 재물교부가 있으면 이로써 재산침해가 되어 사기죄가 성립하고, 상당한 대가가 지급되었다거나 전체 재산상에 손해가 없더라도 사기죄의 성립에 영향을 미치지 아니한다(대판 1995.3.24, 95도203). 곧 재물교부 자체를 손해발생으로 생각한다.

② 손해와 이익의 계산방식을 둘러싸고 전체재산설과 개별재산설이 대립한다. 전체재산설은 교부된 것과 반대급부로 얻은 것을 통 틀어 봤을 때 차이가 없으면 손해는 발생하지 않는 것이라고 보는 반면 개별재산설은 개별재산의 교부만으로 손해를 인정한다(후자에 대해서는 손해개념을 형해화한다는 비판이 제기됨).

문제된 사례로는 미성년자에게 판매가 금지된 책을 구매자인 미성년자가 성년자라고 속이면서 구입하려 하자 이를 판매한 경우 미성년자임을 알았다면 팔지 않았을 것이므로 전체재산에 증감은 없더라도 사기죄를 긍정해야 할 것인가?

해답은 손해개념을 실질적으로 고찰하여(형식적으로 전체재산설, 개별재산설에 따른 기계적 해결을 피하면서) 판단한다.

그리하여 서적판매의 사회적 경제적 목적은 대금수수에 있으며 미성년자에게 불매하는 이유는 비경제적 이유에서 이므로 여기서 신분을 속인 것은 재산적 이익과 관련되지 않아 경제적 관점에서의 손해는 발생하지 않는 상태이고 따라서 사기죄는 성립하지 않게 된다.

---

14) 백형구, 180면; 오영근, 416면 이하; 정영일, 308면.

15) 김/서, 436면; 이재상, 346면; 임웅, 357면 이하; 정/박, 370면.

반면 조합원한테만 할인판매를 하는 판매장에서 조합원임을 가장하여 물건을 할인가로 구입하는 것은 비록 신분을 속인 것이기는 하나 그 때문에 조합이 손해를 보고 있어 사기죄가 된다.

이 문제는 피해자가 어떤 점에 착오를 일으켜야 사기죄가 되는가의 문제와 표리관계에 있는 것으로, 즉 착오가 사기죄가 예정하고 있는 경제적·재산적 내용에 관한 착오일 때 사기죄가 되며 이를 벗어난 허언은 사기죄에 해당하지 않는다.

전체재산설을 취하면서도 대개의 재물이 모든 사람들에게 같은 정도로 소용에 닿는 것은 아니라는 이유로 객관적으로는 판매물품에 상당한 대가를 받았더라도 구매자에게 불필요한 것이라면 사기죄가 성립할 수 있다고 한다. 그러나 이는 재화의 가치를 공급과 수요의 원칙에 따라 객관적으로 산정할 수 있다는 전체재산설의 전제를 완화시키는 입장으로 본래의 전체재산설은 아니다.

사기죄가 될 수 있는 착오, 즉 보호법익과 관련된 착오란

1) 교부한 재물과 재산상의 이익 자체의 내용과 가치에 대한 착오
2) 반대급부로 얻어지는 재물이나 재산상의 이익의 내용이나 가치에 대한 착오
3) 교부행위가 갖는 사회적, 경제적 목적에 대한 착오를 뜻한다.

③ 허위신청을 통해 증명서를 교부받으면 사기죄가 되는가?

이는 해당 증명서가 재산적 가치를 갖고 있느냐에 따라 다르다.

그러므로 여권, 운전면허증, 인감증명서와 같이 경제적·재산적 가치를 갖지 않는 증명서일 때는 사기죄가 성립하지 않는다. 그러나 식권, 건강보험증, 생명보험증서와 같은 증명서는 경제적 이익을 받을 수 있는 재산상의 권리·의무에 관한 사실을 증명하는 문서이므로 재산적 가치를 갖게 되고 따라서 사기죄가 성립한다. 그러나 이때도 특별법에 처벌규정이 있고 그것이 사기죄 규정의 적용을 배제하는 취지이면 이 특별법의 적용대상일 뿐 사기죄는 아니다.

④ 손해가 발생했을 때가 본 죄의 기수시점이다.

- 불법이득의 의사가 필요한가(권리행사와 사기죄의 성부)?

이 문제와 관련된 사례는 채무자가 변제를 하지 않자 기망의 방법을 사용하

여 변제를 받은 경우 사기죄가 성립하는가 이다.

불성립설[16]은 권리자이므로 불법이득의사가 없고 재산상의 손해도 없으며 수단의 불법은 다른 범죄로 처벌하는 것으로 충분하니까 사기죄가 아니라고 한다.

재산범 구성요건은 재산침해가 있을 때 충족되는 것이므로 수단의 상당성을 통해 결정해서는 안 된다.

성립설[17]은 권리실현의 수단이 불법하면 손해가 있다고.

손해계산법에 따르면 정당한 대가를 지불해도 손해가 발생했다고 보고 사기죄를 긍정하므로 권리실현을 위해 기망을 하면 당연히 손해가 있는 것이다. 물론 기망당해 교부함으로써 채무는 소멸하지만 수중의 현금은 없어지는 것이고 이 상태는 손해라고 봐야한다(채권자의 입장에서는 지급청구권보다 금원을 취득하는 것이 더 이익이니까).

기망 대신 만약 권리자가 강도였다면 당연히 강도죄의 성립을 긍정할 것이므로 사기죄가 된다고 한다.

생각건대 권리행사이면 손해가 없다는 주장은 곤란하다. 채무자 수중의 돈이 변제기의 도래와 함께 즉시 형법적 보호대상이 되지 않는다고 볼 수는 없기 때문이다.

변제기의 도래와 함께 채권자에게는 사법상 채무이행을 청구할 권리가 생기지만 이것만으로 채무자의 재산에 대한 형법적 보호가 소멸되는 것은 아니다. 채권자가 채권실행을 위해 기울여야 할 상당한 노력, 예컨대 독촉이나 교섭과 같은 행위는 가벌성판단에 중요한 요소이기 때문이다.

* 피고인의 소위가 피해자에 대하여 채권을 변제받기 위한 방편이었다 하더라도 기망수단에 의하여 약속어음을 교부받은 행위는 사기죄에 해당한다(대판 1982.9.14, 82도1679).

− 죄수

동일인에게 같은 범의, 동일수법으로 수회 사취하면 사기죄의 포괄일죄가 되며 수인에게 각기 별도로 기망, 재물을 편취하면 동일범의, 동일수법이어도 실체적 경합범이다(대판 1997.6.27, 97도508; 2003.4.8, 2003도382).

---

16) 김/서, 445면; 배종대, 475면 이하; 이재상, 350면; 이형국, 384면; 임웅, 379면.

17) 오영근, 419면; 대판 2003.6.13, 2002도6410.

- ① 절취한 장물을 자기 것인 양 제3자에게 담보로 제공하고 금원을 편취한 경우나

  ② 절취한 예금통장으로 금원을 인출한 경우 사기죄를 긍정한다.

  * 예금통장을 절취한 후 이를 사용하여 마치 진실한 예금명의인이 예금을 찾는 것처럼 은행원을 기망 오신시켜 예금을 인출한 행위는 절도죄 외의 새로운 법익을 침해한 것이므로 사기죄를 구성하며 위 예금인출행위가 절도행위의 연장이라든가 또는 그에 흡수되는 것이라고는 볼 수 없다(대판 1974.11.26, 74도2817).

    그러나 사기죄설에 반대하는 쪽은 면책(증거)증권인 예금통장의 기능에 비추어 볼 때 은행원은 예금 청구자가 권리자라는 사실에 대해 의심할 필요가 없으므로 착오에 빠질 수도 없고 절도죄의 불가벌적 사후행위에 불과하다고. 돈의 인출은 예금통장절취행위를 통해 중재된 유리한 형편을 이용한 것일 뿐이라고 한다.

    한편 송금의뢰인과 수취인 사이에 계좌이체 등의 원인이 되는 법률관계가 존재하지 않음에도 송금의뢰인이 수취인의 예금계좌에 계좌이체 등을 한 이후, 수취인이 은행에 대하여 예금반환을 청구함에 따라 은행이 수취인에게 그 예금을 지급하는 행위는 계좌이체금액 상당의 예금계약의 성립 및 그 예금채권 취득에 따른 것으로서 은행이 착오에 빠져 처분행위를 한 것이라고 볼 수 없으므로, 결국 이러한 행위는 은행을 피해자로 한 형법 제347조의 사기죄에 해당하지 않는다(대판 2010.5.27, 2010도3498).

  반면

  ① 절취한 자기앞수표를 사용한 경우(자기앞수표와 현금의 기능은 동일하다)나

  ② 열차승차권을 강취한 자가 환매받을 때도 무기명증권(증서면에 권리자의 이름이 표시되어 있지 않고 소지인이 권리자가 되는 증권)임을 이유로 사기죄를 부정한다.

- 기망의 방법으로 자기가 점유하는 타인의 재물을 영득하면 타인의 처분행위가 없으므로 횡령죄만 성립한다.
- 타인의 사무를 처리하는 자가 본인을 기망하여 재산상의 이익을 취득하면 사기죄와 배임죄의 상상적 경합.

  * 사기죄는 임무위배를 그 구성요소로 하지 아니하고 배임죄는 기망을 구성요건의 일부로 하는 것이 아니므로 양 죄는 별개의 범죄이고 형법상으로도 각각 별개의 장에 규정되어 있어 1개의 행위에 각 구성요건이 모두 구비된 때에는 상상적 경합관계로 봄이 상당하다(대판전 2002.7.18, 2002도669).

- 사기도박의 경우 사기죄만 성립하고 상대는 사기도박의 피해자로 된다.
- 기망의 수단으로 위조된 문서를 사용하여 재산상의 이익을 얻으면 사기죄와

위조문서 행사죄의 실체적 경합(대판 1991.9.10, 91도1722), 학설[18]은 양죄의 상상적 경합으로 본다.

- 공무원이 직무와 관련하여 타인을 기망, 수뢰하면 양죄의 상상적 경합.
- 국가가 행정목적을 달성하기 위해 재물을 교부하는 경우(농지를 정책상 농민에게만 분배하는데 비농민이 농민인 것처럼 속여 농지를 교부받은 것처럼)에 사기죄가 성립할까? 이때는 교부의 목적이나 재물의 성질, 내용, 교부를 보호하는 특별법의 존부 등을 고려하여 개별적으로 판단해야 한다.
- 부동산이중매매, 이중저당과 사기죄
  ① A에게 등기이전을 해준 후 이를 숨기고 B에게 다시 매도하면 B에 대해 사기죄
  ② 중도금을 받은 상태에서 이를 숨기고 매도하면 B에 대한 사기죄는 성립하지 않는다.
  A와의 관계를 B에게 고지할 의무도 없고(따라서 기망이 아니다) B가 소유권을 취득 못할 이유도 없으므로.
  단 A와의 관계에서 배임죄가 된다는 것이 판례의 태도이다.
  * 중도금까지 수령했다면 특단의 약정이 없는 한 잔금수령과 동시에 소유권이전등기에 협력할 의무를 지므로 그 사이에 제3자에게 팔아먹으면 첫 번째 매수자에 대한 배임죄가 성립한다(대판 1988.12.13, 88도750).
  ③ 명의신탁받은 부동산을 수탁자가 동의없이 매도했을 때 매수자가 소유권을 취득함에 있어 전혀 지장이 없으므로 매수인에 대한 사기죄가 성립할 수 없다.
- 불법원인급여와 사기죄
  기망을 통해 불법원인급여를 받은 자를 사기죄로 벌할 수 있는가?
  불법원인급여에 대한 사법적 처리는 민법 제746조에 따라 급여자에게 반환청구권을 불허한다. 따라서 권리자(소유권자)인 수급자를 형법상의 사기죄로 벌하지 않음이 당연하다는 입장[19]도 있다.
  그러나 통설[20]과 판례는 기망행위를 통해 교부가 이루어졌고 재산상의 이익

18) 김성돈, 341면; 김/서, 446면; 이재상, 353면; 이형국, 385면; 임웅, 381면.
19) 김/서, 438면; 이정원, 381면.
20) 강구진, 333면; 김성돈, 323면; 김종원, 217면; 배종대, 476면; 백형구, 180면; 오영근, 428면; 유기천(상), 237면; 이재상, 352면; 이형국, 385면; 임웅, 373면; 정/박, 378면; 정

을 취득했으므로 사기죄를 긍정한다. 사기죄 구성요건은 기망을 통해 재물의 교부나 재산상의 이익을 취득하면 충족되므로(사기적 방법으로 급여자의 재산을 침해했다는 점이 중요) 이 사례가 여기에 해당함은 의문의 여지가 없으며 사법상의 반환청구권 유무와는 상관없다.

* 불법원인급여에 해당하여 급여자가 반환청구를 할 수 없다고 하더라도 수익자가 기망을 통하여 급여자로 하여금 불법원인급여에 해당하는 재물을 제공하도록 하였다면 사기죄가 성립한다(대판 2006.11.23, 2006도6795).

* 불법원인급여

민법 제746조와 제103조는 다같이 사회적으로 타당하지 않은 행위를 한 자는 이 행위가 불법행위임을 들어 원상복구를 구할 수 없다. 그것이 채권에 기한 부당이득반환청구가 됐든, 소유권에 기한 반환청구가 됐든 어느 쪽 청구도 불허한다.

그러나 수익자가 임의로 반환하는 것까지를 금하는 것은 아니다.

조문상의 "불법의 원인으로 인하여"의 뜻은 급여의 원인, 즉 급여를 통해 달성하려는 목적이 불법하다는 의미이다.

급여의 원인인 채권행위가 제103조에 위반하는 경우에 무인설을 취하면 수익자가 소유권을 취득하게 되고 유인설을 취하면 소유권의 취득은 무효이나 반환청구가 허용되지 않으므로 그 반사적 효과로 수익자가 소유권을 취득한 것처럼 다루어진다.

〈컴퓨터 등 사용사기죄(제347조의2)= 컴퓨터 등 정보처리장치에 허위의 정보 또는 부정한 명령을 입력하거나 권한없이 정보를 입력 · 변경하여 정보처리를 하게 함으로써 재산상의 이익을 취득하거나 제3자로 하여금 취득하게 한 자는 10년 이하의 징역 또는 2천만원 이하의 벌금에 처한다〉

- 사람에 대한 기망이 없고(사람의 개입없이 자동적으로 정보처리장치가 업무를 처리)

재물의 이전도 없다는 점에서 특수한 유형의 사기죄이다.

본 규정이 정한 행위는 본래적 의미의 사기죄나 절도죄의 구성요건에 해당하

영일, 310면.

지 않지만 재산적 피해가 엄청나기 때문에 형법적 규제의 필요에 맞추어 신설되었다.

- 컴퓨터 등 정보처리장치란 자동적으로 계산을 하거나 정보를 저장, 변경, 처리할 수 있는 장치를 말한다. 따라서 이런 기능이 없고 작동을 원하면 그때마다 사람이 조작해야하는 자동판매기, 자동개찰기 등은 본조에서 말하는 정보처리장치가 아니다.
- 실행행위는 허위의 정보 또는 부정한 명령을 입력하거나 권한없이 정보를 입력, 변경하여 정보를 처리하게 하여 재산상의 이익을 취득하는 행위를 말한다.

  * 금융기관 직원이 전산단말기를 이용하여 다른 공범들이 지정한 특정계좌에 돈이 입금된 것처럼 허위의 정보를 입력하는 방법으로 위 계좌로 입금되도록 하면 입금절차의 종료와 함께 본죄의 기수가 되고 이후 입금이 취소되어 현실적으로 인출되지 못해도 이미 성립한 본죄에 하등의 영향을 미치지 못한다(대판 2006.9.14, 2006도4127).

  여기서 재산상의 이익 안에 재물도 포함될 수 있는지(타인의 신용카드로 현금지급기에서 돈을 빼낸 경우가 본 규정에 해당하는지 처럼)를 둘러싸고 견해가 대립한다.
- 타인의 신용카드나 현금카드를 사용하여 자동지급기에서 현금을 빼간 경우에 본죄에 해당하는가?

  부정설[21]은 본 규정이 취득 대상을 재산상의 이익으로 한정하고 있으며 현금은 재물이므로 본죄에 해당하지 않지만 자동지급기 관리자의 의사에 반하여 그가 점유하고 있는 현금을 자기의 지배로 옮겼기 때문에 절도죄가 성립한다[22]고 한다.

  긍정설[23]은 재산상의 이익에 재물이 포함되므로 따로 재물이라고 규정하고 있지 않을 때는(대개의 재산범죄에서는 양자를 구별하여 규정하고 있지만 반드시 그래야할 이유는 없으니까) 재산상의 이익에 재물도 포함된다고 보고 이 규정을 신설한 이유도 이런 사태에 대비하려는 것이라고 한다.

---

21) 김성돈, 354면; 박상기, 333면; 진/이, 384면.

22) 절도죄를 긍정하는 입장은 김성돈, 351면; 박상기, 341면; 백형구, 185면; 이재상, 371면; 진/이, 419면. 절도죄를 부정하는 입장은 권오걸, 585면; 김/서, 451면; 배종대, 490면; 오영근, 428면; 이형국, 388면; 임웅, 398면; 정/박, 384면; 정영일, 331면.

23) 김/서, 451면 이하; 오영근, 435면; 이재상, 357면; 이정원, 391면; 이형국, 388면; 임웅, 396면; 정/박, 384면; 정영일, 333면.

* ① 컴퓨터등사용사기죄의 객체는 재산상의 이익에 한정되어 있으므로 타인명의를 모용하여 발급받은 신용카드로 현금자동지급기에서 현금을 인출하는 행위에 대해서는 이 법조항을 적용하여 처벌할 수 없다(대판 2002.7.12, 2002도2134).

② 예금주인 현금카드소유자로부터 일정액의 현금을 인출해 오라는 부탁과 함께 건네받은 현금카드를 사용하여 원래 위임받은 액수를 초과한 현금을 인출했을 때는 그 인출된 현금에 대한 점유를 취득함으로써 인출을 위임받은 금액을 넘는 부분만큼 재산상의 이익을 취득한 것으로 볼 수 있어 컴퓨터등사용사기죄에 해당한다(대판 2006.3.24, 2005도3516) 이에 대해서는 인출한 현금은 재물일 뿐 재산상의 이익이 아니라는 반대의견도 있다.

이 사례에 대해 여신전문금융업법 위반죄도 적용되는가?

판례는 이를 긍정한다.

* 신용카드를 사용하여 예금을 인출할 수 있는 현금카드 기능은 구 신용카드업법(1997.8.28. 법률 제5374호 '여신전문금융업법'에 의하여 1998.1.1.자로 폐지되기 전의 것) 제6조 제2항, 동시행령 제5조 제3호, 제6조의 규정 등에 따라 재정경제원장관이 허가한 부대업무로 볼 수 있으므로 피고인이 강취한 신용카드를 온라인 현금자동지급기에 주입, 조작하여 피해자의 예금을 인출한 행위는 신용카드의 현금카드 기능을 사용한 것으로 이 행위는 신용카드의 본래 용도에 따라 사용한 것으로서 구 신용카드업법 제25조 제1항 소정의 부정사용의 개념에 포함된다(대판 1998.2.27, 97도2974).

  그리고 현금을 인출하여 이를 취득까지 한 행위는 신용카드업법 제25조 제1항의 부정사용죄에 해당할 뿐 아니라 그 현금을 취득함으로써 현금자동인출기 관리자의 의사에 반하여 이를 자기의 지배하에 옮겨놓은 것이 되어 별도로 절도죄가 되고 양 죄는 보호법익이나 행위태양이 전혀 달라 실체적 경합관계에 있다(대판 1995.7.28, 95도997).

* [여신전문금융업법]

  제2조 제3호(정의): 신용카드란 이를 제시함으로써 반복하여 신용카드가맹점에서 다음 각 목을 제외한 사항을 결제할 수 있는 증표로서 신용카드업자(외국에서 신용카드업을 하는 자를 포함한다)가 발행한 것을 말한다.

  제13조(신용카드업자의 부대업무): ① 신용카드업자는 대통령령으로 정하는 기준에 따라 다음 각호에 따른 부대업무를 할 수 있다.

  1. 신용카드회원에 대한 자금의 융통

  제70조(벌칙): ① 다음 각호의 어느 하나에 해당하는 자는 7년 이하의 징역 또는 5천만원 이하의 벌금에 처한다.

  3. 분실하거나 도난당한 신용카드나 직불카드를 판매하거나 사용한 자
  4. 강취·횡령하거나, 사람을 기망하거나 공갈하여 취득한 신용카드나 직불카드를 판매하거나 사용한 자

그러나 신용카드의 본래적 기능은 신용기능(대금결제)이고 예금인출기능은 신용기능과는 무관한 것이기 때문에 현금카드기능을 이용한 현금인출행위를 부가업무에 해당한다고 볼 수 없다는 반대 견해도 있다.

- 죄수

사람을 기망하여 컴퓨터에 부정한 명령을 입력시켜 재산상 이익을 취득하면 사기죄가 된다.

* 타인의 명의를 빌려 예금계좌를 개설한 후, 통장과 도장은 명의인에게 보관시키고 자신은 위 계좌의 현금인출카드를 소지한 채, 명의인을 기망하여 위 예금계좌로 돈을 송금하게 한 경우, 자신은 통장의 현금인출카드를 소지하고 있으면서 언제든지 카드를 이용하여 차명계좌 통장으로부터 금원을 인출할 수 있었고, 명의인을 기망하여 위 통장으로 돈을 송금받은 이상, 이로써 송금받은 돈을 자신의 지배하에 두게 되어 편취행위는 기수에 이르렀다고 할 것이고, 이후 편취금을 인출하지 않고 있던 중 명의인이 이를 인출하여 갔다 하더라도 이는 범죄성립 후의 사정일 뿐 사기죄의 성립에 영향이 없다(대판 2003.7.25, 2003도2252).

본죄를 범해 자신의 예금잔고를 증대시켜놓고 자신의 카드로 현금을 인출할 때 인출 부분은 권한있는 자의 카드사용의 결과여서 절도죄도 사기죄도 아니므로 인출된 현금 또한 장물이 될 수 없다(대판 2004.4.16, 2004도353).

- 절취한 친족 소유의 예금통장을 현금자동지급기에 넣고 조작하여 예금 잔고를 다른 금융기관의 자기 계좌로 이체하는 방법으로 저지른 컴퓨터 사용사기죄에서 친족 명의 계좌의 은행은 이체된 예금 상당액의 채무를 이중으로 지급할 위험을 지는 피해자이므로 친족상도례 규정을 적용할 수 없다(대판 2007.3.15, 2006도2704).

〈준사기죄(제348조)= ① 미성년자의 지려천박 또는 사람의 심신장애를 이용하여 재물의 교부를 받거나 재산상의 이익을 취득한 자는 10년 이하의 징역 또는 2천만원 이하의 벌금에 처한다.
② 전항의 방법으로 제3자로 하여금 재물의 교부를 받게 하거나 재산상의 이익을 취득하게 할 때에도 전항의 형과 같다〉

- 미성년자 가운데 지려천박한 자만 여기에 해당하며 이때도 기망을 수단으로 하면 사기죄가 된다.
- 심신장애는 재산상의 거래무능력을 말하므로 형법 제10조상의 책임무능력과

반드시 일치하는 것은 아니다. 심신상실도 본조의 심신장애에 포함되지만 전혀 의사능력이 없는 자를 이용하면 단순절도죄가 성립할 뿐이다.

〈편의시설부정이용죄(제348조의2)= 부정한 방법으로 대가를 지급하지 아니하고 자동판매기, 공중전화 기타 유료자동설비를 이용하여 재물 또는 재산상의 이익을 취득한 자는 3년 이하의 징역, 5백만원 이하의 벌금, 구류 또는 과료에 처한다〉

- 부정한 방법으로 공중전화를 이용하는 경우 사기죄나 절도죄로 처벌할 수 없다는 점에서, 자동판매기의 부정이용은 절도죄는 되지만 같은 죄로 처벌하기에는 죄질이 미약하여 신설된 조항이다.
  - * 타인의 전화카드(한국통신의 후불식 통신카드)를 절취하여 전화통화에 이용한 경우에는 통신카드서비스 이용계약을 한 피해자가 그 통신요금을 납부할 책임을 부담하므로 피고인이 대가를 지급하지 아니하고 공중전화를 이용한 경우에 해당한다고 볼 수 없어 본죄를 구성하지 않는다(대판 2001.9.25, 2001도3625). 그러나 이에 대해서는 본죄의 "대가를 지급하지 아니하고" 의 의미가 유료자동설비의 설치자(한국통신)가 대가를 받지 못한다는 뜻이 아니라 행위자가 대가를 지급하지 않는다는 뜻이므로 본죄를 긍정해야 한다는 반대의견도 있다.
  - * 사용자에 관한 각종 정보가 기록되어 있는 자기띠 부분은 카드의 나머지 부분과 불가분적으로 결합되어 하나의 문서를 구성하므로 절취한 전화카드를 공중전화기에 넣어 사용한 것은 권리의무에 관한 타인의 사문서를 부정행사한 것이다(대판 2002.6.25, 2002도461).
- 공중전화카드나 선불카드의 자기띠 부분을 조작, 액면금액을 초과하여 사용한 경우 컴퓨터사용사기죄가 된다는 설과 편의시설부정이용죄설 및 양죄의 상상적 경합범설이 대립하나 편의시설부정이용죄가 성립한다.
  - * 폐공중전화카드의 자기기록 부분에 전자정보를 기록하여 사용가능한 공중전화카드를 만드는 행위는 유가증권위조죄에 해당한다(대판 1998.2.27, 97도2483).

〈부당이득죄(제349조)= ① 사람의 궁박한 상태를 이용하여 현저하게 부당한 이익을 취득한 자는 3년 이하의 징역 또는 1천만원 이하의 벌금에 처한다.
② 전항의 방법으로 제3자로 하여금 부당한 이익을 취득하게 한 때에도 전항의 형과 같다〉

- 궁박한 상태에는 경제적 사유뿐만 아니라 정신적, 육체적인 사정도 포함된다.

현저하게 부당한 이익의 취득인지는 구체적 개별적 사안에서 일반인의 사회통념에 따라 판단한다.

판례에 따르면 아파트 신축사업이 추진되기 수년 전부터 사업부지 중 일부를 소유하여 온 피고인이 사업자의 매도 제안을 거부하다가 인근 토지 시가의 40배가 넘는 대금을 받고 매도해도 부당이득죄는 아니지만(대판 2009.1.15, 2008도8577), 갑 건설회사의 공동주택신축사업 계획을 미리 알고 있던 을이 사업부지 내의 토지소유자 병을 회유하여 갑과 맺은 토지매매 약정을 깨고 자신에게 이를 매도 및 이전등기하게 한 다음 이를 갑에게 재매도하면서 2배 이상의 매매대금과 양도소득세를 부담시킨 경우 위 토지가 전체 사업부지내에서 갖는 중요성, 피고인의 자력, 갑의 사업진행정도에 비추어 볼 때 부당이득죄가 성립한다고 보았다(대판 2008.5.29, 2008도2612).

- 기수시점을 둘러싸고 이익제공에 대한 계약체결이나 약속으로 재산상의 위험이 발생 한 때로 보는 입장과 부당한 이득을 취득함으로써 상대에게 손해가 발생한 때라는 입장(다수설)이 대립한다.
- 궁박이나 현저하게 부당한 이익과 같은 용어의 사용은 명확성의 원칙 위반이 아니고 이를 형사처벌하는 것도 사인 간의 계약 자유를 과잉제한하는 것이 아니다(헌결 2006.7.27, 2005헌바19).

〈**상습사기죄(제351조)=** 상습으로 제347조 내지 전조의 죄를 범한 자는 그 죄에 정한 형의 2분의 1까지 가중한다〉

- 상습범은 포괄일죄로서
- 포괄일죄에 대한 소송법상의 취급은
  ① 공소의 효력과 기판력이 미치는 범위는 사실심판결선고시까지 행해진 모든 사기행위에 미치고
  ② 확정판결이 있은 후 이 기간내에 벌어진 상습사기죄를 구성하는 개별사기행위에 대해 다시 공소가 제기되면 면소판결을 한다.

〈**미수범(제352조)=** 제347조 내지 제348조의2, 제351조의 미수범은 처벌한다〉

〈**자격정지의 병과(제353조)=** 본장의 죄(사기와 공갈)에는 10년 이하의 자격정지를 병과할 수 있다〉

〈**친족간의 범행, 동력(제354조)=** 제328조와 제346조의 규정은 본장의 죄(사기와 공갈)에 준용한다〉

* ① 손자가 할아버지 소유 농협예금통장을 절취하여 이를 현금자동지급기에 넣고 조작, 예금잔고를 자신의 거래은행 계좌로 이체하여 컴퓨터사용사기죄를 범했을 때 위 농협도 동 사기죄의 피해자이므로 친족상도례를 적용할 수 없다(대판 2007.3.15, 2006도2704).

② 사기죄의 성질은 특정경제범죄가중처벌등에관한법률 제3조 제1항에 의해 가중처벌되는 경우에도 그대로 유지되고, 특경법에 친족상도례에 관한 형법 제354조, 제328조의 적용을 배제한다는 명시적인 규정이 없으므로 형법 제354조는 특경법 제3조 제1항 위반죄에도 그대로 적용된다.

구 민법(1990.1.13. 법률 제4199호로 개정되기 전의 것) 제789조 제1항은, '가족은 혼인하면 당연히 분가된다'고 규정하고 있었으므로, 호주의 직계비속 장남자 아닌 가족인 남자가 혼인하면 법률의 규정에 의하여 당연히 분가되어야 함에도 호적상 법정분가의 절차를 거치지 아니하여 호주의 호적부에 가족으로 남아 있다고 하더라도, 그러한 호적 기재와는 관계없이 혼인신고를 한 이후에는 호주의 가족이라는 신분관계는 소멸되는 것이다(대판 2000.10.13, 99오1).

③ 법원을 기망하여 제3자로부터 재물을 편취한 경우에 편취당한 제3자와 사기죄를 범한 자가 직계혈족의 관계에 있을 때에는 형법 제328조 제1항에 의하여 그 형을 면제하여야 한다(대판 1976.4.13, 75도781).

〈 신용카드 범죄의 처리 〉

- 성격

신용카드는 신용사회를 가능하게 만든 현대사회의 총아지만
카드 자체에 재산권이 화체되어 있지 않아 유가증권은 아니며 신용구매나 신용대출과 같은 신용기능을 본래적 기능으로 한다.
신용카드 또한 문서의 일종이다.

- 신용의 창출과 약정일자에 대금을 결제하는 점에서 신용카드는

물품판매 혹은 용역제공과 대가의 지급이 동시에 이루어지는 직불카드나 대금을 미리 받고 이 금액의 범위 안에서 물품이나 용역을 제공받게 하는 선불카드, 예금잔고의 범위 내에서 현금인출기로부터 현금을 인출하는 기능만 갖는 현금카드와 구별된다. 그러나 지금은 신용카드회원의 편의를 위해 신용카드에 현금카드의 기능을 추가시키는 것이 일반적이다.

신용카드범죄의 유형에 따라 쟁점을 살펴보면

- 자기명의 신용카드를 부정발급(카드대금의 지불능력과 의사가 없이)받은 경우

  ① 사기죄설

  카드신청은 카드회사에 대한 기망행위이고

  카드발급은 회사의 교부행위이며

  카드 자체는 재물이고 카드수령을 통해 신용을 창출할 수 있는 재산상의 이익을 얻었으니까.

  * 피고인이 카드 사용대금의 결제의사와 능력이 없음에도 있는 것처럼 가장하여 착오에 빠진 카드회사는 일정 한도 내에서 카드사용을 허용해 줌으로써 피고인은 자동지급기에서 현금대출도 받고, 가맹점을 통한 물품구입대금 대출도 받아 카드회사로 하여금 같은 액수 상당의 피해를 입혔다면 이들 행위들은 모두 카드회사의 기망된 의사표시에 따른 카드발급에 터잡아 이루어진 사기의 포괄일죄이다(대판 1996.4.9, 95도2466).

    그러나 신용카드 자체에 대한 사기죄와 구입물품에 대한 사기죄는 피해자가 동일하고 행위태양도 동종이어서 포괄일죄이지만 현금인출행위는 절도에 해당하여 양 죄의 경합범으로 보는 견해도 있다.

  ② 사기죄부정설[24)]

  카드발급상태는 아직 재산상의 이익취득도 아니고 손해의 발생도 아니며 카드 자체의 재산적 가치는 무시해도 좋을 만큼 경미하다.

  그러나 카드발급으로 재물취득과 재산상의 이익이 발생했다고 보아야 한다.

- 자기명의 신용카드를 부정사용(카드를 정상적으로 발급받은 후 결제능력과 결제의사없이 사용하는 것)한 경우

  물품을 구매한 경우와 현금지급기에서 현금서비스를 받는 경우로 나누어 설명함이 일반적인데 그 이유는 전자의 경우 사람상대 기망이고 후자는 기계상대 기망이어서 법적 처리가 다르기 때문이다.

  ① 가맹점에서 물품을 구입한 경우

  1) 사기죄설[25)]

  카드사용은 기망행위이고

  물품의 교부는 처분행위이며

  피해자는 가맹점의 귀책사유가 없으면 카드회사, 귀책사유가 있으면 가

---

24) 정/박, 380면.

25) 김성돈, 346면; 김/서, 447면; 박상기, 340면; 이형국, 387면; 임웅, 401면; 정/박, 383면.

맹점이니까(회원에게 지불의사와 능력이 없음을 알았다면 가맹점은 거래를 하지 않을 의무를 진다고 본다).

* 사기죄설을 좀 더 자세히 보면

a. 가맹점에 대한 사기죄설

가맹점은 카드회사의 대금지급거절에 대비하여 회원의 신용을 꼼꼼히 따져 봐야 하므로.

단 이것이 의무인지, 카드거래의 현실에서 이를 의무로 보기는 곤란한 지를 둘러싸고 입장이 갈릴 수 있다.

물품교부시가 기수시점이다.

b. 삼각사기설

가맹점은 피기망자로서 교부자이고 카드회사가 피해자라고 한다.

기수시점도 물품교부시설과 회사의 대금지불시설(손해발생은 이때이므로)로 갈린다.

2) 사기죄부정설[26)]

가맹점은 카드의 진정에 대해서만 심사할 뿐 지불능력이나 의사여부까지를 가려야 할 의무는 없으므로(이 점이 카드거래의 특징이다) 기망에 의해 착오에 빠졌다고 할 수 없고 착오에 따른 교부도 아니며 손해도 입지 않는다. 또한 카드회사의 대금지불도 회사의 착오와 인과관계가 없다. 긍정설이 타당하며 판례도 이 입장이다.

* 신용카드의 거래는 신용카드업자로부터 카드를 발급받은 사람이(이하 카드회원이라 한다) 이를 사용하여 가맹점에서 물품을 구입하면 카드업자는 카드를 사용한 사람이 카드업자로부터 카드를 발급받은 정당한 카드회원인 한 물품구입대금을 가맹점에 결제하는 한편, 카드회원에 대해 물품구입대금을 대출해 준 금전채권을 가지는 것이고, 또 카드회원이 자동지급기나 인터넷 뱅킹, 폰뱅킹의 방법으로 현금서비스를 받아가면 이에 대한 대출금채권을 가지는 것으로, 궁극적으로 회원이 카드업자에게 카드거래에서 발생한 채무를 변제할 의무를 지게 된다. 그렇다면 이와 같이 금전채권을 발생시키는 행위는 회원이 카드업자에게 대금을 성실히 변제할 것을 전제로 하는 것이므로, 카드회원이 일시적인 자금궁색 등의 이유로 그 채무를 일시 이행하지 못하는 상황이 아니라 이미 과다한 부채의 누적 등으로 카드사용으로 인한 대출금채무를 변제할 의사나 능력이 없는 상황임에도 신용카드를 사용했다면 사기죄상의 기망행위 내지 편취의 범의를 인정할 수 있다(대판 2006.3.24, 2006도282).

② 현금자동지급기에서 현금서비스를 받은 경우

사람에 대한 기망이 아니므로 사기죄가 성립하지 않고

---

26) 권오걸, 577면; 배종대, 481면; 오영근, 431면; 이재상, 374면.

컴퓨터사용사기죄(현금은 재물이므로)도 아니며

절도죄도 성립하지 않는다(현금의 지배자인 은행의 의사는 정당한 권리자, 즉 본인이면 지급한다는 의사이므로 이 경우처럼 본인이 본인 카드를 사용하는 한).

* 판례는 이 경우에도 사기죄가 가능하다고 한다.

카드사용자가 현금자동지급기를 통해 현금서비스를 받아가면 현금대출관계가 성립하여 카드회사는 금전채권을 취득하게 되는 데 이와 같은 현금대출은 그 지급을 미리 카드회사가 허용한 것이고 지급 방법만 기계에 의해 이루어진다. 따라서 피고인이 카드사용으로 인한 대금결제의 의사와 능력이 있는 것처럼 가장하여 카드회사를 기망하고 착오를 일으킨 카드회사는 일정 한도 내의 카드사용을 허용하여 피고인이 현금대출을 받는 것은 카드발급회사에 대해 같은 액수의 피해를 입히는 것으로 사기죄가 된다(대판 1996.4.9, 95도2466).

- 타인명의 신용카드의 부정발급

기망행위가 있고 카드가 발급되면 이후 신용이 창출되므로 재산상의 이익도 있어 사기죄 인정이 자기명의일 때 보다 훨씬 용이하다.

- 타인명의 신용카드의 부정사용

부정사용이란 분실카드 등을 진정한 것으로서 신용카드의 본래적 용법(물품의 구입이나 용역의 수령)이나 부가적 용법(자금의 융통)에 따라 사용하는 것이다.

따라서 예금인출을 위 기능에 포함시키지 않고 신용카드에 겸용되어 있는 현금카드의 기능으로 보면 신용카드의 부정사용 문제는 애초부터 발생하지 않는다. 판례는 예금인출도 신용카드의 기능으로 본다.

① 물품을 구입한 경우

사기죄가 성립한다는 데 이론이 없다.

단 피해자가 누구인지에 대해 가맹점설

카드회사설

가맹점에 귀책사유 있으면 가맹점, 없으면 카드회사설(타당). 가맹점의 귀책사유로는 지불의사와 능력이 없음을 알면서도 상품을 매매하는 경우이다.

여신전문금융업법 제70조 제1항(신용카드부정사용죄는 신용사회 유지를 위한 거래의 안전을 보호법익으로 한다)에 해당되면 동법도 적용된다.

판례는 이 경우 개인의 재산을 보호법익으로 하는 사기죄와 신용카드부정사용죄의 실체적 경합으로 본다. 상상적 경합설도 있다.

* 강취한 신용카드를 가지고 자신이 정당한 소지인인 양 가맹점의 점주를 속여 주류 등을 제공받으면 신용카드부정사용죄와 별도로 사기죄가 성립한다(대판 1997.1.21, 96도2715).

신용카드의 사용이란 카드소지인이 대금결제를 위해 가맹점에 카드를 제시하고 매출 전표에 서명하여 교부하는 행위(이때가 기수시점)를 말하므로 대금결제를 위해 카드를 제시하고 카드회사의 승인까지 받았어도 매출전표에 서명한 사실이 없고 도난카드임이 밝혀져 최종적으로 매출취소로 거래가 종결되면 신용카드부정사용죄의 기수는 아니다(대판 2008.2.14, 2007도8767).

신용카드부정사용죄가 성립하면 매출전표에 대한 서명과 교부에 대해 따로 사문서위조 및 동 행사죄를 묻지 않는다.

② 현금자동지급기에서 현금을 인출한 경우

사기죄= 기계에 대한 기망이므로 본죄 불성립

편의시설부정이용죄= 대가지급관계가 없으므로 불성립

절도죄를 둘러싸고는 견해가 대립한다. 쟁점은 현금의 관리자인 은행의 의사에 합치하느냐, 즉 은행의 의사가 무엇이냐를 둘러 싼 해석상의 다툼이다.

1) 절도죄설

비밀번호 등을 알고 있더라도 무권리자한테는 현금지급을 하지 않고 정당한 권리자한테만 현금서비스를 하겠다는 의사를 은행측의 의사로 본다.

* 피해자명의의 신용카드를 부정사용하여 현금을 취득한 행위는 신용카드업법 제25조 제1항의 부정사용죄에 해당할 뿐만 아니라 그 현금을 취득함으로써 인출기 관리자의 의사에 반하여 자기의 지배로 옮겨놓은 것이므로 절도죄가 성립하고 양자는 보호법익과 행위태양이 달라 실체적 경합범이다(대판 1995.7.28, 95도997). 상상적 경합으로 보는 입장도 있다.

2) 절도죄부정설

신용카드와 비밀번호를 입력한 자에게 현금서비스를 제공하겠다는 것이 은행측의 의사라고 한다.

컴퓨터사용사기죄의 성부는 당 조문의 해석에 따라 달라진다.

타인명의의 신용카드와 비밀번호의 입력은 제347조의2의 권한없이 정보를 입력한 경우에 해당한다.

재산상의 이익에 현금인출이 포함되는가?

판례는 부정. 따라서 본죄는 성립하지 않는 대신 절도죄를 긍정한다. 그러나 이같은 사례를 규제하자는 것이 본 규정의 취지이고 재물은 재산상의 이익에 포함되므로 본죄가 성립한다고 보는 입장도 있다.

③ 현금지급기에서 타인카드를 사용하여 금원을 자신의 계좌로 이체시키면 컴퓨터등사용사기죄가 된다. 이체된 금원을 자신의 카드로 현금지급기에서 인출하면 전술한대로 절도죄가 성립하지 아니한다.

④ 절취한 직불카드로 현금을 인출하는 것은 직불카드의 본래적 용법에 따른 사용이 아니므로 여신전문금융업법 제70조 제1항의 신용카드부정사용죄가 아니다(대판 2003.11.14, 2003도3977).

- 물품의 판매나 용역의 제공을 가장하거나 매출금액을 초과하여 매출전표를 작성하고 자금을 융통하여 주면 자금융통행위 1회마다 하나의 죄가 성립하고 일정기간 다수를 상대로 동종의 자금융통행위를 계속했어도 포괄일죄가 아니다(대판 2001.6.12, 2000도 3559).

Q) 물품구매시 상대가 착오로 거스름돈을 과다하게 내주자 이를 그대로 수령하더라도 기망행위가 될 수 없다는 입장은 수령 후 비로소 과다지급을 알았던 경우에도 같은 결론에 다다를 것이다. 그러나 피해자가 나중에 이 사실을 문의해 올 때 부인해도 결론은 동일한가?

Q) 본인 계좌로 잘못 입금된 돈을 인출할 때 이를 은행직원에 고지하지 않으면 사기죄가 되는가?

Q) A를 기망하여 A와 B가 공동으로 점유하고 있는 재물의 교부를 받았을 때 A에 대한 사기죄는 긍정되지만 B에 대해서는 사기죄 혹은 절도죄가 되는지?

Q) 기망당한 피해자가 피고에게 교부하기 위해 금원을 갖고 나와 탁자에 둔 채 잠깐 화장실에 간 틈에 이를 갖고 도주했다면 절도죄인가, 사기죄인가?

Q) 채무변제를 지체하자 독촉해 오므로 피고인은 지금 이행하는 것처럼 속여 채권자를 안심하고 귀가하게 했을 때 독촉을 일시 면한 것만으로 재산상의 이익을 취득했다고 볼 수 있을까?

만약 기망에 빠지지 않았다면 바로 독촉하여 일부라도 변제를 받거나 담보를 세우는 등 구체적인 조치를 취했을 것으로 보이는 특단의 사정이 있었다면 일시 채무유예는 재산상 이익을 취득한 것인가?

Q) 대판 2003.5.16, 2001도1825의 논지를 대판 2001.7.13, 2001도1289에 적용했을 때도 같은 결론에 이르는가? 가부에 대한 각각의 논거를 제시해 보시오.

Q) 3일 동안 호텔에 유숙한 다음 도주할 생각으로 호텔 프런트에다 저녁에 돌아오겠다고 하면서 외출했을 때 사기죄가 되는가? 이 경우 처분의 직접적 효과가 발생한 것일까? (피해자가 인식하면서 교부한 이익과 피고인이 실제 취득한 이익이 무엇이며 이 둘은 엄밀히 말해 일치한다고 할 수 있는 것일까?).

Q) 자기 계좌로 잘못 입금된 금원이라도 수취인은 지급청구권을 갖는다는 것이 민법의 태도이다. 그러나 잘못 입금된 금원임을 은행이 알았다면 지급을 거절할 수 있으므로 수취인에게 이같은 사실을 은행에 고지할 의무가 있는 것 아닌가?

Q) 잘못 입금된 예금의 점유자는 누구인가?

Q) 판례에 따르면 절취한 타인의 신용카드를 사용하여 현금지급기에서 현금을 인출한 경우 절도죄와 여신전문금융업법위반죄의 실체적 경합이라고 한다. 그 이유는 무엇이며 타당한가?

Q) 지점업무에 대해 총괄적인 권한과 책임을 지는 은행 지점장이 자신의 채무변제를 위해 부하직원에게 곧 보충할 테니 우선 잔고가 바닥난 자신의 계좌잔고를 증액하도록 한 다음 컴퓨터의 단말을 조작하여 채권자의 계좌로 송금하였다면 컴퓨터사용사기죄 외에 업무상 배임죄가 가능한가? (물론 처음의 약속과 달리 추후 보충하지 않았다).

Q) 일정액의 현금을 인출해 오라는 부탁과 함께 건네받은 현금카드를 사용하여 위임받은 액수 이상으로 현금을 인출했다면 어떤 죄가 되는가?

Q) 신용카드 제도의 근본취지와 신용카드의 기능은 무엇인가?

Q) 남편 을로부터 일정액 한도 안에서 남편명의의 신용카드를 사용해도 좋다는 허락과 함께 카드를 건네받은 처 갑은 자신이 이를 사용하는 대신 친정 동생 병에게 사용하게 하였다. 갑에게 사기죄를 인정할 수 있는가?

Q) 카드명의인의 사용과 동일시 할 수 있는 특별한 인적 관계에 있는 자의 카드사용도 항상 사기죄가 되는 것일까?

Q) 대금지급의 의사나 능력이 없이 카드회원이 가맹점에서 물품을 구입하면 가맹점주를 기망했다고 할 수 있을까? 특히 가맹점주는 카드회사로부터 물품대금을 받으므로 실제로 재산상의 손해를 입은 바도 없고 카드거래에서 가맹점주의 의무란 카드명의인의 확인과 유효한 카드인지 여부로 한정되므로 지급능력과 의사를 알지 못했다고 하여 사기죄상의 착오에 해당하지 않는다는 주장을 평가하라.

Q) 가맹점이 피기망자 · 교부자이고 카드회사는 재산상의 피해자라는 견해의 근거는 무엇일까? 그리하여 교부받은 상품을 제3자에게 양도했을 때 이것이 재물이 아니라면 제3자가 악의라도 장물성이 부정되는 것 아닐까?

Q) 손해개념 대신 법익관련적 착오라는 기준을 통해 사기죄의 성립범위를 제한하려는 시도가 있다. 이에 따르면 처분법익인 가맹점의 교부물품을 재물이라고 볼 때는 법익관련적 착오가 없어 사기죄를 부정하게 되나 가드회시의 대금채무발생과 회원의 대금채무면제라는 재산상의 손해로 보면 법익관련적 착오를 인정하게 된다. 이러한 결과는 법익관련적 착오를 어떻게 이해하고 있는 것일까? 나아가 사기죄성립을 가리는 기준으로 손해개념보다 법익관련적 착오가 더 명확하다고 할 수 있을까?

Lesson 19 공갈죄

- 공갈을 수단으로 하여 재물의 교부를 받거나 재산상의 이익을 취득하는 범죄.
  강도죄와 차이는 폭행과 협박의 정도 및 교부행위유무에 있다.
  갈취죄인 점에서 사기죄(사취죄)와 다르다.
- 재산권과 자유권이 보호법익이므로 피공갈자도 피해자가 된다.

〈공갈죄(제350조)= 사람을 공갈하여 재물의 교부를 받거나 재산상의 이익을 취득한 자는 10년 이하의 징역 또는 2천만원 이하의 벌금에 처한다〉

- 재물에는 부동산도 포함된다.
  부동산에 대한 공갈죄는 그 부동산에 관하여 소유권이전등기를 경료받거나 또는 인도를 받은 때에 기수로 되는 것이고 소유권이전등기에 필요한 서류를 교부받은 때에 기수로 되어 그 범행이 완료되는 것은 아니다(대판 1992.9.14, 92도1506).
- 부녀와의 정교는 재산상의 이익이 아니지만 대가지불을 약속한 정교일 때는 재산상의 이익이 된다.
- 폭행, 협박으로 상대방이 겁을 먹어야(외포된 상태)하므로 이에 미치지 못하면 미수이다.
  해악의 내용이 반드시 실현가능한 것일 필요는 없지만 상대는 이것이 실현가능하다고 믿을 만한 것(경험칙상)이어야 한다. 따라서 미신적 주술은 협박이 될 수 없다.
- 처분행위가 있어야 공갈죄가 된다.
  공갈의 상대방이 재산상의 피해자와 동일인이어야 하는 것은 아니지만 공갈의 목적이 된 재물이나 재산상의 이익을 처분할 수 있는 사실상 또는 법률상의 권한을 갖거나 그러한 지위에 있어야 한다.
- 처분효과가 직접적일 때만 처분행위가 되는가? 그렇지 않다. 그러므로 외포되어 있는 틈에 가져와도 처분행위를 인정할 수 있지만 가져간다는 사실은 피해자가 알고 있어야 한다.

- 상당한 대가를 지불했지만 폭행이나 협박을 사용한 때에도 공갈죄가 되는가?
  긍정해야. 부정하는 측의 주장처럼 손해가 없다고 볼 수 있을 지는 의문이다.
- 권리행사와 공갈죄
  재물의 교부나 재산상의 이익을 취득할 권리를 가진 자가 이 권리실현의 수단으로 폭행, 협박을 하여 권리를 실현하면 공갈죄인가? 협박죄인가?

  ① 공갈죄설[1)]

  근거: 권리행사를 빙자한 협박이 사회통념상 허용될 수 없는 정도라면 공갈죄가 된다.

  또한 만기도래와 함께 부리나케 갚아야 하는 것도 아니므로 강압을 통해 변제를 받게 되었다면 그 한에서 재산상의 이익을 인정할 수 있다.

  나아가 공갈죄를 너무 쉽게 인정한다는 지적에 대해 일단 구성요건해당성을 인정한 다음 위법성단계에서 정당성을 검토함으로써 가벌성을 합당하게 조정할 수 있다.

  요컨대 공갈죄가 되거나 무죄거나의 문제일 뿐 협박죄성립여부를 논할 이유가 없다(위법성심사는 전체로서 위법하지 않는가의 문제이지 결과는 적법하고 행위는 위법하다는 식의 처리를 하는 것이 아니니까).

  판례도 이 입장이다(대판 2007.10.11, 2007도6405; 1996.9.24, 96도2151).

  비판: 변제를 받은 것을 어떻게 재산상의 이익이라 할 수 있는가?

  협박을 통해 침해된 것은 오히려 협박죄의 보호법익일 뿐이며

  위법성심사도 손해가 발생했을 때 행해지는 것인데 여기서는 손해 자체가 발생하지 않았다.

  ② 협박죄설[2)]

  근거: 실질적으로 손해가 없으므로 재산범죄인 공갈죄가 성립할 여지가 없다.(권리행사와 공갈에서 주목할 점은 재산이 누구에 대해 어느 정도로 보호되어야 하는가이므로)

  정당한 권리행사자에게 불법영득의사가 있을 수 없다.

  비판: 침해범의 경우에는 불법판단이 행위불법과 결과불법을 모두 아우르는

---

1) 김성돈, 373면; 백형구, 197면; 오영근, 455면; 유기천(상), 261면; 정/박, 408면 이하.
2) 권오걸, 613면; 김성천, 964면; 김/서, 477면; 김종원, 223면; 박상기, 361면; 배종대, 514면; 이재상, 382면; 이형국, 404면; 임웅, 418면.

것인데 협박죄설은 전자만 주목하고 있다.

권리를 실행하더라도 합법적인 수단에 따라야 한다.

대가를 지불해도 사기죄가 되는 것과는 어떻게 조화시킬지.

현행 공갈죄 규정을 보면 손해의 발생은 전체재산의 감소만이 아니라 개별재산의 점유상실일 때도 긍정한다.

공갈죄설을 따르기로 한다.

- 죄수

동일인에 대해 수차례 공갈행위를 하면 일신전속적 법익에 대한 침해가 수차례 행해진 것이므로 실체적 경합이 된다(대판 1958.4.11, 4290형상360).

그러나 1개의 공갈행위로 수인으로부터 각자의 재물을 갈취하면 상상적 경합이 되고

공동으로 점유하고 있는 물을 갈취하면 단순일죄이다.

- 폭행, 협박과 기망이 함께 행해졌다면 이중 무엇이 재산처분에 영향을 미쳤는가에 따라 결정한다. 모두 같은 정도로 영향을 미쳤거나 알 수 없다면 양죄의 상상적 경합이 된다.
- 수뢰죄와의 관계

① 직무집행과 관계없이 직무집행을 빙자한 때는 공갈죄만 성립한다.
따라서 뇌물공여죄는 성립할 수 없다.

② 직무집행의 의사를 가지고 공갈하면 양 죄의 상상적 경합이다.
이때 교부자에게 증뢰죄가 성립할 수 있을까?
증뢰죄를 긍정하는 입장[3](하자있는 의사=불완전하기는 하나 어느 정도 자유의사가 있으므로, 즉 증뢰를 인정할 만큼의 의사는 있다고 보는)과 하자있는 의사이므로 증뢰죄는 부정해야 한다는 입장[4](긍정하면 피공갈자에게 너무 가혹한 결과를 가져오므로)으로 갈리고 있다.

- 현금카드 소지자를 협박하여 예금인출승낙과 함께 카드를 교부받아 현금지급기에서 돈을 인출하면 절도죄는 성립하지 않고 포괄하여 하나의 공갈죄만 성립한다.

---

3) 권오걸, 616면; 김성천, 967면; 오영근, 457면; 이재상, 385면; 정영일, 352면.

4) 임웅, 420면.

그러나 카드를 강취한 경우에는 강도죄 외에 별도로 절도죄가 성립한다. 갈취의 경우와는 달리 피해자로부터 현금카드의 사용에 관한 승낙의 의사표시가 있었다고 볼 여지가 없기 때문이다(대판 1996.9.20, 95도1728).

- 상습공갈죄의 가중처벌(제351조), 미수범(제352조), 자격정지의 병과(제353조), 친족간의 범행, 동력(제354조)은 사기죄와 동일.

Q) 채무자를 협박하여 변제를 받았지만 이 협박이 사회통념상 허용되지 않는 것이라면 공갈죄가 된다고 한다. 허용되는 협박인지를 어떻게 판단하는가?
이 경우에 그가 얻은 재산상의 이익은 무엇인가?

Q) 지방신문의 발행인이 지역 내 병원들에 대한 인기투표를 실시하고 그 결과를 계속하여 게재함으로써 이를 곤혹스러워한 몇몇 병원으로부터 무마조로 돈을 받은 경우 공갈죄가 가능한가?

Lesson 20 횡령죄

타인의 점유를 침해함이 없이 불법하게 재물을 영득하는 범죄.

횡령죄에는 단순횡령죄와 업무상 횡령죄 및 점유이탈물횡령죄가 있는 데 전2자는 타인으로부터 재물의 보관을 위탁받아 점유하는 자가 이를 불법하게 영득하는 범죄이고 점유이탈물횡령죄는 타인으로부터 위탁이 없이 타인의 점유를 벗어난 타인 소유의 재물을 객체로 하는 범죄이다.

이처럼 위탁이 전제된 경우가 위탁물횡령죄인데 위탁자와 수탁자 간에 존재하는 위탁물에 관한 신뢰관계를 침해하는 점에서 배임죄와 공통된 특징을 보인다. 반면 점유이탈물횡령죄는 위탁신임관계를 기초로 하지 않으므로 오히려 절도죄에 근접한다.

그러므로 점유이탈물횡령죄를 횡령죄의 기본적 유형으로 봐서는 안 된다.

〈**위탁물횡령죄(제355조 제1항)=** 타인의 재물을 보관하는 자가 그 재물을 횡령하거나 그 반환을 거부한 때에는 5년 이하의 징역 또는 1천오백만 원 이하의 벌금에 처한다〉

- 주체는 위탁에 의하여 타인의 재물을 보관하는 자(진정신분범).
  대상물을 점유하고 있는 자는 횡령의 유혹에 쉽게 무너질 처지에 놓여 있다.
- 보호법익은 소유권이지만 사법상 유효한 소유권이 아니라 사실상 이를 소유하는 상태를 의미(형법은 정적인 재산상태=재산법질서가 있어야 할 상태가 아니더라도 지금의 이 상태가 불법한 방식으로 흐트러지지 않도록 함을 목적으로 한다).
- 횡령죄의 본질, 곧 횡령행위의 본질을 둘러싸고

  ① 월권행위설[1)]

  횡령행위는 위탁의 취지에 반한 권한일탈행위로 본다.

  보관자한테는 위탁물에 대해 이를 관리, 사용할 수 있는 권한이 어느 만큼 주어진 경우가 많지만 이를 일탈한 것이 횡령행위이고 이 행위가 있으면 바

1) 정/박, 414면 이하.

로 횡령죄가 된다.

따라서 보관만 하고 있으라는 것이 위탁의 취지였다면 이를 잠깐 사용하더라도 월권이므로 횡령죄가 성립한다. 영득해도 월권행위가 됨은 물론이다. 그러나 영득의사가 없는 일시 사용이나 손괴까지를 횡령으로 보게 되어 부당하다.

② 영득행위설[2)]

위탁물에 대한 불법영득의 의사를 실현하는 것이 횡령행위이므로 월권행위라도 영득 의사가 없으면 횡령죄가 아니라고 한다.

판례도 이 입장이다.

* 횡령행위란 불법영득의사를 실현하는 일체의 행위를 말하는 것으로서 불법영득의사를 외부에서 인식할 수 있는 객관적 행위가 있을 때 횡령죄가 성립한다(대판 2004.12.9, 2004도5904).

양설의 차이는 불법영득의사를 필요로 하는가에 있으므로 월권행위설에 따르면 일시 사용목적이나 손괴, 은닉의 의사로 처분해도 횡령죄가 성립하게 되어 이 한에서 영득행위설보다 횡령죄의 성립범위가 넓어지게 된다.

그러나 영득행위설도 일시 사용할 목적으로 사용했어도 사용의 태양, 시간, 사용행위의 사회적·경제적 평가에 따라 불법영득의사 유무를 판단하므로 복사 후 반환할 생각으로 기밀자료를 갖고 나가면 영득의사가 인정된다. 반면 채권추심을 위임받은 자가 추심한 금전에 대해서는 금전은 대체물이고 위탁의 취지가 금전의 일시 사용을 불허하는 특별한 사정이 보이지 않는 한 수임자가 일시 이를 사용하였더라도 지체없이 이를 전보할 의사와 그렇게 할 수 있는 자력이 있을 때는 횡령죄를 부정할 것이다.

결국 어떤 설을 취하더라도 위탁자의 신뢰를 침해하는 배신적 성격이 간취되지만 그 가운데서 처벌할 만한 정도의 배신, 곧 영득할 지경일 때만 횡령죄를 긍정하려는 기준은 당벌성의 관점, 혹은 형법의 보충성의 관점에서 수긍할 수 있다.

- 위탁관계

재물을 보관하게 된 원인으로 이것이 없으면 점유이탈물횡령죄, 혹은 점유취득이 탈취를 통해 이루어지면 횡령은 탈취죄의 불가벌적 사후행위일 뿐이다.

2) 김성돈, 377면; 김/서, 351면; 백형구, 201면; 박상기, 367면; 임웅, 424면; 정영일, 357면.

위탁관계는 보통 계약에 의해(임대차 · 임치 · 위임 같은) 발생하나 법령이나 관습, 거래상의 신의칙으로부터도 발생한다(대판 1987.10.13, 87도1778).

절도범인이 훔쳐온 물건을 도품인 줄 모르는 타인에게 보관시킨 경우도 본죄의 위탁관계를 긍정할 수 있을까?

절도범이 도품에 대해 소유권을 취득할 수 없으므로 수탁자에게 횡령죄는 성립할 수 없다는 견해도 있으나 절도범인의 평온한 소지도 형법상 보호할 가치가 있는 것처럼 절도범인과의 위탁신임관계도 보호할 가치가 있다고 해야 한다. 절도범인은 소유권자와 같은 소유상태(외관상)를 가지고 있고 수탁자 역시 타인을 위해 점유하고 있으므로 위탁신임관계는 긍정된다.[3)]

도품임을 알면서 보관하다가 이를 처분하고 그 대가로 받은 금원에 대해서도 위탁물횡령죄가 될까?

이 금원도 타인의 재물이고 도품의 처분대금임을 이유로 이를 긍정하는 입장과 위탁계약이 무효이고 위탁자는 매각대금에 대해 소유권을 취득하지 못하며 도품처분의 위탁을 받은 자는 보관할 때 장물죄가 성립하므로 이후의 처분은 소유권에 대한 새로운 침해가 될 수 없어 부정하는 입장[4)]으로 갈린다.

나아가 다른 이유로 위탁계약이 무효이거나 취소되었어도 이에 기해 이미 점유가 이전되었다면 이는 위탁신임관계에 의한 점유이므로 이에 대한 횡령죄가 가능하다.

* ① 채무자가 채무총액에 관한 지불각서를 써 줄 것으로 믿고 채권자가 채무자에게 그 액면금 등을 확인할 수 있도록 가계수표들을 교부하였다면 채권자와 채무자 사이에는 만약 합의가 결렬되어 채무자가 채권자에게 지불각서를 써 주지 아니하는 경우에는 곧바로 그 가계수표들을 채권자에게 반환하기로 하는 조리에 의한 위탁관계가 발생한다(대판 1996.5.14, 96도410).

  ② 횡령죄에서 재물의 보관이라 함은 재물에 대한 사실상 또는 법률상 지배력이 있는 상태를 의미하며, 그 보관은 소유자 등과의 위탁관계에 기인하여 이루어져야 하는 것이지만, 그 위탁관계는 사실상의 관계이면 족하고 위탁자에게 유효한 처분을 할 권한이 있는지 여부는 불문한다(대판 2005.6.24, 2005도2413).

  ③ 갑회사가 공사를 중단한 후 병회사가 공사현장을 인수하고 갑회사가 공사를 위하여 설치해 두었던 형틀을 잔여공사를 위하여 사용한 것이라면 갑회사로부터 위탁받았는지 여부에 불구하고 위 형틀을 보관하고 있었다고 볼 것이므로 결국 피고인은 타

---

3) 오영근, 460면.

4) 대판 1976.11.23, 76도3067.

인의 재산을 보관하고 있는 자로서 그 반환을 거부한 경우에 해당한다 할 것이니, 이는 형법 제355조 제1항 후단의 횡령죄가 된다(대판 1969.12.9, 69도1923).

④ 액면 백지인 약속어음을 교부받아 보관 중인 자가 발행인과 사전 합의에 의해 정해진 보충권의 한도를 넘어 보충을 하면 이는 발행인의 서명날인이 있는 기존의 약속어음 용지를 이용하여 새로이 별개의 약속어음을 발행한 것에 해당한다. 따라서 이 새 어음에 대해서는 발행인과의 관계에서 보관자가 될 수 없고 발행인에게 새 어음상의 채무를 부담시키는 행위는 배임죄가 성립함은 별론으로 하고 횡령죄는 될 수 없다(대판 1995.1.19, 94도2760).

- 불법원인급여와 횡령죄의 성부

재물의 교부나 위탁이 불법하여 위탁자에게 사법상의 소유권에 기한 혹은 부당이득에 대한 반환청구권이 없는 경우에 수탁자가 이를 횡령한 경우 그에게 횡령죄를 인정할 수 있는지의 문제이다.

① 긍정설[5)]

급여자에게 민법상의 반환청구권이 없다는 것과 수급자의 행위가 가벌적인지의 문제는 별개이며 행위자는 처벌받을 만하다.

반환청구만 못할 뿐 임의로 돌려주면 비채변제라 할 수 없고 증여도 아니며 일반인이나 급여자의 법감정에 비추어 봐도 소유권자는 급여자이다. 민법에서도 유인설에 따르면 반환청구권의 결여로 인한 반사적 효과로서 소유권을 취득한 것처럼 다루어 질 뿐이라고 한다.

불법원인급여에서도 급여자와 수탁자 사이에 신임관계가 존재함은 사실이며 이를 깨뜨리면 제재할 수밖에 없다.

② 부정설[6)]

반환청구권이 없는 재물은 처분해도 아무도 시비할 수 없으므로 처분자가 소유자이다.

민법상 보호되지 않는 소유권을 형법이 보호하게 되면 법질서의 통일을 해한다.

불법원인급여에도 신임관계는 있지만 이는 형법이 보호할 가치가 없는 신임이다.

---

5) 강구진, 354면; 백형구, 203면 이하; 손동권, 418면; 유기천(상), 271면; 임웅, 444면.

6) 권오걸, 682면; 김성돈, 390면; 김종원, 229면; 박상기, 386면; 배종대, 524면; 이재상, 394면; 이정원, 412면; 이형국, 414면; 정/박, 426면; 진/이, 456면; 황산덕, 317면.

③ 절충설

교부를 급여와 위탁으로 나누고

소유권이전의 의사로 하는 교부일 때는 횡령죄가 성립하지 않는다.

이 의사가 없이 하는 위탁일 때는 소유권이 여전히 위탁자한테 있으므로

1) 횡령죄가 된다.[7]

2) 불법한 원인을 기초로 타인을 신뢰하였으므로 이 신뢰는 송두리째 보호받기에는 미흡하지만 미수에 필적할 만큼의 법익평온상태에 대한 교란은 있어 불능미수로 봐야 한다는 입장[8]으로 갈린다.

* ① 급여자는 원인이 무효임을 들어 부당이득반환청구를 할 수 없고 소유권이 자기에게 있음을 내세워 소유권에 기한 반환청구도 할 수 없어 결국 소유권은 수급자에게 귀속된다는 것이 민법 제746조에서 말하는 반환청구불가의 뜻이다(대판 1988.9.20, 86도628).

② 윤락녀가 받은 화대를 포주가 보관하였다가 절반씩 분배하기로 약정하고도 보관중인 화대를 임의로 소비한 사건으로 수익자의 불법성이 급여자의 그것보다 현저히 큰데도 반환청구가 허용되지 않는다면 공평에 반하고 신의성실의 원칙에도 어긋나므로 민법 제746조 본문의 적용이 배제되어 반환청구는 허용된다(대판 1999.9.17, 98도2036).

③ 갑이 을로부터 제3자에 대한 뇌물공여의 목적으로 전달하여 달라고 교부받은 금전은 불법원인급여물에 해당하여 그 소유권은 갑에게 귀속되는 것이므로 갑이 이 금전을 임의로 소비했다 하더라도 횡령죄는 아니다(대판 1999.6.11, 99도275).

그러나 민법상으로도 불법원인급여에서 반환청구권과는 상관없이 급여자를 소유자로 보는 견해[9]도 있다.

생각건대 범죄의 성부는 피해자의 사정(반환청구권이 있는가)과는 관계없이 행위자의 행위를 보고 결정해야 한다. 불법원인급여의 경우 비록 급여자가 떳떳하지 못한 원인으로 급여를 했지만 이 급여는 어쨌든 수급자를 신뢰하고 한 것으로 신뢰관계가 있으며 형법은 이 상태가 부당하게 침해되지 않도록 주의해야한다. 더욱 수급자에게도 불법한 원인이 있다면(대개는 그렇지만) 그를 처벌하기는 그만큼 용이해 질 것이다.

또한 반환청구권이 없다는 사실의 반사적 효과로서 소유권도 없다는 논리가

---

7) 강동범, "소위 불법원인급여와 횡령죄의 성부", 형사판례연구1, 193면 이하.

8) 김/서, 357면.

9) 양창수, 민법입문(1991), 168면.

과연 민법상 수용될 수 있을지도 의문이다. 급여자로부터 반환을 청구당하지 않는 수급자는 사실상 소유자와 같은 지위를 누리는 자에 불과할 뿐일 수도 있기 때문이다. 결국 불법원인급여처럼 원래 정당한 소유자인 급여자의 교부를 악용하여 착복하였다면 당연히 횡령이 된다.

- 판례는 불법원인급여에서 사기죄는 긍정하면서 횡령죄는 부정한다(대판 1999.6.11, 99도275). 점유의 이전이 온전하게 이루어졌기 때문이다. 다만 수익자의 불법성이 급여자의 그것보다 현저히 크다면 공평과 신의성실의 관점에서 급여자의 반환청구권을 인정한다(대판 1999.9.17, 98도2036).
- 보관은 사실상의 점유뿐만이 아니라 법률상의 관리도 포함한다.

횡령죄에서의 점유는 타인의 점유를 배제하고 대상 재물을 배타적으로 지배하는 배타적 지배력(절도죄에서의 점유처럼 침해의 객체와 관련한)의 문제가 아니므로(따라서 은행예금의 경우도 금전에 대한 사실상 점유가 은행 측에 있다고 하여 예금명의인의 점유가 부정되는 것은 아니다) 남용할 위험이 있는 지배력인지, 다시 말해 처분가능성이 있는지가 중요하다(행위자가 물을 보관하고 있으므로 남용은 주로 처분할 수 있는 지위, 상태와 관련한다). 그리하여 등기명의인처럼 부동산을 유효하게 제3자에게 처분할 수 있는 권능이 있으면(남용의 위험이 있는 지배력임) 당해 부동산의 보관자(법률상 지배자)가 된다. 같은 이유로 선하증권이나 창고증권같은 유가증권을 소지하는 자는 해당 물건을 법률적으로 지배하게 된다.

판례는 부동산명의수탁자와 그 포괄승계인, 소유자의 위임에 따라 부동산을 사실상 지배, 관리하는 자는 보관자이지만 원인무효인 소유권이전등기의 명의자나 공동으로 상속을 받아 혼자 점유하고 있는 자는 보관자가 아니라고 한다.

* ① 부동산의 경우 보관자의 지위는 점유를 기준으로 할 것이 아니라 그 부동산을 제3자에게 유효하게 처분할 수 있는 권능의 유무를 기준으로 결정해야 한다. 따라서 임야의 진정한 소유자와는 전혀 무관하게 신탁자로부터 임야지분을 명의신탁 받아 지분이전등기를 경료한 수탁자는 원인무효인 소유권이전등기의 명의자에 불과하여 위 임야지분을 제3자에게 유효하게 처분할 수 있는 권능을 갖지 못해 해당 임야지분을 보관하고 있는 자가 아니다(대판 2007.5.31, 2007도1082).

  ② 부동산에서 타인의 재물을 보관하는 자란 부동산에 대한 점유여부가 아니라 부동산을 제3자에게 유효하게 처분할 수 있는 권능이 있는 자를 말하므로 공동상속자 가

운데 1인이 사실상 부동산을 혼자 점유하다가 다른 공동상속인의 상속지분을 임의로 처분했더라도 그에게는 이를 처분할 권능이 없어 횡령죄가 성립하지 아니한다(대판 2000.4.11, 2000도565).

③ 부동산의 보관은 원칙으로 등기부상의 소유명의인에 대하여 인정되지만, 등기부상의 명의인이 아니라도 소유자의 위임에 의거하여 실제로 타인의 부동산을 관리·지배하면 부동산의 보관자라 할 수 있고, 미등기건물에 대해서는 위탁관계에 의하여 현실로 부동산을 관리·지배하는 자가 보관자라고 할 수 있다(대판 1993.3.9, 92도2999).

– 은행예금과 점유[10]

타인의 돈을 위탁받아 은행에 예금한 금원에 대해 예금자는 처분권을 가지므로 그가 법률상의 지배자이다. 따라서 예금을 찾는 행위가 보관방법의 변경에 불과할 때는 횡령행위가 아니지만 이 행위가 영득의사의 실현이라면 횡령죄가 된다.[11]

* 타인의 금전을 위탁받아 보관하는 자가 보관방법으로 금융기관에 자신의 명의로 예치한 경우, 금융실명거래및비밀보장에 관한 긴급재정명령이 시행된 이후 금융기관으로서는 특별한 사정이 없는 한 실명확인을 한 예금명의자만을 예금주로 인정할 수밖에 없으므로 수탁자 명의의 예금에 입금된 금전은 수탁자만이 법률상 지배·처분할 수 있을 뿐이고 위탁자로서는 위 예금의 예금주가 자신이라고 주장할 수는 없으나, 그렇다고 하여 보관을 위탁받은 위 금전이 수탁자 소유로 된다거나 위탁자가 위 금전의 반환을 구할 수 없는 것은 아니므로 수탁자가 이를 함부로 인출하여 소비하거나 또는 반환요구를 받았음에도 이를 영득할 의사로 거부하는 경우는 횡령죄가 된다(대판 2000.8.18, 2000도1856).

나아가 특정계좌를 통해 금전을 관리하는 예금자가 예금을 창구에서 인출하는 대신 다른 계좌로 이체하면 이때는 금전이 더 이상 점유의 대상이 되지 않고 재산상의 이익인 예금채권이 이동한 것이어서 재산보호의무를 다하지 않는 배임이 된다는 견해(대판 2004.4.16, 2004도353참조)와 이와 같은 구별이 의미가 없다고 하면서 현금인출이든 계좌이체든 다 같이 임의로 사용한 것이므로 횡령으로 보는 입장이 있지만 이 입장은 예금방식으로 행해지는 금전의

---

10) 예금에 대한 소유권자는 은행이고 예금자는 언제라도 이를 인출할 수 있어 법률상 지배하는 자(점유자)라고 하지만 이와 같은 예금자의 점유를 인정하더라도 점유의 대상은 금전(재물)이 아니라 예금채권일 뿐이라는 관점에서의 검토도 필요하다. 이를 중시한다면 예금에 대한 예금자의 점유를 부인하게 될 것이다.

11) 김성돈, 398면; 김/서, 368면; 오영근, 478면; 이재상, 399면; 임웅, 435면; 정영일, 371면.

점유를 인정하려는 태도이다.

한편 은행과의 예금계약을 소비임치로 보면 예금자는 은행에 대해 반환청구권을 가질 뿐 점유자가 아니어서 인출행위는 횡령행위가 될 수 없다. 그러나 이 견해는 예금자가 언제라도 예금을 인출할 수 있는 법률상의 점유자임을 부인하게 되어 곤란하다.

은행예금의 메카니즘을 어떻게 이해하느냐의 차이이지만 예금이 채권에 불과한 것이 아니라 재물로 보고 예금자는 예금을 처분할 수 있어 횡령죄상의 점유자로 보는 편이 타당하다. 단 자기가 예금한 금전에 대해 지배한다는 설명에는 약간의 fiction이 자리하고 있음은 부정할 수 없다.

이처럼 은행예금에 대한 횡령의 경우에는 예금자의 점유를 인정한다. 위탁된 금전을 보관하는 방법으로 예금방식을 즐겨 선택하며 멋대로 다른 계좌로 이체했을 때 횡령죄로 처벌하기가 용이하기 때문이다. 즉 현금인출 시에는 현금을 점유하고 있는 인출자가 이를 소비했을 때 별 어려움 없이 그를 바로 횡령죄로 처벌할 수 있지만 현금인출 없이 다른 계좌로 이체할 경우를 횡령으로 처벌하기 위해서는 예금에 대한 점유를 인정해야 하기 때문이다.

어느 때나 예금에 대한 은행의 사실상의 지배가 배제되지 않으므로 타인의 예금을 불법하게 인출하면 절도죄나 사기죄가 성립한다.

- 자기 계좌로 잘못 입금된 금원의 처리와 관련하여 생각해 볼 수 있는 것으로는
  ① 창구에서 인출한 경우 악의의 수취인한테는 예금에 대한 점유가 없어 사기죄.
  ② 카드를 사용하여 CD機에서 금원을 인출하면 절도죄.
  ③ 단말기를 이용하여 타인의 계좌로 이체하면 컴퓨터 등 사용사기죄.
  ④ 위의 어느 경우에도 위탁관계가 없으므로 점유이탈물횡령죄.
  단 이때에도 신의칙에 따른 위탁관계를 긍정한다면 위탁물횡령죄가 될 것이다.

  * 횡령죄에 있어서 타인을 위하여 재물을 보관하게 된 원인은 반드시 소유자의 위탁행위에 기인한 것임을 요하지 않으므로 자신 명의의 계좌에 착오로 송금된 돈을 다른 계좌로 이체하는 등 임의로 사용하면 횡령죄가 성립한다(대판 2005.10.28, 2005도5975).

  ⑤ 나아가 민법상으로는 이체의 원인이 되는 법률관계가 없어도 수취인과 은행 사이에는 수취금액 상당의 예금채권이 존재하므로 이를 인출하더라도 형법상 무죄.

* 실명확인을 한 차명계좌의 경우 원칙적으로 예금계약의 당사자, 즉 예금주는 예금명의자가 되는 것이므로 예금명의자가 아닌 출연자에게는 예금반환청구권이 없다(대판民전 2009.3.19, 2008다45828).

①, ②, ③의 처리방식은 이체된 금원에 대한 점유는 은행에 있다고 보는 반면 ④의 경우는 예금명의인을 점유자라고 한다. ①, ②, ③의 입장은 예금명의인에게 점유가 인정될 때란 그것이 예금일 때로 한정되므로 예금으로 볼 수 없는 잘못 입금된 경우에는 은행이 점유자가 된다고 보기 때문이다.

- 재물의 타인성

소유 여부는 민법상의 소유권개념을 기초로 하여 가리지만 형법을 통한 보호필요성도 함께 고려한다.

대상은 부동산을 포함한 재물과 관리 가능한 동력이다.

* 상법상 주식은 자본구성의 단위 또는 주주의 지위(주주권)를 의미하고, 주주권을 표창하는 유가증권인 주권(株券)과는 구별된다. 따라서 주권은 재물로서 횡령죄의 객체가 되나 주식은 재물이 아니므로 객체가 아니다(대판 2005.2.18, 2002도2822).

① 공동소유인 재물은 타인의 재물

* 누구의 복권이 당첨되더라도 공평하게 나누거나 공동으로 사용한다는 묵시적 합의가 있었다면 그 당첨금 전액은 이들의 공유이다(대판 2000.11.10, 2000도4335).

② 부동산이중매매의 경우 형식주의를 취하는 우리나라에서는 등기를 이전하기 전에 다시 제3자에게 매도하면 자기 소유물에 대한 이중매도이기 때문에 선매수인에 대한 배임죄가 될 뿐이다.

③ 할부매매의 경우 매매대금 완납전까지 점유는 매수인에게 있지만 소유권자는 매도인이므로 매수인이 대금완납 전에 매도하면 횡령죄가 된다. 그러나 할부매매는 매매대금채권에 대한 담보를 위해 행해지므로 불입한 회수가 상당하고 할부물품을 매각하거나 담보로 제공하는 것이 잔금을 완불하기 위해서라면 횡령죄를 인정하기 어렵다고 봐야.

- 양도담보의 경우

양도담보란 계약체결과 동시에 담보물의 소유권을 채권자에게 이전하고 변제가 있으면 원소유자에게 반환하는 비전형담보 가운데 가등기담보법의 적용을 받지 않는 담보이다. 이때 매도형식을 취하면 매도담보이고 소비대차의 형식을 이용하면 좁은 의미의 양도담보가 되지만 다같이 채무부담과 동시에 소유권이 채권자에게 이전한다.

이처럼 소유권이 이전하는 형태의 담보이지만 담보물이 동산일 때는 이를 채무자가 점유하고 부동산일 때는 경매절차를 밟지 않고 환가할 수 있는 이점이 있다.

반면 소유권의 이전시기가 채무불이행시 일 때 채권자는 채권을 확실하게 확보하기 위하여 담보설정계약을 체결하면서 대물변제의 예약을 하고 장래의 소유권이전등기청구권을 보전하기 위하여 여기에 가등기를 경료해 두는 것이 일반적인데 이를 가등기담보라고 한다.

양도담보에서 소유권 이전의 본질을 종래의 다수설과 현재의 판례는 신탁적 소유권설을 취함으로써 대내적으로는 채무자가 소유권자, 반면 대외적으로는 채권자가 소유자이다. 그리하여 채권자가 이를 제3자에게 매도했을 때 채권자는 보관자가 아니므로 횡령죄의 주체가 되지 못하고 제3자는 선의, 악의를 묻지 않고 소유권을 취득하게 된다.

그러나 가등기담보등에 관한 법률(1983.12.30 법률 제3681호)이 시행된 이후에는 양도담보에 대해서도 동법이 적용되어 비록 형식적으로 소유권이 채권자에게 이전되었더라도 청산절차가 완료되기 전에는 채권자의 소유물이 아니므로(그는 담보물권자일 뿐이다) 변제기 이전에 채권자가 이를 처분하면 횡령죄가 된다.

* ① 자신의 채권자와 부동산양도담보설정계약을 체결한 피고인이 그 소유권이전등기 경료 전에 임의로 기존의 근저당권자인 제3자에게 지상권설정등기를 경료하여 준 경우 배임죄를 구성한다(대판 1997.6.24, 96도1218).

② 채권의 담보를 목적으로 부동산의 소유권이전등기를 마친 채권자가 그 변제기일 이전에 임무에 위배하여 제3자에게 근저당권을 경료하여 주었다면 배임죄가 성립한다(대판 1995.5.12, 95도283). 이 경우 다수설은 횡령죄라고 한다.

③ 양도담보가 처분정산형이든 귀속정산형이든 간에 변제기 경과 후에 담보권자가 담보권을 실행하여 그 환가대금 또는 평가액을 채권원리금과 담보권 실행비용 등의 변제에 충당하고 나머지를 담보제공자에게 반환하는 의무는 담보계약에 따라 부담하는 자신의 정산의무이므로 이 의무를 이행하지 아니한 소위는 배임죄를 구성하지 않는다(대판전 1985.11.26, 85도1492). 다수설은 이때도 횡령죄를 긍정한다.

④ 양도담보권자가 변제기 경과 후에 담보권을 실행하기 위해 목적물을 처분함에 있어 시가에 따른 적절한 처분을 하여야 할 의무는 담보계약상의 민사책임 의무이고 형법상의 의무는 아니므로 배임죄가 성립될 수 없다(대판 1989.10.24, 87도126). 배임죄로 보는 견해도 있다.

⑤ 채무자가 동산에 관한 양도담보계약을 체결하고 점유개정의 방법으로 여전히 그 동산을 점유하는 경우 그 계약이 채무의 담보를 위하여 양도의 형식을 취하였을 뿐이고 실질은 채무의 담보와 담보권실행의 정산절차를 주된 내용으로 하는 것이라면 별단의 사정이 없는 한 그 동산의 소유권은 여전히 채무자에게 남아있고 채권자는 단지 양도담보물권을 취득하는 데 지나지 않으므로 그 동산을 다른 사유에 의하여 보관하게 된 채권자는 타인 소유의 물건을 보관하는 자로서 횡령죄의 주체가 될 수 있다(대판 1989.4.11, 88도906).

⑥ 채무자가 타인에게 매도담보로 제공한 동산을 계속하여 점유하던 중 이를 임의로 처분하면 횡령죄가 된다(대판 1962.2.8, 4294형상470).

* 담보목적물이 동산일 때는 가등기담보법을 유추적용하는 입장과 부정하는 입장으로 갈린다.

부정설에 따르면 양도담보의 경우 동산소유권은 신탁적으로 채권자에게 이전됨에 불과하므로 대내적 관계에서 채권자는 담보물권자일 뿐이고 채무자가 소유자이다. 따라서 채무자는 이를 보관할 의무를 지고 이 의무에 위반하여 처분하면 배임죄(대판 1989.7.25, 89도350; 1998.11.10, 98도2526), 반대로 채권자가 처분하면 횡령죄가 된다(대판 1989.4.11. 88도906).

매도담보의 경우에는 채권자가 소유권자이므로 채무자가 처분하면 횡령죄, 변제기 이전에 채권자가 처분하면 배임죄가 되나 변제기 이후일 때는 무죄이다.

긍정설에서는 어느 때나 채무자를 소유자로 보고 채권자는 담보권자에 불과하여 채무자가 처분하면 배임죄, 채권자가 처분할 때는 횡령죄가 된다.

– 금전(대체물인)위탁과 횡령죄의 성부

금전은 고도의 유통성을 지닌 교환, 결제수단이므로 물 자체가 아니라 그것이 갖는 가치를 중시한다. 따라서 금전의 교부가 있으면 점유자가 동시에 소유자가 되지만 특정하거나 용도가 지정되어도 점유=소유라는 원칙이 관철되는 지를 둘러싸고 논의가 되고 있다. 단적으로 누가 소유자인지의 문제이다.

① 특정물로 위탁되었다면 위탁자가 소유자이므로 수탁자가 소비하면 횡령죄가 된다.

② 불특정물로 위탁된 경우는 기탁의 취지에 따라 판단한다.

1) 용도를 지정하지 않고 위탁하면 수탁자가 소유자이므로 소비해도 횡령죄가 아니다.

2) 용도를 정하여 위탁한 경우에는 횡령죄설과 배임죄설로 나누어진다.

횡령죄설[12]은 용도를 지정하였다면 수탁인은 그저 심부름꾼이나 업무보

12) 강구진, 351면; 권오걸, 683면; 김성돈, 385면 이하; 김성천, 983면; 김/서, 363면; 박상

조자에 불과하므로 위탁자가 소유자이다. 판례도 이 입장이다.

배임죄설[13)]은 금전의 대체성(점유와 소유권의 귀속이 일치)을 중시하여 용도를 지정한 것만으로는 특정된 것이 아니라고 한다. 오히려 보통의 경우 금전에서는 재물성보다 교환가치나 지불기능과 같은 재산적 이익(어떤 돈이냐가 아니라 얼마의 액수가 투입되었는지가 중요하다)의 특성이 두드러지므로 이를 소비하면 이 이익이 침해되는 것이다. 이 입장이 타당하다.

* ① 주상복합상가의 매수인들로부터 우수상인유치비 명목으로 금원을 납부받아 보관하던 중 이 용도와 무관한 일반경비로 사용하였다면 횡령죄가 된다(대판 2002.8.23, 2002도366).

② 목적, 용도를 정하여 위탁한 금전은 정해진 목적, 용도에 사용될 때까지는 위탁자가 소유자이므로 특히 그 금전의 특정성이 요구되지 않는 경우 수탁자가 위탁의 취지에 반하지 않고 필요한 시기에 다른 금전으로 대체시킬 수 있는 상태에 있는 한 이를 일시 사용하더라도 횡령죄가 아니지만 수탁자가 그 위탁의 취지에 반하여 다른 용도로 사용하게 되면 이때 비로소 횡령죄가 된다(대판 1995.10.12, 94도2076).
따라서 전보할 의사와 능력이 있으면 일시 사용하더라도 횡령죄는 성립하지 않는다. 다만 위탁의 취지에 반해서는 안 된다는 조건을 엄격히 적용하면 대부분의 일시 사용은 횡령죄가 되고 말 것이다.

③ 채권양도에서 양도인(채무자의 원래 채권자)은 양수인(채권자의 지위를 승계한 새로운 채권자)을 위하여 양수채권의 보전에 관한 사무를 처리하는 자이므로 양자 간에는 양도인의 사무처리를 통해 양수인이 유효하게 채권을 추심할 것이라는 신뢰가 있다. 따라서 양도인이 채무자에게 채권양도 사실을 통지하기 전에 채무자로부터 채권을 추심하여 금전을 수령하였다면 채무자의 변제는 유효하며 그에 따라 양수인에게 귀속되었던 채권은 소멸한다. 이는 이미 채권을 양도하여 그 채권에 관한 아무런 권한도 가지지 아니한 양도인이 양수인에게 귀속된 채권에 대한 변제로서 수령한 것이므로, 양도인은 오로지 양수인에게 이를 전달해 주기 위해서만 수령할 수 있을 뿐이다. 따라서 양도인이 수령한 금전의 소유자는 양수인이며 이를 양도인이 임의로 소비하면 횡령죄가 성립한다(대판전 1999.4.15, 97도666).

④ 채권양도 통지 전에는 채권자에게 채무금을 반환하면 유효한 변제가 되고 양수인에

기, 379면; 백형구, 203면; 오영근, 472면; 정/박, 429면; 정영일, 359면; 진/이, 462면.

13) 김종원, 228면; 배종대528면; 이재상, 403면; 이형국, 415면; 임웅, 446면 이하.

계만 지급해야 할 특별한 사정이 없는 한 채무자는 양수인의 채무지급요구를 거부할 권리가 있으므로 채권자가 채권양도사실을 밝히지 아니하고 직접 이 외상대금을 수령하였다 하여 기망으로 채무자를 착오에 빠뜨려 대금을 편취하였다고 볼 수 없다(대판 1984.5.9, 83도2270).

⑤ 채권자가 그 채권의 지급을 담보하기 위하여 채무자로부터 수표를 교부받아 소지한 경우에는, 단순히 보관의 위탁관계에 따라 수표를 소지하고 있는 경우와는 달리 그 수표상의 권리가 채권자에게 유효하게 귀속되고, 채권자와 채무자 사이의 수표 반환에 관한 약정은 원인관계상의 인적 항변사유에 불과하므로, 채권자는 횡령죄의 주체인 타인의 재물을 보관하는 자가 아니다(대판 2000.2.11, 99도4979).

③ 위임자를 위해 수임자가 제3자로부터 수령한 금전은 이를 소비하면 배임죄가 된다는 견해와 횡령죄를 긍정하는 입장으로 나뉜다.

* 금전의 수수를 수반하는 사무처리를 위임받은 자가 그 행위에 기하여 위임자를 위하여 제3자로부터 수령한 금전은 달리 특별한 사정이 없는 한 그 수령과 동시에 위임자의 소유에 속한다. 따라서 수임자가 이를 임의로 자신의 채무변제 등에 소비하면 횡령죄가 된다(대판 1996.6.14, 96도106).

– 부동산명의신탁과 횡령죄의 성부

① 문제된 상황은 대내적으로 소유자는 신탁인이지만 등기는 수탁인 이름으로 되어 있어 대외적 관계에서 소유자는 수탁자이다. 이처럼 소유자가 2인으로 나뉘어 있을 때 수탁자가 자신이 등기명의인임을 기화로 제3자에게 신탁부동산을 매도한 경우 횡령죄가 가능한 가이다.

종중재산의 처분과 관련하여 판례는 명의신탁부동산에 대한 횡령을 인정하였지만(대판전 1971.6.22, 71도740) 명의신탁자의 손을 들어줌으로써 투기와 탈세를 조장한 셈이되어 1995.7.1부터 부동산실명법(부동산 실권리자명의 등기에 관한 법률)이 시행되었다. 이 법은 실소유자와 등기명의인을 일치시키려는 목적에서 명의신탁약정과 이 약정대로 수탁자명의로 등기가 되어도 물권변동을 무효로 하며 신탁자와 수탁자를 처벌하는 내용을 담고 있다. 따라서 횡령죄는 이 법의 영향을 받지 않을 수 없게 되었다.

② 동법이 인정한 부동산명의신탁의 종류는

1) 종중부동산의 명의신탁

2) 배우자간의 명의신탁

이 경우에는 해당 부동산의 소유자가 신탁자이므로 명의수탁자가 이를 횡령하면 횡령죄가 된다.

③ 그 외에는 금지된 명의신탁이 되어 동법과 연관시켜 처리하나 논의가 분분하다.

명의신탁의 유형에 따라 고찰하면

1) 신탁자와 수탁자간의 2자간 명의신탁일 때

부동산실명법은 이러한 명의신탁약정과 그에 따른 등기이전을 무효로 하므로 소유자는 신탁자이다. 수탁자의 등기명의는 그가 신탁자의 부동산을 보관하는 자라는 점을 나타낼 뿐이므로 수탁자가 이를 횡령하면 횡령죄가 된다.[14] 판례도 같은 태도이다.

* 부동산을 명의수탁 받은 자가 이를 임의로 처분하였다면 명의신탁자에 대한 횡령죄가 성립하며, 그 명의신탁이 부동산실명법 시행 전에 이루어졌고 같은 법이 정한 유예기간 이내에 실명등기를 하지 아니하여 명의신탁약정 및 이에 따라 행하여진 등기에 의한 물권변동이 무효로 된 이후에 처분행위가 이루어졌다고 하여 달리 볼 것이 아니다(대판 2000.2.22, 99도5227).

동법 제6조 제1항은 신탁자에게 자기 명의로 등기하도록 이행을 강제하고 있다

* 제6조(이행강제금): ① 제5조제1항제1호의 규정에 의한 과징금을 부과받은 자는 지체없이 당해 부동산에 관한 물권을 자기의 명의로 등기하여야 한다. 다만 제4조제2항 단서에 해당하는 경우에는 그러하지 아니하며, 자신의 명의로 등기할 수 없는 정당한 사유가 있는 경우에는 그 사유가 소멸된 후 지체없이 자신의 명의로 등기하여야 한다.

이에 대해 동법 제4조 제3항이 명의신탁약정과 그에 따른 등기의 무효를 제3자에게 대항할 수 없게 하고 있으므로 등기가 대외적으로는 유효하며 명의신탁행위는 급여의 원인이 불법하여 수탁자가 소유자이므로 횡령죄를 부정하는 입장[15]도 있다.

그러나 제3자에게 무효를 주장할 수 없게 함은 거래의 안전을 위함이며 횡령죄가 성립하느냐는 위탁의 취지에 반하여 영득했느냐에 달려 있으므로 긍정설이 타당하다.

* 제4조(명의신탁약정의 효력) :

① 명의신탁약정은 무효로 한다.

---

14) 권오걸, 666면; 김성돈, 399면; 김성천, 979면; 김/서, 369면; 배종대, 531면; 이재상, 399면; 이형국, 417면; 임웅, 431면; 정/박, 440면; 정영일, 372면.

15) 박상기, 381면; 오영근, 480면.

② 명의신탁약정에 따른 등기로 이루어진 부동산에 관한 물권변동은 무효로 한다.
다만, 부동산에 관한 물권을 취득하기 위한 계약에서 명의수탁자가 어느 한쪽당사자가 되고 상대방당사자는 명의신탁약정이 있다는 사실을 알지 못한 경우에는 그러하지 아니하다.
③ 제1항 및 제2항의 무효는 제3자에게 대항하지 못한다.

2) 3자간 명의신탁(중간생략등기형 명의신탁)

신탁자가 매수당사자로서 매도인과 매매계약을 하고 등기를 수탁자 명의로(수탁자와는 사전에 약속이 되어 있다) 한 경우이다.

이때는 실명법의 대원칙에 따라 명의신탁약정도, 그에 기한 소유권이전등기도 무효이므로 설령 수탁자명의로 등기가 되어 있어도 여전히 매도인이 소유자이다(다만 매도인은 매매당사자가 아닌 제3자 명의로 등기해 주라는 부탁을 받았으므로 명의신탁사실을 알고 있어 명의신탁죄의 공범이 된다).

따라서 수탁자가 횡령하면 횡령죄가 성립한다.

다만 신탁자에 대한 횡령인가, 아니면 매도인에 대한 횡령인가에 다툼이 있지만 판례는 전자의 입장이다. 명의수탁자의 횡령은 명의신탁약정에 따라 자신의 명의로 등기된 부동산을 처분한 것이므로 신탁자에 대한 횡령[16]이라고 한다.

매도인에 대한 횡령죄설은 횡령죄란 소유권자의 재물을 횡령하는 것인데 신탁자는 소유권을 갖지 못한 자이기 때문이다.

* 중간생략의 소유권이전등기를 마친 경우, 그 제3자가 자신 명의로 신탁된 부동산을 임의로 처분하였다면 신탁자에 대한 횡령죄가 성립한다(대판 2008.4.10, 2008도1033).

한편 만약 원권리자가 선의라면(이런 경우는 거의 생각할 수 없지만) 부동산물권변동은 유효하므로(동법 제4조 1.2항) 수탁자가 임의로 처분해도 횡령죄가 성립하지 않는다. 신탁자에 대한 배임죄는 가능하다.

3) 계약명의신탁

명의신탁약정을 맺은 수탁자가 계약당사자가 되어(신탁자는 쏙 빠지고) 매도인과 매매계약을 하고 자신의 명의로 등기한 경우이다. 이때

---

16) 박상기, 382면; 백재명, "부동산명의신탁과 횡령죄" 형사판례연구7, 377면; 정영일, 372면.

a. 매도인이 악의인 경우(중간생략등기형 명의신탁에서의 매도인은 이 사실을 알고 있으므로 거의 언제나, 혹은 항상 악의이다)

소유자는 매도인이 된다.

수탁자가 해당 부동산을 처분하면 매도인에 대한 횡령죄설[17]과 처분은 무권리자의 행위로 민법상 효력이 없어 횡령죄 대신 신탁자에 대한 배임죄설[18]로 나뉘고 있다.

배임죄설은 악의의 매도인에 대한 신뢰관계는 존재하지 않으므로 신탁자에 대한 배임이라고 한다. 이 입장이 타당하다.

b. 매도인이 선의인 경우

실명법 제4조 제2항 단서에 의해 명의신탁약정은 무효일지라도 소유권이전등기는 유효하게 되어 수탁자가 소유자가 된다.

따라서 횡령죄는 성립하지 않는다. 압도적 다수설이며 판례도 이 입장이다.

* 신탁자와 수탁자가 명의신탁약정을 하고 수탁자가 당사자가 되어 명의신탁사실을 알지 못한 소유자(매도인)와 부동산매매계약을 체결하여 수탁자명의로 소유권이전등기를 경료하였다면 당해 부동산에 대한 물권변동은 유효하다. 그러나 명의신탁약정은 무효이므로 결국 수탁자는 매도인뿐만 아니라 신탁자와의 관계에서도 유효하게 해당 부동산의 소유권을 취득한 것으로 보아야 하므로 수탁자는 타인의 부동산을 보관하는 자가 아니다(대판 2000.3.24, 2000도310; 2008.3.27, 2008도455).

다만 명의신탁자와의 관계에서 배임죄가 될 수 있는지를 둘러싸고 학설은 갈린다.

배임죄를 긍정하는 쪽은 명의신탁약정은 무효일지라도 신탁자와 수탁자 사이에 사실상 신임관계가 있고 이를 보호해야 한다고 보기 때문이다.[19]

---

17) 권오걸, 674면; 김성돈, 402면; 박상기, 382면; 백재명, 앞의 글, 382면; 임웅, 432면; 진/이, 465면.

18) 김/서, 371면; 배종대, 533면 이하; 이재상, 401면; 이형국, 418면; 정/박, 442면; 정영일, 373면.

19) 김성돈, 402면; 배종대, 533면; 이재상, 401면; 이형국, 417면; 임웅, 433면; 장영민, "명의신탁된 부동산영득행위의 죄책" 고시계, 1997/12, 40면; 정/박, 443면; 최상욱, "명의신탁부동산의 처분과 형사책임" 형사법연구 제13호, 201면.

이 입장이 타당하다.

배임죄를 부정하는 쪽은 만약 배임죄로 처벌한다면 이는 실명법이 부정하는 명의신탁약정을 되살리게 되어 곤란하며 신임관계의 내용 또한 범죄행위를 계속 수행한다는 뜻이어서 이러한 사무는 배임죄상의 타인의 사무가 될 수 없다는 것이다.[20] 판례도 이 입장이다.

* 명의신탁약정이 있음을 알지 못한 선의의 소유자와 부동산매매계약을 체결한 수탁자는 신탁자와의 관계에서는 신탁부동산의 소유권을 완전히 취득하고 단지 신탁자에 대해 명의신탁 약정의 무효로 인한 부당이득반환의무만을 부담한다. 이 의무는 통상의 채무에 불과하며 명의신탁약정이 무효이므로 이 약정과 함께 이루어진 부동산매입의 위임 약정 또한 무효로 볼 것이다. 따라서 수탁자는 신탁자의 신임관계를 기초로 신탁자를 위하여 신탁부동산을 관리하면서 허락없이 이를 처분해서는 안 되는 의무를 부담하는 등 신탁자의 재산을 보전·관리하는 지위에 있지 않다. 그렇다면 계약명의신탁의 약정에 따라 체결한 분양권 매수계약에 기하여 취득한 아파트에 관한 수분양자로서 지위 및 그 분양권 관련서류에 대한 수분양자로서의 권리는 피고인 자신의 사무 또는 권리이므로 신탁자인 피해 회사의 반환요구를 거절하고 자신의 명의로 소유권이전등기를 경료하였다고 하여 업무상 배임죄가 되는 것은 아니다(대판 2004.4.27, 2003도6994).

- 차명계좌의 명의인이 예금된 돈을 소비한 경우

  횡령죄설은 수탁자인 예금명의인이 예금을 사실상 지배하고 있고 예금채권의 지배는 성질상 위탁된 금전 자체의 지배와 법률상 동일시 할 수 있어 예금자를 보관자라고 한다(대판 2000.8.18, 2000도1856참조).

  배임죄설은 인출 후에야 금전에 대한 점유가 인정되고 인출 전에 그 채권을 처분하면 배임죄가 된다고 하여 예금주를 타인의 돈(재산)을 관리해 주는 사무처리자로 생각한다. 횡령죄설이 타당하다.

- 도품을 위탁받아 보관하던 중 소비한 경우

  ① 처음부터 도품인 줄 알면서 보관했다면 장물보관죄만 성립하고 횡령은 불가벌적 사후행위일 뿐이다(추구권 혹은 소유권이라는 동일 법익을 침해하니까)(대판 1976.11.23, 76도3067).

  ② 끝까지 도품인 줄 몰랐다면 횡령죄가 성립한다.

---

20) 이때 횡령죄가 성립한다는 입장은 백재명, 앞의 글, 384면; 무죄설은 김/서, 372면; 박상기, 383면; 오영근, 482면; 정영일, 373면.

③ 처음에는 몰랐지만 이를 아는 순간 소비했다면 횡령죄가 되는가?

답은 위탁자와의 관계에서 위탁이 보호할 가치가 있는가에 따라 결정한다. 보호할 가치가 있다고 봤을 때는 횡령죄를 긍정하게 된다.

- 횡령이란 보관중인 타인의 재물을 영득하는 것이므로 고의의 내용에 영득부분이 포함된다고 보는 편이 자연스럽다. 고의 외에 불법영득의사를 추가할 필요가 없다는 견해[21]는 바로 이 점을 지적하고 있다. 그러나 판례는 불법영득의사가 있어야 한다고 한다.

  보관물을 본인을 위해 처분할 의사이면 불법영득의사는 부정된다.

  그러나 이 처분행위가 위법한 목적을 달성하려는 것일 때는 불법영득의사를 긍정해야할 것이다.

* ① 회사의 경영자가 자금을 지출함에 있어 그 자금의 용도가 엄격히 제한되어 있는 경우 그 용도 외의 사용은 그것이 회사를 위한 것이라도 그 사용행위 자체로서 불법영득의사를 실현한 것이다(대판 1997.4.22, 96도8).

  ② 법인의 대표자가 법인의 예비비를 전용하여 기관운영판공비, 회의비 등으로 사용한 경우, 이사회에서 사전에 예비비의 전용결의가 이루어지지 아니하였다는 사정만으로 불법영득의 의사를 단정할 수 없다(대판 2002.2.5, 2001도5439).

  ③ 출장비 예산의 항목유용 자체가 위법한 목적이 있다거나 예산의 용도가 엄격하게 제한되어 있다고 볼 만한 사정이 없다면 이를 지정용도 이외로 임의 소비하였다는 것만으로 바로 불법영득의사를 인정할 수 없지만(대판 2002.11.26, 2002도5130) 용역계약에 따라 관리 · 집행하게 된 정부출연금은 그 용도가 엄격히 제한되어 있어 이 용도를 벗어난 자금사용은 그것이 결과적으로 자금을 위탁한 본인을 위한 면이 있더라도 그 사용행위 자체가 불법영득의사를 실현한 것이다(대판 1999.7.9, 98도4088).

  ④ 횡령행위의 한 태양으로서의 은닉이란, 타인의 재물의 보관자가 위탁의 본지에 반해 그 재물을 발견하기 곤란한 상태에 두는 것을 말하는 바, 피고인이 조성한 비자금이 회사의 장부상 일반자금 속에 은닉되어 있었다 하더라도 이는 당해 비자금의 소유자인 회사 이외의 제3자가 이를 발견하기 곤란하게 하기 위한 장부상의 분식에 불과하여 그것만으로 피고인의 불법영득의 의사를 인정할 수는 없다(대판 1999.9.17, 99도2889).

- 횡령은 소비 · 착복 · 은닉이나 증여, 담보제공 혹은 매매계약의 체결 같은 형태로 나타나며 부작위로도 가능하다. 다수설은 법률행위인 경우 그 행위의

---

21) 김성돈, 394면; 박상기, 388면 이하; 배종대, 538면 이하; 오영근, 484면; 이정원, 418면; 임웅, 451면; 정/박, 436면. 고의 외에 불법영득의사가 필요하다는 입장은 강구진, 347면; 김/서, 380면; 백형구, 206면; 이형국, 420면; 정영일, 380면.

유효·무효, 취소가능성을 불문하고 횡령죄를 긍정하지만 판례는 강행규정위반으로 당연무효일 경우에는 횡령죄의 성립을 부정한다.

* 공장저당법에 따라 공장재단을 구성하여 은행에 저당잡혀져 있는 기계를 다시 타인에게 양도하였다 하여도 공장저당법의 강행성에 비추어 위 양도는 무효이므로 횡령죄가 성립하지 아니한다(대판 1978.11.28, 75도2713).

- 횡령죄의 미수는 처벌된다.

그러나 횡령에서는 이미 점유를 하고 있는 상태인지라 횡령 의사만 외부에서 확인되는 순간 바로 기수가 될 수밖에 없으므로 횡령죄의 미수는 원칙적으로 불가능하며 미수를 생각하더라도 기껏 중지미수나 불능미수(부동산실명법상 자기 것인데 타인 것으로 생각하는 경우처럼) 정도라는 입장(표현설)[22]이 있다. 반대로 횡령의사의 외부적 확인 혹은 횡령의사 실현(횡령이 끝난 상태)이 단번에 이루어지는 것이 아니라 다소 시간이 필요할 때는 미수의 공간이 생긴다는 견해(실현설)[23]도 있다. 즉 보관중인 부동산을 매도할 때 계약 단계이면 점유는 하고 있지만 횡령이 완성된 것은 아니므로 미수이고 등기경료와 함께 비로소 기수가 된다는 것이다.

생각건대 미수범규정이 있고 횡령의사가 의심할 여지없이 확실한 것으로 확인됐을 때 기수이므로 그 전단계에서 일정 정도 미수를 인정할 수 있을 것이다.

* ① 피고인이 자기의 점유 하에 있는 피해자 소유의 원사에 대하여 불법영득의 의사로 연사의 가공행위를 한 이상 그 불법영득의 의사가 객관적으로 외부에 표현된 것이라고 보겠으므로 이로써 횡령죄는 기수가 된다(대판 1981.5.26, 81도673).
  ② 타인소유의 부동산을 보관중인 명의수탁자가 위 신탁관계에 위반하여 이를 담보로 제공하고 근저당권을 설정하는 경우에는 위 부동산에 관한 근저당권설정등기를 마치는 때에 횡령죄의 기수가 된다(대판 1985.9.10, 85도86).

- 횡령행위에 의해 소유권이 법률상 또는 사실상 침해되어야 한다.

그러므로 질물의 보관을 위탁받은 자가 이를 소유자에게 교부하면 횡령죄가 되지 않는다. 그러나 소유권을 법률상 혹은 사실상 이전시켜야 하는 것은 아니므로 가장매매로 실체법상 소유권 이전의 효과가 발생하지 않아도 횡령죄는 성립한다.

- 죄수는 위탁관계의 개수에 따라 결정한다.

---

22) 김성천, 993면; 박상기, 390면; 배종대, 537면; 이재상, 406면; 임웅, 453면; 정영일, 376면.
23) 김성돈, 393면; 김/서, 377면; 백형구, 210면; 오영근, 487면; 이형국, 420면; 정/박, 434면.

그러나 한 개의 위탁관계로 위탁된 여러 개의 재물을 여러 번의 행위로 횡령하면 수죄가 되는 점에서 위탁관계만이 유일한 기준은 아니다.

- 보관중인 재물을 위탁자를 기망하여 편취하더라도 횡령죄이다.
  피해자를 기망하여 약속어음을 받으면 사기죄가 성립하고 다시 이 어음을 피해자에 대해 갖고 있던 자신의 채권변제에 충당하면 이 행위는 불가벌적 사후행위이므로 별도로 횡령죄가 성립하지 아니한다.
  대표이사가 회사의 대표기관 자격으로 피해자를 기망하여 받은 금원은 회사 소유이고 사기죄가 성립하며 다시 이를 횡령하면 별도로 횡령죄가 성립한다.
- 장물인 정을 알면서 그 보관을 위탁받은 자가 이를 영득하면 장물보관죄이고 횡령부분은 불가벌적 사후행위로 된다. 불법원인급여원리를 이 사례에 적용하는 것도 생각해볼 수 있으나 불법원인급여는 보관을 위탁받은 자가 소유자가 되어 원래의 소유권자와의 관계를 문제삼는 것이므로(누가 소유권자인지를 다투는 경우지만) 본범과 장물범 누구도 소유권자가 될 수 없는 이 경우는 불법원인급여의 적용사례가 아니다.
- 타인의 재물을 보관중인 자가 이 사실을 아는 제3자에게 이를 매도했을 때 매수인인 제3자는 횡령죄의 공범인가? 아니면 장물취득죄인가?
  횡령죄의 공범설은 횡령죄의 완성이 상대의 재물취득시점임을 이유로 한다. 장물취득죄설은 이와 반대로 점유상태에서 영득의 의사가 표시되면 횡령죄가 완성(종결됨)되기 때문에 이후에 이루어지는 제3자의 재물취득은 장물취득죄일 뿐이라고 한다(장물죄 참조).
- 횡령죄는 상태범이므로 횡령죄가 성립한 후 다시 횡령죄를 범해도 이는 불가벌적 사후행위이다.
  * 부동산의 명의수탁자가 신탁자의 승낙없이 갑 앞으로 근저당권설정등기를 경료했다가 후에 그 말소등기를 신청함과 동시에 을 앞으로 소유권이전등기를 신청함에 따라 갑 명의의 근저당권말소등기와 을 명의의 소유권이전등기가 순차 경료된 경우, 갑 명의의 근저당권설정등기를 경료할 당시에 해당 부동산에 대한 불법영득의사를 외부에 객관적으로 나타냄으로써 횡령죄는 이미 완성되었고, 을 명의의 소유권이전등기가 경료되기 전에 동시에 신청한 갑 명의의 근저당권에 대한 말소등기가 먼저 경료되었다고 하더라도 갑 명의의 근저당권설정등기의 말소는 을 명의의 소유권이전등기의 준비행위에 불과하다할 것이어서 명의신탁자의 소유권에 대한 침해가 회복되지 아니한 상태에서 행하여진 을 명의의 소유권이전등기를 경료해 준 행위는 횡령물의 처분행위로서 새로운

법익의 침해를 수반하지 않는 이른바 불가벌적 사후행위에 해당하여 별도의 횡령죄를 구성하지 아니한다(대판 2000.3.24, 2000도310).

* 위탁에 의해 타인의 부동산을 점유하는 자가 저당권설정등기를 한 후라도 이 부동산은 여전히 타인의 재물이고 이를 수탁자가 점유하는 사정에 변함은 없다. 그러므로 이후에 수탁자가 다시 매매에 의해 소유권이전등기를 경료하는 것은 위탁의 임무에 위배하여 그 물에 대해 권한없이 소유자가 아니면 할 수 없는 처분행위를 한 것이다. 따라서 매각에 의한 소유권이전행위는 횡령죄가 되는 것이고 이에 앞서 저당권설정행위가 존재한다고 해서 이 先行사실이 後行의 소유권이전행위에 대한 범죄성립자체를 방해할 사정이라고는 할 수 없다(最大判平15.4.23 刑集57.4.467).

  이처럼 저당권설정이라는 부분적인 소유권침해에 의해 횡령죄가 성립하였지만 그 후의 횡령행위에 의해 잔여부분 소유권이 침해되어 새로이 법익이 침해되었다면 이는 결코 先行의 횡령죄에 흡수될 수 없다고 보는 것이다.

  그러나 저당권설정과 매각은 동일재물의 소유권에 대한 단계적 공격이므로 포괄일죄로 보는 입장도 있다.

- 타인의 재물을 보관하는 자가 영득의사로 이를 은닉한 경우 따로 강제집행면탈죄를 구성하지 않는다.

  * 강제집행면탈죄에서의 은닉이란 강제집행을 실시하는 자로 하여금 채무자의 재산을 발견하는 것을 불능 또는 곤란하게 만드는 것으로 진의에 의해 재산을 양도하였다면 설령 그것이 강제집행을 면탈할 목적이었어도 강제집행면탈죄의 허위양도 또는 은닉에 해당하지 않는다. 반면 횡령행위는 불법영득의사를 실현하는 행위이므로 양 죄의 구성요건 및 강제집행면탈죄상의 은닉 개념에 비추어 보면 타인의 재물을 보관하는 자가 이를 영득할 의사로 은닉하는 것은 횡령죄에 해당하고 채권자들의 강제집행을 면탈하는 결과를 가져온다 하여 따로 강제집행면탈죄를 구성하는 것은 아니다(대판 2000.9.8, 2000도1447).

〈업무상 횡령죄(제356조)= 업무상의 임무에 위배하여 횡령죄를 범한 자는 10년 이하의 징역 또는 3천만원 이하의 벌금에 처한다〉

- 신분범(진정신분범과 부진정신분범의 성격을 다 갖는다)
- 업무는 타인의 재물을 보관하는 내용의 업무이다.

  법령, 계약, 관습, 사실상의 업무 모두 무방하나 밀수업무와 같은 위법한 업무는 제외한다. 반면 무허가 업무는 본조의 업무에 해당한다.
- 대체물인 돈을 관리하는 은행원이 이를 가져가면 업무상 횡령죄가 성립한다. 여기서는 돈의 재물성을 중시한다. 반면 불법대출(돈은 사무처리의 수단)은

업무처리를 통한 이익의 취득으로 생각하므로 업무상 배임죄가 된다.

〈점유이탈물횡령죄(제360조)= ① 유실물, 표류물 또는 타인의 점유를 이탈한 재물을 횡령한 자는 1년 이하의 징역이나 300만원 이하의 벌금 또는 과료에 처한다.
② 매장물을 횡령한 자도 전항의 형과 같다〉

- 행위자에 의한 점유침탈이 없고 위탁물횡령죄에서처럼 위탁관계를 통해 점유에 이른 것도 아니다.
- 점유이탈물도 소유권자가 있어야 하므로 무주물은 여기에 해당하지 않으며 원래점유자의 의사에 반해 그 점유를 벗어났어야 한다.
  따라서 고속버스 안에 두고 내린 물건이나 지하철의 선반에 있는 물건을 가져가면 절도죄가 아니라 점유이탈물횡령죄로 된다(대판 1993.3.16, 92도3170; 1999.11.26, 99도3963).
- 死者의 옷에서 돈을 꺼낸 행위는 보통 점유이탈물횡령죄이지만 이것과 관련하여 주목해야 할 판례는
  * 피해자를 살해한 후 그 방에서 사체와 함께 4시간 30분쯤 있다가 벽에 걸려있던 사자의 물건을 가지고 나온 경우 사자의 생전의 점유가 이 시간까지 계속되므로 절도죄가 된다(대판 1993.9.28, 93도2143).

Q) 횡령죄의 보호법익인 소유권과 민법상의 소유권의 차이점은 무엇인가?
또 이와 같이 차이를 두는 것은 어떤 이유에서 인가?

Q) 후일 보전할 의사로, 또 보전할 능력도 있는 자가 용도가 특정된 타인의 금원을 보관하던 중 이를 일시 유용하면 횡령죄가 되는가?

Q) 도품의 매각을 의뢰받은 자가 매각 후 그 대금을 유용하였을 때,
① 도품매각의 의뢰가 위탁관계로서 보호받을 가치가 있는가?
② 매각대금을 타인의 재물이라고 할 수 있는가?
③ 횡령죄와 장물알선죄가 경합범관계인가?

Q) 불법원인급여의 경우 민법에서는 수급인의 소유권을 인정한다. 그러나 형법학설중 일부는 수급인이 이를 소비하면 횡령죄가 성립한다고 하는 데 이유가 무엇인가?

횡령죄를 긍정하면 법질서의 통일이 저해된다는 주장에 대해서는 어떤 반론이 제기되고 있는가?

횡령죄를 긍정할 때도 급여자의 위탁은 보호할 가치가 없기 때문에 점유이탈물횡령죄일 뿐이라는 생각은 타당한가?

판례에 따르면 불법원인급여의 경우 수급자의 횡령은 부정하면서 사기죄는 긍정한다. 이유는 무엇인가?

Q) 절도죄에서의 점유는 사실상의 지배를 말하지만 횡령죄상의 보관은 사실이든 법률적 지배든 불문한다. 왜 이런 차이가 발생할까?

Q) 횡령죄에서는 소유권의 권능 가운데 사용 · 수익이 가능한 사실상의 점유자보다 법률상 이를 처분할 수 있는 점유자를 보관자로 본다. 이유는 무엇인가?

Q) 은행예금의 경우 예금명의자를 점유자 혹은 보관자로 본다. 근거는 무엇이며 타당한가? 동시에 은행도 점유자라고 할 수 있을까?

이때 현금으로 인출하면 횡령죄라고 보는 데 대해 별반 이의가 없다.
그러나 이를 다른 계좌로 이체시키는 형식일 때는 배임죄가 된다는 견해도 있다.
그 이유는 무엇일까? 이때도 현금 인출과 마찬가지로 횡령이라고 보는 견해는 어떤 이유에서 일까?

Q) 자기 계좌로 잘못 입금된 금원의 점유는 예금명의자인가, 아니면 은행인가?

은행이라고 보는 근거는 무엇이며 은행이 점유자라면 예금을 인출하여 소비할 때의 죄책은 무엇인가?

판례는 이 경우 횡령죄를 인정하는데 어떤 점에서 위탁관계를 찾는 것일까?

Q) 양도담보의 경우 담보권자(채권자)나 담보권설정자(채무자)가 담보목적물을 처분할 수 있다. 각각의 죄책은 어떻게 되는가?

이때 양자는 소유권의 기능을 완전히 독점하는 대신 분점하고 있으므로 어느 경우든지 횡령죄가 되는 것은 아닐 가라는 견해를 검토하라. 나아가 양도담보물임을 숨기고 제3자에게 처분했을 때 제3자에 대한 사기죄는 어떠한가?

Q) 3자간 명의신탁(중간생략등기형 명의신탁)이나 계약명의신탁에서 수탁자의 죄책을 일관하여 신탁자에 대한 관계에서 찾는 입장의 근저에는 어떤 생각이 자리하고 있는가?

Q) 횡령 후의 횡령을 벌하지 않으면 어떤 불합리한 결과가 발생할까? 역으로 다시 처벌했을 때 불합리한 점은 없을까?

Q) 횡령행위가 법률행위이고 그것이 강행법규에 위반하여도 횡령죄가 가능하다는 다수설의 입장과 이때는 횡령죄가 성립할 수 없다는 판례의 상이한 결론은 어디서 연유할까? 법률상 취득할 수 없으면 영득은 불가능한 것일까?

Q) 강제집행을 피해야 보관중인 물건을 완전히 영득할 수 있다고 생각하고 은닉했을 때도 횡령죄만 성립하는가? 대판 2000.9.8, 2000도1447을 참조하면서 답하라.

Lesson 21 배임죄

- 타인의 사무를 처리하는 자가 이 임무에 위반하는 행위를 하여 재산상의 이익을 취하고 본인에게 손해를 안겨주는 내용의 범죄이다.

  그러나 위탁된 사무의 내용이 다양하고 경제거래에는 항상 손실의 위험이 있으며 배임죄 규정의 문언 또한 추상적이어서 본죄의 성립범위를 확정하기가 몹시 어렵다.
- 보호법익은 전체로서의 재산이므로 이득죄의 전형이다.
- 우리형법은 배임죄를 횡령죄와 함께 규정하나 독일과 일본형법은 사기와 함께 규정하고 있다.

  독일형법의 체계는 절도와 횡령, 강도와 공갈, 사기와 배임을 묶어 같은 장에 배치하며 일본형법은 횡령죄를 별도의 장으로 독립시키면서 배임죄를 사기와 공갈죄의 장에 포함시킨다. 그러나 일본에서의 다수 견해는 배임을 횡령과 가장 유사한 범죄(그러나 형은 횡령죄보다 가볍다)로 간주한다.

  현행 독일형법 제266조 배임죄 규정은 권한남용구성요건과 배신구성요건을 함께 규정함으로써 가능한 한 재산보호, 특히 부패로부터 재산을 보호하는데 법적 흠결이 발생하지 않도록 배려하고 있다. 그러나 통설은 권한남용을 배신의 특별형식으로, 따라서 배임죄규정을 타인의 재산상의 이익을 보호하는 의무위반으로 이해한다(단일설). 반면 지금은 소수설이나 종전에는 통설이었던 이원설에 따르면 양 구성요건 모두 재산보호 의무를 위반한다는 점은 동일하지만 배신구성요건은 특별한 보호의무에 기해 타인의 재산상의 이익을 보호하려는 것이고 권한남용구성요건의 경우에는 행위자에게 타인의 재산을 유효하게 처분할 권한이 있어야 한다고, 따라서 이로부터 이 권한을 대외적으로 적법하게 행사할 의무가 발생한다고 한다.

  * 독일형법 제266조(배임)= ① 법률, 관청의 위임이나 법률행위를 통해 주어진 타인의 재산에 대한 처분권이나 타인에게 의무를 부과할 권한을 남용하거나 법률, 관청의 위임, 법률행위 또는 신뢰관계 등에 의해 부담하는 타인의 재산상의 이익을 보호해야 할 의무에 위반함으로써 그 타인에게 손해를 가한 자는 5년 이하의 자유형이나 벌금형에 처한다. 이처럼 재산상의 이익을 취할 것을 요하지 않는 점에서 우리 형법의 태도와는 차이가 있다.

사기는 타인일반을 기망하여 교부를 받는 형식의 범죄지만 횡령과 배임은 기망없이 자기를 믿고 물건을 보관시키거나 일을 맡긴 본인(제한된 범위의 타인)의 신뢰를 배반한다는 특징을 보인다.

- 타인 혹은 본인이라는 표현을 혼용하더라도 이는 동일인을 의미한다.
- 횡령죄는 불법하게 재물을 영득하는 범죄지만 재물영득이 배임죄가 되는 경우도 있다(사무처리자의 임무에는 재물이 위탁된 경우도 있다). 사무처리의 과정에서 혹은 사무처리의 결과 재물처분이 수반되지만 이 처분은 재산상의 손해나 이익의 일부에 불과하므로 독자적 의미를 갖지 못하기 때문이다(은행원이 자기가 보관하는 은행의 돈을 부정대출했을 때 금원의 재물성에 집착하면 횡령죄에 해당할 듯 하지만 배임죄가 된다).
- 배임죄의 본질 혹은 배임의 의미를 횡령행위와의 차이를 중심으로 살펴 본다.

① 권한남용설

자신의 사무를 대신 처리해 주도록 본인이 그에게 부여한 법적 권한(대리권)을 남용하여 본인에게 재산상의 손해를 발생시킨 경우를 배임이라 하므로 이에 미치지 못한 배신은 배임이 될 수 없다. 즉

1) 주체는 법적 대리권을 가진 자로 한정되며
2) 배임행위는 이 권한을 대외적 관계에서 남용하는 것이므로 두 사람간의 합의에는 반하지만 그 자체만 보면 무권한행위는 아니어서 유효한 법률행위(대리권의 행사이므로)이다. 이처럼 배임행위는 외적으로는 할 수 있는 범위내의 행위(externen Können)지만 내적으로 본인과의 관계에서는 해도 좋은 행위(internen Dürfen)의 틀을 벗어난 행위를 말한다. 이처럼 배임죄는 법률행위를 실행행위로 하는 이득죄인 점에서 실행행위가 사실행위이고 영득죄인 횡령죄와는 택일관계(겹치는 부분이 전혀 없다)에 있다.

* 법률행위는 의사표시가 있어야 하고 이 표시의사에 합치하는 법적 효과를 발생시킨다.

법률행위에는 단독행위, 계약, 합동행위가 있고 이중 단독행위는 그의 일방적 의사대로 효과가 발생해야 하기 때문에 법령에 근거가 있어야 한다.

장점: 배임행위에서 사실행위를 배제하고 주체도 대리권자로 한정함으로써 배임죄의 성립범위를 명확하게 할 수 있다.

단점: 사실행위를 통해 이루어지는 배임행위를 제외시키게 되어 부당하다.
(재물의 보관을 위탁받은 자가 이를 손괴하거나
영업비밀을 관리하는 자가 이를 누설하거나
회계담당자가 장부를 허위로 기재하는 등의 행위는 사실행위이므로 애초부터 대리권을 가질 수 없어 남용할 수 없음이 자명하다. 그 결과 이들 행위를 통해서는 배임죄를 범할 수 없게 되지만 배임죄를 너무 좁게 인정하게 되어 부당하다.)

② 배신설

신임관계를 토대로 본인의 재산을 보호해야 할 위치에 있는 자가 이 의무를 신의에 좇아 성실하게 수행하지 않음으로써 본인에게 재산상의 손해를 발생시킨 것(신임관계 위배)을 배임죄라고 한다.
이와 같은 배신행위는 대리권이 필요없는 사실행위로도 가능하므로 횡령죄(영득죄)는 특별한 배임죄일 뿐이고 양자는 특별법과 일반법의 관계에 선다.

장점: 배임죄는 본인과의 신뢰관계를 침해하는 범죄로서 사실행위를 통해서도 범해진다는 지적은 배임죄의 특징과 일치한다.

단점: 신임관계의 침해를 문자 그대로 적용하면 단순한 채무불이행도 여기에 해당하게 되어 배임죄의 범위가 너무 넓어지게 된다.

결국 배신설도 권한남용설도 배임행위를 규명함에 있어 한계를 드러내지만 권한남용설은 애초부터 마땅히 배임죄에 속하는 사례를 제외시키게 되어 배신설의 기조에 따르는 편이 무난하다. 다만 일체의 불성실한 태도가 배임죄로 되는 것은 아니므로 당벌성을 갖출 정도의 배임행위요건을 제시하지 않으면 안 된다.
이로부터 배신설을 한정하려는 시도가 행해지며 이 점은 특히 횡령죄와 배임죄의 법정형이 다른 일본에서 무성하다.

일본에서의 논의를 보면

1) 배신적 권한남용설

처벌할 가치가 있는 배신행위가 되려면 권한을 남용하는 관계여야 하는데 이 권한남용은 법률행위로도, 사실행위(법적 대리권이 아닌 사실상의 사무처리권한 = 사회통념상 부담하고 있다고 보여지는 권한에 기한)로도 가능하다고 본다.

그러나 사실적 권한의 내용이 무엇인지가 불분명하여 본래의 배신설과 어떻게 다른지 알 수 없다. 실제로 이 설은 처벌범위를 이중저당(권한 일탈이므로 배임죄가 될 수 없음에도)에 까지 확대한다. 또한 화물의 감시를 의뢰받은 자가 이를 태만히 하여 다른 사람이 이를 훔쳐간 경우 재산상의 손해는 발생했지만 그것이 권한남용의 결과는 아니어서 배임죄를 부정하게 된다.

2) 한정배신설

배신설을 한정하는 단서를 내부적 신임관계에서 찾는다.

즉 배임죄에서의 임무란 원래 피해자본인이 할 수 있는 행위를 행위자가 대신하는 것(대리권의 유무와는 상관없다)으로 이를 위반하여 재산상 손해를 발생시키는 것이라고.

그런데 종래에는 모든 거래를 본인이 했으나 이 거래활동이 대규모, 조직적으로 행해지게 되어 법률행위가 됐든 사실행위든 일정정도 타인에게 위탁하지 않을 수 없게 되었고 이때 형성된 내부자 간의 신임관계를 깨트린 행위만이 배임행위라고 한다. 그러므로 저당권설정등기에 대한 협력의무처럼 저당권자가 할 수 없는 일은 내부적 신뢰관계에 기한 의무가 아니어서 저당권설정자가 행한 이중저당은 배임죄가 될 수 없게 된다. 그러나 이러한 결론은 부당하며 나아가 거대한 주식회사에서 누가 사무처리자인지를 가리기가 쉽지 않은 경우도 많다.

3) 의사내용결정설

본인을 대신하여 재산처분에 대한 의사내용결정까지를 위탁받은 수탁자, 혹은 그 보조자나 결정과정을 감독하는 자만이 배임죄의 주체가 된다고 한다. 기본적으로 권한남용설의 입장에 선다.

그러나 의사결정이 아닌 순전히 사실행위를 위탁받은 자는 배임죄를 범할 수 없게 되거나 이중저당도 배임이 아니게 되며 결정과정을 감독하는 자를 주체에 포함시키는 것은 의사내용결정이라는 뜻과 부합하지 않는다.

우리 판례는 배신설의 입장에 서며 다수설도 판례와 태도를 같이 한다.

* ① 배임죄의 주체로서 타인의 사무를 처리하는 자란 타인과의 대내관계에서 신의성실의 원칙에 비추어 그 사무를 처리할 신임관계가 존재한다고 인정되는 자를 의미하고, 반드시 제3자에 대한 대외관계에서 그 사무에 관한 대리권이 존재할 것을 요하지 아니한다(대판 2002.6.14, 2001도3534).

② 배임죄상의 임무에 위배하는 행위란 처리하는 사무의 내용, 성질 등 구체적 상황에 비추어 법률의 규정, 계약의 내용 혹은 신의칙상 당연히 할 것으로 기대되는 행위를 하지 않거나 당연히 하지 않았어야 할 것으로 기대되는 행위를 함으로써 본인과의 신임관계를 저버리는 일체의 행위를 포함하는 것으로 그러한 행위가 법률상 유효한가 여부는 따져볼 필요가 없고, 행위자가 설령 본인을 위한다는 의사를 가지고 행위를 하였더라도 그 목적과 취지가 법령이나 사회상규에 위반된 위법한 행위로서 용인할 수 없는 경우에는 그 행위의 결과가 일부 본인을 위하는 측면이 있다고 할지라도 이는 본인과의 신임관계를 저버리는 행위로서 배임죄가 된다(대판 2002.7.22, 2002도1696).

– 횡령죄와 배임죄의 구별

행위객체가 재산상의 이익이면 횡령죄는 불가능하므로 배임죄와 구별하는 문제는 일어나지 않는다. 그러므로 타인의 사무를 처리하는 자가 자기가 점유하는 타인의 물(사무의 내용인)을 처분했을 때 비로소 양자구별의 문제가 대두한다.

횡령죄의 본질을 둘러 싼 논의에서 제시된 양죄의 구별기준을 중심으로 검토하면

① 법률행위설과 사실행위설

신뢰를 침해하는 행위가 법률행위이면 배임죄
　　　　　　　　　　　　　　사실행위이면 횡령죄

그러나 사실행위로도 배임은 가능하다.

② 재물과 재산상의 이익

신임관계 침해라는 점에서 양죄의 행위태양은 유사하지만 행위의 객체가 다르다고,

즉 재물=횡령죄, 재산상의 이익=배임죄라는 등식을 끌어낸다.

그러나 재물을 행위객체로 하는 배임죄(불법대출이나 이중매매같은)도 가능하다.

③ 권한의 일탈과 권한의 남용

횡령행위는 권한없이 하는 (일탈)배신행위이고 배임행위는 권한을 남용

하는 (남용)배신행위라고.

그러나 권한없이 하는 비밀누설이나 이중저당설정은 일탈행위인데도 이를 배임죄로 본다.

이처럼 어떤 한 기준으로 일관하여 횡령행위와 배임행위를 구별할 수 없다면 이들을 종합하여 분명한 것부터 단계적으로 검토해 나가는 것도 하나의 해결책이 될 수 있을 것이다.

검토는 다음과 같은 논리적 과정을 거치는 편이 간편하다.

① 객체가 재산상의 이익이면 횡령은 될 수 없다.

② 객체가 재물이고 신임관계가 대외적일 때(이 신임관계를 훼손하는 행위에 따른 효과는 발생하지 않는다)나 배신행위가 애초의 임무와 상관이 없으면 반대로 배임죄는 절대 아니다.

③ 객체가 재물이고 이를 처분할 일반적 권한도 있지만 이 처분이 대내적 신임관계를 위배하면 양 죄가 가능하며 이때 영득이면 횡령죄, 그 외는 배임죄가 성립한다.

(대내적 신임관계 위배일 때 대외적 효력은 이로부터 영향을 받지 않음. 반면 대외적 신임관계라면 그 처분행위는 무효가 된다)

결국 처분행위를 자신의 명의나 계산으로 하면(=일단 영득하여 교부하는 관계) 횡령, 본인의 명의나 계산이면 배임이 된다. 본인명의로 처분하면 그 효과가 본인에게 귀속되므로 영득은 있을 수 없고 타인의 사무를 처리하는 것이 되어 이때 권한을 일탈하여도 배임일 수밖에 없다. 이처럼 명의나 계산개념은 영득행위의 존재를 추인하게 하는 계기, 곧 자기 명의로 재산을 교부하면 행위자가 일단 재산을 영득했다고 강하게 추인할 수 있으며 자기의 계산이라 하는 것도 경제적 효과를 자기에게 귀속시키는 것이므로 영득행위의 존재를 강하게 추인시키는 기능을 수행한다.

이로부터 횡령과 배임을 구별하는 키는 영득여하에 달리게 된다.

* 사단법인 A町산림조합의 조합장이었던 X등은 조합원의 조림자금에만 대출이 가능한 정부대여금 175만¥ 중 43만¥을 감사의 승인하에 A町에 대출하였고 A町은 당해년도 말에 이자 8천¥과 대출금을 변제하였다. 대출은 피고인 개인의 계산과 조합의 명의로 행해졌지만 금원유용의 목적, 방법 등 처분행위의 태양, 특히 본건의 대출

은 재정법규와 대출내규위반과 같은 절차위반의 형식적 위법행위에 그치지 않고 보관방법과 사용이 특정된 타인소유의 금원이며 이 소유권을 침탈한 것이므로 횡령죄상의 불법영득의사가 인정되고 배임죄의 성립을 논할 여지가 없다할 것이다(最判昭34.2.13, 刑集13卷2号101頁). 이 사례가 배임죄의 성립요건을 만족시키는지를 검토해 볼 것.

〈배임죄(제355조)= ② 타인의 사무를 처리하는 자가 그 임무에 위배하는 행위로써 재산상의 이익을 취득하거나 제3자로 하여금 이를 취득하게 하여 본인에게 손해를 가한 때에는 5년 이하의 징역 또는 1천5백만원 이하의 벌금에 처한다〉

- 행위의 주체는 타인의 사무를 처리하는 자(진정신분범)이다.

타인의 사무를 처리하는 자란 양자 간의 신임관계에 기초하여 타인의 재산관리에 관한 사무를 대행하거나 타인재산의 보전에 협력하는 자를 말한다(대판전 2004.6.17, 2003도7645).

* ① 배임죄의 주체는 타인을 위하여 사무를 처리하는 자이며, 그의 임무위반행위로써 그 타인인 본인에게 재산상의 손해를 발생케 하였을 때 이 죄가 성립되는 것인 즉, 소위 1인회사에 있어서도 행위의 주체와 그 본인은 분명히 별개의 인격이며, 그 본인인 주식회사에 재산상 손해가 발생하였을 때 배임죄는 기수가 되는 것이므로 궁극적으로 그 손해가 주주의 손해가 된다 하더라도 이미 성립한 죄에는 아무 소장이 없다(대판전 1983.12.13, 83도2330).

② 배임죄상의 타인의 사무를 처리하는 자라고 하려면 두 당사자간 관계의 본질적 내용이 단순한 채권관계상의 의무를 넘어서 그들 간의 신임관계에 기초하여 타인의 재산을 보호 내지 관리하는 데 있어야 한다. 만약, 그 사무가 자기의 사무이면 이 사무처리가 타인에게 이익이 되어 타인에 대해 이 사무를 처리할 의무가 있어도 그는 타인의 사무를 처리하는 자가 아니다. 그러므로 신탁회사와 신축아파트에 대한 부동산관리처분 신탁계약을 체결하고 소유권이전등기까지 경료해 준 건축분양회사가 임의로 신탁목적물인 아파트를 제3자에게 매도한 경우, 신탁계약의 목적은 소유권이전등기의 경료로 달성되었고 신탁목적물에 대한 보존・관리 및 비용부담 등의 사무는 위탁자인 분양회사 자신의 사무이므로 위 처분행위는 배임죄를 구성하지 아니한다(대판 2009.2.26, 2008도11722).

③ 보통예금은 은행을 수치인으로 하는 금전의 소비임치 계약으로서 입금된 금전의 소유권은 은행에 이전되고, 예금주는 그 예금계좌를 통한 예금반환채권을 취득하는 것이므로, 금융기관의 임직원은 예금주로부터 적법한 예금반환 청구가 있으면 이에 응할 의무가 있을 뿐 예금주의 재산관리 사무를 처리하는 자가 아니다. 따라서 은

행 등 금융기관의 임직원이 임의로 예금주의 계좌에서 5천만원을 인출해도 업무상 배임죄는 성립하지 않는다(대판 2008.4.24, 2008도1408).

그러나 본인을 예금주가 아닌 은행으로 볼 수는 없는 것일까? 본인이 은행이라면 결론은 어떠한가?

- 사무처리는 타인의 신임을 토대로, 즉 신의성실의 원칙에 쫓아 행할 것이라고 믿어도 좋은 관계에서의 사무처리를 말하므로 대리권이 있고 없고 와는 상관없다(그렇다면 본인이 할 수 있는 사무를 대신할 수 있을 때만 배임죄가 된다고 고집할 이유는 없게 된다. 변제받은 후에 양도담보권자는 채무자에게 권리를 회복시켜 줄 의무를 지며 이를 이행하지 않으면 배임죄가 되니까).

  그러나 物의 임차인은 임차물에 대해 임대인과 위탁신임관계이지만 타인의 사무를 처리하는 자는 아니므로 횡령죄와는 달리 위탁신임관계가 항상 배임죄의 기초인 것도 아니다. 그렇다면 횡령과 배임은 특별유형과 보충유형이라기 보다 교차하는 두 개의 원과 같아 이 교차영역 내에서는 양죄가 법조경합이 된다(비교차영역에 해당할 때는 각각의 범죄만 성립).

  직접, 간접으로 그 처리에 관한 사무를 담당하는 보조자나 배임행위임을 알면서도 실행행위자의 배임행위를 교사하거나 배임행위의 전 과정에 관여하는 등으로 여기에 적극 가담한 상급자도 사무처리자이다.

- 신임관계는 법령이나 계약, 사무관리, 관습이나 거래상의 신의칙으로부터 발생한다.

  따라서 해직되었으나 후임자에게 사무를 인계하기 전 사실상 사무를 처리하는 자처럼 대외적으로 사무처리의 권한이 소멸되더라도 사무처리자에 해당한다.

- 사무처리의 근거가 된 법률행위가 무효인 때에도 사무처리자가 되는가? 판례는 될 수 없다고 한다.

  * ① 농지개혁법상 농지를 취득할 수 없는 자에게 농지를 매도하는 계약을 했더라도 이 계약은 무효여서 매도인에게 소유권이전등기절차를 이행할 의무가 없다. 따라서 이 농지를 제3자에게 이중으로 양도했어도 배임죄는 성립하지 아니한다(대판 1979.3.27, 79도141).

  ② 내연의 처와 불륜관계를 지속하는 대가로 부동산에 대한 소유권을 이전해 주기로 약정하였다면 이 증여계약은 선량한 풍속에 반하므로 무효이고 따라서 소유권이전등기의무가 없어 이를 위반하여도 배임죄가 안 된다(대판 1986.9.9, 86도1382). 나

아가 증여계약이 유효하여 이행의무가 있는 경우라도 이를 해태하는 것이 단순한 채무불이행에 불과하여 타인의 사무처리에 해당하지 않는 경우도 있다.

반대의견은 일률적으로 죄가 되지 않는 것이 아니라 무효의 원인에 따라, 예를 들면 법적 형식이나 행위능력의 결여로 인해 무효인 경우에는 사무처리관계를 인정해야한다고 한다.[1]

이 신임관계를 보증인의 보증인 지위와 같다고 보는 견해도 있다.

- 사무의 내용

① 재산상의 사무여야 한다는 입장[2]

배임죄가 재산범죄이고 재산상의 이익을 얻는 범죄임을 근거로 한다. 따라서 치료의 실수로 불필요한 금전적 지출을 초래한 의사의 행위는 배임행위가 아니게 된다.

② 재산적 이해관계를 가진 사무로 보는 입장[3]

직접적인 재산상의 사무가 아니어도 재산상의 손익을 초래할 수 있기 때문이다.

그러나 재산적 이해관계가 없는 사무만 제외한다고 하면 배임죄의 성립범위가 너무 넓어 이 입장에서도 사무의 내용을 통해 배임죄의 성립범위를 제한하고자 한다.

③ 재산상의 사무가 아니어도 무방하다고 보는 입장[4]

결과적으로 재산상의 손해를 발생시키고 이득을 안겨주면 충분하며 이와 같은 효과는 비재산적 사무처리(의사의 치료행위나 변호사의 변호업무같은)에서도 발생할 수 있으며 배임죄 조문과도 부합한다고 한다.

판례는 ①설의 입장을 취하는 것으로 보인다.

* 타인의 사무를 처리하는 자란 양자간의 신임관계에 기초하여 타인의 재산관리에 관한 사무를 대행하거나 타인재산의 보전행위에 협력하는 자 등을 가리킨다(대판 2004.6.17, 2003도7645).

---

1) 이재상, 412면; 上嶋一高, 背任罪理論の再構成(1997), 242頁.

2) 김성돈, 412면; 김성천, 1005면; 김/서, 484면; 김종원, 238면; 박상기, 400면; 배종대, 551면; 백형구, 216면; 유기천(상), 294면; 이재상, 420면; 이정원, 428면; 이형국, 434면; 정/박, 461면; 진/이, 489면.

3) 서일교, 187면; 정영석, 383면; 정영일, 393면; 황산덕, 326면.

4) 임웅, 468면.

판례의 입장이 타당하다. 그러나 이는 사무의 내용을 통해 배임죄의 성립범위를 제한하려는 취지일 뿐, 배임죄의 구조로부터 연역되는 논리필연적 결과는 아니다.

- 사무처리의 독립성

 본인의 지시에 따라 기계적으로 사무를 처리한 자는 배임죄의 주체가 되지 못한다.

 그에게 잘못된 업무처리를 이유로 형사처벌을 할 수는 없기 때문이다. 그렇다면 배임죄상의 사무처리자는 당해 사무와 관련하여 본인의 영향을 벗어나 어느 정도 독자적으로 판단하고 실행할 수 있는 재량이 있어야 한다.

 Q) 질물의 보관자, 등기협력의무를 진 저당권설정자 등 재량의 여지가 없는 사무처리일 때 배임죄의 성립을 부정해야 하는가?

- 타인의 사무

 비록 타인의 재산에 손해를 끼치더라도 자기의 사무라면 배임죄는 불가하다. 따라서 계약은 보통 각자의 이익을 추구하는 관계이기 때문에 계약의 상대방에게 처분권을 위탁하지 않지만 계약유형이 사무처리의 성격을 갖기에 이르면 타인의 사무로 된다.[5]

 자기의 사무와 타인의 사무가 중복되어 있으면 타인사무로 되므로 부동산이중매매의 배임죄성을 이를 근거로 설명하기도 한다.

- 배임행위

 배임행위는 작위로도, 부작위(채권추심사무를 위임받은 자가 추심을 태만히 하여 채권을 소멸시효에 걸리게 한 경우처럼)로도 가능하다.

 법률행위이든 사실행위이든 불문하며 사법상 무효라도 배임행위가 될 수 있다. 요컨대 그 사무를 처리함에 있어 법령이나 계약, 신의칙상 해서는 안 될 행위를 하거나 반대로 당연히 해줄 것으로 기대되는 행위를 하지 않음으로써 본인과의 신뢰를 깨는 일체의 행위라고 할 수 있고(대판 2002.7.22, 2002도1696) 그 실질은 위탁의 취지에 반하는 행위로서 실질적으로 재산상의 손해를 줄 위험한 행위를 말하는 것이다.

 어떤 행위가 여기에 해당하는지는 사무의 성질과 내용 및 구체적 사정을 고려하여 법규 또는 계약뿐만 아니라 신의성실의 원칙에 비추어 판단한다.

---

5) NK-Kindhäuser, §266 Rn.23.

* ① 회사의 대표이사는 이사회 또는 주주총회의 결의가 있더라도 그 결의내용이 불법한 목적을 갖고 있으면 이에 맹종할 것이 아니라 회사를 위해 성실히 직무를 수행해야 할 의무를 지므로 이 임무에 위배하여 주주 또는 회사의 채권자에게 손해를 끼쳤다면 이같은 배임행위는 정당화되지 못한다(대판 2005.10.28, 2005도4915).

② 주식회사의 설립업무 또는 증자업무를 담당한 자와 주식인수인이 사전 공모하여 주금납입취급은행 이외의 제3자로부터 납입금에 해당하는 금액을 차입하여 주금을 납입하고 납입취급은행으로부터 납입금보관증명서를 교부받아 회사의 설립등기절차 또는 증자등기절차를 마친 직후 이를 인출하여 위 차용금채무의 변제에 사용하는 경우 이 행위는 납입을 가장하는 편법에 불과하므로 회사의 자본금에 변동이 없고 행위자들에게 불법이득의사가 있다거나 회사에 재산상 손해가 발생하지도 않아 업무상배임죄는 성립하지 않는다(대판 2005.4.29, 2005도856).

③ 금융기관이 거래처의 기존 대출금에 대한 원리금 및 연체이자에 충당하기 위하여 위 거래처가 신규 대출을 받은 것처럼 서류상 정리하였더라도 금융기관이 실제로 위 거래처에게 대출금을 새로 교부한 것이 아니라면 그로 인하여 금융기관에게 어떤 새로운 손해가 발생한 것은 아니라고 할 것이므로 따로 업무상배임죄가 성립된다고 볼 수 없다(대판 2000.6.27, 2000도1155).

④ 새마을금고의 임직원이 동일인 대출한도를 초과하여 대출함으로써 구 새마을금고법을 위반하였다고 하더라도, 대출한도 제한규정 위반으로 처벌됨은 별론으로 하고, 그 사실만으로 특별한 사정이 없는한 업무상배임죄가 성립하는 것은 아니다. 업무상배임죄가 되려면 이같은 한도초과대출이라는 임무위배행위에 더하여 대출 당시의 대출채무자의 재무상태, 다른 금융기관으로부터의 차입금, 기타 채무를 포함한 전반적인 금융거래상황, 사업현황 및 전망과 대출금의 용도, 소요기간 등에 비추어 볼 때 대출채권의 회수에 문제가 있는 것으로 판단되어야 한다(대판전 2008.6.19, 2006도4876).

⑤ 기업인수에 필요한 자금을 마련하기 위하여 그 인수자가 금융기관으로부터 대출을 받고 나중에 피인수회사의 자산을 담보로 제공하는 이른바 LBO(Leveraged Buyout) 방식을 사용하는 경우, 피인수회사로서는 주채무가 변제되지 아니하면 담보로 제공되는 자산을 잃게 되는 위험을 부담하게 된다. 그러므로 인수자만을 위한 담보제공이 무제한 허용된다고 볼 수 없고, 인수자가 피인수회사의 위와 같은 담보제공으로 인한 위험부담에 상응하는 대가를 지급하는 등의 반대급부를 제공하는 경우에 한해 허용된다 할 것이다. 만일 인수자가 피인수회사에 아무런 반대급부를 제공하지 않고 임의로 피인수회사의 재산을 담보로 제공하게 하였다면, 인수자 또는 제3자에게 담보가치에 상응한 재산상 이익을 취득하게 하고 피인수회사에게 그 재산상 손해를 가하였다고 봄이 상당하다(대판 2006.11.9, 2004도7027).

- 모험거래는 경제활동에서 늘 있는 정상적인 거래이므로 배임행위가 아니다. 물론 본인이 모험거래를 전적으로 금지했다면 배임죄가 가능하다.
  기업활동과 관련하여 업무상 배임죄 성부를 가리려면 문제된 경영상의 판단에 이르게된 경위와 동기, 판단대상인 사업의 내용, 기업이 처한 경제적 상황, 손실발생의 개연성과 이익취득의 개연성 등 제반사정을 고려하여 고의인정을 신중하게 해야 한다.
- 재산상의 손해가 발생해야 한다.
  재산상의 손해가 발생했는지는 전체재산의 감소가 있었느냐를 기준으로 하며 손해 여부는 경제적 관점에서 판단한다. 그러므로 청구권이 존재하더라도 그 실현이 불가능하거나 곤란하면 청구권의 경제적 가치는 없거나 근소하게 된다.
  현실적 손해가 아닌 손해발생의 위험을 초래해도 손해는 발생한 것이다.[6)]

  * ① 재산상의 손해를 가한 때란 실해발생의 위험을 초래한 경우도 포함되고 사후에 피해가 회복되어도 배임죄의 성립과는 무관하다. 따라서 일정수의 보증인을 요구하는 은행의 대출규정은 그 정도의 보증인이 있어야 채권회수에 문제가 없으리라는 판단에 근거한 것이므로 그중 1인이 흠결되거나 자격미달 보증인을 내세워 대출을 하였다면 비록 다른 보증인에 의하여 채권회수가 이루어진다 해도 은행입장에서는 그 대출 당시에 채권회수가 곤란해 질 위험에 처해진 것이고 융통어음의 할인을 금하는 것도 어음금이 지급되지 아니할 위험이 높아 담보로 취득한 어음의 가치가 없어질 가능성이 크기 때문이다. 그러므로 은행규정에 위반하여 융통어음을 할인해준 경우에는 은행입장에서는 대출 당시에 채권회수가 곤란해 질 위험에 처해진 것이다(대판 2002.6.28, 2000도3716).

    ② 대표이사가 개인의 차용금 채무에 관하여 개인 명의로 작성하여 교부한 차용증에 추가로 회사의 인감을 날인하였어도 이는 적법한 대표행위가 아니므로 회사는 위 차용금 채무를 부담하지 않으며 채권자 또한 대표이사의 이 같은 행위가 적법한 대표행위가 아님을 알았거나 알 수 있었다 할 것이어서 회사가 사용자책임이나 법인의 불법행위에 기한 손해배상의무를 부담할 여지도 없으므로 결국 회사에 하등의 재산상 손해를 끼친 것이 아니다(대판 2004.4.9, 2004도771).

    Q) 법률적 재산개념과 경제적 재산개념을 설명하고 재산상의 손해와 관련한 위 ①과 ②를 두 개의 재산개념에 따라 검토하라.

---

6) 김성천, 1021면; 박상기, 405면; 배종대, 566면; 유기천(상), 296면; 이재상, 426면; 정/박, 466면; 정영일, 407면. 그러나 손해발생의 위험만으로는 배임죄의 미수라는 견해도 있다. 임웅, 474면.

③ 부실대출에 의한 업무상배임죄가 성립한 경우 손해액은 담보물의 가치를 초과하여 대출한 금액이나 실제로 회수가 불가능하게 된 금액이 아니라 재산상 권리의 실행이 불가능하게 될 염려가 있거나 손해발생의 위험이 있는 대출금전액이다(대판 2000.3.24, 2000도28).

손해계산과 관련하여 구체적 사례를 상정해 보면 1억을 불법하게 대출했지만 다시 3억을 추가불법대출하면서 이중 1억을 앞의 대출금에 대한 변제로 회수했을 때(사전 합의한 대로) 회수한 1억에 대해서도 재산상의 손해로 봐야 하는지?

관련 판례를 보면

거래처의 기존 대출금에 대한 연체이자에 충당하기 위하여 위 거래처가 신규대출을 받은 것처럼 서류상 정리한 경우에는 대출금원장 등에는 형식적으로 대출금이 거래처에 교부된 것처럼 되어 있으나 실질적으로는 거래처의 기존대출금에 대한 연체이자 정리를 위하여 서류상으로만 위 거래처가 신규대출을 받는 것으로 기재되었을 뿐 금융기관 측에서 위 거래처에게 대출금이 새로 교부된 것이 아니므로 그로 인하여 금융기관 측에 어떤 새로운 손해가 발생한 것은 아니므로 업무상배임죄는 성립하지 않는다(대판 2002.6.28, 2000도3716).

일본의 하급심판결도 "일단 3억이 고객계좌에 입금된 이상은 자금이 현실로 유출·이동하였으므로 그 시점에서 재산상의 손실을 인정하지만 만약 3억 전부가 아니라 2억만 대출하고 1억은 교부하지않은 채 장부상으로만 1억이 변제된 것으로 기재되었다면 이 1억은 재산상의 손해로 잡지 않는다(東京 地判昭40.4.10判時411号35頁)."

- 자기 또는 제3자가 재산상의 이익을 취득해야 하므로 본인에게 손해를 끼쳤어도 이익의 취득이 없으면 배임죄는 성립하지 않는다.

* ① 피해자 회사의 사업부 영업팀장인 피고인이 체인점들에 대한 전매입고 금액을 삭제하여 전산상 회사의 체인점들에 대한 외상대금채권이 줄어든 것으로 처리하는 전산조작행위를 한 경우, 회사의 외상대금채권 행사가 곤란하게 되는 상태가 조성된 점은 사실이지만 그렇다고 하여 곧바로 회사의 대금채권 행사가 사실상 불가능해지거나 현저히 곤란하게 되었다고 단정할 수 없어 회사에게 재산상실해발생의 위험이 생기는 것은 아니라 할 것이다. 그 결과 해당체인점의 점주들이 그에 상응하는 재산상 이익을 취득했다고 보기도 어려워 배임죄를 인정한 원심판결을 파기한 사례(대판 2006.7.27, 2006도3145)가 있지만 의문이다.

  ② 특경법 제3조 제1항에서 말하는 이득액은 단순일죄의 이득액이나 혹은 포괄일죄에서의 이득액의 합산액을 의미하며 경합범인 수죄의 각 이득액을 합한 금액을 의미하는 것은 아니다(대판 1993.6.22, 93도743).

- 본죄는 고의범

  고의확인은 피고인이 자백하지 않는 한 사물의 성질상 배임의 범의와 상당한 관련성이 있는 간접사실을 증명하는 방법에 의해 입증할 수밖에 없다.

〈 관련문제 〉

- 부동산의 이중저당
  ① 이중저당이란 갑에게 돈을 빌리고 1번 저당권설정등기를 해주기로 하고도 이 등기가 경료되기 전에 다른 사람에게 1번 저당권설정등기를 해 준 경우를 말한다.
  ② 제3자에 대한 기망이 있었고(갑과의 약속사실을 숨긴) 갑에게 손해가 발생했으므로 사기죄가 되는가?

     거래상의 신의칙에 비추어 볼 때 이 정도의 거짓은 사기죄상의 기망이 아니고 또한 제3자가 갑의 재산을 처분할 수 있는 지위에 있지 않으므로 사기죄가 될 수 없다는 데에 대해서는 견해가 일치한다.
  ③ 남는 것은 배임죄 성립여부인데 저당권설정자를 갑(타인)의 사무를 처리하는 자로 볼 수 있는지가 결정적이다.

     긍정하는 쪽[7]은 저당권설정자는 설정등기가 완료될 때까지 갑에게 협력할 의무를 지며 이 의무가 주로 저당권자를 위해 부담하는 것인 한 타인의 사무를 처리하는 자로 볼 수 있다고 한다.

     이를 비판하는 쪽은 저당권설정자의 협력의무는 저당권자인 갑을 위한 사무이기는 하지만 본래 저당권자가 할 수 있는 사무가 아니므로 타인의 사무를 대신 행하는 관계가 될 수 없다고 한다. 대리권남용설이나 한정배신설, 의사내용결정설의 입장이다.

     * 협력의무 아닌 대행의무를 진 자만이 배임죄의 주체가 된다고 보나 과연 그런가? 배신설이나 관리권설은 반대로 이 경우 저당권의 관리가 등기완료시까지(등기서류 교부시가 아닌) 저당권설정자에게 위탁되어 있고 따라서 설정자는 저당권자의 등기를 방해하지 않을 소극적 의무를

---

7) 강구진, 380면; 권오걸, 791면; 김성돈, 427면; 김/서, 490면; 박상기, 409면; 배종대, 560면; 백형구, 221면; 손동권, 465면; 오영근, 519면; 이재상, 430면; 이형국, 437면; 임웅, 480면 이하; 정/박, 469면; 진/이, 502면.

위배하여 손해를 끼쳤으므로 배임죄를 긍정한다.

Q) 근저당설정등기에 필요한 서류를 교부하는 일은 타인의 사무를 처리하는 것인가?

- 부동산이중매매

갑이 을에게 자신의 부동산을 매도하였으나 아직 이전등기를 하지 않은 상태에서 이를 병에게 매도하고 병에게 소유권이전등기를 해주는 경우이다.

이때 등기까지도 제1매수인인 을 명의로 되어 있는 상태라면 사기죄.

그러나 등기경료 전의 매도인의 이중매매는 물권변동에 관한 형식주의하에서는 횡령은 될 수 없고 배임죄가 문제(등기협력의무의 발생시점으로부터)되는데 이를 계약의 이행 단계에 따라 살펴보면

① 계약금만 수령한 단계에서의 이중매매

매도인은 자유롭게 계약을 해지할 수 있고(민법 제565조의 조건을 충족시키는 한) 계약불이행에 따른 별도의 손해배상의무도 없어 타인의 사무를 처리하는 자가 아니라는 점에 대해 이론이 없다.

② 중도금을 수령한 상태에서의 이중매매

견해는 첨예하게 대립한다.

통설과 판례는 이 단계에 진입하면 매도인에게 타인사무처리자의 지위를 인정한다.

중도금을 수령하면 매도인도 일방적으로 계약을 해제할 수 없고 매수인의 소유권취득에 협력해야 할 의무를 지게 되니까.

* 부동산매도인이 매수인으로부터 계약금과 중도금까지 수령한 이상 특단의 약정이 없다면 잔금수령과 동시에 매수인 명의로의 소유권이전등기에 협력할 임무가 있으므로 이를 다시 제3자에게 처분함으로써 제1차 매수인에게 잔대금수령과 상환으로 소유권이전등기절차를 이행하는 것이 불가능하게 되었다면 배임죄의 책임을 면할 수 없다(대판 1988.12.13, 88도750).

이처럼 판례는 "등기협력이 없으면 소유권이전을 완성할 수 없기 때문에 그 등기의무를 주로 매수인의 소유권취득을 위해 부담하는 타인의 사무로 본다." 나아가 이 협력의무는 "자기의 거래를 완성하기 위한 자기의 사무인 동시에 주로 타인인 양수인을 위하여 부담하고 있는 것으로서 양수인의 소유권취득을 위한 사무의 일부를 이루는 것이다(대판 1985.11.26, 85도1493)."고 한다.

반대설[8]은 협력의무란 타인을 위한 사무처리인데 자기 사무의 처리에서

도 타인을 위할 때가 있어 협력의무를 기준삼아 타인사무의 처리자라고 함은 옳지 않다고 본다.

또한 과연 중도금수령 단계에서 등기협력의무가 발생하는지도 의문이라고 하면서 대금완불행위와 등기서류교부행위를 통해 (사회통념상) 이제는 소유권이전의사가 표시되었다고 볼 수 있을 때라야(물권적 합의나 물권적 기대권이 발생한) 비로소 매도인은 소극적으로 타인의 소유권취득을 방해해서는 안 되는 처지에 다다랐다고 한다.

등기협력의무의 내용은 이런 것이어서 이 의무의 발생시점은 결코 중도금수령시기가 아니게 된다.

그러나 "타인을 위한" 이라는 요소가 타인사무나 자기사무에 고루 포함된다고 하여 이를 타인사무인지를 가리는 기준으로 무용이라고 할 수 있을지는 의문이다. 왜냐하면 배임죄상의 타인의 사무란 여전히 타인을 위한 사무일 수밖에 없고 물권적 기대권이 발생한 시점부터 타인사무처리자라고 할 때도 실은 타인의 재산취득을 방해할 수단이 거의 남아있지 않은 단계, 곧 태반을 그저 타인을 위해 일할 수밖에 없는 상태(판례는 협력의 중요성이라고 함)임을 가리키기 때문이다. 이처럼 반대설도 "타인을 위한" 혹은 "협력의 중요정도"라는 기준을 은연중에 사용하고 있으며 다만 언제부터 "타인을 위한"인지를 판례나 다수설과 달리 판단하고 있을 뿐이다. 그러나 반대설의 원래 입장을 관철하면 물권적 기대권이 발생한 시점부터는 오직 매도인의 방해만 없으면 -매수인이 자신의 재산취득을 훼방하지 않을 의무를 진다는 것은 생각할 수 없으므로- 등기이전은 순조로울 것이므로 이와 같은 협력의무의 이행(방해 않는 것)은 매도인의 자기사무 -본래 매수인의 일을 매도인에게 위탁한다는 관계가 아니므로- 일 수밖에 없다. 그럼에도 반대설은 이때 이중매매가 있으면(실제로 이 단계에서 과연 이중매매가 가능할지는 의문이지만) 배임죄가 된다고 하여 타인의 사무를 타인을 위한 사무의 뜻으로 사용하고 있다.

한편 등기협력의무의 발생시점을 잔금의 교부시로 보면서 이때는 양 당사자가 소유권이 실질적으로 이전되었다고 생각하기 때문에 일반인도 등기협력을 타인의 사무로 볼 수 있다고 한다. 그러나 소유권의 이전은 등

8) 김종원, 238면; 문형섭, "배임죄에 관한 연구"(2001), 56면 이하; 오영근, 516면.

기의 경료시이므로 당사자가 어떻게 생각했느냐가 결정적일 수는 없다. 그럼에도 이 단계에서 배임죄를 긍정하는 것은 소유권이전이라는 법적 효과의 발생이 확실해서가 아니라 사회통념, 또는 일반인의 법감정이 오히려 결정적임을 드러낸다. 그렇다면 거래현실에 따라서는 보통 매매가의 절반이 지불된 중도금지급단계에서 매도인에게 타인사무의 근거가 되는 중요한 협력의무를 인정할 수도 있을 것이다. 민법도 이를 고려하여 이 단계에서 매도인이 일방적으로 계약을 해제할 수 없게 잠금장치를 해놓은 것이 아닐까?

③ 배임죄를 인정할 때도 그 실행의 착수시점을 일반적으로 후매수자한테 중도금을 받은 때[9]나 후매수인에게 이전등기를 착수한 때[10]로 보며 이는 중도금을 수령했어도 매도자가 아직은 선매수자한테 등기를 이전해줄 수 있다는 점(따라서 제1매수자가 손해를 입을 위험은 아직 발생하지 않았다고)을 그 논거로 한다.

배임죄상의 "본인에게 손해를 가한 때"를 제2매수인이 소유권을 취득하였으므로 제1매수인이 이를 취득할 수 없게 된 때로 이해하는 것이다.

* 피고인이 이 사건 부동산을 제1차 매수인에게 매도하고 계약금과 중도금까지 수령한 이상 특단의 약정이 없으면 잔금수령과 동시에 매수인 명의로의 소유권이전등기에 협력할 의무가 있고 이 임무는 주로 위 매수인을 위하여 부담하는 임무라 할 것이므로, 위 매매계약이 적법하게 해제되었다면 모르되 그렇지 않은 이상 피고인이 다시 제3자와 사이에 위 부동산에 대한 매매계약을 체결하고 계약금과 중도금까지 수령한 것은 제1차 매수인에 대한 소유권이전등기 협력임무의 위배와 밀접한 행위로서 배임죄의 실행의 착수라고 보아야 할 것이다(대판 1983.10.11, 83도2057).

같은 맥락에서 기수시점도 소유권이전등기를 경료한 때로 보는 것이 일반적이지만 그러나 재산상 손해의 발생을 대상 부동산에 대한 소유권취득으로 봐야하는 지는 의문이다. 제1매수인한테 등기협력의무를 지고 있으면서 다시 제2매수인으로부터 금원을 받았다면 그것이 계약금이라 할지라도 재산상의 이익은 이미 취득한 것이고 다만 이 사실이 제1매수인에 대해 손해를 발생시킬 위험을 초래했다고 볼 수 있을 지가 문제의 핵

9) 권오걸, 784면; 김/서, 490면 이하; 박상기, 411면; 배종대, 558면; 백형구, 503면; 정영일, 401면; 진/이, 503면.

10) 김성돈, 425면; 오영근, 517면; 이재상, 432면; 이형국, 438면; 정/박, 470면.

심이다(전술 재산상의 손해발생 참조).

* 피고인이 피해자에게 이 사건 임야를 매도하고 일부 잔금까지 지급받았음에도, 다시 위 임야를 제3자에게 매도하여 계약금을 지급받고는 그 앞으로 소유권이전청구권 보전을 위한 가등기를 마쳐줌으로써 특경법 위반(배임)죄의 기수에 이르렀다고 판단한 원심의 판단은 정당하다. 가등기를 마쳐 줌으로써 매수인에게 손해발생의 위험을 초래하였기 때문이다(대판 2008.7.10, 2008도3766).

Q) 후매수인 또한 제1매수인과 마찬가지로 배임죄상의 본인에 해당하는 것 아닌지?

* 부동산이 매도되면 형법은 부동산을 매도한 자에게 매수인을 위한 임무로 매수인에게 소유권을 이전해 줄 의무를 성실히 이행할 것을 명하는 동시에 그 임무에 위배하여 동 부동산을 다시 타인에게 매도하고 그에게 소유권을 이전하는 것을 금하고 있는 것이라고 할 것이므로 부동산을 이중으로 매도한 경우에 매도인이 선매수인에게 소유권이전의무를 이행하였다고 해서 그를 후매수인에 대하여 그 임무를 위법하게 위배하였다고 할 수 없다(대판 1986.12.9, 86도1112).

Q) 양도담보에 관한 대판 1989.4.11, 88도1586; 2004.6.25, 2004도1751과 위 사례를 비교하여 그 차이점을 언급하라.

④ 악의인 후매수자는 배임죄의 공동정범이 가능하지만 배임행위에 적극적으로 관여해야 한다.[11)]

* 업무상배임죄의 실행으로 이익을 얻게 되는 수익자가 배임죄의 공동정범이 되려면 실행행위자의 행위가 배임행위임을 알면서 소극적으로 이에 편승하여 이익을 취득한 것만으로는 부족하고 그의 배임행위를 교사하거나 배임행위의 전과정에 관여하는 등 배임행위에 적극 가담하여야 한다(대판 2005.3.11, 2004도4142). 관여의 정도가 이에 미치지 못하여 법질서전체의 관점에서 볼 때 상당한 행위이면 배임행위임을 알면서 거래에 임하였기 때문에 비록 외견상 방조로 평가될 수 있는 행위가 있었어도 범죄를 구성할 정도의 위법성은 없다(대판 2005.10.28, 2005도4915).

Q) 악의의 후매수자를 배임죄의 공범으로 처벌하기 위해 이처럼 판례가 그 요건을 엄격히 정한 배경은 무엇인가?

- 동산의 이중매매

중도금 수령 후 제3자에게 이중으로 매각, 인도하면 배임죄가 성립한다.

그러나 최근판례(대판전 2011.1.20, 2008도10479)에서는 부동산의 이중매매와는 달리 중도금 수령 후 동산을 제3자에게 양도하여도 배임죄가 성립하지 않는다고 한다.

11) 권오걸, 788면; 김성돈, 426면; 김/서, 491면; 박상기, 412면; 오영근, 517면; 이형국, 438면; 임웅, 479면; 정/박, 471면.

대판전 2011.1.20, 2008도10479

피고인이 인쇄기를 갑에게 양도하기로 하고 계약금 및 중도금을 수령하였음에도 이를 자신의 채권자 을에게 기존 채무 변제에 갈음하여 양도함으로써 재산상 이익을 취득하고 갑에게 동액 상당의 손해를 입혔다는 배임의 공소사실에 대하여, 이를 무죄로 선고한 원심판단을 수긍한 사례.

[다수의견]

(가) 매매와 같이 당사자 일방이 재산권을 상대방에게 이전할 것을 약정하고 상대방이 그 대금을 지급할 것을 약정함으로써 그 효력이 생기는 계약의 경우(민법 제563조), 쌍방이 그 계약의 내용에 좇은 이행을 하여야 할 채무는 특별한 사정이 없는 한 자기의 사무에 해당하는 것이 원칙이다.

(나) 매매의 목적물이 동산일 경우, 매도인은 매수인에게 계약에 정한 바에 따라 그 목적물인 동산을 인도함으로써 계약의 이행을 완료하게 되고 그때 매수인은 매매목적물에 대한 권리를 취득하게 되는 것이므로, 매도인에게 자기의 사무인 동산인도 채무 외에 별도로 매수인의 재산의 보호 내지 관리 행위에 협력할 의무가 있다고 할 수 없다. 동산매매계약에서의 매도인은 매수인에 대하여 그의 사무를 처리하는 지위에 있지 아니하므로, 매도인이 목적물을 매수인에게 인도하지 아니하고 이를 타에 처분하였다 하더라도 형법상 배임죄가 성립하는 것은 아니다.

[반대의견]

(가) 매매계약의 당사자 사이에 중도금을 수수하는 등으로 계약의 이행이 진행되어 다른 특별한 사정이 없는 한 임의로 계약을 해제할 수 없는 단계에 이른 때에는 그 계약의 내용에 좇은 채무의 이행은 채무자로서의 자기 사무의 처리라는 측면과 아울러 상대방의 재산보전에 협력하는 타인 사무의 처리라는 성격을 동시에 가지게 되므로, 이러한 경우 그 채무자는 배임죄의 주체인 타인의 사무를 처리하는 자의 지위에 있고, 이러한 지위에 있는 자가 그 의무의 이행을 통하여 상대방으로 하여금 그 재산에 관한 완전한 권리를 취득하게 하기 전에 이를 다시 제3자에게 처분하는 등 상대방의 재산취득 혹은 보전에 지장을 초래하는 행위는 상대방의 정당한 신뢰를 저버리는 것으로 비난가능성이 매우 높은 전형적인 임무위배행위에 해당한다.

(나) 동산매매의 경우에도 당사자 사이에 중도금이 수수되는 등으로 계약의 이행이 일정한 단계를 넘어선 때에는 매도인이 매매목적물을 타에 처분하는 행위는 배임죄로 처벌하는 것이 논리적으로 일관되고, 그와 달리 유독 동산을 다른 재산과 달리 취급할 아무런 이유를 찾아볼 수 없다. 다수의견은 본질적으로 유사한 사안을 합리적 근거없이 달리 취급하는 것으로서 형평의 이념에 반하며, 재산권의 이중매매 또는 이중양도의 전반에 걸쳐 배임죄의 성립을 인정함으로써 거래상 신뢰관계의 보호에 기여하여 온 대법원판례의 의미를 크게 퇴색시키는 것이다.

각 의견에 대한 보충의견과 판결이유를 꼭 찾아볼 것.

매도인이 점유개정에 의해 점유하다가 제3자에게 다시 매각, 인도하면 횡령죄가 성립한다.

갑이 을에게 반환청구권의 양도에 의한 인도를 하고 점유매개자 병에게 이를 통지하기 전에 다시 병에게 반환청구권을 양도할 때도 횡령죄가 된다.

– 양도담보와 배임죄의 성부

관련판례를 보면

① 양도담보권자가 변제기 경과 후에 담보권을 실행하기 위해 담보목적물을 처분하는 행위는 담보계약에 따라 양도담보권자에게 주어진 권능이어서 자기의 사무처리에 속하고 그 결과 담보목적물을 처분함에 있어 시가에 따른 적절한 처분을 할 의무는 담보계약상의 민사책임 의무이고 형법의무는 아니어서 이에 위반해도 배임죄는 아니다(대판 1989.10.24, 87도126).

* 민법상 책임을 묻는다고 하여 형사제재가 수반되어야 하는 것은 아니며 그 역의 관계도 성립할 수 있다. 그러나 이것이 법질서의 불통일이라고 말할 수는 없다. 민사제재가 형사제재보다 덜 엄혹하다고 해서 형사제재가 있으면 언제나 민사제재가 뒤따르는 것도 아니다.

② 양도담보권자가 담보권을 실행한 후 환가대금으로 변제에 충당하고 나머지 금을 담보제공자에게 반환할 채무는 담보계약에 따른 자신의 정산의무이므로 이를 이행하지 않더라도 배임죄는 아니다(대판전 1985.11.26, 85도1493)

③ 양도담보의 채무자는 채권자가 목적물처분을 종료할 때까지 채무를 변제하여 목적물을 찾아올 수 있으므로 피담보채권이 변제로 소멸하면 양도담보권자는 담보목적물의 소유자였던 담보설정자에게 그 권리를 회복시켜 줄 의무를 부담하게 되므로 그 이행은 타인의 재산을 보전하는 배임죄상의 타인의 사무가 된다(대판 1988.12.13, 88도184).

④ 동산에 대하여 점유개정의 방법으로 이중양도담보를 설정한 경우 뒤의 양도담보권자는 처음의 양도담보권자에 대하여 배타적으로 자기의 담보권을 주장할 수 없으므로 이중으로 양도담보제공이 된 것만으로는 설령 담보권설정자가 처음의 양도담보권자에게 이중으로 양도담보제공을 하지 않기로 특약을 하였더라도 그에게 담보권의 상실이나 담보가치의 감소 등 손해가 발생한다고 볼 수 없으므로 배임죄가 아니다(대판 1989.4.11, 88도1586).

⑤ 금전채무를 담보하기 위하여 채무자가 그 소유의 동산을 채권자에게 양도하되 점유개정에 의하여 채무자가 이를 계속 점유하기로 한 경우 특별한 사정이 없는 한 동산의 소유권은 신탁적으로 이전됨에 불과하여 채권자와 채무자 사이의 대내적 관계에서 채무자는 의연히 소유권을 보유하나 대외적인 관계에서는 채권자가 소유자이고 채무자는 무권리자가 되므로 채무자가 다시 다른 채권자와 양도담보설정계약을 체

결하고 점유개정의 방법으로 인도를 하더라도 선의취득이 인정되지 않는 한 나중의 채권자는 양도담보권을 취득할 수 없는데 현실의 인도가 아닌 점유개정으로는 선의취득이 인정되지 아니하므로, 결국 뒤의 채권자는 양도담보권을 취득할 수 없고, 따라서 이와 같이 채무자가 그 소유의 동산에 대해 점유개정의 방식으로 채권자들과 이중의 양도담보 설정계약을 체결한 후 설정자가 목적물을 임의로 제3자에게 처분하였다면 양도담보권자라 할 수 없는 뒤의 채권자에 대한 관계에서는 채무자가 타인의 사무를 처리하는 자가 될 수 없다(대판 2004.6.25, 2004도1751).

- 회사대표가 법인을 위할 목적이기는 하나 법령에 위반하는 행위를 했을 때 일본판례는 완고하게 불법영득의사를 인정하여 횡령죄를 긍정해 오다가 최근 그와 같은 위반행위가 있다면 불법영득의사를 추정할 수 있는 하나의 사정은 되지만 행위의 객관적 성질의 문제와 행위자의 주관의 문제는 본래 별개의 것이므로 법령을 위반한 행위였어도 그것이 오직 회사를 위해서였다면 불법영득의사는 부정된다는 재판이 출현하였다.

  나아가 영득의사가 부정되면 바로 이득범죄인 배임이 되는 것도 아니며 보통은 오히려 영득의사가 부정되면 불법이득의사도 부정되어 배임죄가 성립하지 않는다고 한다(最決 平13.11.5刑集55卷6号546頁).

  우리 판례는 이 경우 배임죄를 긍정하지만 미묘한 변화도 감지된다.

  * ① 행위자가 본인을 위한다는 의사로 행위했어도 그 목적과 취지가 법령이나 사회상규에 위반된 위법한 행위로서 용인할 수 없는 경우에는 그 행위의 결과가 일부 본인을 위하는 측면이 있다고 할지라도 이는 본인과의 신임관계를 저버리는 행위로서 배임죄가 된다(대판 2002.7.22, 2002도1696).

  ② 신용불량자로 등록되어 있어 추가대출이 불가능한데도 마치 그 연체대출이 모두 변제된 것처럼 전산조작을 하여 부정대출을 해주었더라도 그렇게 대출한 것이 회수할 수 없는 채권을 회수하여 실질적으로 은행에 이익이 되고 그것이 통상적인 업무집행범위에 속하는 것으로 용인될 수 있는 것이라면 그 대출로 인하여 회수의 확실성이 없는 일부 채권이 발생하였다 하여 이를 가지고 대출업무 담당자로서의 채권확보조치를 하지 아니한 임무위반행위에 해당하고 또 그와 같은 임무위반의 인식이 있었다고 단정하기는 어렵다(대판 2008.2.14, 2007도7716).

  Q) 이 두 사례의 결론이 다른 이유는 무엇이며 그와 같은 결과는 타당한가?

- 횡령죄가 성립하면 법조경합 관계인 배임죄는 성립하지 않는다.
- 타인의 사무를 처리하는 자가 본인을 기망하여 착오에 빠진 본인으로부터 재물을 교부받은 경우에 다수설과 판례는 임무위배도 있으므로 사기죄와 배임

죄의 상상적 경합[12)]으로 처리한다. 그러나 사기죄일죄로 보는 견해[13)]도 있다.

- 양도담보로 제공한 후 다시 타에 양도한 물건은 배임행위를 행하는 수단이지 배임행위를 통해 영득한 물건은 아니므로 장물이 아니다.
- 배임후의 배임이 가능한가?

  횡령죄의 경우와는 달리 판례는 이를 긍정한다.

  * 배임죄는 재산상 이익을 객체로 하는 범죄이므로, 1인 회사의 주주가 자신의 개인채무를 담보하기 위하여 회사 소유의 부동산에 대하여 근저당권설정등기를 마쳐 주어 배임죄가 성립한 이후에 그 부동산에 대하여 새로운 담보권을 설정해 주는 행위는 선순위 근저당권의 담보가치를 공제한 나머지 담보가치상당의 재산상 이익을 침해하는 행위로서 별도의 배임죄가 성립한다(대판 2005.10.28, 2005도4915).

〈업무상 배임죄(제356조)= 업무상의 임무에 위배하여 배임죄를 범한 자는 10년 이하의 징역 또는 3천만원 이하의 벌금에 처한다〉

- 진정신분범과 부진정신분범의 이중적 성격을 지닌 범죄이다.
- 이득액이 5억 이상이면 특정경제범죄 가중처벌 등에 관한 법률 제3조가 적용된다.

〈배임수증죄(제357조)= ① 타인의 사무를 처리하는 자가 그 임무에 관하여 부정한 청탁을 받고 재물 또는 재산상의 이익을 취득한 자는 5년 이하의 징역 또는 1천만원 이하의 벌금에 처한다.

② 제1항의 재물 또는 이익을 공여한 자는 2년 이하의 징역 또는 5백만원 이하의 벌금에 처한다.

③ 범인이 취득한 제1항의 재물은 몰수한다.
몰수가 불가능하거나 재산상의 이익을 취득한 때는 그 가액을 추징한다.

- 본죄는 배임수재죄와 배임증재죄로 다시 나뉜다
- 배임수재죄는 배임죄및 뇌물죄와 비교했을 때 그 특징을 이해하기가 쉽다. 먼저 배임죄와는 범죄의 주체와 재산상의 이익취득을 공통으로 하나 임무에 관해 부정한 청탁을 받을 것, 임무위배행위를 요하지 않는 점과 재물취득도

---

12) 강구진, 328면; 김종원, 244면; 박상기, 413면; 이형국, 439면; 임웅, 482면; 정영일, 420; 대판전 2002.7.18, 2002도669.

13) 오영근, 523면.

포함시키는 점이 다르다(배임죄와는 독립된 별개의 범죄이다).

다음으로 뇌물죄의 주체는 공무원 또는 중재인이고 부정한 청탁이 불필요하지만 배임수재죄와 동일하게 직무집행이 없이 뇌물의 요구나 약속만으로 뇌물죄가 성립한다.

따라서 배임수재죄에는 배임죄적 요소와 뇌물죄적 요소를 다 포함하고 있다.

- 보호법익을 ① 사무처리의 청렴성(판례와 다수설.[14] 뇌물죄와 유사한 구조로 본다)이나
  ② 타인의 재산과 사무처리의 공정성[15]으로 파악한다.

  그러나 조문상 부정한 청탁을 하는 측에서 재산을 제공하는 것이어서 그의 재산을 보호법익으로 삼기는 곤란하며 이 점은 뇌물죄에서도 마찬가지이다.

  * 배임수재죄는 타인의 사무를 처리하는 자의 청렴성을 보호법익으로 하는 것으로, 사무처리자가 그 임무에 관하여 부정한 청탁을 받은 이상 그 후 사직으로 인하여 그 직무를 담당하지 않는 상태에서 재물을 수수해도 그 수수가 부정한 청탁과 관련하여 이루어진 것이라면 본죄가 성립한다(대판 1997.10.24, 97도2042).
- 타인의 사무에서 사무가 반드시 재산상의 사무일 필요는 없다.
- 임무에는 위임받은 본래의 사무뿐만 아니라 그와 밀접한 관계가 있는 사무도 포함된다.
- 부정한 청탁

  사회상규나 신의성실의 원칙에 반하는 청탁을 말한다.

  그러나 청탁의 내용은 어느 정도 구체적이고 특정된 임무에 관한 것이어야 하므로 막연히 선처를 바란다는 부탁 정도는 본죄의 청탁이 될 수 없다.

  그 판단은 청탁의 내용, 재물의 액수, 교부형식, 보호법익인 사무처리의 청렴성 등을 종합하여 행하고 청탁이 반드시 명시적일 필요는 없다(대판 2006.5.11, 2003도4320).

  * 재건축조합의 총무가 시공사로부터 업무추진비 명목으로 다액의 돈을 지급받은 경우 이는 의례적인 인사로 건네진 것으로 볼 수 없고, 조합운영비와 별도로 이를 피고인 개인 계좌로 입금한 점과 이 돈을 업무추진비로 사용한 자료를 제출하지 못하고 있는

---

14) 권오걸, 806면; 김성돈, 430면; 김/서, 500면; 박상기, 415면; 배종대, 569면; 백형구, 225면; 이재상, 435면.

15) 오영근, 526면; 이형국, 440면; 정/박, 473면 이하; 정영일, 414면; 진/이, 511면.

점으로 미루어 재건축공사를 진행함에 있어 시공사에 유리한 쪽으로 편의를 보아 달라는 취지의 묵시적 청탁이 있었다고 추인함이 상당하며 따라서 이는 부정한 청탁에 해당한다(대판 2008.12.24, 2008도9602).

- 재물이나 재산상의 이익은 현실로 취득해야 하나 배임행위를 해야 하는 것은 아니다.
  조문의 문언에 따르면 제3자에게 이를 취득하게 한 때에는 본조에 해당하지 않지만 사회통념상 제3자의 취득이 청탁을 받은 본인이 직접 받은 것과 동일하게 평가되면 본죄가 성립한다(대판 2006.12.22, 2004도2581).
- 실행의 착수는 재물취득을 요구, 약속할 때이다.
- 몰수, 추징은 필요적이다.
- 배임행위를 했다면 본죄와 배임죄의 경합범이 된다.
  양 죄는 행위태양을 전연 달리하므로 별개의 독립된 범죄이기 때문이다(대판 1984.11.27, 84도1906).
- 또한
  ① 건설산업기본법 제95조의2와 제38조의2는 개인적 법익에 대한 범죄가 아니라 건설업의 부조리를 방지하여 건설산업의 건전한 발전을 도모하고자 하는 사회적 법익을 그 보호법익으로 하는 것으로서, 그 행위 및 이익 귀속의 주체를 발주자, 수급인, 하수급인 또는 이해관계인으로 명시하고 배임수재죄와 달리 필요적 몰수·추징 규정도 없는 점 등 제반 사항을 종합적으로 고려하면, 건설산업기본법 제95조의2 위반죄는 형법상 배임수재죄의 특별규정이 아니라 그와 구성요건을 달리하는 별개의 죄로 보아야 한다(대판 2008.9.11, 2008도3932).

  * 건설산업기본법 제95조의2: 제38조의2의 규정을 위반하여 부정한 청탁에 의한 재물 또는 재산상의 이익을 취득하거나 공여한 자는 5년 이하의 징역 또는 5천만원 이하의 벌금에 처한다.
  제38조의2: 도급계약의 체결 또는 건설공사의 시공과 관련하여 발주자, 수급인, 하수급인 또는 이해관계인은 부정한 청탁에 의한 재물 또는 재산상의 이익을 취득하거나 공여하여서는 아니된다.

  ② 감정사가 법정보수 이외의 보수취득금지규정을 위반한 죄는 행정벌의 성질을 가진 것이고, 한편 배임수재죄는 타인의 사무를 처리하는 자의 청렴

성을 그 보호법익으로 하는 형사벌로써 위 양규정은 일반법과 특별법의 관계에 있지 아니하다(대판 1982.7.13, 82도925).

- 여러 사람으로부터 각각 부정한 청탁을 받고 그들로부터 각각 금품을 수수한 경우에는 청탁이 동종의 것일지라도 단일하고 계속된 범의 아래 이루어진 범행이 아니므로 전체를 포괄일죄로 볼 수는 없다. 그러므로 배임증재자별로 각 포괄일죄로 본 후 이들 죄를 실체적 경합범으로 처벌해야 한다(대판 2008.12.11, 2008도6987).
- 배임증재죄는 배임수재죄와 필요적 공범이다.

  * 배임수재죄와 배임증재죄는 통상 필요적 공범의 관계이지만 수재자와 증재자가 같이 처벌받아야 한다는 의미는 아니다. 그 결과 증재자에게는 정당한 업무에 속하는 청탁이라도 수재자에게는 부정한 청탁이 될 수 있다. 그러므로 방송프로듀서에게 담당 방송프로그램에 특정가수의 노래만을 자주 방송하여 달라는 청탁의 경우, 배임증재죄는 성립하지 않으나 배임수재죄는 성립한다(대판 1991.1.15, 90도2257).
- 금융기관 임·직원의 배임수증에 대해서는 "특정경제범죄 가중처벌 등에 관한 법률"을 적용한다.

특경법 제5조(수재등의 죄): ① 금융기관의 임·직원이 그 직무에 관하여 금품 기타 이익을 수수·요구 또는 약속한 때에는 5년 이하의 징역 또는 10년 이하의 자격정지에 처한다.

② 금융기관의 임·직원이 그 직무에 관하여 부정한 청탁을 받고 제3자에게 금품 기타 이익을 공여하게 하거나 공여하게 할 것을 요구 또는 약속한 때에는 제1항의 형과 같다.

③ 금융기관의 임·직원이 그 지위를 이용하여 소속 금융기관 또는 다른 금융기관의 임·직원의 직무에 속한 사항의 알선에 관하여 금품 기타 이익을 수수·요구 또는 약속한 때에는 제1항의 형과 같다.

④ 제1항 내지 제3항의 경우에 수수·요구 또는 약속한 금품 기타 이익의 가액(이하 수수액이라 한다)이 3천만원 이상인 때에는 다음의 구분에 따라 가중처벌한다.

1. 수수액이 1억원 이상인 때에는 무기 또는 10년 이상의 징역에 처한다.
2. 수수액이 5천만원 이상 1억원 미만인 때에는 7년 이상의 유기징역에 처한다.
3. 수수액이 3천만원 이상 5천만원 미만인 때에는 5년 이상의 유기징역에 처한다.

제6조(증재등의 죄): ① 제5조의 규정에 의한 금품 기타 이익을 약속·공여 또는 공여의 의사를 표시한 자는 5년 이하의 징역 또는 3천만원 이하의 벌금에 처한다.

② 제1항의 행위에 제공할 목적으로 제3자에게 금품을 교부하거나 그 정을 알면서 교부받은 자는 제1항의 형과 같다.

Q) 배임죄상의 타인의 사무란 어느 정도 포괄적일 수밖에 없다는 주장의 근거는 무엇이며 이러한 주장은 타당한가?

Q) 채무변제용으로 보관 중이던 돈을 변제기 전에 날릴 위험이 큰 복권을 구입하였던바 요행으로 당첨되어 탈 없이 채무를 변제할 수 있었어도 손실의 위험이 큰 복권을 구입했을 때 이미 재산상의 손해가 발생했다고 할 수 있을까?

Q) 판례에 따르면 횡령 후의 횡령은 불가벌적 사후행위지만(대판 1998.2.24, 97도3282) 배임 후의 배임은 별도로 배임죄가 성립한다고 한다(대판 2005.10.28, 2005도4915).
어떤 이유에서인가?

Lesson 22 장물죄

- 장물의 취득 · 양도 · 운반 · 보관이나 이를 알선하는 것을 내용으로 하는 범죄이며 소유권범죄와 유사하다.
- 장물죄는 본범의 존재를 전제로 하는 것으로 2차적 재산범죄라 할 수 있다. 즉 본범을 비호하거나 본범을 유발, 조장하는 범죄이며 바로 이 점 때문에 법정형이 본범인 절도나 횡령보다 높다.
  장물죄의 역사는 본죄의 특징을 본범에 의해 초래된 위법상태를 유지하는데 있다고 보고 이와 유사한 성격을 가진 증거인멸죄와의 차이를 규명하는데 많은 노력을 기울여 왔음을 보여준다.
- 보호법익은 추구권설과 재산권설로 나뉘지만 추구권이 없어도 장물죄가 성립할 수 있으므로 재산권설이 타당하다.
- 보호의 정도를 둘러싸고 침해범설[1]과 위험범설[2] 및 장물알선죄에 한해 위험범으로 보는 이분설[3]이 있다.
- 장물죄의 본질
  ① 추구권(사법상의 반환청구권)설[4]
    장물죄란 장물에 대한 피해자의 추구권(민법상 인정된 권리로서) 행사를 더욱 곤란하게 하는 범죄라고 한다.
    그리고 이때의 추구권은 물권적 청구권이 전형적이나 채권적 청구권도 포함한다.
    논거는 형법이 장물이라는 개념을 사용하므로 본범 또한 재산범죄로 한정된다(위법한 점유란 그것이 바로 재산범죄로부터 유래한다는 뜻이고 장물죄는 이 불법점유를 더욱 강화시키는 범죄이므로).

---

1) 강구진, 309면; 권오걸, 828면; 김성돈, 436면; 배종대, 576면; 손동권, 481면; 이정원, 442면; 정/박, 485면.
2) 김성천, 1035면; 오영근, 534면; 유기천(상), 311면; 이재상, 441면; 임웅, 493면; 정영일, 424면; 진/이, 519면.
3) 김/서, 506면; 박상기, 422면.
4) 김종원, 248면; 정영석, 394면; 황산덕, 332면.

따라서 재물범죄인 장물죄란 상실한 점유를 회복하는 추구권행사를 어렵게 하는 것이며 회복력이 부여되는 추구권이 되려면 사법상 유효한 권리여야 함은 당연하다. 추구를 가일층 어렵게 만드는 장물죄의 특성은 장물죄를 구성하는 여러 실행행위 가운데서도 장물양도죄에서 가장 두드러진다.

그러므로 사법상 유효한 반환청구권이 없는 物을 취득해도 더 이상 장물죄가 성립하지 않게 된다.

그와 같은 사례로는 1) 불법원인급여인 경우
2) 장물에 대한 추구권이 소멸시효에 걸린 경우
3) 제3자가 선의취득한 경우
4) 가공이나 부합인 경우 등을 들 수 있다.

판례도 이 입장이다.

* 절도 범인으로부터 장물보관 의뢰를 받은 자가 그 정을 알면서 이를 인도받아 보관하고 있다가 임의 처분하였다 하여도 장물보관죄가 성립하는 때에는 이미 그 소유자의 소유물 추구권을 침해하였으므로 그 후의 횡령행위는 불가벌적 사후행위에 불과하여 별도로 횡령죄가 성립하지 않는다(대판 2004.4.9, 2003도8219). 단 불가벌적 사후행위가 처벌의 대상은 아니지만 이 사후행위로 취득한 물건은 재산범죄로 취득한 물건이므로 장물이 된다(대판 2004.4.16, 2004도353).

② (위법상태)유지설[5]

장물죄란 본범에 의해 야기된 위법한 재산상태를 본범과 합의(이 점에서 본범비호적 성격이 확연히 드러난다고 한다)하에 유지하는 범죄라고 한다. 사법상의 추구권유무가 아닌(추구권설은 피해자 입장에서 본질을 보려하므로 본말전도라고 생각) 형법 본래의 입장(가해자인 장물범을 중심으로 본질을 탐구하는)에서 장물죄를 파악하는 태도이다.

그리하여 본범의 위법한 점유만을 문제삼는 추구권설보다 본죄의 재산범적 성격을 더욱 뚜렷이 드러낸다고 하며 불법원인급여의 경우에도 장물성을 인정한다.

③ 결합설[6]

---

5) 김성천, 1038면; 심재우, "장물죄의 범죄성", 고시계1979/12, 50면; 이정원, 444면; 임웅, 496면.

6) 강구진, 392면; 권오걸, 832면; 김성돈, 438면; 김/서, 508면; 박상기, 425면; 배종대, 576

추구권이 없어도 장물죄가 성립할 수 있지만 장물죄 가운데 장물양도죄는 추구권의 행사를 더욱 어렵게 하는 범죄형식이므로 장물죄에는 이 두 가지 성격이 다 포함된다고 한다.

④ 공범설 혹은 이익설[7]

본범이 취득한 이익에 사후적으로 관여하여 그 이익을 취득하는 것.

이익취득의 의사가 있어야 하고 그 이익은 본범이 최초로 취득한 재물이 변형된 형태로 잔존하더라도 무방하다.

그러나 장물죄는 본범을 위해 무료봉사한 경우에도 긍정되므로 타당하지 않다.

생각건대 추구권설이나 유지설의 어느 것에 따르더라도 본범이 꼭 재산범죄라는 논리적 결과를 끌어낼 수는 없다.

재물에 대한 반환청구를 가능하게 하는 불법점유가 반드시 재산범죄를 통해서만 이루어지는 것은 아니며(공무상비밀표시무효죄나 공무상보관물무효죄 혹은 임차물의 미상환을 통해서도 가능하다) 본범에 의한 위법한 재산상태의 초래 또한 비재산범죄로도 가능하기 때문이다. 장물죄규정의 행위태양에서 양도가 추구권과 관련된다는 해석이 다수이기는 하나 양도 또한 위법한 상태를 더 강고히 하는 행위이기도 하다.

그렇다면 장물을 재산범죄에 의해 취득한 재물이라고 하는 정의는 어느 입장에 서든 논리필연적 결론은 아니다. 오히려 장물죄의 성립범위를 제한하기 위해 창안한 개념일 뿐이다. 따라서 장물죄의 본질을 파악하기 위해서는 통상적인 방법, 즉 피해자가 아니라 범죄자의 관점이 중심이 되어야 한다.

* 보호하려는 법익의 주체가 개인이라고 하여 형법이 개인(피해자)보호를 1차적 목표로 하는 것은 아니다.

〈장물죄(제362조)= 장물을 취득, 양도, 운반, 보관 또는 이를 알선하는 자는 7년 이하의 징역 또는 1천5백만원 이하의 벌금에 처한다〉

면 이하; 백형구, 232면; 서일교, 193면; 손동권, 483면; 이재상, 443면; 이형국, 450면; 정/박, 484면; 정영일, 426면; 진/이, 521면.

7) 이수성, "장물죄", 고시연구 1975/8, 51면.

- 장물이란 재산범죄에 의해 취득한 재물을 말하며(대판 2004.12.9, 2004도5904) 이 재물에는 관리할 수 있는 동력을 포함한다.[8)]
- 장물성의 상실
  추구권설은 사법상 유효하게 반환을 청구할 수 없게 될 때이므로 장물을 매각하고 얻은 대금은 더 이상 장물이 될 수 없다(대판 1972.6.13, 72도971).
  유지설은 위법상태가 종식되고 적법한 재산상태가 형성될 때를 의미한다.
  구체적 사례를 들어 살펴보면
  ① 피해자가 피해를 감수한 경우(승낙, 증여, 상속이나 버린 경우처럼)에는 더 이상 장물이 아니다.
  ② 장물이 대체물일 때 이를 같은 가치의 다른 대체물로 바꾼 경우 대체한 재물도 장물인가? 만원권 10장을 전부 오천원권 20장으로, 또는 수표로 바꾸면 판례는 이 또한 전의 장물과 동일한 장물로 본다. 금전은 본래 대체성을 전제로 하므로 금액의 변동만이 중요하다(그리고 이 경우 금액의 변동은 없다).
  반대설[9)]은 재물의 동일성을 잃은 순간 장물성도 상실되는 데 가치(금액)의 동일성이 재물의 동일성을 뜻하지는 않는다고 보기 때문이다.
  그러나 동일성의 요청 또한 원형 그대로를 고집하는 것은 아니므로 판례의 태도를 지지한다.
  * 금전은 고도의 대체성을 가지고 있어 금전 자체는 별다른 의미가 없고 금전적 가치가 거래상 의미를 가지고 유통되는 점에 비추어 볼 때, 장물인 현금을 예금의 형태로 보관하였다가 동일한 액수의 현금을 인출한 경우에 예금계약의 성질상 인출된 현금은 당초의 현금과 물리적인 동일성은 상실되었지만 액수로 표시되는 금전적 가치는 변동이 없으므로 장물성을 유지한다고 봄이 상당하고 자기앞수표도 현금과 같은 기능을 가지고 거래상 현금과 동일하게 취급되고 있는 점에서 금전의 경우와 동일하다(대판 2004.3.12, 2004도134).
  ③ 훔친 통장으로 현금을 찾았을 때 이 현금은 사기죄로 얻은 재물이므로 장물이다.

---

8) 통설과 판례(대판 1972.6.13, 72도971)의 태도이다. 이를 반대하는 견해로는 박상기, 426면; 배종대, 580면; 정영일, 428면이 있다.
9) 김/서, 515면; 김종원, 551면; 박상기, 427면; 배종대, 581면; 백형구, 235면; 오영근, 544면; 이형국, 454면; 임웅, 502면.

④ 선의취득, 가공, 부합, 시효의 완성일 때는 장물성이 상실된다.

⑤ 명의신탁에서처럼 선의의 제3자에 대한 처분이 유효할 때는 장물취득이 아니다.

⑥ 불법원인급여의 경우 추구권설은 장물성을 부인하지만 유지설은 인정한다.

- 본범은 재산범죄여야 한다. 따라서 이득죄인 배임죄는 장물죄의 본범이 될 수 없다.

  장물죄도 재산범죄이므로 장물범으로부터 장물을 취득하면(연쇄장물) 장물죄가 성립한다.

  리프트탑승권발매기를 조작하여 위조한 탑승권을 뜯어가면 탑승권위조행위와 절취행위가 결합된 것이어서 이 탑승권은 장물에 해당한다.

  인터넷 뱅킹으로 타인의 예금계좌에서 자신의 예금계좌로 돈을 이체한 후 현금을 인출하여 정을 아는 제3자에게 교부했을 때 우선 컴퓨터사용사기죄에 의해 취득한 예금채권은 재산상의 이익이므로 장물이 아니고 현금으로 찾는 것은 예금채권의 실행에 불과(일련의 후속조치로서 독자적 의미없음)하여 장물취득죄가 아니다(대판 2004.4.16, 2004도353).

- 본범의 행위는 구성요건에 해당하고 위법해야 한다.

  또 본범에 의해 재물영득이 완성되어야 장물이 되므로(본범이 기수 전이라도 재물의 영득은 가능하다) 영득 중일 때는 본범의 공범이 될 뿐이다.

  다만 주체가 이미 점유를 하고 있는 횡령죄에서 매도의 의사표시만 있으면 상대의 대답과 상관없이 이 의사와 기왕의 점유가 어우러져 즉시 영득이 완성된 상태인지[10](이때는 매입자가 이 사실을 알고 있는 한 장물취득죄가 될 것이다),

  아니면 횡령의 완성은 매수인의 매입시점[11]이므로 상대는 횡령죄의 공범이 되는지를 둘러싸고 견해가 갈리나 사안에 따라 다르게 해결해야 한다.

  즉 횡령이 단순히 보관자가 영득하는 것이라면 반환거부와 같은 의사표시행위로 기수이나 타인에게 이전하는 방식일 때는 이전의 의사표시는 횡령의 실행의 착수이고 상대가 수령할 때 기수가 된다.

---

10) 권오걸, 841면; 김/서, 513면; 박상기, 431면; 배종대, 584면; 백형구, 239면; 서일교, 194면; 정/박, 490면; 황산덕, 334면.

11) 김성돈, 442면; 오영근, 543면; 이재상, 448면; 이형국, 453면; 진/이, 526면.

- 장물죄의 주체는 본범의 정범을 제외한 모든 자이다.
- 장물의 취득이란

  점유이전과 사실상의 처분권을 갖는 것(따라서 운반이나 보관과 구별됨)을 의미하고 따라서 창고의 열쇠를 받는 것은 창고 내 물에 대한 취득이 된다.

  취득 시에 장물임을 알고 있어야 하며 장물취득의 유·무상을 불문한다.
- 양도

  점유를 이전하는 것인데 이전 시 장물임을 알고 있어야 한다.

  만약 양도자가 처음 이를 점유할 때 장물임을 알았다면 이때 바로 취득죄가 성립하고 이후 양도해도 이 부분이 따로 양도죄가 되는 것은 아니다.
- 운반

  장소적으로 옮기는 것이나 피해자에게 돌려주려 운반하는 것은 본죄가 될 수 없다.

  장물인 승용차에 편승한 것만으로는 장물운반의 실행을 분담한 것이 아니다.
- 보관

  점유하고 있는 상태이므로 증거를 인멸하기 위해 보관하면 양죄의 상상적 경합이 된다.

  장물보관자가 이를 횡령하면 장물보관으로 이미 추구권이 침해되었으므로 횡령부분은 불가벌적 사후행위가 된다(통설및 대판 2004.4.9, 2003도8219). 그러나 이 경우에도 본범이 장물보관범에 대해 장물의 반환을 청구할 수는 없지만 장물범은 타인을 위해 이를 보관하는 자이므로 이를 착복하면 장물보관죄와 별도로 횡령죄를 긍정할 여지는 있다.
- 알선

  취득·양도·운반·보관을 중개하거나 주선하는 행위를 말한다.

  기수시기를 둘러싸고

  ① 알선행위시설[12)]

  조문상의 행위태양이 알선으로 되어있고 알선행위만으로 이미 반환청구권 행사를 방해하거나 본범의 죄를 유발할 위험이 발생한다.

  계약을 요하는 것은 알선죄의 성립을 타인의 행위에 연계시켜 조건부로

12) 김성천, 1049면; 김/서, 521면; 김종원, 254면; 박상기, 430면; 정영일, 431면; 황산덕, 337면.

만드는 점에서도 부당하다.

② 계약체결시설[13)]

알선행위만으로는 아직 본범의 범죄유발이나 반환청구권 행사의 위험이 발생했다고 볼 수 없으며 취득·양도·운반·보관에서는 현실적인 점유의 이전을 요하면서 알선만 기수시점을 앞당기는 것도 불합리하다. 그렇지만 알선은 본질적으로 점유의 현실적 이전을 포함하지 아니하므로 그 타협으로 계약체결시를 주장한다.

③ 점유이전시설[14)]

취득 등과 실질적 균형을 이루려면 점유의 이전이 필수적이고 본범유발이나 추구권 행사의 방해는 점유이전을 통해 실현된다.

이처럼 알선은 실제로 취득 등의 전단계이다.

그렇다면 결국 장물죄에서 알선의 문언적 의미와 실행행위로서 알선이 갖는 실질을 검토하여 결정해야 할 것인데 ②설이 가장 무난해 보인다.

* 장물인 정을 알면서, 장물을 취득·양도·운반·보관하려는 당사자 사이에 서서 서로를 연결하여 장물의 취득·양도·운반·보관행위를 중개하거나 편의를 도모하였다면, 그 알선에 의하여 당사자 사이에 실제로 장물의 취득·양도·운반·보관에 관한 계약이 성립하지 아니하였거나 장물의 점유가 현실적으로 이전되지 아니한 경우라도 장물알선죄가 성립한다(2009.4.23, 2009도1203).

- 알선과 관련하여 피해자에게 반환하기 위해 시가 1억원의 도자기를 피해자에게 7천만원을 내게 하여 가해자로부터 구입하는 형식으로 돌려주는 알선도 장물알선죄가 되는가? 도품의 정상적인 반환을 원천적으로 봉쇄하거나 본범조장적 측면이 있으므로 알선죄를 긍정해야 할 것이다. 그러나 절의 보물을 전액 절도자에게 지불하고 돌려 받았을때 알선죄를 부정한 일본의 하급심 판례가 있다(東京高判昭28.1.31, 東高刑時3卷2号57頁).

학설은 반환된 이상 추구권이 침해되지 않아 본죄가 성립하지 않는다는 설과 추구권은 원래 무상인데 의사에 반해 지불하도록 한 점에서 추구권을 침해한 것이고 따라서 알선죄를 긍정하는 입장이 대립하나 후자가 타당하다.

---

13) 권오걸, 848면; 유기천(상), 319면; 이형국, 457면; 임웅, 508면; 정/박, 498면.

14) 김성돈, 449면; 배종대, 588면; 백형구, 242면 이하; 오영근, 551면; 이재상, 453면; 이정원, 456면 이하.

- 고의 외에 불법영득의사가 필요한가?

  사실 양도, 운반, 보관, 알선 등에서는 영득의사가 꼭 있어야 하는 것은 아니다. 문제는 취득인데 취득의 고의는 장물임을 알면서 점유도, 사실상의 처분권도 얻는 것이므로 이런 내용의 고의라면 그 안에 영득의사가 포함되어 있다고 볼 수 있다.
- 절도를 교사한 다음 그로부터 장물을 취득하면 절도죄의 교사범과 장물취득죄의 경합범이 된다.
- 장물범으로부터 해당 장물을 절취, 강취, 사취하면 절도죄나 강도죄, 또는 사기죄만 성립하고 장물취득죄는 될 수 없다. 이들 간에 점유이전에 대한 합의가 없기 때문이다.

  장물은 현실로 존재해야 하므로 절취할 물의 매각을 주선하는 것은 절도죄의 방조범에 해당한다.
- 장물의 처분을 알선하여 정을 모르는 매입자로부터 대금을 수취하는 행위는 알선에 따른 당연한 결과이므로 별도로 사기죄는 성립하지 않는다.
- 채무자가 양도담보로 제공한 물건을 임의로 타인에게 양도하는 행위는 배임죄에 해당하나 이 물건은 배임행위에 제공한 물건일 뿐 배임행위로 인해 영득한 물건은 아니므로 장물이 아니다.
- 장물을 매각하여 얻은 돈은 장물이 아니지만 장물인 현금이나 자기앞 수표를 금융기관에 예금하였다가 인출한 현금 또는 다른 자기앞수표는 장물이다(전술한 대판 2000.3.10, 98도2579참조. 2004.4.16, 2004도353과의 차이점은 무엇인가?).
- 장물범과 피해자가 친족관계이면 친족상도례를 적용(장물죄의 재산범죄적 성격)하고

  장물범과 본범간에 친족관계가 있으면 필요적으로 형을 감경하거나 면제한다(본죄의 범인비호적 성격 감안)(제365조).

〈**업무상 과실, 중과실로 인한 장물의 취득, 운반, 보관, 알선죄(제364조)**= 업무상 과실 또는 중대한 과실로 인하여 제362조의 죄를 범한 자는 1년 이하의 금고 또는 5백만원 이하의 벌금에 처한다〉

- 재산범죄 가운데 과실로도 범해질 수 있는 유일한 범죄이다.
- 장물임을 쉽게 알 수 있거나 장물취급이 수반되기 쉬운 업종(전당포업이나

고물상같은) 종사자에게 특별히 주의할 것을 주문하고 있다.

* 절도범이 장물을 전당하면서 전당포 주인에게 위조한 주민등록증을 제시하고 전당포주인의 질문에 대하여 전당물의 취득경위나 전당이유 등을 그럴싸하게 꾸며서 진술하여 전당포주인이 육안으로는 위조여부를 쉽게 식별할 수 없는 위 주민등록증과 절도범의 말이 진실한 것으로 믿고 전당물 대장에 소정양식대로 기재한 후 통상의 경우와 같이 그 가격에 상응한 한도 내에서 위 절도범이 요구하는 금원을 대출하였다면 전당포주인으로서는 장물인 여부의 확인에 관하여 업무상 요구되는 주의의무를 다하였다고 볼 것이다(대판 1983.9.27, 83도1857).

〈상습범(제363조)= ① 상습으로 전조의 죄를 범한 자는 1년 이상 10년 이하의 징역에 처한다.
② 제1항의 경우에는 10년 이하의 자격정지 또는 1천5백만원 이하의 벌금을 병과할 수 있다〉

Q) 본범에 대해 공소시효가 완성되더라도 도품은 여전히 장물인가?

Q) 장물죄의 법정형은 소유권을 직접적으로 침해하는 본범인 절도죄나 횡령죄보다 중하다. 추구권설의 입장에서 이를 어떻게 설명할 수 있는가?

Q) 도품임을 아는 제3자가 피해자한테 대가를 받고 이를 피해자에게 돌려줄 때에도 장물알선죄가 성립하는가? 성립한다면 근거가 무엇인가?

Q) 본범의 의뢰를 받고 피해자와 접촉하여 경찰에 신고하지 않는다는 약속을 얻어낸 다음 도품을 피해자의 집으로 운반하여도 장물죄가 되는가?

Q) 훔친 타인의 예금통장으로 은행창구에서 현금을 찾으면 이 현금은 장물이지만 현금지급기를 통해 예금통장의 잔액을 자신의 계좌로 이체한 후 인출한 현금은 장물이 아니라고 한다. 어떤 이유에서 일까?

Q) 장물의 보관자가 이를 처분해도 횡령죄가 되지 않는다는 논거는 무엇이며 그 논거는 타당한가?

Lesson 23 손괴죄

- 손괴죄란 타인의 재물, 문서 또는 전자기록등 특수매체기록을 손괴, 은닉 기타방법으로 그 효용을 해하는 범죄를 말한다.
- 재물죄이지만 불법영득의사를 요하지 않는다.
- 친족상도례의 적용이 없다.
- 보호법익은 손괴죄와 공익건조물파괴죄 및 경계침범죄에서 각각 다르게 나타난다.
  ① 손괴죄: 재물의 효용이나 이용가치.
  따라서 소유권의 대상으로는 원형대로지만 이것을 본래 용도대로 사용하지 못하게 하는 것도 손괴에 해당한다.
  ② 공익건조물파괴죄: 공익건조물의 효용이나 이용가치.
  자기 소유의 공익건조물이라도 본죄의 대상이므로 소유권범죄는 아니다.
  ③ 경계침범죄: 토지경계(권리관계)의 명확성이지만 내용상으로는 부동산절도에 해당한다.

〈손괴죄(제366조)= 타인의 재물, 문서 또는 전자기록등 특수매체기록을 손괴 또는 은닉 기타 방법으로 그 효용을 해한 자는 3년 이하의 징역 또는 7백만원 이하의 벌금에 처한다〉

- 폭처법(상습, 야간, 2인 이상이 공동일 때)에서는 이를 가중처벌한다.
- 사체는 손괴죄상의 재물이 아니며 제161조(사체등의 영득죄)에서 별도로 규정하고 있다.
- 공익건조물을 파괴하면(손괴보다 효용상실의 정도가 높다) 공익건조물파괴죄(제367조)가 성립하고 이 정도에 미치지 못할 때 본조가 적용된다.
- 공용건조물을 파괴하면 공용물파괴죄(제141조 제2항)에 해당한다.
  파괴에 이르지 못한 손괴일 때는 손괴죄가 된다고 생각할 수 있으나 공용서류(물건)무효죄(제141조 제1항)가 성립한다.

- 관리할 수 있는 동력도 재물에 해당한다.
- 문서에 관한 죄에서의 문서와 같은 엄격한 요건을 요하는 것은 아니지만 문서에 표시된 내용이 적어도 법률상 또는 사회생활상 중요한 사항이어야 한다(대판1989.10.24, 88도1296). 따라서 신문조서작성 중 아직 피의자와 수사관의 서명날인이 안 된 미완성문서를 피의자가 찢어버리면 본죄의 문서로서의 의미, 내용을 갖춘 것이므로 본죄 혹은 공용서류무효죄가 성립한다. 서명, 날인이 없으므로 문서가 아니라고 생각할지 모르나 본죄는 명의인의 존재를 통해 문서에 대한 신용을 보호하려는 것이 아니다.

  제141조의 공용서류에 해당하는 문서는 본죄의 대상이 아니라 제141조의 적용을 받는다.
- 타인의 문서여야 하므로 작성명의인이 본인이라도 타인소유이면 본죄에 해당한다.

  자기의 문서일 때는 경우에 따라 권리행사방해죄, 공무상보관물무효죄가 성립한다.
- 손괴, 은닉, 기타 방법으로 그 효용을 해하여야 한다.

  따라서 재물의 본래적 용도(이용가치)를 훼손하는 것이 손괴임은 당연하지만 나아가 재물의 부수적 가치가 현저히 훼손되어 본래의 이용가치가 훼손됐다고 볼 수 있을 때도 효용이 침해된 것일까? 부정설은 부수적 효용까지 보호하면 처벌범위가 모호해진다고 하지만 덕지덕지 붙은 광고로 새 건물의 미관이 해쳐지는 것처럼 부수적 가치의 훼손이라도 재물의 본래적 효용이 침해된 것으로 볼 수 있거나 원상회복이 일정 정도 곤란한 지경이면 손괴를 인정해야 할 것이다.

  * 회사로부터 해고당한 피고인이 복직을 요구하는 집회를 개최하던 중 스프레이를 이용하여 회사건물 외벽과 1층 벽면, 식당 계단 천장 및 벽면에 원직복직 등의 낙서를 함으로써 이를 제거하는데 약 341만원 상당이 들도록 한 행위는 그로 인해 건물의 미관을 해치는 정도와 건물 이용자들의 불쾌감 및 원상회복의 어려움 등에 비추어 위 건물의 효용을 해한 것에 해당하지만, 계란 40여개를 위 건물에 투척한 행위는 비록 이로 인해 50만원 정도의 청소비가 필요하고 유리창을 통해 외부를 관망하는 기능이 불쾌감을 줄 정도로 더럽혀졌어도 건물의 효용을 해하는 것은 아니다(대판 2007.6.28, 2007도2590).
- 문서의 손괴와 문서의 변조는 다르다.

손괴는 문서에 관해 일정한 권한이 있는 자라도 타인이 소유하는 문서의 효용을 해하거나(멸실 또는 훼손) 권한없는 자가 타인의 문서를 더 이상 문서로 존재하지 않게 해버리는 것, 즉 사용할 수 없게 해 버리는 행위임에 반해

변조는 소유를 불문하고 진정하게 성립되어 있는 타인명의의 문서의 내용을 권한없이 변경하는 것으로 위조와 달리 동일성이 인정되는 범위 내에서 바꾸는 것이다.

따라서 변조에 해당하지 않을 때만 손괴가 된다고 봄이 간편하다(공문서이든 사문서이든 문서변조죄의 형이 손괴죄보다 무겁기도 하다).

* ① 약속어음의 발행인(작성명의인)이 소지인에게 어음의 액면과 지급기일을 개서하여 주겠다고 하여 위 어음을 교부받은 후 위 어음의 수취인란에 타인의 이름을 추가로 기입하여 어음배서의 연속성을 상실케 하면 문서손괴죄가 된다(대판 1985.2.26, 84도2802).

② 약속어음의 수취인(소유자)이 차용금의 지급담보를 위하여 은행에 보관시킨 약속어음을 은행지점장이 발행인(작성명의인)의 부탁을 받고 그 지급기일란의 일자를 지운 행위는 문서손괴죄에 해당한다(대판 1982.7.27, 82도223).

이처럼 먼저 변조요건을 충족시키는지를 살펴보고 여기에 맞지 않으면 손괴죄로 처리한다.

- 본죄는 고의범.

  도로교통법 제151조는 업무상 과실로 타인의 재물을 손괴하면 2년 이하의 금고나 5백만원 이하의 벌금에 처하고 있다.

- 위법성조각사유에 해당하면 손괴죄는 성립하지 않는다.

  * 피고인이 갑에게 채무없이 단순히 잠시 빌려준 피고인 발행의 약속어음을 갑이 을에게 배서양도하여 을이 소지 중 피고인이 이를 찢어버리면 문서손괴죄가 되고 긴급피난이나 자구행위는 될 수 없다(대판 1975.5.27, 74도3559).

- 한사람이 관리하는 수인의 재물을 한 개의 행위로 손괴하면 일죄지만

  수인이 따로 관리하는 수인의 재물들을 한 행위로 손괴하면 상상적 경합.

- 업무방해죄(제314조 제2항)가 성립하면 손괴죄는 성립하지 아니한다.
- 비밀침해죄(제316조)에 해당하면 손괴죄는 불성립.
- 증거인멸을 위해 손괴하면 증거인멸죄(제155조)만 성립. 상상적 경합이라는 의견도 있다.

〈**공익건조물파괴죄(제367조)=** 공익에 공하는 건조물을 파괴한 자는 10년 이하의 징역 또는 2천만원 이하의 벌금에 처한다〉

- 소유자가 누구인지는 불문한다.
- 파괴는 건조물의 중요부분을 손괴하는 것을 말한다.

〈**중손괴죄(제368조)=** ① 전2조의 죄를 범하여 사람의 생명 또는 신체에 대하여 위험을 발생하게 한 때에는 1년 이상 10년 이하의 징역에 처한다.
② 제366조 또는 제367조의 죄를 범하여 사람을 상해에 이르게 한 때에는 1년 이상의 유기징역에 처한다. 사망에 이르게 한 때에는 3년 이상의 유기징역에 처한다〉

- 결과적 가중범(생명이나 신체에 위험을 발생시키거나 상해의 결과를 발생시키면 가중처벌)이다.
- 제1항 범죄는 구체적 위험범이다.

〈**특수손괴죄(제369조)=** ① 단체 또는 다중의 위력을 보이거나 위험한 물건을 휴대하여 제366조의 죄를 범한 때에는 5년 이하의 징역 또는 1천만원 이하의 벌금에 처한다.
② 제1항의 방법으로 제367조의 죄를 범한 때에는 1년 이상의 유기징역 또는 2천만원 이하의 벌금에 처한다〉

〈**경계침범죄(제370조)=** 경계표를 손괴, 이동 또는 제거하거나 기타 방법으로 토지의 경계를 인식 불능하게 한 자는 3년 이하의 징역 또는 5백만원 이하의 벌금에 처한다〉

- 토지경계의 명확성을 보호법익으로 하는 점에서 여타의 손괴죄와는 성질을 달리한다.
- 경계가 다른 법상의 권리관계와 일치하지 않더라도 경계가 사실상 현존하면 이를 존중하라는 취지이다.
- 인식불능은 인식이 곤란한 정도이면 된다.
- 경계를 인식불능하게 한다는 인식이 있어야 하므로 이와 다른 손괴의 의사일 때는 재물손괴죄에 해당할 뿐이다.

- 영득의 의사는 필요없지만 영득할 의사로 계표를 이동시킬 때 부동산 절도의 전형적 사례임에도 부동산절도를 인정하지 않는 통설, 판례에서는 그저 본죄를 적용한다. 그러나 사소한 동산을 절취하면 절도, 계표를 변경하여 부동산을 영득하면 형이 경한 본죄가 되는 것은 수긍하기 어렵다.

Lesson 24 권리행사방해죄

- 본장은
  ① 권리행사방해죄
  ② 점유강취죄, 준점유강취죄
  ③ 강제집행면탈죄로 구성되어 있다.
- 체계상 본장의 강요죄나 인질강요죄 등은 자유를 침해하는 죄로 분류되어야 한다.
- 자기소유의 물건이라도 공무소로부터 보관명령을 받거나 공무소의 명령으로 타인이 간수한 때에 이를 손상, 은닉 기타의 방법으로 효용을 해하면 공무상보관물무효죄(제142조)로 처벌받는다.

〈권리행사방해죄(제323조)= 타인의 점유 또는 권리의 목적이 된 자기의 물건 또는 전자기록 등 특수매체기록을 취거, 은닉 또는 손괴하여 타인의 권리행사를 방해한 자는 5년 이하의 징역 또는 7백만원 이하의 벌금에 처한다〉

- 본죄의 보호법익은 소유권을 제외한 재산권(제한물권이나 채권같은)이고 보호의 정도는 위험범설이 다수[1)]이나 조문의 표현상 이를 침해범으로 볼 여지도 있다.
- 자기의 물건이어야 하며 이에 관한 판례를 보면
  ① 자기의 물건으로 본 경우
  주식회사의 대표이사가 그 지위에 기한 직무집행행위로서 타인이 점유하고 있는 이 회사소유의 물건을 취거하면 자기의 물건을 취거한 것이다(대판 1992.1.21, 91도1170).
  ② 타인의 물건으로 본 경우
  명의수탁자가 명의신탁된 토지위에 식재되어 있는 감귤나무를 취거한 경

1) 추상적 위험범설로는 김성돈, 467면; 김/서, 536면; 이재상, 477면; 이형국, 479면; 임웅, 533면; 정/박, 523면; 정영일, 455면; 진/이, 560면이고 구체적 위험범설은 권오걸, 878면; 박상기, 444면; 배종대, 610면. 침해범설로는 김성천, 1070면; 오영근, 580면이 있다.

우(대판 2007.1.11, 2006도4215), 처에게 등기명의를 신탁한 자가 해당 점포에 자물쇠를 채워 임차인의 출입을 막은 경우(대판 2005.9.9, 2005도626), 피해자에게 담보로 제공된, 자동차등록원부에도 타인명의로 등록되어 있는 차량을 피해자의 승낙없이 끌고 간 경우(대판 2005.11.10, 2005도6604), 명의대여약정대로 신청하여 발급된 영업허가증과 사업자등록증을 명의대여자가 가져간 경우(대판 2004.3.12, 2002도5090), 지입차주가 회사명의로 등록된 택시를 가져 간 경우(대판 2003.5.30, 2000도5767), 회사명의로 소유권등기가 경료된 굴삭기, 자동차, 선박 등을 회사의 과점주주나 부사장이 가져간 경우(대판 1985.9.10, 85도899; 1984.6.26, 83도2413).

- 타인의 점유란 자기 아닌 누군가가 점유하는 것으로 충분하다.
  단 정당한 원인에 기하여 점유할 권리가 있는 점유여야 하는 점에서 절도범인의 점유는 본죄에 해당하지 않지만 반드시 본권에 의한 점유일 필요는 없다.
- 적법한 점유의 예로는
  ① 적법한 권원에 의해 점유를 개시하였지만 사후에 점유권원을 상실한 상태에서의 점유
  ② 점유권원 유무가 불확실하여 법정절차를 통해 이것이 확인될 때까지의 점유
  ③ 동시이행항변권 등으로 대항할 수 있는 점유 등을 들 수 있다.
  * 이들은 모두 법정절차를 통해 분쟁이 해결될 때까지 잠정적으로 형법상 보호할 가치가 있는 점유이다.
- 타인의 권리의 목적이란 자신의 소유물이 타인의 제한물권이나 채권의 목적이 된 때이다.
  이 경우에 타인이 반드시 점유하는 것은 아니지만
  가압류된 물건이나 근저당권이 설정된 기계를 이중으로 담보로 사용하기 위해 이를 다른 장소로 옮기거나,
  채권자에게 정지조건부 대물변제의 예약권이 있는 경우 소유자가 이를 처분하면 본죄가 성립하게 된다.
  * 그러나 특정되지 않은 종류채권의 목적물이나 매매계약을 체결한 물건처럼 단순한 채권채무관계는 본죄에서 말하는 권리(채권)의 목적이 아니다.
  * 승낙을 얻어 타인의 변소를 사용하는 권리는 채권적인 사용관계이고 채권자의 점유권

을 내용으로 하는 것은 아니므로 소유자가 이 변소를 손괴하여도 권리행사방해죄가 아니다(대판 1971.6.29, 71도926).

〈**점유강취죄와 준점유강취죄(제325조)=** ① 폭행 또는 협박으로 타인의 점유에 속하는 자기의 물건을 강취한 자는 7년 이하의 징역 또는 10년 이하의 자격정지에 처한다.
② 타인의 점유에 속하는 자기의 물건을 취거함에 당하여 그 탈환을 항거하거나 체포를 면탈하거나 죄적을 인멸할 목적으로 폭행 또는 협박을 가한 때에도 전항의 형과 같다〉

- 본죄는 타인이 점유하는 자기 물건에 대한 강도죄이거나 준강도죄이므로 강도죄에 대한 설명이 준용되나 불법영득의사는 필요치 않다.
- 행위수단이 폭행과 협박으로 한정되므로 실행행위가 손상, 은닉인 공무상보관물무효죄와는 다르다.
- 보호법익은 제한물권과 채권, 개인의 자유이다.

〈**중권리행사방해죄(제326조)=** 제324조 또는 제325조의 죄를 범하여 사람의 생명에 대한 위험을 발생하게 한 자는 10년 이하의 징역에 처한다〉

- 구체적 위험범.
- (부진정)결과적 가중범이다.

〈**강제집행면탈죄(제327조)=** 강제집행을 면할 목적으로 재산을 은닉, 손괴, 허위양도 또는 허위의 채무를 부담하여 채권자를 해한 자는 3년 이하의 징역 또는 1천만원 이하의 벌금에 처한다〉

- 강제집행이란 사법상의 청구권을 국가권력에 의해 강제로 실현하는 절차이다.
  협의의 민사소송절차인 판결절차와 더불어 민사소송의 2대부문을 이룬다.
  채권자가 강제집행을 국가에 청구할 수 있으려면 권리자의 권리나 법률행위의 존부가 어느 정도 확정된 모습으로 드러나야 하는 데 이를 공증하는 증서가 채무명의이다.
  이를 필요로 하는 이유는 채무명의의 작성기관과 다른 기관인 집행기관이 집행을 함에 있어 일일이 권리의 존부를 심사하는 것이 집행의 신속과 확실성의 요청에 반하기 때문이다.

- 보호법익은 채권(국가의 강제집행권발동이 임박한)이다.
  부차적으로 강제집행권도 보호법익이 된다는 견해[2])도 있다.
- 보호의 정도를 둘러싸고
  추상적 위험범설
  구체적 위험범설
  침해범설이 대립한다.

  * 대판 2008.5.8, 2008도198; 1988.4.12, 88도48

  "강제집행면탈죄는 위험범으로서 강제집행을 당할 구체적 위험이 있는 상태에서 재산을 은닉, 손괴, 허위양도 또는 허위의 채무를 부담하면 바로 성립하는 것이고 반드시 채권자를 해하는 결과가 야기되거나 이로 인해 행위자가 어떤 이득을 취해야 함은 아니다."
- 목적범.
- 본죄의 주체를 둘러싸고 견해가 대립한다.
  ① 진정신분범으로서 채무자만이 주체가 된다는 설.[3]) 따라서 비신분자는 공범이 된다.
  ② 채무자 외에 타인도 주체가 될 수 있다는 입장[4])이다.
  그러나 타인도 이와 같은 행위를 할 수 있으므로 ②설을 지지한다.
  다수설과 판례도 이 입장이다.

  * 대판 2000.7.28, 98도4558

  "피고인이 자신의 채권을 담보할 목적으로 채무자 소유의 선박들에 가등기를 경료하여 두었다가 채무자와 공모하여 위 선박들을 가압류한 다른 채권자들의 강제집행을 불가능하게 할 목적으로 정확한 청산절차도 거치지 않은 채 의제자백판결을 통하여 선순위 가등기권자인 피고인 앞으로 본등기를 경료함과 동시에 가등기 이후에 경료된 가압류등기 등을 모두 직권말소하게 하였던 바 이는 소유관계를 불분명하게 하는 방법에 의한 재산의 은닉에 해당한다."
- 채권자가 민사집행법상 강제집행이나 보전처분의 대상으로 할 수 있는 재산일 것.

---

2) 임웅, 536면; 대판 1982.10.26, 82도2157.

3) 김성천, 1079면; 김/서, 540면; 박상기, 446면; 유기천(상), 344면; 이정원, 475면; 임웅, 536면.

4) 권오걸, 891면; 김성돈, 474면; 김종원, 273면; 배종대, 612면; 백형구, 274면 이하; 오영근, 584면; 이재상, 481면; 이형국, 483면; 정/박, 532면; 정영일, 459면; 진/이, 564면; 황산덕, 265면.

따라서 채무자의 특허권이나 실용신안권은 여기에 해당하지만
채무자가 제3자에 대해 가압류채권자의 지위에 있으면서 가압류집행해제를 신청함으로써 이 지위를 상실하게 하는 것은 지위 자체가 재산은 아니므로 본죄는 성립하지 않는다.

- 본죄의 성립은 강제집행을 당할 구체적 위험이 있는 상태에서의 재산도피라는 요건을 통해 제한된다.
  ① 강제집행은 민사소송(집행)법상의 강제집행이나 가압류, 가처분을 의미하므로(사인인 채권자의 채권을 보호하려는 것이 본조의 취지이므로) 소위 광의의 강제집행인 소유권이전등기 절차이행의 청구 소의 제기는 본조의 강제집행에 해당하지만(대판 1983.10.25, 82도808) 형사소송법상의 벌금, 과료, 몰수형의 집행이나 국세징수법상의 체납처분에 의한 강제집행, 과징금이나 과태료등 행정상의 강제집행이나 경매는 본조의 강제집행에 해당하지 않는다.
  ② 구체적 위험이 있는 상태란 채권자가 채권의 이행을 청구하는 소를 제기하거나 이를 보전하기 위해 가압류, 가처분신청을 한 경우 혹은 지급명령을 신청한 경우 뿐만 아니라 이와 같은 제반 조치를 취할 것 같은 기세를 보이는 것으로 충분하다(대판 1999.2.9, 96도3141).
  따라서 채무를 지고 있지만 변제기가 아직 도래하지 않았고 채권자들로부터도 독촉을 받은 것이 아니라면 피고인이 1980.6.7.을 전후하여 자기 재산에 대해 소유권이전등기를 하였고 피고인이 발행한 수표가 부도가 난 것은 동년 6.20. 이후인 경우일때 강제집행을 당할 구체적 위험이 있다고는 볼 수 없다(대판 1981.6.23, 81도588).
- 강제집행을 당할 위험이 있더라도 진실한 양도이면 본죄가 성립하지 않는다.
  * 대판 1983.7.26, 82도1524
  "목사인 피고인 및 갑의 공동명의로 신탁된 교회소유의 대지가 위 갑의 사업실패로 그 채권자들로부터 강제집행의 우려가 있자 교회건축 위원회에서 피고인 및 갑에 대한 명의신탁을 해지한 후 다른 재직회 임원인 을 등 5명 앞으로 명의신탁하기로 결정하고 이에 따라 매매를 원인으로 하여 경료된 소유권이전등기는 신탁자의 신탁재산에 대한 정당한 권리행사이고 강제집행면탈죄상의 허위양도가 아니다."
- 마찬가지로 진실한 채무를 부담하면 허위채무의 부담이 아니다.
  * ① 피고인이 타인에게 채무를 부담하고 있는 양 가장하는 방편으로 피고인 소유의 부

동산들에 관하여 소유권이전청구권보전을 위한 가등기를 경료하여 준 경우는 그 가등기가 원래 순위보전의 효력밖에 없으므로 허위채무부담이 아니다(대판 1987.8.18, 87도1260).

② 단순히 이 사건 각 가등기를 마쳐준 데 그친 것이 아니고, 피고인 공소외 2가 피고인 1 명의의 예금계좌로 송금하는 방법으로(피고인 1은 이를 즉시 현금으로 인출하여 피고인 공소외 2에게 반환하였다) 마치 피고인 공소외 2가 피고인 1에게 돈을 빌려준 것 같은 외관을 갖춤으로써 허위의 채무를 부담한 사실, 공소외 1은 피고인 1이 위와 같이 허위의 채무를 부담하고 이 사건 각 가등기를 마쳐주기 이전인 2006.12. 중순경부터 피고인 1에게 이혼을 요구하면서 위자료와 재산분할 등을 요구해온 사실, 피고인들도 이 사건 각 가등기를 경료하게 된 경위가 재산이 공소외 1에게 넘어가는 것을 막기 위해서였다고 진술하고 있어 현실적으로 가압류 등 집행을 받을 우려가 있는 상태에서 강제집행을 면탈할 목적으로 허위채무를 부담하고 가등기를 마쳤다고 볼 것이다(대판 2008.6.26, 2008도3184).

- 채권자를 해할 위험이 있어야 한다.

은닉한 부동산의 시가액보다 그 부동산에 의해 담보된 채무액이 더 많더라도(대판 2008.5.8, 2008도198), 허위채무 등을 공제하더라도 채무자의 적극재산이 더 많을 때에도(대판 1990.3.23, 89도2506) 채권자를 해할 위험이 있다.

그러나 채권자가 없다거나(대판 2007.7.12, 2007도3005) 채무자인 건물소유자가 제3자에게 허위의 금전채무를 부담하면서 이에 대한 담보로 동 건물에 근저당설정등기를 경료했지만 채권자의 채권이 금전채권이 아니라 토지소유자로서 채무자에 대한 건물철거 및 토지인도청구권이라면 그를 해할 위험은 없다(대판 2008.6.12, 2008도2279).

가압류에는 처분금지적 효력이 있으므로 가압류 후에 목적물의 소유권을 취득한 제3취득자 또는 그 제3취득자에 대한 채권자는 그 소유권 또는 채권으로써 가압류권자에게 대항할 수 없다. 따라서 가압류 후에 목적물의 소유권을 취득한 제3취득자가 다른 사람에 대한 허위의 채무에 기하여 근저당권설정등기 등을 경료하더라도 이로써 가압류채권자의 법률상 지위에 어떤 영향을 미치지 않으므로, 강제집행면탈죄에 해당하지 아니한다(대판 2008.5.29, 2008도2476).

- 타인의 재산을 보관하는 자가 이를 횡령하여 채권자들의 강제집행을 면탈하는 결과를 초래하여도 횡령죄만 성립한다.

갑 명의로 자신의 부동산에 허위의 금전채권에 기한 담보가등기를 설정하여 강제집행면탈죄를 범한 자가 다시 이 부동산을 을에게 매각하고 을 명의의 본등기를 경료했다면 갑 명의의 담보가등기 설정행위로 강제집행면탈죄가 성립한다고 하여 그 후 을 명의로 이루어진 가등기 양도 및 본등기 경료행위가 불가벌적 사후행위가 되는 것은 아니다(대판 2008.5.8, 2008도198).

Q) 채무자가 제3자에 대해 가압류채권자의 지위에 있으면서 가압류집행해제를 신청하여 이 지위를 상실했다면 상실한 지위 자체를 재산으로 볼 수 없어 강제집행면탈죄가 성립하지 않는다고 한다. 이 결론은 타당한가? 혹은 지위 자체는 재산적 이익(특히 경제적 재산설의 관점에서)이지만 강제집행면탈죄의 조문상 지위의 상실을 본조에 포함시킬 수 없어서 일가?

Q) 타인의 재산을 횡령함으로써 강제집행도 면탈하는 결과를 가져온 경우에는
횡령죄만 성립하고 강제집행면탈부분은 불가벌적 사후행위가 된다.
그러나 강제집행면탈죄가 성립한 후에 다시 이를 매각하면 뒤의 행위는 불가벌적 사후행위가 아니다. 이 차이는 어디에서 기인하는가?

사회적 법익을 침해하는 범죄

총설

- 사회생활의 평온을 침해하는 내용의 범죄를 총칭한다.
- 개인적 법익을 침해하는 범죄와 밀접하게 관련하므로 양자의 명쾌한 구별은 곤란하지만 입법자가 어떤 법익의 보호에 치중하는지가 결정적이다.
  예를 들어 간통죄폐지의 주된 논거는 실은 본죄의 보호법익을 개인적 차원에서 바라보는 것이다.
- 형법이 규정하고 있는 사회적 법익을 침해하는 범죄를 다시 유형별로 나누어 보면

  ① 공공의 안전과 평온을 해하는 죄 : 공안을 해하는 죄
  폭발물에 관한 죄
  방화와 실화의 죄
  일수와 수리에 관한 죄
  교통방해죄

  ② 공공의 신용에 관한 죄 : 통화에 관한 죄
  유가증권 · 우표와 인지에 관한 죄
  문서에 관한 죄
  인장에 관한 죄

  ③ 공중의 건강에 관한 죄 : 음용수에 관한 죄
  아편에 관한 죄

  ④ 사회도덕 혹은 선량한 풍속에 관한 죄 : 성풍속에 관한 죄
  도박과 복표에 관한 죄
  신앙에 관한 죄이다.

Lesson 25 공안을 해하는 죄

- 공공의 안전과 평온을 해하는 범죄로 범죄단체조직죄, 소요죄, 다중불해산죄가 대표적이다.

  그러나 본장에 규정된 전시공수계약불이행죄와 공무원자격사칭죄는 국가적 법익을 해하는 범죄이기 때문에 여기서 다루기는 적절치 않다. 특히 전시공수계약불이행죄는 채무불이행에 불과하여 도대체 범죄로서의 당벌성이 있는지가 의심스럽다.

〈범죄단체조직죄(제114조)= ① 범죄를 목적으로 하는 단체를 조직하거나 이에 가입한 자는 그 목적한 죄에 정한 형으로 처단한다. 단 형을 감경할 수 있다.
② 병역 또는 납세의 의무를 거부할 목적으로 단체를 조직하거나 이에 가입한 자는 10년 이하의 징역이나 금고 또는 1천5백만원 이하의 벌금에 처한다.
③ 전2항의 죄를 범하여 유기의 징역이나 금고 또는 벌금에 처한 자에 대하여는 10년 이하의 자격정지를 병과할 수 있다〉

- 단체를 배경으로 하므로 범죄의 계획과 실행이 혼자서 하는 경우나 단체에 이르지 못한 규모일 때에 비해 용이하고 법익침해의 위험성도 더 크다.

  그러나 목적하는 범죄의 예비에 불과한 범죄를 해당범죄의 기수범과 동일하게 벌하는 태도는 의문이다.[1)]

- 특가법 제5조의8과 폭처법 제4조는 이를 가중하여 처벌한다.

  국가보안법상의 반국가단체를 구성하거나 이에 가입하면 동법 제3조를 적용한다.

  * 특가법 제5조의8(단체등의 조직): 타인의 재물을 절취할 목적으로 단체 또는 집단을 구성한 사람은 다음 각호의 구분에 따라 처벌한다.
  1. 수괴는 사형, 무기 또는 10년 이상의 징역
  2. 간부는 무기 또는 5년 이상의 징역
  3. 가입한 자는 1년 이상의 유기징역

---

1) 김/서, 551면; 배종대, 621면; 백형구, 448면; 유기천(하), 259면; 이재상, 489면; 정/박, 540면.

폭처법 제4조(단체 등의 구성·활동): ① 이 법에 규정된 범죄를 목적으로 한 단체 또는 집단을 구성하거나 그러한 단체 또는 집단에 가입하거나 그 구성원으로 활동한 자는 다음의 구별에 의하여 처벌한다.

1. 수괴는 사형, 무기 또는 10년 이상의 징역
2. 간부는 무기 또는 7년 이상의 징역
3. 그 외의 자는 2년 이상의 유기징역

국가보안법 제3조(반국가단체의 구성 등): ① 반국가단체를 구성하거나 이에 가입한 자는 다음의 구별에 따라 처벌한다.

1. 수괴는 사형 또는 무기징역
2. 간부 기타 지도적 임무종사자는 사형, 무기 또는 5년 이상의 징역
3. 그 이외의 자는 2년 이상의 유기징역

- 목적하는 범죄가 경범죄처벌법상의 경범일 때는 본조를 적용하지 않는다.
- 단체란 일정한 범죄를 수행한다는 공동목적을 가진 특정다수인의 계속적인 결합체로서 그 단체를 주도하는 통솔체계를 갖고 있어야 한다.

  * 피고인 2가 공소외 1, 2, 3등과 은행에 당좌계정을 개설하여 은행으로부터 어음용지를 교부받아 거액의 어음을 발행한 후 이를 부도시키는 방법으로 타인의 재물을 편취하기로 모의한 뒤 위 범죄를 목적으로 제1실업이라는 상호로 사무실을 개설하여 전자제품도매상을 경영하는 것처럼 위장하고 이어 공소외 1이름으로 은행에 당좌계정을 개설하여 은행으로부터 다량의 어음용지를 교부받아 확보하였다. 이 과정에서 피고인 2가 위 회사의 실질적인 대표자로서 지급의 입출, 어음용지와 도장등의 보관책임등을 맡고 공소외 1, 3은 대외적 업무를 맡으며 공소외 2는 감사로서의 임무를 수행하기로 하였으나 이 사실만으로는 피고인 2, 공소외 1등의 결합의 정도가 어음사기, 범행의 실행을 위한 예비나 공모의 범위를 넘어 어음사기를 목적으로 한 범죄단체로서의 단체내부의 질서를 유지하는 통솔체계를 갖춘 계속적인 결합체에 이른 것으로 볼 수 없다(대판 1985.10.8, 85도1515).

- 본죄는 추상적 위험범이다.
- 본죄의 성질(기수시점)을 둘러싸고 즉시범설과 계속범설이 대립한다.

  이는 달리 말하면 본조의 범죄단체는 이를 유지·관리하기 위한 활동이 불가피한데 이같은 활동이 본 규정의 단체조직에 포함되는지, 아니면 별개의 행위인지를 둘러싼 문제이다.

  ① 즉시범설

  범죄단체를 조직하거나 가입하면 바로 기수(대판 1997.10.10, 97도1829)가 되므로 공소시효도 이때부터 진행한다.

그러나 조직원으로 활동 중인데도 공소시효가 완성되어 처벌할 수 없게 된다면 곤란하다.

② 계속범설[2)]

단체의 해산이나 단체로부터 탈퇴하기 전까지는 본죄가 계속되므로 시효 계산은 범죄의 종료 시부터 기산한다.

이에 대해서는 활동하지 않고 있어도 해산될 때까지 범죄자로 되어 가혹하다는 느낌도 들지만 조직원으로 남아있는 한 범죄단체의 존속에 기여하고 있으므로 처벌할 수 있다고 봐야 한다.

이 입장이 타당하다.

- 범죄단체를 조직한 다음 목적한 범죄를 실현하면 양 죄의 경합범[3)]이 된다. 목적범죄로 흡수된다는 견해[4)]가 있지만 이는 규정의 문언에 반할 뿐만 아니라 범죄단체의 조직과 결합되어 있는 특수한 위험을 고려하려는 본조의 취지와도 어긋난다.

〈소요죄(제115조)= 다중이 집합하여 폭행, 협박 또는 손괴의 행위를 한 자는 1년 이상 10년 이하의 징역이나 금고 또는 1천500만원 이하의 벌금에 처한다〉

- 추상적 위험범이며 필요적 공범이므로 집단 내의 가담자는 원칙적으로 모두 정범이 된다.

  집단 외에서 본죄에 협력하면 공범이 되는 것은 당연하나 집합이 현장을 뜻하므로 집단 밖의 협력자는 공동정범은 될 수 없고 교사와 방조만 성립한다.[5)]
- 다중은 한 지방의 평온을 해할 만한 정도의 숫자여야 하지만 반드시 통솔체계를 갖추거나 계속적인 결합체여야 하는 것은 아니다.
- 폭행, 협박, 손괴는 다중을 이루는 개인이 행한다.
- 폭행은 사람과 물건에 대한 일체의 유형력의 행사이다(최광의의 폭행).
- ① 폭행죄, 협박죄, 손괴죄와 특수폭행죄, 특수협박죄, 특수손괴죄는 본죄에 흡수된다.

---

2) 김성돈, 483면; 김/서, 552면; 박상기, 454면; 배종대, 623면; 임웅, 548면.

3) 김성돈, 485면; 박상기, 457면; 백형구, 448면; 이형국, 497면; 정영일, 471면.

4) 임웅, 549면.

5) 백형구, 451면; 오영근, 603면; 유기천(하), 263면; 이재상, 495면.

② 살인죄, 방화죄는 본죄와 상상적 경합관계에 있다.[6]

③ 업무방해죄, 공무집행방해죄, 주거침입죄는 본죄에 흡수된다는 입장(다수설)과 공무집행방해죄와 주거침입죄는 보호법익이 달라 제외된다는 입장[7] 및 주거침입죄만 제외된다는 입장으로 갈린다(제외될 때는 상상적 경합).

- 집회 및 시위에 관한 법률에 따르면

제5조(집회 및 시위의 금지) 제1항 제2호: 누구든지 집단적인 폭행·협박·손괴·방화 등으로 공공의 안녕질서에 직접적인 위협을 가할 것이 명백한 집회 또는 시위를 주최하여서는 아니된다.

제2항: 누구든지 제1항에 따라 금지된 집회·시위를 선전·선동하여서는 아니된다.

제22조(벌칙): ② 제5조 제1항에 위반하여 집회 및 시위를 주최한 자는 2년 이하의 징역 또는 200만원 이하의 벌금에 처한다.

④ 그 사실을 알면서 제5조 제1항에 위반한 집회·시위에 참가한 자는 6개월 이하의 징역 또는 50만원 이하의 벌금·구류 또는 과료에 처한다.

〈다중불해산죄(제116조)= 폭행, 협박 또는 손괴의 행위를 할 목적으로 다중이 집합하여 그를 단속할 권한이 있는 공무원으로부터 3회 이상의 해산명령을 받고 해산하지 아니한 자는 2년 이하의 징역이나 금고 또는 3백만원 이하의 벌금에 처한다〉

- 진정부작위범
- 해산명령은 법령에 근거가 있어야 하므로 경찰관직무집행법 제6조(범죄의 예방과 제지)에 따른 경고나 제지는 적법한 해산명령에 해당한다.
- 소요죄가 성립하면 본죄는 소요죄에 흡수되며

  본죄와 계엄포고령위반죄는 상상적 경합관계(대판 1983.6.14, 83도424)이다.
- 집회 및 시위에 관한 법률에 따르면 폭행·협박·손괴목적의 집회가 아니라도 동법에 위반한 집회·시위에 대해 관할경찰서장은 상당한 시간 내에 자진 해산할 것을 요청하고 이에 응하지 아니할 때에는 해산을 명할 수 있다(동법 제20조 제1항). 해산명령을 받은 참가자는 지체없이 해산해야 하고(동조 제2

6) 김/서, 558면; 배종대, 626면; 서일교, 279면; 이정원, 486면; 임웅, 553면; 정/박, 549면; 진/이, 740면.

7) 김성천, 1095면; 박상기, 461면; 이재상, 496면; 이형국, 501면; 정영일, 475면.

항) 이를 어긴 자는 6개월 이하의 징역이나 50만원 이하의 벌금 · 구류 또는 과료에 처한다(동법 제24조).

〈**전시공수계약불이행죄(제117조)**= ① 전쟁, 천재 기타 사변에 있어서 국가 또는 공공단체와 체결한 식량 기타 생활필수품의 공급계약을 정당한 이유없이 이행하지 아니한 자는 3년 이하의 징역 또는 500만원 이하의 벌금에 처한다.
② 전항의 계약이행을 방해한 자도 전항의 형과 같다.
③ 전2항의 경우에는 그 소정의 벌금을 병과할 수 있다〉

- 정당한 이유없이 공급계약을 이행하지 않거나 이행을 방해하는 내용의 범죄이다.
- 비상사태에서 국민생활안정을 책임지는 국가나 공공단체의 기능을 보호하고자 한다.

〈**공무원자격사칭죄(제118조)**= 공무원의 자격을 사칭하여 그 직권을 행사한 자는 3년 이하의 징역 또는 7백만원 이하의 벌금에 처한다〉

- 자격을 사칭했으나 직권을 행사하지 않으면 경범죄처벌법을 적용한다.
- 직권은 사칭한 공무원의 직무에 속하는 것이어야 한다.
  * 피고인들이 그들이 위임받은 채권을 용이하게 추심하는 방편으로 합동수사반원임을 사칭하고 협박한 사실이 있다고 하여도 위 채권의 추심행위는 개인적인 업무이지 합동수사반의 수사업무의 범위에는 속하지 아니하므로 이를 공무원자격사칭죄로 처벌할 수 없다(대판 1981.9.8, 81도1955).
- 세무공무원을 사칭하면서 세금을 징수하면 본죄와 사기죄의 상상적 경합범이다.

Q) 범죄단체조직죄상의 단체가 되기 위해서는 어떤 요건을 충족시켜야 하는가?
(본문에 소개된 판례의 논점을 참조하여 검토해 볼 것).

Lesson 26 폭발물에 관한 죄

〈**폭발물사용죄(제119조)=** ① 폭발물을 사용하여 사람의 생명, 신체 또는 재산을 해하거나 기타 공안을 문란한자는 사형, 무기 또는 7년 이상의 징역에 처한다.
② 전쟁, 천재 기타 사변에 있어서 전항의 죄를 범한 자는 사형 또는 무기징역에 처한다.
③ 미수범은 처벌한다〉

- 보호법익은 공공의 안전과 평온.
  생명·신체·재산에 대한 침해는 한 지방의 법질서를 교란하는 행위의 예시로 보는 입장[1]과 별도의 보호법익으로 보는 입장[2]이 있다(조문의 문리적 해석과 목적론적 해석에 따른 차이).
- 추상적 위험범설과 구체적 위험범설 및 침해범설이 대립하나 구체적 위험범설이 다수이다.[3]
- 폭발물은 점화나 충격 등을 가했을 때 급격히 팽창하여 폭발하는 물질을 말하지만 화염병사용등의 처벌에 관한 법률 제3조가 적용되는 화염병이나 총포·도검·화약류단속법상의 실탄이나 화약류는 여기서의 폭발물이 아니다. 핵물질도 폭발물이 될 수 있다.
- 파괴력은 생명·신체·재산을 해하거나 공안을 문란케 할 정도의 위력을 가져야 한다.

〈**폭발물사용 예비·음모·선동죄(제120조)=** ① 전조 제1항, 제2항의 죄를 범할 목적으로 예비 또는 음모한 자는 2년 이상의 유기징역에 처한다. 단 그 목적한 죄의 실행에 이르기 전에 자수한 때에는 그 형을 감경 또는 면제한다.
② 전조 제1항, 제2항의 죄를 범할 것을 선동한 자도 전항의 형과 같다〉

- 선동이란 범죄실행을 유도하거나 범죄결의를 조장, 자극하는 행위이다.

---

1) 정영일, 484면.
2) 임웅, 559면.
3) 김성돈, 493면; 김/서, 564면; 백형구, 441면; 손동권, 541면; 이재상, 501면; 이형국, 509면; 정/박, 556면.

〈**전시폭발물 제조 · 수입 · 수출 · 수수 · 소지죄(제121조)=** 전쟁 또는 사변에 있어서 정당한 이유없이 폭발물을 제조, 수입, 수출, 수수 또는 소지한 자는 10년 이하의 징역에 처한다〉

- 같은 행위가 평시에 이루어지면 총포 · 도검 · 화약류등 단속법을 적용한다.

Lesson 27 방화와 실화의 죄

- 방화 또는 실화하여 대상이 되는 목적물을 소훼하는 공공위험범이다.
- 형법이 취하고 있는 편제를 보면
  ① 방화죄에는 현주건조물등 방화죄
  　　　　　　공용건조물등 방화죄
  　　　　　　일반건조물등 방화죄
  　　　　　　일반물건방화죄
  ② 실화죄의 형태로는 위 각 죄를 실화로 실현한 경우를 들 수 있다.
  ③ 그 외 진화방해죄
  　　　폭발성물건파열죄
  　　　가스·전기등 방류죄
  　　　가스·전기등 공급방해죄
  ④ 결과적 가중범으로서 현주건조물방화치사상죄
  　　　　　　　　　　연소죄
  　　　　　　　　　　폭발성물건파열치사상죄
  　　　　　　　　　　가스·전기등 방류치사상죄
  　　　　　　　　　　가스·전기등 공급방해치사상죄
  ⑤ 특별법으로는 산림자원의 조성 및 관리에 관한 법률(제71조는 採種林, 秀型木, 시험림에 방화한 사람은 7년 이상의 징역에 처하며 그 미수범을 처벌한다)과 특가법(제9조에서 위 산림자원법 제71조 위반자를 무기 또는 5년 이상의 징역에 처하고 있다)을 들 수 있다.
- 보호법익 혹은 방화죄의 본질
  ① 공공위험죄설[1]
  공공의 안전과 평온이며 재산은 보호법익이 아니다.
  이유는 자기소유물에 대한 방화인가 타인소유물에 대한 것인가를 구별하지 않고 처벌에서도 차이를 두지 않는 것이 일반적이니까.

1) 김성천, 1106면; 이재상, 507면.

그러나 방화로 인한 공공의 위험발생이 거의 자동적으로 연계되지 않는 물건에 대한 방화일 때는 공공의 위험발생을 요구한다.

② 이중성격설[2)]

주된 보호법익은 공공의 안전과 평온이지만 부차적으로는 재산도 보호법익이 된다고 한다.

통설과 판례의 입장이다.

논거는 자기가 소유한 물건에 대한 방화는 타인의 것에 대한 방화보다 경하게 벌하는 규정이 있고

불을 놓아 소훼했을 때(공공의 위험은 소훼전후에도 발생할 수 있지만) 비로소 기수가 되니까.

이 입장이 타당하다.

* 현주건조물에의 방화죄는 공중의 생명 · 신체 · 재산등에 대한 위험을 예방하기 위하여 공공의 안전을 그 제1차적인 보호법익으로 하고 제2차적으로는 개인의 재산권을 보호하는 것이다(대판 1982.4.27, 82도2341).

〈현주건조물 등에의 방화죄(제164조)= ① 불을 놓아 사람이 주거로 사용하거나 사람이 현존하는 건조물, 기차, 전차, 자동차, 선박, 항공기 또는 광갱을 소훼한 자는 무기 또는 3년 이상의 징역에 처한다〉

- 본죄는 추상적 위험범.

  추상적 위험은 입법이유에 불과하여 보통은 방화행위가 있으면 바로 이 위험이 발생한 것으로 치부한다. 방화자체가 공공의 위험을 내포하는 행위이기 때문이다. 조문상의 소훼 또한 실행행위의 일부이다.

  그러나 최근에는 위험발생을 의제하고 그에 터잡아 처벌함은 부당하다는 주장이 등장하였다. 이에 따르면 공공의 위험이 추상적으로도 전혀 없을 때는 본죄가 성립하지 않게 된다. 그러나 피고가 이를 증명해야 한다면 이때는 본죄가 구체적 위험범으로 변질되게 된다.

- 사람은 자기 아닌 타인을 의미한다.

  주거로 사용하는 건물에는 방화시 거주자가 현존하지 않아도 본죄가 성립하

---

2) 김/서, 576면; 백형구, 411면; 오영근, 616면; 정/박, 562면; 정영일, 487면.

지만 비주거건물일 때는 방화시 사람이 현존해야 한다.

그럼에도 두 사유에 법정형이 동일한 이유는 뭘까?

① 일설은 주거인 이상 사람이 없어도 방화하여 생활 거점을 빼앗기 때문이라고 한다.

그러나 이때는 불법내용이 재산침해가 되어 현존자의 생명을 위협하는 만큼의 중벌일 이유가 없을 것이다.

② 다른 입장은 주거인 이상 언제라도 사람이 현존할 가능성이 있고 타인이 방문할 가능성도 빈집에 비해 높아 불로 인해 생명과 신체가 침해될 가능성이 높기 때문으로 보기도 한다.

그렇지만 거주자 전원이 수개월간 집을 비운다는 사실을 알고 방화할 때는 본죄를 부정하게 되어 부당하다.

- 처음부터 사람을 죽이고 방화할 생각이었어도 본죄가 성립할까?

방화시 사람이 현존하지 않았으므로(사자만 있음) 부정해야 한다.

- 건물의 일체성

대형건물의 일부나 수 동의 건물중 하나에 사람이 현존하거나 일부를 주거로 사용할 때 비주거부분에 방화해도 본죄가 가능한가?

건조물의 일부분이 주거에 사용되면 비주거부분에 방화해도 본죄가 성립한다는 것이 판례의 입장(대판 1948.3.19, 4281형상5)이다. 사회통념상 1개의 건물로 보기 때문이다.

그러나 건축기술의 발달로 한 건물일지라도 일부에 대한 방화가 다른 부분으로 번지지 않게 설계, 시공된 경우나 물리적으로는 수개 건물(동)이지만 각 건물이 기능적으로 일체로 사용되는 경우(현주건물에 있는 사람이 일상으로 혹은 업무상 빈번하게 방화된 건물에 출입하는 사례처럼)일 때는 사정이 달라진다.

먼저 원룸이나 다가구주택은 이들이 구조적으로 一體일 때가 많아 대개는 본죄가 성립하지만 내화설비가 완벽하여 한 곳의 화력이 다른 곳으로 번지지 않을 때는(延燒 가능성이 없다) 일반건조물방화죄가 성립한다. 물론 연소가능성이 있다고 하여 어느 때나 건물로서 이들이 일체라고 말할 수는 없다. 물리적 일체성을 긍정하기 위해 구조상의 일체성에 연소가능성을 추가하는 이유는 구조상 일체여도 연소가능성이 없어 일체성을 부정해야 할 경우도 있고 반대로 구조상의 일체성은 다소 떨어져도 연소가능성에 의해 이를 보충할 수 있는 경우도 있기 때문이다.

건물들이 물리적 일체성이 약한 별개 동으로 구성되어 있어도 일체로서 사용되는 소위 기능상 일체인 점을 강조하면 단독주택의 뜰 구석에 있는 화장실에 방화해도 원칙적으로 현주건조물방화죄를 긍정한다.

그러나 본죄가 추상적위험범이어서 가뜩이나 본죄의 성립을 쉽게 긍정할 수 있는 데 여기에 덧붙여 기능적 일체관계까지를 끌어 들이면 너무 쉽게 본죄를 인정하게 되지 않을까? 그러므로 건물구조상의 일체성을 전제로 하여 실질적 위험여부를 정하는 기준으로만 그것도 극히 제한적으로 기능적 일체성을 사용해야 할 것이다. 결국 기능적 일체성은 별반 의미를 갖지 못한다. 반면 연소가능성은 물리적으로 일체인 건물에 대한 현주건조물방화죄의 성립을 제한하는 실질적 역할을 수행한다.

- 불을 놓아 목적물을 소훼해야 한다.
  ① "불을 놓아"란 방화행위이고 이것은 목적물 자체에 대해서든, 매개물에 대해서든 어느 쪽도 가능하다.

  방화는 부작위로도 가능하며 진화의무 없는 자가 진화요청에 불응하면 경범죄처벌법(제1조 제36호)이 적용된다.

  ② 소훼해야 기수가 되는지?

  교과서는 대체로 그렇다고 서술하며 입법자의 생각도 소훼하면 공공의 위험(추상적인)이 발생했다고 보는 듯 하다.

  그러나 소훼되어도 공공의 위험이 발생하지 않을 수 있고 소훼단계까지 가지 않더라도 공공의 위험이 발생할 수도 있다. 그렇다면 방화죄조문은 소훼되어 공공의 위험이 발생한 경우만을 기수인 것처럼 규정하고 있는데 그 이유가 무엇인지 알기 어렵다.

  그렇다 해도 본죄나 공용건조물 등에의 방화죄, 일반건조물 등에의 방화죄(제166조 제1항)의 미수범을 처벌하고 있는 이상 기수여부를 가름하는 소훼개념을 어떻게 파악할가는 대단히 중요하다.

  소훼개념을 둘러싸고

  1) 독립연소설[3)]

3) 권오걸, 938면; 김성천, 1110면; 박상기, 474면; 손동권, 551면; 이재상, 515면.

불이 매개물을 떠나 목적물에 옮겨 붙어 독립적으로 탈 수 있는 상태를 소훼로 이해한다.

이 단계에 이르면 공공의 위험이 발생했다고 볼 수 있고 방화죄는 공공위험죄이므로 독립연소시가 기수시점이다.

판례의 입장도 이와 같다.

* 현주건조물방화죄는 화력이 매개물을 떠나 목적물인 건조물 스스로 연소할 수 있는 상태에 이름으로써 기수가 된다. 따라서 사체에 옷가지 등을 올려놓고 여기에 불을 붙인 천조각을 던져 방안을 태우면서 천정에까지 옮겨 붙었다면 도중에 진화되었어도 천정에 옮겨 붙은 때에 현주건조물방화죄의 기수이다(대판 2007.3.16, 2006도9164).

그러나 소훼를 공공의 위험과 결부시키는 독립연소설에 대해서는 소훼와 공공의 위험이 항상 일치하지는 않는다고 한다.

단 공공위험죄로서의 방화죄의 성립을 제한하기 위해 소훼를 통한 위험발생으로 한정한다고 생각할 수 있으나 이때는 오히려 방화죄의 성립을 너무 좁게 인정하게 되어 부당하다.

2) 효용상실설[4)]

목적물의 중요부분이 소실되어 효용을 상실했을 때를 소훼로 본다. 방화죄의 재산범적 특성을 고려하여 기수시점을 여기에 맞추지만 효용이 상실된다고 해서 항상 공공의 위험이 발생하는 것은 아니다.

3) 중요부분연소개시설[5)]은 공공의 위험발생시점을 독립연소설이 너무 빠르게 보는데 대한 반성에서 나온 것이고

4) 일부손괴설[6)]은 소훼라는 법문의 표현을 중시한다.

그러나 3), 4)설 다같이 제시하는 기준이 분명치 않아 원래의 학설을 적절히 수정하기는 어려울 것으로 보인다.

따라서 원칙적으로 독립연소설을 따르지만 목적물에 착화한 순간 항상 기수가 되는 것이 아니라 공공의 위험을 발생시킬 만한 계속 연소가능성이 있어야 기수이다.

---

4) 백형구, 416면; 서일교, 290면; 유기천(하), 22면 이하; 정영석, 119면.

5) 이형국, 524면; 정영일, 492면; 황산덕, 40면.

6) 김성돈, 502면; 오영근, 621면; 임웅, 573면 이하; 정/박, 571면.

- 공공의 위험이란 불특정 또는 다수의 생명이나 신체 또는 재산에 대한 위험이며 그 판단은 객관적, 사후적으로 한다.

  따라서 행인이 연기를 마시는 정도로는 공공의 위험이 발생했다고 보기 어렵다.

  * 이 사건 방화의 현장은 김해평야에 속하는 곳으로 주위에 아무런 농작물이 없는 논인 바 서쪽에 약 50미터 폭의 논 1필지를 건너 다른 사람의 비닐하우스 2채가 있을 뿐 가장 가까운 인가는 300미터나 떨어져 있어 피고인의 이 사건 범행으로 사람의 생명이나 신체 또는 재산에 구체적으로 위험을 줄 수 있는 상태가 아니며 연소되어 나갈 만한 자료가 전혀 없으므로 공공의 위험이 발생했다고 할 수 없다(부산고법 1979.1.24, 78노941).

    주위의 잡목이 완전히 제거되어 있고 인가로부터 300m 정도 떨어진 산중턱에 위치한 자신의 숯을 굽는 작업장을 가는 비가 내리는 상태에서 주위로 延燒되지 않도록 조심하면서 방화했다면 공공의 위험이 없다(廣島高岡山支判 昭和30.11.15).

- 소훼와 공공의 위험

  소훼는 방화가 진행되는 과정 가운데 어느 단계-대개는 마무리 단계-를 의미하며 추상적 위험범의 경우이든 구체적 위험범에서든 소훼와 공공의 위험발생이 항상 일치하지 않는다는 점은 분명하다.

  다만 추상적 위험범에서는 그 불일치의 간격이 넓지 않아 보통은 이를 구별하지 않더라도 별 문제가 없지만 구체적 위험범에서는 사정이 다르다(법조문도 이 점을 주목하여 양 죄를 다르게 규정하고 있다).

  그렇다면 소훼가 아닌 공공의 위험발생 시점을 중심으로 기수시점을 결정해야 할 것으로 보인다.

- 不燃性 건조물과 소훼

  불연성 재료를 사용하여 지어진 건조물에서는 독립연소나 효용상실에 이르기 전에 열에 의해 방출된 유독가스 등으로 사람의 생명, 신체가 위험에 빠지는 경우가 흔하다. 만약 이 상태를 소훼라고 하면 이는 공공의 위험과 소훼를 직접 결부시키는 태도일 것이다.

  그러나 소훼의 의미를 연소와 상관없이 이해할 수는 없으며 법문도 건조물이 연소에 의해 공공의 위험이 발생해야 한다고 규정하고 있으므로 이 같은 해석은 불가하다.

  이처럼 현행 방화죄 규정은 현실과 동떨어진 모습을 드러낸다.

- 보호법익이 공공의 안전과 평온이므로 죄수는 이 법익이 침해되는 횟수에 따라 결정된다. 그리하여

1개 행위로 여러 채의 집을 소훼하거나
수개 행위로 수채에 방화해도 시간적, 장소적으로 접근해 있으면 일죄일 뿐이다.

〈현주건조물등에의 방화치사상죄(제164조 제2항)= ② 제1항의 죄를 범하여 사람을 상해에 이르게 한 때에는 무기 또는 5년 이상의 징역에 처한다. 사망에 이르게 한 때에는 사형, 무기 또는 7년 이상의 징역에 처한다〉

– 부진정결과적 가중범.[7]
만약 이를 진정결과적 가중범이라고 하면 현주건조물방화를 수단으로 상해나 살인의 죄를 범한 자를 현주건조물방화죄(무기 또는 3년 이상의 징역)와 상해죄(7년 이하의 징역, 10년 이하의 자격정지 또는 1천만원 이하의 벌금), 현주건조물방화죄와 살인죄(사형, 무기 또는 5년 이상의 징역)의 상상적 경합으로 벌하게 되어 이를 과실로 야기한 경우에 비해 형이 가벼워져 불합리하다.
따라서 살인의 고의로 현주건조물에 방화하여 살해하면 본죄만 성립한다.
그러나 이 경우는 살인죄와 본죄의 상상적 경합이라고 보아야 한다.[8]

* ① 형법 제164조 후단이 규정하는 현주건조물방화치사상죄는 그 전단이 규정하는 죄에 대한 일종의 가중처벌규정으로서 고의가 있는 경우도 포함된다고 볼 것이므로 사람을 살해할 목적으로 현주건조물에 방화하여 사망에 이르게 한 경우에는 현주건조물방화치사죄로 의율하여야 하고 이와 더불어 살인죄와의 상상적 경합범으로 의율할 것은 아니다. 단 존속살해죄(사형, 무기 또는 7년 이상의 징역)와 현주건조물방화치사죄는 상상적 경합범관계에 있으므로 법정형이 중한 존속살해죄로 의율함이 타당하다(대판 1996.4.26, 96도485).

② 현주건조물에 방화하여 동 건조물에서 탈출하려는 사람을 막아 소사케 한 행위는 1개의 행위가 수개의 죄명에 해당하는 경우라고 볼 수 없고, 위 방화행위와 살인행위는 법률상 별개의 범의에 의하여 별개의 법익을 해하는 별개의 행위라고 할 것이니, 현주건조물방화죄와 살인죄는 실체적 경합관계에 있다(대판 1983.1.18, 82도2341).

③ 재물을 강취한 후 피해자를 살해할 목적으로 현주건조물에 방화하여 사망에 이르게 한

---

7) 김성돈, 505면; 김/서, 583면; 박상기, 475면; 배종대, 643면; 이재상, 517면; 이정원, 501면; 임웅, 577면; 정영일, 492면. 반면 진정결과적가중범이라는 견해는 권오걸, 942면; 백형구, 418면; 정/박, 575면.

8) 김/서, 585면; 이재상, 517면; 임웅, 577면.

경우에는 강도살인죄와 현주건조물방화치사죄의 상상적 경합이 성립한다(대판 1998.12.8, 98도3416).

④ 사람이 현존하는 건조물을 방화하는 집단행위의 과정에서 일부 집단원이 고의로 살상을 가한 경우 다른 집단원에게 그 사상의 결과가 예견가능하였다면 다른 집단원도 현존건조물방화치사상의 책임을 면할 수 없다. 따라서 이 사건에서와 같이 공격조 일인이 방화대상 건물 내에 있는 피해자를 향하여 불붙은 화염병을 던진 행위는 비록 피해자의 진화행위를 저지하려는 것이었어도, 공격조에게 부여된 임무를 수행하는 일련의 방화행위의 일부이고 피해자의 화상은 이 사건 방화행위로 인해 입은 것이므로 피고인을 비롯하여 당초 공모한 집단원 모두는 위 상해 결과에 대하여 현존건조물방화치상의 죄책을 면할 수 없다(대판 1996.4.12, 96도215).

〈공용건조물등에의 방화죄(제165조)= 불을 놓아 공용 또는 공익에 공하는 건조물, 기차, 전차, 자동차, 선박, 항공기 또는 광갱을 소훼한 자는 무기 또는 3년 이상의 징역에 처한다〉

공용건조물 - 국가나 공공단체에서 사용하는 건조물
공익건조물 - 일반공중의 이익을 위해 사용되는 건조물

〈일반건조물등에의 방화(제166조)= ① 불을 놓아 전2조에 기재한 이외의 건조물, 기차, 전차, 자동차, 선박, 항공기 또는 광갱을 소훼한 자는 2년 이상의 유기징역에 처한다
② 자기소유에 속하는 제1항의 물건을 소훼하여 공공의 위험을 발생하게 한 자는 7년 이하의 징역 또는 1천만원 이하의 벌금에 처한다〉

- 자기소유의 건조물 등에 방화할 때는 구체적 위험이 발생해야 한다.
  자기소유라도 압류 기타 강제처분을 받거나 타인의 권리 또는 보험의 목적물이 된 때는 제176조에 의해 타인의 물건으로 간주한다.
- 소유권자의 동의가 있거나 무주물에 대해서는 자기소유물에 대한 방화죄가 성립한다.

〈일반물건방화죄(제167조)= ① 불을 놓아 전3조에 기재한 이외의 물건을 소훼하여 공공의 위험을 발생하게 한 자는 1년 이상 10년 이하의 징역에 처한다.
② 제1항의 물건이 자기의 소유에 속한 때에는 3년 이하의 징역 또는 700만원 이하의 벌금에 처한다.〉

〈延燒죄(제168조)= ① 제166조제2항 또는 전조 제2항의 죄를 범하여 제164조, 제165조 또는 제166조제1항에 기재한 물건에 연소한 때에는 1년 이상 10년 이하의 징역에 처한다.
② 전조 제2항의 죄를 범하여 전조 제1항에 기재한 물건에 연소한 때에는 5년 이하의 징역에 처한다〉

- 진정결과적 가중범
- 연소란 불이 옮겨 붙는 것으로 본죄가 성립하기 위해서는 연소하여 소훼되어야 한다.

〈실화죄(제170조)= ① 과실로 인하여 제164조 또는 제165조에 기재한 물건 또는 타인의 소유에 속하는 제166조에 기재한 물건을 소훼한 자는 1천오백만원 이하의 벌금에 처한다.
② 과실로 인하여 자기의 소유에 속하는 제166조 또는 제167조에 기재한 물건을 소훼하여 공공의 위험을 발생하게 한 자도 전항의 형과 같다〉

- 과실범을 처벌한다.

  * 공동의 과실이 경합되어 화재가 발생한 경우에 적어도 각 과실이 화재의 발생에 대하여 하나의 조건이 된 이상은 그 공동적 원인을 제공한 각자에 대하여 실화죄의 죄책을 물어야 한다(대판 1983.5.10, 82 도2279).

- 조문상의 ②항규정형식은 해석상 헷갈리나 판례는 "과실로 제166조 제2항(자기소유 건조물 등)과 제167조의 물건(소유자가 누구인지 묻지 않고)을 소훼하여..."로 정리한다. 이 입장이 타당하다.

  반면 본 항의 "자기소유에 속하는"이 수식하는 부분은 본 항의 표현상 제166조와 제167조 모두에 해당하므로 문리에 충실해야 한다는 반대 의견도 있다. 그러나 그와 같은 해석은 타인소유의 제167조 물건에 대한 실화를 벌할 수 없게 되어 부당하다.

  * 형법 제170조 제2항에서 말하는 "자기의 소유에 속하는 제166조 또는 제167조에 기재한 물건"이라함은 "자기의 소유에 속하는 제166조에 기재한 물건 또는 자기의 소유에 속하든, 타인의 소유에 속하든 불문하고 제167조에 기재한 물건"을 의미한다(대결전 1994.12.20, 94모32).

〈업무상 실화 · 중실화죄(第171조)= 업무상과실 또는 중대한 과실로 인하여 제170조의 죄를 범한 자는 3년 이하의 금고 또는 2천만원 이하의 벌금에 처한다〉

- 업무란 화기로부터의 안전을 배려해야 할 사회생활상의 지위를 말한다. 따라서 직무상 화재의 원인이 된 화기를 직접 취급하거나 화재의 발견, 방지 등의 의무가 지워진 경우가 이에 해당한다.
  판례에 따르면 ① 자동차 운전업무에 종사하는 자는 운전중 충돌로 인한 기름탱크의 파열로 발생할지 모르는 화재를 미리 방지해야 할 업무상 주의의무를 지지 않으며(대판 1972.2.22, 71도2231), ② 유조차운전자에게 위험물취급주임의 지시 없이도 석유가 구판점의 지하 석유탱크에 제대로 급유되는지를 확인하기 위해 급유가 끝날 때까지 주임과 함께 또는 교대로 급유호스가 주입구에서 빠지려고 할 때는 즉시 대응조치를 할 수 있는 자세를 갖추어야 할 업무상 주의의무는 없다고 한다(대판 1990.11.13, 90도2011).
- 중대한 과실이란 약간의 주의만으로 결과발생을 예견. 회피할 수 있음에도 부주의로 이를 하지 못한 경우로서 보통의 과실(경과실)과는 구체적인 사회통념에 따라 구별한다.
  판례에서는 ① 담배에 불을 붙인 다음 그 성냥불이 꺼진지를 확인하지 않고 휴지가 들어있는 플라스틱 휴지통에 던지거나(대판 1993.7.27, 93도135) ② 2.5평 크기의 주방에 설치된 보일러에 연탄을 갈아넣으면서 보일러 주변 5-10센티미터 쯤에 가연물질을 그대로 둔 채 신문지를 구겨 보일러의 공기조절구를 살짝 막아놓고 그 자리를 떠 불이나면(대판 1988.8.23, 88도855) 중과실을 인정한다.
  반면 ① 연탄아궁이로부터 80센티미터쯤 떨어진 곳에 비닐로 포장한 스폰지요, 솜 등을 끈으로 묶지 않은 채 쌓아두었다면 피고인은 아주 작은 주의만으로도 그것들이 아궁이 쪽으로 쉽게 넘어져 그로인한 화재가 발생할 것으로 예견할 수 있었다고 보기 어렵고(대판 1989.1.17, 88도643) ② 전기종합센터 종업원 갑이 점포에 형광등 2개와 안정기를 설치해 주어 이를 사용하던 중, 안정기 쪽에서 윙하는 소리가 나며 만져보면 뜨끈한 정도의 콜탈과 같은 것이 떨어지기도 하여 동 종합센터에 문의한바 갑이 와서 보고 별 이상이 없다고 하여 계속 사용하던 중 2개월여 후 화재가 발생한 경우에도 점포주의 중과실을 부정하였다(대판 1980.10.14, 79도305).

이하는 준방화죄로서

〈**진화방해죄(제169조)=** 화재에 있어서 진화용의 시설 또는 물건을 은닉 또는 손괴하거나 기타 방법으로 진화를 방해한 자는 10년 이하의 징역에 처한다〉

- 진화용의 시설이나 물건이 은닉, 손괴되지 않게 할 의무를 진 자가 이를 해태하면 부작위에 의해 본죄가 성립한다. 그러나 소화의무를 진 자가 이를 행하지 않을 때는 본 죄가 아닌 부작위에 의한 방화죄가 된다.
- 진화의무없는 자가 진화에 협력하지 않으면 경범죄처벌법 제1조 제36호에 해당한다.

〈**폭발성물건파열죄(제172조)=** ① 보일러, 고압가스 기타 폭발성있는 물건을 파열시켜 사람의 생명, 신체 또는 재산에 대하여 위험을 발생시킨 자는 1년 이상의 유기징역에 처한다〉

- 구체적 위험범
- 총포자체는 폭파시키는 도구일 뿐 그 자체가 폭발성있는 물은 아니다.

〈**폭발성물건파열치사상죄(제172조)=** ② 제1항의 죄를 범하여 사람을 상해에 이르게 한 때에는 무기 또는 3년 이상의 징역에 처한다. 사망에 이르게 한 때에는 무기 또는 5년 이상의 징역에 처한다〉

- 결과적 가중범

  치상죄는 부진정결과적 가중범, 치사죄는 진정결과적 가중범이다.[9]

〈**가스 · 전기등 방류죄(제172조의2)=** ① 가스, 전기, 증기 또는 방사선이나 방사성 물질을 방출, 유출 또는 살포시켜 사람의 생명, 신체 또는 재산에 대하여 위험을 발생시킨 자는 1년 이상 10년 이하의 징역에 처한다〉

---

9) 권오걸, 949면; 김성돈, 512면; 김/서, 570면; 박상기, 479면; 오영근, 639면; 이재상, 524면; 이형국, 535면; 임웅, 590면; 정영일, 500면.

〈**가스 · 전기등 방류치사상죄(제172조의2)=** ② 제1항의 죄를 범하여 사람을 상해에 이르게 한 때에는 무기 또는 3년 이상의 징역, 사망에 이르게 한 때에는 무기 또는 5년 이상의 징역에 처한다〉

– 치상죄는 부진정결과적 가중범
치사죄는 진정결과적 가중범이다.

〈**가스 · 전기등 공급방해죄(제173조)=** ① 가스, 전기 또는 증기의 공작물을 손괴 또는 제거하거나 기타 방법으로 가스, 전기 또는 증기의 공급이나 사용을 방해하여 공공의 위험을 발생하게 한 자는 1년 이상 10년 이하의 징역에 처한다.
② 공공용의 가스, 전기 또는 증기의 공작물을 손괴 또는 제거하거나 기타 방법으로 가스, 전기 또는 증기의 공급이나 사용을 방해한 자도 전항의 형과 같다.
③ 제1항 또는 제2항의 죄를 범하여 사람을 상해에 이르게 한때에는 2년 이상의 유기징역에 처한다. 사망에 이르게 한 때에는 무기 또는 3년 이상의 유기징역에 처한다〉

〈**과실폭발성물건파열등 죄(제173조의2)=** ① 과실로 제172조제1항, 제172조의2제1항, 제173조제1항과 제2항의 죄를 범한 자는 5년 이하의 금고 또는 1천500만원 이하의 벌금에 처한다.
② 업무상 과실 또는 중대한 과실로 제1항의 죄를 범한 자는 7년 이하의 금고 또는 2천만원 이하의 벌금에 처한다〉

〈**미수범(제174조)=** 제164조제1항, 제165조, 제166조제1항, 제172조제1항, 제172조의2제1항, 제173조제1항과 제2항의 미수범은 처벌한다〉

〈**예비 · 음모(제175조)=** 제164조제1항, 제165조, 제166조제1항, 제172조제1항, 제172조의2 제1항, 제173조제1항과 제2항의 죄를 범할 목적으로 예비 또는 음모한 자는 5년 이하의 징역에 처한다. 단 그 목적한 죄의 실행에 이르기 전에 자수한 때에는 형을 감경 또는 면제한다〉

〈**타인의 권리대상이 된 자기의 물건(제176조)=** 자기의 소유에 속하는 물건이라도 압류 기타 강제처분을 받거나 타인의 권리 또는 보험의 목적물이 된 때에는 본장의 규정의 적용에 있어서 타인의 물건으로 간주한다〉

Q) 물리적 일체성과 기능적 일체성의 관계를 설명하라.

Q) 연소가능성이 있으면 물리적 일체성을 긍정할 수 있는가?

Q) 독립연소설에 따를 때 불연건조물에 대한 방화죄의 성립은 불가능한가?

Q) 현주건조물과 현존건조물의 차이는 무엇이며 현주의 의미를 설명해 보라.

Q) 인가로부터 상당히 떨어져 있고 다른 대상에 延燒할 위험도 없는, 1인이 현주하는 가건물에 방화해도 공공의 위험이 발생한다고 볼 수 있을까?

Q) 방화죄는 공공의 위험범인데 방화죄규정에서는 기수여부를 소훼에 따라 결정한다. 타당한가?

Q) 제166조제2항이나 제167조의 범죄(구체적 위험범)가 성립하기 위해 행위자는 대상물 뿐만 아니라 공공의 위험까지를 인식해야 한다고 한다. 그렇다면 이들 대상물에 방화하면서도 공공의 위험이 없다고 생각하면 본죄는 성립하지 않게 된다. 이래도 괜찮은가?

반대로 추상적 위험범과 구체적 위험범을 가리지 않고 어느 때나 공공의 위험에 대한 인식은 필요없고 대상물에 대해 방화한다는 인식으로 충분하다고 할 수는 없을까? 만약 이를 수긍한다면 공공의 위험이라는 조문의 표현을 어떻게 이해해야 하는가?

Lesson 28 일수와 수리에 관한 죄

- 일수죄는 수해를 일으켜 공공의 안전과 평온을 해하는 범죄.
  보호법익은 공공의 안전과 부차적으로 개인의 재산이며 자기소유일반건조물 등 일수죄(제179조 제2항)와 과실일수죄(제181조)는 구체적 위험범, 나머지 일수죄는 추상적 위험범이다.
- 수리방해죄는 수리권(사실상의 물의 이용도 포함한)을 보호법익으로 한다. 추상적 위험범.

〈현주건조물등에의 일수죄(제177조)= ① 물을 넘겨 사람이 주거에 사용하거나 사람이 현존하는 건조물, 기차, 전차, 자동차, 선박, 항공기 또는 광갱을 浸害(침해)한 자는 무기 또는 3년 이상의 징역에 처한다〉

- 물을 넘겨(溢水)란 흐르는 물이나 고인 물을 그 경계 밖으로 내보내는 행위를 말하며 부작위로도 가능하다.
- 침해는 일수된 물에 의해 목적물의 효용이 상실 또는 감소된 상태이다.
  목적물의 일부의 효용이 상실되거나 감소되면 족하며 중요부분의 효용이 상실되거나 감소될 필요는 없다.[1] 효용이 일시 상실되거나 감소되어도 본죄는 성립한다.

〈현주건조물등 일수치사상죄(제177조)= ② 제1항의 죄를 범하여 사람을 상해에 이르게 한 때에는 무기 또는 5년 이상의 징역에 처한다. 사망에 이르게 한 때에는 무기 또는 7년 이상의 징역에 처한다〉

- 일수치상일 때는 부진정결과적 가중범,
  일수치사일 때는 진정결과적 가중범이 된다.

---

1) 김성돈, 519면; 김/서, 595면; 박상기, 486면; 배종대, 654면 이하, 손동권, 565면; 오영근, 646면; 이재상, 529면; 임웅, 597면; 정/박, 591면; 정영일, 509면.

〈**공용건조물등에의 일수죄(제178조)=** 물을 넘겨 공용 또는 공익에 공하는 건조물, 기차, 전차, 자동차, 선박, 항공기 또는 광갱을 침해한 자는 무기 또는 2년 이상의 징역에 처한다〉

- 행위의 객체는 공용 또는 공익에 공하는 것이어야 한다.
  이 객체에 사람이 현존하면 현주건조물등에의 일수죄가 성립.

〈**일반건조물등에의 일수(제179조)=** ① 물을 넘겨 전2조에 기재한 이외의 건조물, 기차, 전차, 자동차, 선박, 항공기 또는 광갱 기타 타인의 재산을 침해한 자는 1년 이상 10년 이하의 징역에 처한다.

② 자기의 소유에 속하는 전항의 물건을 침해하여 공공의 위험을 발생하게 한 때에는 3년 이하의 징역 또는 700만원 이하의 벌금에 처한다.

③ 자기의 소유에 속하는 물건이라도 압류 기타 강제처분을 받거나 타인의 권리 또는 보험의 목적물이 된 때에는 본장의 규정의 적용에 있어서 타인의 물건으로 간주한다.

- 무주물이나 타인소유라도 동의가 있으면 자기소유물로 본다.

〈**미수범(제182조)=** 제177조 내지 제179조 제1항의 미수범은 처벌한다〉

〈**예비 · 음모(제183조)=** 제177조 내지 제179조 제1항의 죄를 범할 목적으로 예비 또는 음모한 자는 3년 이하의 징역에 처한다〉

〈**방수방해죄(제180조)=** 水災(수재)에 있어서 방수용의 시설 또는 물건을 손괴 또는 은닉하거나 기타 방법으로 방수를 방해한 자는 10년 이하의 징역에 처한다〉

- 수재란 물로 인해 사람의 생명, 신체, 재산에 위험이 발생했거나 위험발생이 임박한 상태를 말하며 수재는 자연재해이든 인재이든 가리지 않음.

〈**과실일수죄(제181조)=** 과실로 인하여 제177조 또는 제178조에 기재한 물건을 침해한자 또는 제179조에 기재한 물건을 침해하여 공공의 위험을 발생하게 한 자는 1천만원 이하의 벌금에 처한다〉

- 과실범의 일반원리에 따라 처리한다.

〈수리방해죄(제184조)= 제방을 決潰(결궤)하거나 수문을 파괴하거나 기타 방법으로 水利를 방해한 자는 5년 이하의 징역 또는 700만원 이하의 벌금에 처한다〉

- 보호법익은 수리권 혹은 사실상의 물의 이용
- 수도에 의한 음용수의 이용은 수도불통죄(제195조), 수로를 이용한 교통은 일반교통방해죄(제185조) 규정을 통해 따로 보호한다.
- 제방의 결궤란 제방이 무너진 상태이며 기타 방법은 제방의 결궤나 수문의 파괴에 버금가는 방법을 말한다.

* 형법 제184조는 제방을 결궤(무너뜨림)하거나 수문을 파괴하거나 기타 방법으로 수리를 방해하는 것을 구성요건으로 하여 수리방해죄를 규정하고 있는 바 여기서 水利라 함은 관개용·목축용·발전이나 수차 등의 동력용·상수도의 원천용 등 널리 물이라는 천연자원을 사람의 생활에 유익하게 사용하는 것을 가리킨다(다만 형법 제185조의 교통방해죄 또는 제195조의 수도불통죄의 경우 등 다른 규정에 의해 보호되는 형태의 물의 이용은 제외된다).

수리를 방해한다 함은 제방을 무너뜨리거나 수문을 파괴하는 등 위 조문에 예시된 것을 포함하여 저수시설, 流水路나 송·인수시설 또는 이들에 부설된 여러 수리용 장치를 손괴·변경하거나 효용을 해침으로써 수리에 지장을 일으키는 행위를 가리키며, 나아가 수리방해죄는 타인의 수리권을 보호법익으로 하므로 수리방해죄가 성립하기 위해서는 법령·계약 또는 관습 등에 의하여 타인의 권리 등에 속한다고 인정될 수 있는 물의 이용을 방해하는 것이어야 한다(대판 2001.6.26, 2001도404).

Lesson 29 교통방해의 죄

- 육로, 수로, 교량이나 궤도, 등대 또는 표지를 손괴하거나 기타 방법으로 교통을 방해 하는 것을 내용으로 한다.
- 보호법익을 공공의 교통안전으로 보는 입장도 있으나 다수설은 여기에 공중의 생명, 신체, 재산을 추가한다.[1)]
- 기타 방법으로 교통을 방해한다는 표현의 내용이 명확하지 못해 죄형법정원칙에 반한다는 지적이 있지만 이는 입법기술상 불가피하다.
- 제188조 교통방해치사상죄는 결과적 가중범이다.

  이에 대해 사상이라는 중한 결과가 기본범죄인 일반교통방해죄에 내재한 전형적 위험의 실현이 아니라는 반박이 있으나 동의하기 어렵다.
- 선박이나 항공기를 납치하거나 운항을 방해하는 행위를 범죄로 신설할 필요가 크다.

〈일반교통방해죄(제185조)= 육로, 수로 또는 교량을 손괴 또는 불통하게 하거나 기타 방법으로 교통을 방해하면 10년 이하의 징역 또는 1천오백만원 이하의 벌금에 처한다〉

- 육로란 공중의 왕래에 사용되는 육상의 도로로서 도로교통법의 적용을 받아야 하는 것은 아니다. 또한 부지의 소유나 통행권리관계 또는 통행인의 과다 등을 가리지 않는다. 그러나 토지 소유자가 자신의 토지 한쪽 부분을 일시 공터로 두었는데 인근 주민들이 이를 도로로 나가는 지름길로 일시 이용한 적이 있더라도 본죄의 육로라고는 할 수 없다(대판 1984.11.13, 84도2192).

  * 도로교통법 제2조(정의): 도로라 함은 다음 각 목의 곳을 말한다.
  가. 도로법에 의한 도로
  나. 유료도로법에 의한 유료도로
  다. 농어촌도로정비법에 따른 농어촌도로
  라. 그 밖에 현실적으로 불특정 다수의 사람 또는 차마의 통

---

1) 김/서, 600면; 백형구, 460면; 손동권, 570면; 유기천(하), 49면; 이재상, 533면; 이형국, 549면 이하; 임웅, 604면; 정/박, 597면.

행을 위하여 공개된 장소로서 안전하고 원활한 교통을 확보할 필요가 있는 장소

따라서 특정인들 또는 그들과 관련된 특정한 용건이 있는 자들만이 사용할 수 있고 자주적으로 관리되는 장소는 위 법 '라'에 포함되지 않는다(대판 2001.7.13, 2000두6909).

- 집회 또는 시위가 신고된 범위에서 현저히 벗어난 것이 아니면 교통을 방해해도 본죄가 성립하지 않는다.

  * 적법한 신고를 마치고 집회나 시위를 하는 경우 도로교통이 어느 정도 제한될 수밖에 없어 집회나 시위가 신고된 내용과 다소 다르게 행해졌고 그로인해 교통이 방해받았어도 특별한 사정이 없는 한 일반교통방해죄는 성립하지 않는다. 그러나 당초 신고된 범위를 현저히 일탈하였거나 구 집회 및 시위에 관한 법률 제12조에 의한 조건을 중대하게 위반하여 통행을 불가능하게 하거나 현저히 곤란하게 하면 일반교통방해죄가 성립한다.

  민노총준비위원회가 주관한 도로행진시위가 사전에 옥외집회신고를 마친 경우라도 주요도로 전차선을 점거하여 행진 등을 함으로써 교통소통에 현저한 장애를 일으켰다면 일반교통방해죄를 구성한다(대판 2008.11.13, 2006도755).

〈기차, 선박 등의 교통방해죄(제186조)= 궤도, 등대 또는 표지를 손괴하거나 기타 방법으로 기차, 전차, 자동차, 선박 또는 항공기의 교통을 방해한 자는 1년 이상의 유기징역에 처한다〉

- 궤도란 일반의 교통에 사용하기 위해 설치한 레일을 말하며 표지는 교통표지 일반을 의미한다. 케이블카는 전차에 포함된다.

〈기차등의 전복등 죄(제187조)= 사람의 현존하는 기차, 전차, 자동차, 선박 또는 항공기를 **顚覆**(전복), 매몰, 추락 또는 파괴한 자는 무기 또는 3년 이상의 징역에 처한다〉

- 사람의 현존과 대상의 특성, 행위태양 등에 비추어 앞서의 교통방해죄보다 불법이 가중된 범죄이다.
- 사람의 현존은 범인 이외의 자가 실행의 착수 시에 위 교통기관안에 있음을 말한다.

  이들 교통기관이 운행중일 필요는 없다.
- 전복이란 객체를 넘어뜨리는 행위이고 파괴는 교통기관으로서의 용법의 전부 또는 일부를 불가능하게 할 정도의 파손을 말한다.

〈**미수범(제190조)=** 제185조 내지 제187조의 미수범은 처벌한다〉

〈**예비 · 음모죄(제191조)=** 제186조 또는 제187조의 죄를 범할 목적으로 예비 또는 음모한 자는 3년 이하의 징역에 처한다〉

〈**교통방해치사상죄(제188조)=** 제185조 내지 제187조의 죄를 범하여 사람을 상해에 이르게 한 때에는 무기 또는 3년 이상의 징역에 처한다. 사망에 이르게 한 때에는 무기 또는 5년 이상의 징역에 처한다〉

– 교통방해치상죄는 부진정결과적 가중범
  교통방해치사죄는 진정결과적 가중범.

〈**과실교통방해죄(제189조)=** ① 과실로 제185조 내지 제187조의 죄를 범한 자는 1천만원 이하의 벌금에 처한다〉

〈**업무상 과실 · 중과실교통방해죄(제189조)=** ② 업무상 과실 또는 중대한 과실로 제185조 내지 제187조의 죄를 범한 자는 3년 이하의 금고 또는 2천만원 이하의 벌금에 처한다〉

* ① 버스를 시속 50킬로미터로 운전하여 10도 정도의 좌곡각 길을 돌아 나오면서 비로소 전방 100미터 거리에서 두 버스가 약간의 간격을 두고 중앙선을 조금 침범한 채 과속으로 경쟁하면서 마주오는 것을 보았으나 곧 뒤에 오던 버스가 추월을 포기하고 자기 차선으로 들어가자 별일 없으리라 생각하고 같은 속도로 운행하였으나 뒤의 버스가 앞차의 갑작스러운 급제동조치로 앞차를 충격, 그 반동으로 반대차선을 완전히 가로막아 피고인이 운전하던 버스와 충돌하였다면 업무상 과실을 인정할 수 없다(대판 1984.3.13, 83도3006).
  ② 형법 제189조 제2항, 제187조 소정의 업무상과실자동차파괴죄와 도로교통법 제74조(운전자의 업무상과실, 중과실손괴)는 일반법과 특별법의 관계가 아닌 별개의 독립된 구성요건으로 해석함이 상당하다(대판 1983.9.27, 82도671).
  ③ 업무상과실자동차전복죄와 그로 인해 사람을 사망에 이르게 한 교통사고처리특례법 위반죄는 상상적경합관계에 있다(대판 2001.10.12, 2001도3221).

Q) 대학구내의 길이 도로교통법상의 도로에 해당하는지에 대해서는 상반된 판례(대판 1996.10.25, 96도1848; 2006.1.13, 2005도6986)가 있다.
어떤 차이점 때문인가?

Lesson 30 음용수에 관한 죄

- 음용에 사용할 정수 또는 그 水源에 오물·독물 기타 건강을 해할 물건을 혼입하거나 수도 기타의 시설을 손괴 또는 기타 방법으로 불통하게 하여 음용수에 대한 공중의 이용과 안전을 위태롭게 하는 범죄를 말한다.
- 추상적 위험범
- 음용수 외에 공중의 건강에 지대한 영향을 미치는 환경과 식품관련규정을 형법전에 두어야 할 것인지의 문제가 있다. 그러나 이 논의는 규제법규의 부재를 문제삼기 보다 행정법(특별형법)적 규제가 더 효과적인지 아니면 범죄로서 일반형법에서 다루는 편이 더 효과적인지를 둘러 싼 견해차일 뿐이다.
  ① 형법전에 편입시키려는 쪽은 이들 재화에 대한 침해를 범죄로 보기 때문에 위반행위에 대해 강력하게 대처할 수 있고 일반인의 경각심을 높일 수 있다고 한다.
  ② 반대입장은 형법전에 편입시키더라도 범죄성립요건이나 한계 등 관련범죄의 실질적 내용이 행정기관의 판단에 종속될 수밖에 없고 법인처벌과 인과법칙 등에 대해 형법의 전통적 태도를 고집한다면 가해자에 대한 면책을 넓히게 될 것이라고 한다. 또한 침해에 대해 신속하게 대응하기 어려울 것을 염려한다.
  그러나 상기 재화의 안전과 보호가 초미의 관심사로 주목받고 있는 지금의 추세에 비추어 보면 이를 형법전에 규정하는 편이 옳다. 관련법규로는 대표적으로 "환경범죄의 단속에 관한 특별조치법"을 들 수 있다.

환경범죄의 단속에 관한 특별조치법

제3조(오염물질 불법배출의 가중처벌): ① 오염물질을 불법 배출함으로써 사람의 생명이나 신체에 위해를 끼치거나 상수원을 오염시킴으로써 먹는 물의 사용에 위험을 끼친 자는 3년 이상의 유기징역에 처한다.

② 제1항의 죄를 범하여 사람을 죽거나 다치게 한 자는 무기 또는 5년 이상의 유기징역에 처한다.

③ 오염물질을 불법배출한 자로서 다음 각호의 어느 하나에 해당하거나 수질 및 수생태계보전에 관한 법률 제15조제1항제4호를 위반한 자로서 제3호에 해당하는 자는 1년 이상 7년 이하의 징역에 처한다.

1. 농업·축산업·임업 또는 원예업에 이용되는 300제곱미터 이상의 토지를 해당용도로 이용할 수 없게 한 자.
2. 바다·하천·호소 또는 지하수를 별표 1에서 정하는 규모 및 기준 이상으로 오염시킨 자.
3. 어패류를 별표 2에서 정하는 규모 이상으로 집단폐사에 이르게 한 자.

제5조(과실범): ① 업무상 과실 또는 중대한 과실로 인하여 제3조 제1항의 죄를 범한 자는 7년 이하의 징역이나 금고 또는 1억원 이하의 벌금에 처한다.

제11조(추정): 사람의 생명·신체, 상수원 또는 자연생태계 등(이하 '생명·신체 등'이라 한다)에 위해(제3조 제3항 각호의 어느 하나에 해당하는 경우를 포함한다. 이와 이 조에서 같다)를 끼칠 정도로 오염물질을 불법 배출한 사업자가 있는 경우 그 오염물질의 불법배출에 의하여 위해가 발생할 수 있는 지역에서 같은 종류의 오염물질로 인하여 생명·신체 등에 위해가 발생하고 그 불법배출과 발생한 위험 사이에 상당한 개연성이 있는 때에는 그 위해는 그 사업자가 불법 배출한 물질로 인하여 발생한 것으로 추정한다.

〈음용수의 사용방해죄(제192조)= ① 일상음용에 공하는 정수에 오물을 혼입하여 음용하지 못하게 한 자는 1년 이하의 징역 또는 500만원 이하의 벌금에 처한다.
② 전항의 음용수에 독물 기타 건강을 해할 물건을 혼입한 자는 10년 이하의 징역에 처한다〉

- 보호법익은 공중의 보건과 건강이며 추상적 위험범이다.
- 일상에 공하는 정수란 불특정 또는 다수가 계속, 반복하여 마시는 물을 말한다.
- 오물은 ②항의 물질이 아닌 것으로 그것이 혼입되면 사람으로 하여금 물리적, 심리적 이유로 음용할 수 없게 하는 물질이다.
- 독물이란 독성 때문에 소량만으로도 생명이나 건강을 해칠 수 있는 물질을 뜻하며 범행수단의 특성 때문에 ②항의 형이 ①항의 형보다 무겁다.

〈수도음용수의 사용방해죄(제193조)= ① 수도에 의하여 공중의 음용에 공하는 정수 또는 그 수원에 오물을 혼입하여 음용하지 못하게 한 자는 1년 이상 10년 이하의 징역에 처한다.
② 전항의 음용수 또는 수원에 독물 기타 건강을 해할 물건을 혼입한 자는 2년 이상의 유기징역에 처한다〉

- 水道(수도)란 음용수를 공급하기 위한 인공적 시설로서 수도의 소유권유무,

설치절차의 적법성여부, 규모의 대소나 영구성등은 문제되지 않는다.

- 水源(수원)은 수도에 유입되기 전의 수류나 정수지 · 취수지의 물을 말한다.

〈**음용수혼독치사상죄(제194조)=** 제192조 제2항 또는 제193조 제2항의 죄를 범하여 사람을 상해에 이르게 한 때에는 무기 또는 3년 이상의 징역에 처한다. 사망에 이르게 한 때에는 무기 또는 5년 이상의 징역에 처한다〉

- 사망의 결과가 발생한 때는 진정결과적 가중범
  상해의 결과가 발생한 때는 부진정결과적 가중범이다.

〈**수도불통죄(제195조)=** 공중의 음용수를 공급하는 수도 기타 시설을 손괴 기타 방법으로 불통하게 한 자는 1년 이상 10년 이하의 징역에 처한다〉

- 본죄의 성격을 둘러싸고
  ① 객체가 수도 등의 시설이고 실행행위는 손괴 등을 통한 음용수의 불통이므로 음용수 사용방해죄의 가중규정으로 보는 입장과
  ② 본죄의 보호법익이 공중의 음용수 이용권 혹은 음용수를 사용할 수 있는 이익이므로 독립된 범죄유형이라는 견해가 대립한다.

  * 본건 사설특수가압수도시설은 피고인이 관계당국으로부터 그 명의의 설치허가를 받아 사재로써 시의 상수도관에다가 특수가압간선을 시설한 것으로서 그 시설에 의한 급수를 받고자 하는 자는 시설자와의 계약에 의해 시설운영위원회에 가입한 후 시의 급수승인을 받아야 하고 그러한 절차를 거치지 아니한 자에 대하여는 시설자가 마음대로 단수조치를 할 수 있는 것이므로 피고인이 불법이용자에 대한 단수조치로서 급수관을 발굴 절단해도 수도불통죄에 해당하지 않는다(대판 1971.1.26, 70도2654).

〈**미수범(제196조)=** 제192조 제2항, 제193조 제2항과 전조의 미수범은 처벌한다〉

〈**예비 · 음모죄(제197조)=** 제192조 제2항, 제193조 제2항 또는 제195조의 죄를 범할 목적으로 예비 또는 음모한 자는 2년 이하의 징역에 처한다〉

Lesson 31 아편에 관한 죄

- 아편에 관한 죄란 아편이나 아편흡식기를 제조·수입·판매·소지하거나 아편을 흡식하거나 몰핀을 주사하거나 흡식이나 주사를 하기 위한 장소를 제공하여 이익을 취하는 범죄이다.
- 공중의 신체적 정신적 건강을 보호법익으로 하며 추상적 위험범.
- 아편을 포함한 마약류를 둘러 싼 갖가지 범죄행태를 포괄적으로 규제하는 특별법인 "마약류관리에 관한 법률"이 있어 마약사범은 이 법을 적용한다. 나아가 이 법이 정하는 범죄를 가중하여 처벌하는 특가법이 있으므로 아편에 관한 죄는 사문화되었다고 봐야 한다.
- 그러나 마약에 관한 특별법은 금지행위의 범위가 너무 넓어 비범죄화를 통해 이를 축소할 필요가 있다.

  또한 소비자에 대해서는 엄벌주의 대신 혹은 그와 병행하여 치료처치로 전환해야 한다는 주장이 유력하다.

〈아편등 흡식죄(제201조)= ① 아편을 흡식하거나 몰핀을 주사한 자는 5년 이하의 징역에 처한다〉

- 아편이란 양귀비의 액즙이 응결된 것과 이를 가공한 것(단 의약품으로 가공한 것은 제외)이다.
- 몰핀(Morphine)은 양귀비, 아편 및 코카잎에서 추출한 알카로이드(Alcaloid)로서 마약류관리법시행령이 정한 바에 따른다.
- 흡식이나 주사할 목적으로 소지한 자가 이를 흡식·주사하면 아편·몰핀소지죄는 본죄에 흡수된다.

  그러나 판매목적으로 소지한 자가 흡식·주사하면 양죄의 경합범이 된다.

〈아편흡식, 몰핀주사 장소제공죄(제201조)= ② 아편흡식 또는 몰핀주사의 장소를 제공하여 이익을 취한 자도 전항의 형과 같다〉

- 장소제공은 아편흡식죄 등의 방조행위지만 독립된 범죄로 규정한다.

- 장소제공자가 이익을 취해야만 본죄가 성립하며 이익은 경제적인 것에 한하지 않는다.

  * 취득이익은 장소사용과 관련하여 계정되는 대가적 성질을 띤 일체의 적극적·소극적 이익을 포함하므로 피고인이 타인을 지난 3년간 사역한 노무의 대가로 피고인의 가택을 그 타인의 아편판매장소로 제공한 경우는 전술한 이익을 취득한 때에 해당한다(대판 1960.4.6, 4292형상844).

〈**아편등의 제조죄(제198조)=** 아편, 몰핀 또는 그 화합물을 제조, 수입 또는 판매하거나 판매할 목적으로 소지한 자는 10년 이하의 징역에 처한다〉

〈**아편흡식기의 제조등 죄(제199조)=** 아편을 흡식하는 기구를 제조, 수입 또는 판매하거나 판매할 목적으로 소지한 자는 5년 이하의 징역에 처한다〉

- 아편흡식기는 아편흡식을 목적으로 특별히 제조된 기구를 말하므로 일반주사기는 본죄의 객체가 아니다.

〈**세관공무원의 아편 등의 수입(제200조)=** 세관의 공무원이 아편, 몰핀이나 그 화합물 또는 아편흡식기구를 수입하거나 그 수입을 허용한 때에는 1년 이상의 유기징역에 처한다〉

- 본죄를 부진정신분범으로 보는 입장(다수설)과
  수입죄는 부진정신분범이지만 수입허용죄는 진정신분범이라는 견해가 대립한다.
- 수입허용죄는 수입죄의 공범이지만 독립된 범죄로 처벌한다.
- 주체는 수입사무를 담당하는 세관공무원이다.

〈**아편등의 소지죄(제205조)=** 아편, 몰핀이나 그 화합물 또는 아편흡식기구를 소지한 자는 1년 이하의 징역 또는 500만원 이하의 벌금에 처한다〉

- 판매목적으로 소지할 때는 본죄가 아니라 제198조가 적용된다.

〈**미수범(제202조)=** 전4조의 미수범은 처벌한다〉

〈**상습범(제203조)=** 상습으로 전5조의 죄를 범한 때에는 각조에 정한 형의 2분의 1까지 가중한다〉

〈**자격정지 또는 벌금의 병과(제204조)=** 제198조 내지 제203조의 경우에는 10년 이하의 자격정지 또는 2천만원 이하의 벌금을 병과할 수 있다〉

〈**몰수, 추징(제206조)=** 본장의 죄에 제공한 아편, 몰핀이나 그 화합물 또는 아편흡식기구는 몰수한다. 그를 몰수하기 불능한 때에는 그 가액을 추징한다〉

Lesson 32 통화에 관한 죄

- 행사할 목적으로 통화를 위조, 변조하거나 위조·변조된 통화를 행사, 수입, 수출, 취득하거나 통화유사물을 제조하는 내용의 범죄이다.
- 통화의 진정에 대한 공공의 신용, 신뢰가 보호법익(진정하다고 믿을 때 비로소 거래상의 결제수단으로 사용될 수 있다).

  이처럼 통화는 거래수단이지만 이의 진정을 보호함으로써 거래를 촉진시킨다는 취지는 아니다.

  형법에서 사용하는 거래란 문서를 통한 계약체결이나 통화로 지불하는 것처럼 주로 의사의 전달을 의미한다(물론 의사의 전달도 넓은 의미에서는 거래라 부를 수 있다).

  보호법익에 통화고권(화폐주권, 화폐발행권)을 포함시키기도 한다. 그러나 국가의 통화발행권을 위조죄를 통해 보호할 필요는 없으며 외국화폐의 위조를 더 가볍게 처벌할 이유도 없다.
- 통화도 문서의 일종이므로 문서죄 규정과는 특별법과 일반법의 관계에 있다.
- 외국인의 국외범에 대해서도 우리 형법을 적용한다.

〈통화위조·변조죄(제207조)= ① 행사할 목적으로 통용하는 대한민국의 화폐, 지폐 또는 은행권을 위조 또는 변조한 자는 무기 또는 2년 이상의 징역에 처한다.
② 행사할 목적으로 내국에서 유통하는 외국의 화폐, 지폐 또는 은행권을 위조 또는 변조한 자는 1년 이상의 유기징역에 처한다.
③ 행사할 목적으로 외국에서 통용하는 외국의 화폐, 지폐 또는 은행권을 위조 또는 변조한 자는 10년 이하의 징역에 처한다
④ 전3항 기재의 통화를 행사하거나 행사목적으로 수입 또는 수출한 자는 그 위조 또는 변조의 각죄에 정한 형에 처한다〉

- 객체는 ① 통용되는 대한민국의 화폐, 지폐 또는 은행권
  ② 내국에서 유통하는 외국의 화폐, 지폐 또는 은행권
  ③ 외국에서 통용하는 외국의 화폐, 지폐 또는 은행권
- 화폐나 지폐는 원칙적으로 정부가 발행하는 통화.

은행권은 정부의 허가를 받은 특정은행이 발행한 화폐대용증권이다.

- 통화는 강제통용력이 있어야 한다. 따라서 기념주화도 강제통용력이 있다면 통화이게 된다.

  사실상 사용되는 경우는 유통으로 통용과는 다른 의미이다.

- 통용기간이 경과되었으나 교환중인 구화도 통화인가? 견해는 대립하며 판례는 부정설[1]의 입장을 취한다.

  * 스위스 화폐로서 1998년까지 통용되었으나 현재는 통용되지 않고, 다만 스위스 은행에서 신권과의 교환이 가능한 眞幣(진폐)는 내국에서 유통하는 외국의 화폐에 해당하지 아니한다(대판 2003.1.10, 2002도3340).

- 위조란 발행권한 없는 자가 외관상 통화로 오인할 만큼 정교한 물건을 만드는 행위.

  眞貨가 존재할 필요는 없다[2](판례는 반대). 일반인을 진화로 오인시키면 족하므로 발행이 예정된 통화를 일반인이 이미 발행된 진화로 오인할 수 있기 때문이다.

  오인시킬 만큼 정교하지 못하면 모조로서 통화유사물제조죄가 가능하다.

  * 피고인들이 한국은행발행 500원짜리 주화의 표면 일부를 깍아내어 손상을 가하였지만 그 크기와 모양 및 대부분의 문양이 그대로 남아 있어 이로써 기존의 500원짜리 주화의 명목가치나 실질가치가 변경되었다거나, 객관적으로 보아 일반인으로 하여금 일본국의 500¥짜리 주화로 오신케 할 정도의 새로운 화폐를 만들어 낸 것으로 볼 수 없고, 일본국의 자동판매기 등이 위와 같이 가공된 주화를 일본국의 500¥짜리 주화로 오인한다는 사정만을 들어 그 명목가치가 일본국의 500¥으로 변경되었다거나 일반인으로 하여금 일본국의 500¥짜리 주화로 오신케 할 정도에 이르렀다고 볼 수도 없다(대판 2002.1.11, 2000도3950).

- 변조는 진정한 통화에 변경을 가하여 그 가치를 변경하는 행위.

  통화의 동일성이 유지되어야 한다. 그러므로 1천원권을 오천원권의 색채로 바꾸고 숫자와 문자를 오천원권의 그것처럼 변경하는 것은 변조에 해당한다(위조로 보는 견해도 있다).

  * 진정한 통화를 가공하여 기존 통화의 명목가치나 실질가치가 변경되었다거나 일반인으로 하여금 기존 통화와 다른 진정한 화폐로 오신하게 할 정도의 새로운 물건을 만들어

---

1) 다수설이기도 하다. 김성천, 1140; 배종대, 668면; 백형구, 487면; 이재상, 546면; 이형국, 565면; 임웅, 614면; 정/박, 676면; 정영일, 544면.

2) 김성돈, 550면; 김/서, 681면; 백형구, 488면; 오영근, 693면; 이재상, 547면.

낸 것으로 볼 수 없다면 통화가 변조되었다고 볼 수 없다(대판 2004.3.26, 2003도5640).

그러나 위조와 변조의 구별이 쉽지 않고 동일구성요건에 규정되어 있으며 법정형도 동일할 뿐만 아니라 위조를 변조로 오인했다고 하여 상급심의 파기이유가 되는 것도 아니므로 실제로 양자의 구별이 그렇게 중요한 것은 아니다.

- 통화를 위조하고 이를 행사하면 양죄의 경합범이 된다.
- 위조통화행사는 사기죄와의 관계가 문제되는바 상상적 경합으로 이해함이 타당(별죄니까)하다.[3] 단 판례는 실체적 경합으로 본다.

  * ① 위조통화의 행사에는 다른 사람에게 증여하는 경우도 포함되는 바 이 경우 그 행사자(증여자)한테는 하등의 불법영득이 없어 위조통화의 행사에 항상 재물의 영득이 수반되지 않는다. 따라서 위조통화행사죄 규정은 사기죄의 특별규정이 아니다.
    ② 통화위조죄에 관한 규정은 공공의 거래상의 신용 및 안전을 보호하려는 것이지만 사기죄는 개인의 재산법익에 대한 죄이므로 양죄는 보호법익이 다르다.
    이로부터 위조통화를 행사하여 재물을 불법영득하면 위조통화행사죄와 사기죄가 성립한다(대판 1979.7.10, 79도840).

  행사할 목적없이 제작된 僞貨(위화)를 사용해도 위조통화행사죄는 성립하지만 통화위조죄는 될 수 없다(여기서는 행사목적이 위조행위의 불법요소니까).

- 외국통용 외국통화 위조・변조죄의 객체는 외국에서 통용되는 외국의 통화여야 하므로 그 나라에서 강제통용력이 없으면 본죄는 성립하지 아니한다.

  * 미국에서 발행된 적이 없어 단지 관광용 기념상품으로 판매되고 있는 미합중국 100만달러 지폐와 과거에 발행되어 은행간에 유통되다가 현재는 발행되지 않지만 화폐수집가나 재벌들이 보유하여 오고 있는 미합중국 10만달러 지폐가 막연히 일반인의 관점에서 미합중국에서 강제통용력을 가졌다고 오인할 수 있다는 이유로 형법 제207조 제3항의 외국에서 통용되는 지폐에 포함된다고 할 수 없다(대판 2004.5.14, 2003도3487).

- 위조・변조된 통화를 행사한다 함은 이를 진정한 통화처럼 유통시키는 것이다. 행사는 유상・무상, 적법・부적법을 가리지 않으며 위조통화임을 알고 있는 상대가 이를 행사하리라는 점을 알고도 그에게 교부하는 것도 행사이다.

  그러나 위조된 통화를 진정한 통화로 유통시키는 것(불특정 다수의 사람들한테 전전될 위험이 있는 상태)이 아닌, 그저 전시하거나 기념품으로 선물하는 행위정도, 나아가 자신의 자력을 과시하기 위해 상대에게 보여주는 행위는 행사가 아니다.

---

3) 권오걸, 1001면; 김성돈, 556면; 김/서, 689면; 박상기, 502면; 배종대, 672면; 백형구, 492면; 이재상, 552면; 이형국, 570면; 정/박, 682면; 진/이, 640면.

〈**위조 · 변조통화취득죄(208조)=** 행사할 목적으로 위조 또는 변조한 제207조 기재의 통화를 취득한 자는 5년 이하의 징역 또는 1천500만원 이하의 벌금에 처한다〉

- 취득이란 점유를 얻는 것.
  취득의 원인에 특별한 제한은 없으므로 매매, 증여, 교환이나 습득도 좋고 절취나 사취여도 상관없다.
  따라서 위조통화인줄 알면서 강취하면 본죄와 강도죄의 상상적 경합이 된다.
  횡령의 경우에는 이미 점유를 하고 있으므로 취득행위가 행해질 수 있느냐를 둘러싸고 견해가 대립하나 취득이 점유의 이전을 뜻하므로 부정설이 타당하다.
  공범 사이에는 위조통화를 수수해도 취득이 아니다(통화위조죄로 벌하는 것으로 충분).

〈**취득후의 지정행사죄(제210조)=** 제207조 기재의 통화를 취득한 후 그 정을 알고 행사한 자는 2년 이하의 징역 또는 5백만원 이하의 벌금에 처한다〉

- 손해를 남에게 전가시키는 범죄이나 적법행위를 기대하기 어려워 위조통화행사죄에 비해 법정형이 현저히 가볍다. 따라서 취득은 적법한 취득으로 한정해야 할 것이다. 단 사기죄와는 상상적 경합이 된다.

〈**통화유사물의 제조등 죄(제211조)=** ① 판매할 목적으로 내국 또는 외국에서 통용하거나 유통하는 화폐, 지폐 또는 은행권에 유사한 물건을 제조, 수입 또는 수출한 자는 3년 이하의 징역 또는 700만원 이하의 벌금에 처한다.
② 전항의 물건을 판매한 자도 전항의 형과 같다〉

- 통화유사물이란 통화와 비슷한 외관을 가진 모조품으로 일반인이 진화로 오인할 만큼 정교한 물건이 아니어야 한다.

〈**미수범(제212조)=** 제207조, 제208조와 전조의 미수범은 처벌한다.

〈**예비 · 음모죄(제213조)=** 제207조 제1항 내지 제3항의 죄를 범할 목적으로 예비 또는 음모한 자는 5년 이하의 징역에 처한다. 단 그 목적한 죄의 실행에 이르기 전에 자수한 때에는 그 형을 감경 또는 면제한다〉

〈자격정지 또는 벌금의 병과(제209조)= 제207조 또는 제208조의 죄를 범하여 유기징역에 처할 경우에는 10년 이하의 자격정지 또는 2천만 원 이하의 벌금에 처한다〉

Q) 대판 2004.3.26, 2003도5640 상의 변조개념과 위조는 어떻게 다르며 이와 같은 구별은 타당한가?

Q) 판례에 따르면 위조통화를 행사한 경우 위조통화행사죄와 사기죄의 실체적 경합이라고 한다. 타당한가?

Q) 외국인이 외국에서 외국의 통화를 위조할 때도 우리 형법을 적용할 수 있는가?

Lesson 33 유가증권, 우표와 인지에 관한 죄

- 유가증권에 관한 죄는 행사할 목적으로 유가증권을 위조·변조·허위로 작성하거나 위조·변조·허위 작성한 유가증권을 행사하거나 행사할 목적으로 수입, 수출하는 죄를 말한다.
  우표와 인지에 관한 죄 또한 행사할 목적으로 우표나 인지를 위조·변조하거나 위조·변조된 우표, 인지 등을 행사하거나 행사할 목적으로 수입, 수출, 취득하거나 우표, 인지유사물을 제조, 수입, 수출, 판매하는 범죄이다.
- 유가증권, 우표, 인지의 진정에 대한 공공의 신용을 보호하고자 하며 추상적 위험범이다.
- 유가증권도 문서의 일종이나 주된 기능이 결제인 것(어음이나 수표)도 있고 권리·의무에 관한 문서성(화물상환증·승차권 등)이 중심인 것도 있다.
  단 수표에 대해서는 특별법인 부정수표단속법이 있다.
  수표도 유가증권의 일종이지만 수표의 강한 유통성과 거래수단으로서의 중요성을 감안하기 때문이다. 동법 제5조에 따르면 행사할 목적이 없어도 수표위·변조죄가 성립하고 처벌도 1년 이상의 유기징역과 수표금액의 10배 이하의 벌금에 처함으로써 다른 유가증권위·변조행위보다 중하게 처벌한다.
  우표나 인지도 유가증권의 일종이다(재산권이 화체되어 있지 않다는 이유로 이를 부정하는 견해도 있다).
- 유가증권이 되기 위해서는
  ① 재산권이 증권에 화체(표시되어 있다)되어 있어 재산권의 존재가 증권이라는 物과 일체(형체를 갖추게 됨)로서 세상에 드러나며
  ② 재산권을 행사, 처분하려면 이 증권을 점유하고 있어야 한다(재산권과 증권간의 강한 결속을 나타냄).
  따라서 이들 요건을 갖추지 못한 증거증권(차용증서, 운송장 등. 여기서는 재산상의 권리가 화체되지는 못하고 그저 법률관계의 존재를 증명하는 정도이다)이나 면책증권(옷표, 신표, 은행예금증서처럼 소지자에게 변제하면 채무가 면해지는 증권)은 유가증권이 아니다.

마찬가지로 신용카드도 재산권이 화체되어 있지 않아 유가증권이 아니지만 전화카드는 유가증권(보이지 않는 자기기록부분과 보이는 카드면이 일체를 이루어 일정액의 전화서비스를 받을 수 있는 재산권이 증권에 표시되어 있다고 본다)이다.

개찰후의 열차승차권은 유가증권이라는 입장과 증거증권에 불과하다는 견해로 나뉘고 있다.

무기명인 양도성정기예금증서(CD)는 유가증권이지만 기명인 정기예금증서는 채권자가 특정인임을 표시하는 증서이므로 유가증권이 아니다.

이에 대해 서울행정법원은 대판 1984.11.27, 84도2147을 근거로 무기명 정기예금증서가 유가증권이 아니라고 하였으나 동법원이 인용한 대판은 기명식 정기예탁금증서에 관한 것으로서 이를 무기명정기예금증서에 바로 적용할 수 없다는 반대입장[1]도 있다.

유가증권인지를 가리는 판례를 보면

* ① 정기예탁금증서는 예탁금반환채권의 유통이나 행사를 목적으로 작성된 것이 아니라 채무자가 증서 소지인에게 변제하여 책임을 면할 목적으로 작성된 이른바 면책증권에 불과하여 이 증서의 점유가 예탁금반환채권을 행사함에 있어 그 조건이 된다고 볼 수 없는 것이라면 위 증권상에 표시된 권리가 그 증권에 화체되었다고 볼 수 없으므로 위 증서는 형법 제216조, 제217조에 규정된 유가증권에 해당하지 않는다(대판 1984.11.27, 84도2147).

  ② 공중전화카드는 문자부분과 자기기록부분이 일체로서 공중전화서비스를 받을 수 있는 재산상의 권리를 화체하고 있고 이를 공중전화기에 투입하여 그 권리를 행사하는 것이므로 유가증권에 해당한다. 그러므로 사용한 공중전화카드의 금액에 관한 전자기록부분을 변경하여 다시 쓸 수 있게 하면 유가증권위조죄가 된다(대판 1998.2.27, 97도2483).

  그러나 유가증권의 위조란 문자나 부호의 변경을 뜻하므로 자기기록부분만의 변경은 문서위조죄상의 위작이나 변작에 해당할 뿐 유가증권위조나 변조가 아니라는 견해도 있다(오영근, 708면). 유가증권도 문서이므로 가독성과 가시성이라는 문서의 속성을 갖고 있어야 하는데 전자기록부분은 그렇지 않기 때문이다.

  ③ 할부구매전표는 소지인이 해당영업소에서 원하는 상품을 금액한도 안에서 구매할 수 있는 권리가 화체된 증권으로서 그 권리의 행사와 처분에 증권의 점유를 필요로 하는 것임이 인정되면 유가증권으로 봐야 한다(대판 1995.3.14, 95도20).

---

1) 오영근, 705면.

④ 직장소비조합이 그 조합원에게 그의 직번(일종의 구좌번호), 구입상품명 등을 기재하여 신용카드를 교부하고 조합원은 이를 사용하여 약정된 상점에서 물품을 구입할 때 연월일, 금액 등을 기입 제시하여 이를 동 상점을 통해 소비조합에 제출시켜 일정기간마다 정산하는 방식을 취한다면 이는 신용구매의 권리를 행사한다는 점에서 재산권이 신용카드에 화체되어 있으므로 유가증권에 해당한다(대판 1984.11.27, 84도1862).

- 증권은 사법상 유효할 것을 요하지 않는다.

* 대표이사의 날인이 없어 상법상 무효인 주권이라도 발행인인 대표이사의 기명을 비롯한 그 밖의 주권의 기재요건을 모두 구비하고 회사의 사인까지 날인하였다면 일반인으로 하여금 일견 유효한 주권으로 오인시킬 정도의 외관을 갖추고 있으므로 형법 제214조 소정의 유가증권에 해당한다(대판 1974.12.24, 74도294).

〈유가증권위조 · 변조죄(제214조제1항)= 행사할 목적으로 대한민국 또는 외국의 공채증서 기타 유가증권을 위조 또는 변조한 자는 10년 이하의 징역에 처한다〉

- 공채증서란 국가 또는 지방자치단체가 지는 채무를 표시하는 증권으로 채권자에게 교부한다.
- 위조란 작성할 권한없이 타인명의의 유가증권을 작성하는 것.

  따라서 대리권자의 유가증권 발행행위나 자기명의로 작성하면 본죄의 위조가 아니다.

  또한 일반인이 진정한 것으로 오인할 정도의 정교함을 갖추어야 한다.

  판례는 약속어음용지를 사용하기는 했지만 이를 어음이 아닌 소비대차의 증표로 발행하였고 발행인 아닌 피고인이 날인한 무인만 있는 경우에는 일반인이 진정하고 유효한 약속어음으로 오신할 정도의 형식과 외관을 갖추지 않아 유가증권의 위조가 아니라고 본다(대판 1992.6.23, 92도976).
- 변조란 진정하게 성립되어 있는 타인명의의 유가증권의 내용을 권한없이 변경하는 것.

  단 변경했더라도 기존의 것과 동일성을 유지해야 한다. 그렇지 않으면 위조가 된다.

* 약속어음의 액면란에 자의로 합의된 금액의 한도를 엄청나게 넘게 기입하는 것은 백지보충권의 범위를 초월하여 서명날인이 있는 어음용지를 이용한 새로운 약속어음의 발행으로 유가증권위조죄를 구성한다(대판 1972.6.13, 72도897).

타인소유 자기명의의 유가증권을 명의자가 변경하는 것은 변조죄가 되지 않고 문서의 손괴죄가 된다(유가증권도 문서이므로).

- 죄수

위조, 변조행위의 수에 따라 결정하려는 입장과 유가증권의 枚數에 따르는 입장(통설 · 판례 대판 1983.4.12, 82도2938)으로 갈리나 전자가 타당하다.

* ① 타인이 위조한 액면과 지급기일이 백지로 된 약속어음을 구입하여 액면란에 금액을 기입하여 그 위조어음을 완성하는 행위는 백지어음 형태의 위조행위와는 별개의 유가증권위조죄를 구성한다(대판 1982.6.22, 82도677).

② 죄수는 원칙적으로 위조된 유가증권의 매수를 기준으로 정할 것이므로 약속어음 2매의 위조행위는 포괄일죄가 아니라 경합범이다(대판 1983.4.12, 82도2938).

따라서 한개의 유가증권에 위조와 변조가 행해지면 단순일죄.

동일일시, 장소에서 수매의 유가증권을 위조해도 포괄일죄이나 통설과 판례는 이 경우 경합범[2] 혹은 상상적 경합범[3]으로 본다.

- 위조한 후 이를 행사하면 본죄와 위조유가증권행사죄의 실체적 경합[4]이다. 상상적 경합설[5] 혹은 위조유가증권행사죄 하나만 성립한다는 입장[6]도 있다.

〈**권리 · 의무에 관한 기재의 위조 · 변조죄(제214조제2항)=** 행사할 목적으로 유가증권의 권리 · 의무에 관한 기재를 위조 또는 변조한 자도 전항의 형과 같다〉

- 권리 · 의무에 관한 기재란 배서 · 인수 · 보증과 같은 부수적 증권행위를 말하므로 권한없이 타인명의로 유가증권을 발행하거나 타인명의로 발행된 진정한 유가증권의 내용을 바꾸는 기본적 증권행위에 있어서의 위 · 변조(동조 제1항)와는 구별된다.

따라서 본죄는 유효하게 발행된 유가증권(자기명의의 유가증권처럼)에 배서명의인을 거짓하거나 인수기관을 거짓으로 고치는 것처럼(이 부분의 권한은 없다) 유가증권상의 권리와 의무에 관해 위 · 변조를 함으로써 성립한다.

---

2) 권오걸, 1015면; 김성천, 1157면; 박상기, 510면; 이형국, 583면.

3) 김성돈, 566면; 김/서, 705면; 배종대, 680면; 이재상, 562면; 정/박, 696면; 진/이, 651면.

4) 권오걸, 1015면; 김성돈, 566면; 김성천, 1157면; 박상기, 515면; 백형구, 503면; 이정원, 541면; 이형국, 583면; 정/박, 703면; 진/이, 652면.

5) 배종대, 681면; 이재상, 562면.

6) 임웅, 633면.

* ① 어음상의 권리의무를 가진 자가 있는데도 어음발행인이 그의 동의없이 어음의 기재내용을 변경하였다면 제214조 제2항의 죄가 성립한다(대판 2003.1.10, 2001도6553).

② 제1의 명의임차인으로부터 지점의 영업권을 사실상 매수한 제2의 명의임차인이 명의대여자의 승낙없이 명의대여자 명의로 어음을 배서, 행사했다면 유가증권위조의 책임을 지며 대표자가 명의대여자로서 책임을 지는지 여부는 유가증권위조죄의 성립에 영향이 없다(대판 1984.2.28, 83도3284).

〈자격모용에 의한 유가증권의 작성(제215조)= 행사할 목적으로 타인의 자격을 모용하여 유가증권을 작성하거나 유가증권의 권리 또는 의무에 관한 사항을 기재한 자는 10년 이하의 징역에 처한다〉

- 자격을 모용한다 함은 대리권 또는 대표권이 없는 자가 대리권 또는 대표권이 있는 것처럼 행동하여 유가증권을 발행하거나 배서·인수·보증하는 것을 말한다.

  * 회사의 실질적인 대표이사로서의 권한을 행사하는 주식회사의 전임 대표이사인 피고인이 후임대표이사의 승낙을 얻어 잠정적으로 전부터 사용해 왔던 피고인 명의로 된 대표이사의 명판을 이용하여 여전히 자신을 위 회사의 대표이사로 표시한 약속어음을 발행, 행사하는 행위는 합법적인 대표이사로서의 권한행사라 할 수 없어 자격모용유가증권작성 및 동행사죄에 해당한다(대판 1991.2.26, 90도577).

  자격모용에는 처음부터 자격이 없는 자가 모용하거나
  자격을 상실한 자의 자격모용 외에
  자격은 있지만 권한을 일탈한 경우[7]를 들 수 있다(마지막 경우를 자세히 보기로 한다).

- 회사나 대표이사명의로 유가증권을 발행할 때 그 물리적 작출은 이들로부터 의뢰받은 자가 한다. 즉 피의뢰자는 유가증권을 발행할 일정 권한을 부여받지만 이 권한에 첨부된 조건을 위반하여 유가증권을 발행하면 유형위조가 되는 것일까?

  몇 가지 가능성을 검토해 보면

  ① 증뢰목적이나 자기의 이익을 위해 유가증권을 발행한 경우처럼 의뢰에 반하는 의사나 목적이면 유형위조이다(일 대판, 大正3.12.17.) – 피의뢰자의

---

7) 김성돈, 568면; 박상기, 512면; 백형구, 504면 이하; 오영근, 711면; 이재상, 563면; 이형국, 585면.

의사가 기준.

② 피의뢰자의 주관이 아니라 당해 유가증권이 의뢰자에 대해 어떤 효과를 갖는가에 따르는 입장. 그리하여 발행된 유가증권이 제3자의 관점에서 볼 때 의뢰자에 대해 유효하면 위조가 아니게 된다(일 대연판, 大正11.10.20.). 이로부터 작성권한을 일탈하여 작성되면 유형위조, 권한의 남용에 그치면 무형위조가 된다. 따라서 작성권한 있는 자의 승낙범위 내에서 이 권한자를 기계적으로 보조하는 업무자(이 한에서 유가증권발행에 관여하고 있다)가 승낙의 범위를 벗어나 작성하면 일탈로 되어 유형위조를 긍정한다.

③ 그러나 다시 유가증권의 사법상의 효과 대신 내부적 작성권한을 일탈했는지를 실질적으로 검토하는 입장으로 선회, 즉 포괄적 권한자라도 특정 증권과 관련하여 내규(내부통제장치)에 위반하면 작성권한이 부정된다고 한다(일 最昭43.6.25.).

그러나 단순히 내부적 신뢰위반(제3자는 이를 알지 못한 상태)에 그치고 제3자한테는 유효한 유가증권을 유형위조로 벌해서는 안 된다는 반대의 견도 유력하다.

〈허위유가증권의 작성등 죄(제216조)= 행사할 목적으로 허위의 유가증권을 작성하거나 유가증권에 허위사항을 기재한 자는 7년 이하의 징역 또는 3천만원 이하의 벌금에 처한다〉

- 무형위조(권한있는 자가 권한을 남용하여 내용을 위조한)를 처벌한다.
- 허위의 내용을 기재했더라도 그것이 유가증권상의 권리, 의무와 관계가 없거나 實권리, 의무관계와 부합하면 본죄가 성립하지 않는다. 그 같은 사례는
  ① 자기앞수표의 발행인이 수표의뢰인으로부터 수표자금을 입금받지 아니한 채 자기앞수표를 발행하더라도 그 수표의 효력에는 아무런 영향이 없으므로 허위유가증권작성죄가 성립하지 아니한다(대판 2005.10.27, 2005도4528).
  ② 원인관계가 존재하지 않는 경우에 약속어음을 발행한 경우(대판 1977.5.24, 76도4132).
  ③ 주권발행 전에 주식을 양도받은 자에게 주권을 발행한 때(대판 1982.6.22, 81도1935).
  ④ 어음배서인의 주소기재는 배서의 요건이 아니므로 이를 허위기재하여도

그것이 배서인의 인적 동일성을 해하여 배서인이 누구인지를 알 수 없는 경우가 아닌 한 본죄에 해당하지 않는다(대판 1986.6.24, 84도547).

⑤ 은행을 통하여 지급이 이루어지는 약속어음의 발행인이 은행에 신고된 것과 다른 자신의 인장을 날인하더라도 그것이 발행인의 인장인 한 그 어음의 효력에 아무런 영향이 없어 본죄에 해당하지 아니한다(대판 2000.5.30, 2000도883).

〈위조유가증권등의 행사등죄(제217조)= 위조, 변조, 작성 또는 허위기재한 전3조 기재의 유가증권을 행사하거나 행사할 목적으로 수입 또는 수출한 자는 10년 이하의 징역에 처한다〉

- 행사할 유가증권은 위조된 유가증권의 원본을 말하며 복사본은 아니다(대판 1998.2.13, 97도2922).

  그러나 복사기술의 발달로 원본과 식별이 곤란하다면 본죄를 부정할 이유가 없다[8]는 반대의견이 있다. 문서위조죄와 비교해 보면 이 입장이 타당하다.

- 행사란 진실한 유가증권인 것처럼 사용하는 것으로 통설은 이들 유가증권의 제시, 교부, 비치가 있으면 행사로 보나 반대설은 "행사" 일반에서처럼 유통에 놓아야 한다고 한다.

  * 위조유가증권행사죄의 처벌목적은 유가증권의 유통질서를 보호하고자 하는 데 있으므로 위조공·사문서 행사죄와는 달리 위조유가증권임을 알고 있는 상대방이 이를 유통시킬 것이라고 인식하면서 교부하면 그 자체가 유가증권의 유통질서를 해할 우려가 있으므로 위조유가증권행사죄가 성립한다(대판1983.6.14, 81도2492).

- 유가증권을 공범에게 교부하더라도 본죄는 아니다(대판 2007.1.11, 2006도7120). 공범의 수중에 있는 한 아직은 행사로 볼 수 없으니까.

  행사할 의사가 분명한 자에게 허위작성된 유가증권을 교부하여 그가 행사하면 허위작성유가증권행사죄의 공동정범이 된다(대판 1995.9.29, 95도803).

  허위의 선하증권을 발행하여 타인에게 교부, 행사하게 하여 선하증권상의 물품대금을 지급받게 하면 허위유가증권행사죄와 사기죄의 공동정범이다(대판 1985.8.20, 83도2575).

---

8) 오영근, 714면.

〈**印紙 · 우표의 위조등 죄(제218조)=** ① 행사할 목적으로 대한민국 또는 외국의 인지, 우표 기타 우편요금을 표시하는 증표를 위조 또는 변조한 자는 10년 이하의 징역에 처한다.
② 위조 또는 변조된 대한민국 또는 외국의 인지, 우표 기타 우편요금을 표시하는 증표를 행사하거나 행사할 목적으로 수입 또는 수출한 자도 제1항의 형과 같다〉

- 인지란 세금이나 수수료를 납부하는 방법으로 증서 등에 첨부하는 증표로 일정 금액이 표시되어 있다.

〈**위조인지 · 우표 등의 취득죄(제219조)=** 행사할 목적으로 위조 또는 변조한 대한민국 또는 외국의 인지, 우표 기타 우편요금을 표시하는 증표를 취득한 자는 3년 이하의 징역 또는 1천만원 이하의 벌금에 처한다〉

〈**消印말소죄(제221조)=** 행사할 목적으로 대한민국 또는 외국의 인지, 우표 기타 우편요금을 표시하는 증표의 소인 기타 사용의 표지를 말소한 자는 1년 이하의 징역 또는 300만원 이하의 벌금에 처한다〉

- 소인 기타 사용의 표지란 인지나 우표를 사용했음을 표시하는 표지를 말한다.

〈**인지 · 우표유사물의 제조등 죄(제222조)=** ① 판매할 목적으로 대한민국 또는 외국의 공채증서, 인지, 우표 기타 우편요금을 표시하는 증표와 유사한 물건을 제조, 수입 또는 수출한 자는 2년 이하의 징역 또는 700만원 이하의 벌금에 처한다〉

〈**자격정지 또는 벌금의 병과(제220조)=** 제214조 내지 제219조의 죄를 범하여 징역에 처하는 경우에는 10년 이하의 자격정지 또는 2천만원 이하의 벌금을 병과할 수 있다〉

〈**미수범(제223조)=** 제214조 내지 제219조와 전조의 미수범은 처벌한다〉

〈**예비 · 음모(제224조)=** 제214조, 제215조와 제218조제1항의 죄를 범할 목적으로 예비 또는 음모한 자는 2년 이하의 징역에 처한다〉

Q) 무기명정기예금증서와 기명식정기예금증서는 권리자가 특정되어 있는지의 차이일 뿐인데도 형법상으로는 전자를 유가증권, 후자는 문서로 본다. 그렇다면 권리자의 특정이 갖는 의미나 기능은 무엇인가?

Q) 대판 1984.11.27, 84도2147과 대판 1984.11.27, 84도1862를 비교하여 상이한 결론에 이르는 원인을 적시하라.

Lesson 34 문서에 관한 죄

- 행사할 목적으로 위조·변조·허위작성하거나
  위조·변조·허위작성된 문서를 행사하거나
  진정한 문서를 부정행사하는 죄이다.
- 보호법익은 문서에 대한 공공의 신용이며 보호정도는 추상적 위험범
- 다른 범죄 특히 사기죄의 수단으로 위조된 문서가 사용되는 경우가 많다.
- 문서죄의 본질을 둘러싸고 형식주의와 실질주의가 대립한다.
  문서를 구성하는 명의인부분과 의사내용 중 어떤 부분의 진정을 보호하여야 문서에 대한 공공의 신용이 확보될 수 있겠는가에 대한 다툼이라 할 수 있다.
  ① 형식주의- 권한없이 타인명의의 문서를 작성하는 유형위조만을 처벌한다.
  ② 실질주의- 명의가 거짓이어도 내용이 진실하게 작성되면 벌하지 않는 주의.
  각각의 근거에 대해서는 유형위조와 무형위조 참조.
  형법은 공문서에 대해서는 ①, ② 모두 채택.
  사문서에 대해서는 원칙적으로 ①방식, 예외적으로 ②방식을 취하는 규정 있음.
  그러나 사문서가 문서의 기본이므로 형법은 형식주의에 서 있다고 할 수 있다.
- 유형위조와 무형위조
  ① 유형위조
  작성권한 없는 자가 다른 사람의 성명을 사용하여 문서를 작성하는 위조형식.
  문서는 보통 명의인이 작성하는 진정문서이므로 일반인은 문서에 표기된 명의자가 바로 작성자라고 믿는다(자격모용의 경우를 제하면 작성자는 문서에 표기되지 않음).
  유형위조란 바로 이 틈을 노려 명의인과 작성자가 실제로는 다른 사람인데도 같은 사람인 것처럼 기망하는 행위(이를 인격의 동일성에 대한 기망이라고도 함)이다.
  단 명의인과 작성자가 불일치시 어느 때나 위조죄가 성립한다고 하면 명의인

의 승낙을 얻거나 의뢰를 받아 작성한 경우도 유형위조로서 문서위조죄가 되어 곤란하다. 이로부터 〈작성권한 없이〉라는 조건이 추가된다.

그렇다면 문서에 표시된 의사내용이 진실해도 작성명의의 도용만 있으면 위조죄로 벌하려는 이유는 무엇일가?

유형위조설에 따르면 문서에는 의사와 이 의사는 자기의사라고 표시된 자(명의인=따라서 이 사람은 자기가 한 말에 대한 책임도 진다)가 있는 데 이렇게 문서의 내용을 책임질 사람의 진정만 확보된다면 공공의 신용은 지켜질 수 있다고 믿기 때문이다.

문서의 수취인은 당해문서를 통해 명의인을 찾아 법적 책임을 추궁할 수 있으므로 내용위조인 무형위조까지를 처벌할 필요가 없다고 본다.

② 무형위조

무형위조는 작성권한이 있는 자가 내용이 진실하지 않은 문서를 작성하는 것. 그러나 설사 진정한 내용이어도 이를 책임질 사람(문서에 드러난)이 허위라면 그 의사실현이나 증명이 담보될 수 없을 것이다. 다만 공문서에 대해서는 무형위조도 처벌하지만 이는 사문서에 비해 공문서는 그 진정에 대한 공공의 신용이 높아 내용의 진실까지를 보호해야 하기 때문이다.

– 문서의 개념

문서란 문자나 문자를 대신할만한 부호에 의해 의사가 표시되어 있는 매체. 이 매체의 진정을 사회 일반인이 신뢰해야 하므로 이 수준의 문서가 되기 위해서는 다시 문서가 계속성, 증명성, 보장성을 갖출 것을 요구한다.

① 계속성(=계속적 요소 혹은 계속적 기능)

문서는 사람의 의사나 관념을 어느 정도 계속하여 표시하여야 증명기능을 갖게 되니까.

* 컴퓨터 모니터 화면에 나타나는 이미지는 이미지 파일을 보기 위한 프로그램을 실행할 경우에 그때마다 전자적 반응을 일으켜 화면에 나타나는 것에 지나지 않아서 계속적으로 화면에 고정된 것으로는 볼 수 없으므로 형법상 문서에 관한 죄에 있어서의 문서에는 해당하지 아니한다(대판 2008.4.10, 2008도1013).

자동차미터기나 전기사용미터기는 외부사정을 나타낼 뿐 의사가 표시된 것이 아니므로 문서로 볼 수 없다.

화가의 낙관은 자신의 동일성을 나타내는 것으로 인장에 해당한다.[1]

자신의 작품이라는 의사표시로 보아 문서(생략문서)가 된다는 소수견해[2] 도 있다.

* 생략문서= 우체국의 日附印처럼 관념이나 의사의 표시가 생략되어 있어도 법령이나 관례상 여기에 일정한 의미가 부여되어 있고 이를 객관적으로 이해할 수 있는 문서를 말한다.
  생략문서는 인격의 동일성을 나타내는 인장이나 인격 이외의 사항의 동일성을 증명하는 부호인 기호와는 달리 동일성을 나타내는 데 그치지 않고 그 이외의 사항도 증명, 표시하는 문서이다. 그러므로 영수필 통지서의 하단에 찍는 소인이나 신용장에 날인된 은행의 접수일부인도 생략문서가 된다.

의사는 可讀的 부호로 표시되어야 하므로 음반이나 CD는 문서가 아니다. 가독·가시일 때(육안을 통한) 문서에 대한 수취인(공공)의 신용이 생기게 되고 사람의 활동매체인 문서에서는 이 신용이 필수적이기 때문이다.

② 증명 기능

문서상의 의사표시는 사회적으로 의미있는 내용일 때 형법이 문서로서 보호한다.

의미있는 내용이란 권리·의무나 법적으로 중요한 사실을 증명하고 있다는 뜻(증거성 혹은 증거적격성[3])으로 이 요청은 공·사문서를 가리지 않는다.

처음부터 증거로 사용할 생각으로 작성된 문서는 아니었지만(수첩 등에 쓴 간단한 메모처럼) 나중에 증거로 사용된 우연문서도 문서이다.

증명기능은 증명능력과 증명의사가 있으면 긍정된다. 초안은 확정적인 증명의사가 없어 문서가 아니지만 가계약서는 문서이다.

위조(유형위조와 무형위조를 가리지 않고)된 문서 자체에 손을 대어 고치면 개념상 변조는 성립할 수 없지만 위조는 가능할까?

불가하다는 견해(작성명의인을 거짓한다 함은 진정한 문서처럼 보이게 한다는 뜻인데 이미 거짓인 문서라면 아무리 고쳐도 진정문서처럼 보일

1) 권오걸, 1031면 이하; 김성돈, 578면; 김/서, 723면; 박상기, 521면; 배종대, 689면; 오영근, 722면; 유기천(하), 135면; 이형국, 599면 이하; 임웅, 648면; 정/박, 616면; 황산덕, 134면.

2) 김성천, 1172면; 이재상, 574면.

3) 김/서, 720면 이하; 박상기, 521면; 이재상, 572면; 정영일, 577면.

수 없다고 생각하여)가 다수[4]이나 위조된 문서를 고쳐 얼마든지 새롭게 공공의 신용을 해할 수 있으므로 긍정해야 할 것이다.[5]

③ 보장적 기능

문서상의 의사표시를 누가 했고 그것이 진정하니까 믿어도 된다고 수취인을 안심시키는(신뢰할 수 있도록 책임을 지는) 사람이 문서에 표시되어야 문서가 된다.

이를 작성명의인이라고 하나 명의인이 반드시 실제로 작성할 필요는 없다. 서명·날인은 공공의 신용을 얻는 수단이기는 하나 이것이 없어도 문서가 된다.

死者나 허무인 명의의 문서를 작성해도 문서위조죄가 성립한다.

* 일반인으로 하여금 당해 명의인의 권한 내에서 작성된 문서라고 믿게 할 수 있는 정도의 형식과 외관을 갖추고 있으면 명의인이 실재하지 않거나 문서의 작성일자 전에 사망하였어도 그러한 문서 역시 공공의 신용을 해할 위험이 있으므로 문서위조죄가 성립하며 이는 사문서의 경우에도 마찬가지이다(대판전 2005.2.24, 2002도18).

– 복사문서의 문서성

복사기술의 발달로 원본 그대로 문서를 copy할 때 이 복사된 문서도 문서인가? 복사문서에는 명의인이 누구라는 것까지 복사되어 있어 그와 같은 원본문서가 있음을 나타낼 수는 있어도 그 사람이 새롭게 만들어진 복사문서에 대한 명의인은 아니다. 그가 표시된 의사내용에 대해 보증하지 않기 때문이다. 반면에 거기에 새로이 ○○동장인 같은 고무인이 압날되어 있으면 그가 명의인이므로 이제는 복사문서가 원본과는 다른 새로운 문서로 된다.

그럼에도 형법 제237조의2 규정은 복사문서를 문서라고 한다.

이 규정(1995.12.29 신설)이 있기 전에도 판례는 복사문서의 특수성과 사회적 역할을 고려하여 복사문서에 문서성을 부여하였다.

* 사진기나 복사기 등을 사용하여 기계적 방법에 의하여 원본을 복사한 복사문서는 문서의 사본이라 하더라도 원본과 동일한 의사내용을 보유하고 증명수단으로서 원본과 같은 사회적 기능과 신용을 가지므로 사진복사한 문서의 사본도 문서에 해당한다(대판전 1989.9.12, 87도506).

---

4) 박상기, 522면; 배종대, 690면; 이재상, 575면; 정/박, 618면; 정영일, 579면 이하; 진/이, 668면.

5) 김일수, 572면; 오영근, 726면; 임웅, 651면.

따라서 복사문서를 다시 복사한 재사본도 문서이다.

- 명의인

문서상의 의사가 자신의 의사이므로 그 내용대로 책임을 지는 자 또는 문서로부터 작성자로 인식되는 자를 명의인이라 하지만 정확히 이들이 어떤 사람인지를 볼 필요가 있다.

① 의사주체설

문서에 표시된 의사주체, 즉 그 사람의 의사로 보여지는 자를 명의인으로 본다.

대리인이나 대표의 이름(갑의 대리인 을처럼)으로 문서를 작성하면 대리인이나 대표의 의사가 문서에 표시되므로 이들이 명의인. 따라서 이 자격(○○의 대리인이라는)이 모용되더라도 이는 문서의 내용에 불과하고 의사주체인 명의인에 대한 거짓이 아니므로 위조가 되지 않게 된다.

형법이 제231조에 사문서의 위조, 변조죄를 두면서 이것과 법정형이 같은 제232조(자격모용에 의한 사문서의 작성)를 따로 둔 것은 이 입장에 따른 것이다.

그러나 조문에 따라 명의인개념이 달라 곤란하다.

② 책임주체설

명의인이란 문서가 진정하게 성립되었음을 보증하는 자, 따라서 그에 대한 책임을 지는 자(책임귀속의 주체)이다.

대리인은 자신의 의사를 표시하는 자이기는 하나(표의자) 이 의사에 책임을 지는 자는 본인이고 문서가 일반인의 신뢰를 받는 것도 그것이 궁극적으로 본인의 의사를 나타내고 있기 때문이다. 따라서 대리자격을 모용하면 이는 결국 책임주체(명의인)를 거짓하는 것이어서(본인으로서는 이 문서가 나하고 상관없으니 책임질 수 없다 할 것이므로) 유형위조가 된다. 즉 제232조를 별도로 두지 않아도 제231조에 의해 처벌이 가능하다. 이 입장이 타당.

- 작성자

위조란 명의인과 작성자의 인격이 일치하지 않는 것이기는 하나 타인을 시켜 문서를 작성하는 경우도 흔하므로 인격의 동일성을 어떻게 이해해야 할지가 문제로 된다.

① 사실설 혹은 물체화설(Körperlichkeitstheorie)

작성자란 물리적으로 문서를 작성하는 자이므로 극단적으로는 사장의 구술을 받아 적은 비서가 당해 문서의 작성자가 된다.

이처럼 작성자와 명의인이 다르면 유형위조로서 일단은 문서위조죄의 구성요건에 해당하고 승낙에 의해 위법성이 조각된다고 한다.

그러나 보호법익이 공공의 신용이고 이는 위법성을 조각시키는 승낙의 대상이 될 수 없어 부당하다.

② 정신성설(Geistigkeitstheorie) 혹은 관념(의사)설[6]

자연적으로는 서로 다른 명의인과 작성자를 관념적 조작을 통해 일치시킬 수 있다고 한다. 즉 정신활동인 의사내용을 문서에 표시하도록 시킨 자가 작성자이므로 이 한에서 명의인과 작성자간의 인격이 동일하게 되어 비서의 행위는 유형위조가 아니게 된다.

이 입장이 비교적 타당하나 소비대차에서 貸主가 借主에게 차용증서를 작성하도록 시켰다면 대주가 본 차용증서의 작성자로 되어 불합리하다. 그렇다면 작성자란 기계적으로 문서를 작성하는 대신 당해 문서의 내용과 형식을 제1차적으로 결정하면서 이를 기재한 자라고 해야 할 것이다. 법적 효과가 작성자에게 귀속될 필요는 없다.

〈사문서등의 위조 · 변조죄(제231조)= 행사할 목적으로 권리, 의무 또는 사실증명에 관한 타인의 문서 또는 도화를 위조 또는 변조한 자는 5년 이하의 징역 또는 1천만원 이하의 벌금에 처한다〉

- 권리 · 의무에 관한 문서란 권리나 의무의 발생, 소멸, 변경에 관한 사항을 기재한 문서를 말한다.
- 사실증명에 관한 문서는 법률상 또는 사실상 중요한 이해관계가 있는 사실을 증명할 수 있는 문서이므로 단순히 동일성을 표시하는 명찰, 신표 등은 사문서가 되지 못한다.

  私署증서는 사문서의 별칭으로 공문서를 공정증서라고 부를 때 이와 대조되는 말이다.

---

6) MüK-Erb, §267 Rn.124f; Sch/Sch/Cramer-Heine, §267 Rn.55; LK-Tröndle, §267 Rn.16ff.; Otto, BT. §70 Rn.10.

- 위조란 작성권한 없는 자가 타인명의의 문서를 작성하는 것이고 작성권한 유무는 법령, 계약, 관습, 신의칙과 행위 당시의 구체적 정황 등을 고려하여 판단한다.

  논의가 되는 사례를 보면

  ① 명의인의 사전승낙이 있으면 위조가 아니다.

  그러나 ① 自署가 필요한 문서 ② 일신전속적 사항을 증명해야 할 문서 ③ 공용문서 ④ 법령상 본인의 직접 작성을 요하는 문서 ⑤ 문서작성의 목적이 불법하여 명의인의 승낙이 허용되지 않는 문서는 승낙대상 문서가 아니다.

  ② 권한을 초월할 때는 위조. 따라서 초월이 아닌 남용(이익을 도모하려는 의사로 하는)은 위조가 아니다(배임이나 허위사문서작성죄는 가능).

  ① 병은 을에 대한 채무를 변제하지 않을 경우 나이트 클럽의 명의를 을 앞으로 변경하기로 약정하고 백지의 양도양수서 용지에 그의 도장을 날인하여 을에게 교부하였는데, 을의 부탁으로 동 서류를 보관하던 갑은 위 서류에 병이 위 나이트클럽을 갑에게 양도한다는 내용을 기재하였다. 이처럼 작성명의자의 날인이 정당하여도 내용을 기재할 권한이 없거나 권한을 위임받았지만 이를 초과하여 내용을 기재하면 날인자의 의사에 반한 사문서작성이 되어 사문서위조죄가 성립한다(대판 1992.12.22, 92도2047). 권한위임 자체가 없음.

  ② J프라자의 실제 주인인 을의 포괄적 승낙을 얻어 모든 업무처리를 하여온 갑은 동 상가건물이 실제로 분양되지 않았고 분양대금이 납부된 바도 없는데 미리 보관하고 있던 을의 인감도장을 찍어 위 상가 1층 97호를 병에게 분양한다는 허위내용의 을 명의 분양계약서를 작성하였다. 이는 명의자의 의사에 반하는 것으로 작성권한을 일탈하여 사문서위조죄가 성립한다(대판 1997.3.28, 96도3191).

  ③ 매수인으로부터 매도인과의 토지매매계약체결에 관하여 포괄적 권한을 위임받은 자는 위임자 명의로 토지매매계약서를 작성할 적법한 권한이 있으므로 이 권한을 위임받은 피고인이 실제 매수가격보다 높은 가격을 매매대금으로 기재한 매수인 명의의 매매계약서를 작성하였다 하여도 이는 작성권한 있는 자가 허위내용의 문서를 작성한 것(남용)에 불과하여 문서위조죄가 아니다(대판 1984.7.10, 84도1146).

  ③ 간접정범의 형식으로도 위조죄는 가능하다.

  ① 권리의무에 관한 사문서인 타인명의의 신탁증서 1통을 작성한 후 마치 이를 다른 내용의 문서인 것처럼 그 타인에게 제시하여 날인을 받은 후 이를 법원에 증거로

제출하여 사용하였다면 사문서위조 및 동행사죄가 성립한다(대판 1983.6.28, 83도1036).

② 종중사무원 갑은 문중총회록을 임의로 작성하고는 종중원들을 찾아 다니면서 서명, 날인을 받았는데 이때 종중원들에게 이 사건 임야의 등기, 매도권한을 갑에게 일임하고 매도금액 3분의 1을 문중에 반납하고 나머지를 갑에게 소송대행비용으로 준다는 위 회의록의 내용을 제대로 알려주지 아니한 채, 단지 이 사건 임야에 관하여 문중명의로 소유권이전등기를 하는 데 필요하다는 정도로만 얘기하면서 서명, 날인을 받은 것은 서명, 날인이 정당하여도 그들의 의사에 반하는 문서를 작성케 한 것으로 사문서위조죄가 된다(대판 2000.6.13, 2000도778).

이처럼 문서내용을 오신시켜 알지 못하게 하면(피기망자는 도구에 불과하게 됨) 간접정범형식의 문서위조죄가 성립하지만 이와 달리 문서 내용을 진실한 것이라고 속이고 따라서 피기망자는 내용이 허위임은 모르지만 허위인 내용 자체는 알고 있는 상태에서 문서를 작성했다면 사기죄가 된다(통설 및 대판 2001.3.9, 2000도938).

- 타인명의를 모용해야 하므로 자기 이름을 쓰면 위조가 아니다.

  * 지명수배중인 피고인 갑은 취직을 하려고 을이라는 가명과 생년월일, 주소, 경력 등을 허위로 기재하면서 사진만은 자기 사진을 붙인 이력서를 작성, 제출하였다.

  보통 문서의 명의인을 확정하기 위해 인격을 특정하는 데 이름이나 사진은 이 용도로 자주 사용된다. 따라서 본건 이력서상의 명의인은 을이라는 이름을 가진 갑의 용모를 지닌 자이지만 이 자는 본건 이력서의 수취인과의 관계에서는 갑 자신이다. 그러나 이력서상의 주소가 허위이고 수취인이 이력서에 따라 그를 찾아내어 책임을 추궁한다는 것은 매우 어려울 것이어서(갑도 이 점을 잘 안다) 갑은 사문서위조죄가 된다.

- 변조란 권한없이 이미 진정하게 성립되어 있는 타인명의의 문서내용에 손을 대어 동일성의 범위 내에서 이를 변경하는 것으로 동일성을 일탈하면 위조죄가 된다.

  자기명의의 문서를 변경하면 손괴죄에 해당한다.

- 죄수

  판례는 문서상에 나타난 명의인의 숫자를 기준으로 죄수를 결정하나 부당하다.

  * ① 문서에 2인 이상의 작성명의인이 있는 때에는 각 명의자마다 1개의 문서가 성립되

는 것으로 볼 것이고 1개의 행위로 2인 이상의 연명으로 된 문서를 위조하면 상상적 경합범이 된다(대판 1987.7.21, 87도564).

② 문서에 2인 이상의 작성명의인이 있으면 각 명의자마다 1개의 문서가 성립하므로 이 명의자의 한 사람인 피고인이 타 명의자와 합의없이 행사할 목적으로 그 문서의 내용을 변경하면 사문서변조죄가 된다(대판 1977.7.12, 77도1736).

- 타 범죄와의 관계

① 예금통장을 강취하고 예금자 명의의 예금청구서를 위조하여 예금을 인출하면 강도죄, 사문서위조죄, 동행사죄, 사기죄가 성립한다(대판 1991.9.10, 91도1722).

② 도난·분실 또는 위조된 신용카드를 사용하여 물품을 구입하면서 매출전표에 서명하여 교부하는 행위(여기까지가 전체로서 한 개의 카드부정사용행위임)는 여신전문금융업법의 신용카드 부정사용죄에 해당하며 사문서위조죄와 동행사죄는 여기에 흡수된다(대판 1992.6.9, 92도77).

〈자격모용에 의한 사문서작성죄(제232조)= 행사할 목적으로 타인의 자격을 모용하여 권리, 의무 또는 사실증명에 관한 문서 또는 도화를 작성한 자는 5년 이하의 징역 또는 1천만원 이하의 벌금에 처한다〉

- 유형위조인지 무형위조인지가 다투어지는 또 하나의 사례가 대리, 대표명의를 모용하는 것(대리권없는 을이 자신을 갑의 대리인 을이라고 사칭하는 것처럼)이다. 핵심은 명의인이 누구인가를 가리는 일인데 여기서는 문서에 등장하는 2인중 누구를 명의인으로 볼 것인지가 문제이다.

① 무형위조설

자격사칭자가 자신의 의사를 문서에 표시하고 있으므로 그가 명의인이고 대리인이라는 기재는 문서의 내용에 불과하다.

그러나 대리권 없는 자가 명의인이 되어 공공의 신용이 침해되는데도 문서위조죄로 처벌할 수 없게 되어 곤란하다.

② 유형위조설

명의인과 작성자의 인격이 불일치하는 유형위조에 해당한다.

명의인은 본인(대리인을 둔 사람처럼 문서에 쓰여 있는)이니까.

그러나 갑의 대리인 을이라고 할 때 그 내용은 대리권이 있는 을은 이 세상에 없으며 존재하는 것은 대리권이 없는 을과 대리권을 수여하지 않은 갑 뿐이다. 이로부터 명의인을 존재하지 않은 갑의 대리인 을이라고 하는 견해도 있다.

- 우리 형법은 이에 대해 위 규정을 둠으로써 입법적으로 해결하였다고 보여진다. 그러나 이 규정이 정하고 있는 행위가 무형위조여서 사문서위조죄에는 포함되지 않기 때문인지, 아니면 유형위조이지만 그 방식의 특수성 때문에 본조의 규정을 따로 마련한 것인지는 불투명하다. 더욱 이를 유형위조의 일종이라고 보면 애초부터 사문서위조죄에 포함되므로 따로 이런 조문을 둘 필요는 없을 것이다.

〈공문서등의 위조 · 변조죄(제225조)= 행사할 목적으로 공무원 또는 공무소의 문서 또는 도화를 위조 또는 변조한 자는 10년 이하의 징역에 처한다〉

- 공문서란 공무소 또는 공무원이 그 직무에 관하여 작성한 문서이고
  공문서의 작성명의인은 공무소 또는 공무원이며
  공무소란 관청 혹은 관공서(건물이나 장소가 아니라 조직체)를 지칭한다.
- 외국의 공무원이나 공무소는 본죄에 해당하지 아니한다.
- 간이절차에 의한 민사분쟁사건처리특례법에 의해 설립된 공증인가 합동법률사무소 작성의 사서증서에 관한 인증서는 공문서지만(대판 1992.10.13, 92도1064), 공증인이 사서증서에 대해 하는 인증은 당해 사서증서에 나타난 서명 또는 날인이 작성명의인에 의해 정당하게 성립했음을 인증할 뿐 증서의 기재내용을 인증하는 것은 아니므로 사서증서 인증서 중 인증기재 부분은 공문서이나 위와 같은 내용의 인증이 있었다고 하여 사서증서의 기재내용이 공문서인 인증기재 부분의 내용을 구성하는 것은 아니다. 따라서 사서증서의 기재내용을 일부 변조한 행위는 공문서변조죄가 아닌 사문서변조죄에 해당한다(대판 2005.3.24, 2003도2144). 같은 취지의 판례로는 대판 1991.9.24, 91도1733과 2004.8.20, 2004도2767이 있다.
  지방세 수납업무를 관장하는 은행원이나 은행은 공무원이나 공무소가 아니므로 세금수납영수증은 공문서가 아니며(대판 1996.3.26, 95도3073), 인감의 증명을 신청함에 있어 그 용도가 부동산매도용이면 매수자란에 매수자의 성명, 주소 및 주민등록번호를 기재해야 하지만 그 이외의 경우에는 신청시 사용용도란을 기재해야 하는 것도 아니고 필요하면 신청인이 직접 기재하여 사용하

며 사용용도에 따른 유효기간의 차이도 없다. 따라서 권한없이 사용용도란의 기재를 고쳐도 공문서의 내용에 변경을 가하여 새로운 증명력을 작출한 것이 아니므로 공문서변조죄나 변조공문서행사죄가 되지 않는다(대판 2004.8.20, 2004도2767).

보조자인 면사무소의 호적계장이 작성권자인 면장의 결재없이 호적의 출생년란, 주민등록번호란에 허위내용의 호적정정 기재를 하면 공문서위조죄를 구성하며 허위공문서 작성죄에 해당하지 않는다(대판 1990.10.12, 90도1790).

- 타인의 주민등록증에 부착되어 있는 사진을 자신의 사진으로 대체하는 행위는 주민등록증의 본질적 또는 중요부분에 변경을 가하여 새로운 주민등록증을 작성한 것이므로 공문서위조죄가 성립하며 변조죄가 아니다(대판 1991.9.10, 91도1610).

  * 인낙조서에 첨부되어 있는 도면 및 그 사본에 임의로 그은 점선은 인낙조서 본문이나 도면에서 그에 대한 설명이 없는 이상 특정한 의미 내용을 갖지 아니한 단순한 도형에 불과하여 그 자체로서 새로운 증명력이 작출된다고 할 수 없으므로 점선을 그은 행위가 문서의 손괴에 해당할 수 있음은 별론으로 하고, 공도화로서의 공공적 신용을 해할 위험이 있는 공도화변조죄에는 해당되지 아니한다(대판 2000.11.20, 2000도3033).

〈자격모용에 의한 공문서작성죄(제226조)= 행사할 목적으로 공무원 또는 공무소의 자격을 모용하여 문서 또는 도화를 작성한 자는 10년 이하의 징역에 처한다〉

〈사전자기록위작 · 변작죄(제232조의2)= 사무처리를 그르치게 할 목적으로 권리·의무 또는 사실증명에 관한 타인의 전자기록 등 특수매체기록을 위작 또는 변작한 자는 5년 이하의 징역 또는 1천만원 이하의 벌금에 처한다〉

- 전자기록은 가독성이 없어 문서가 아니므로 본 규정을 신설하였고 이 차이를 위작, 변작으로 표현한다.
- 타인에는 작성명의인 뿐만 아니라 소유자, 소지인도 포함된다. 작성명의인이 없는 특수매체기록도 흔하기 때문이다.
- 기록매체물 그 자체를 파손하는 것은 손괴죄이다.

  모니터상의 화상형태로 나타나는 기록(의사내용)은 계속성이 없어 본죄에 해당하지 아니한다.

- 마이크로필름상의 기록, 음반이나 CD상의 음성은 전자기록이나 광학기록을 뜻하는 특수매체기록이 아니다.
- 컴퓨터의 램에 올려진 전자기록은 본죄의 객체에 해당한다.
- 위작이란 작성권한없이 기록을 만들거나 권한을 일탈하여 허위내용의 기록을 만들어 매체에 저장하는 것.

  변작이란 권한없이 매체에 저장되어 있는 기존의 기록을 변경하는 것이다.
- 위작에 무형위작도 포함되는지에 대해서는 견해가 갈린다. 사문서위조와는 달리 포함된다고 보는 쪽[7]은 전자기록에는 명의인이 없고 전자기록을 만드는 작업이 전문성을 요하므로 이를 포함시킬 필요가 크다고 생각하기 때문이다. 반면 문서의 위조・변조에 상응하는 의미로 위작・변작을 이해하는 입장[8]은 유형위작으로 한정한다.

〈공전자기록위작・변작죄(제227조의2)= 사무처리를 그르치게 할 목적으로 공무원 또는 공무소의 전자기록등 특수매체기록을 위작 또는 변작한 자는 10년 이하의 징역에 처한다〉

- 위작에 무형위작이 포함되는가는 앞의 경우에 비해 훨씬 쉽게 이를 긍정할 수 있다. 공문서는 무형위조를 벌하며 같은 이유를 공문서의 무형위작에서도 찾을 수 있기 때문이다. 판례도 긍정설을 취한다.
  - * 본조에서 위작의 객체로 규정한 전자기록은 그 자체로는 물적 실체를 가진 것이 아니어서 별도의 표시・출력장치를 통하지 아니하고는 보거나 읽을 수 없고 그 생성과정에 여러 사람의 의사나 행위가 개재됨은 물론 추가 입력한 정보가 프로그램에 의하여 자동으로 기존의 정보와 결합하여 새로운 전자기록을 작출하는 경우도 적지 않으며, 그 이용과정을 보아도 그 자체로서 객관적・고정적 의미를 가지면서 독립적으로 쓰이는 것이 아니라 개인 또는 법인이 전자적 방식에 의한 정보의 생성・처리・저장・출력을 목적으로 구축하여 설치・운영하는 시스템에서 쓰임으로써 예정된 증명적 기능을 수행하는 것이므로, 위와 같은 시스템을 설치・운영하는 주체와의 관계에서 전자기록의 생성에 관여할 권한이 없는 사람이 전자기록을 작출하거나 전자기록의 생성에 필요한 단위 정보의 입력을 하는 경우는 물론, 시스템의 설치・운영의 주체로부터 각자의 직무 범위에서 개개의 단위정보의 입력권한을 부여받은 사람이 그 권한을 남용하여 허위의

---

7) 임웅, 670면.

8) 이재상, 611면.

정보를 입력함으로써 시스템 설치·운영 주체의 의사에 반하는 전자기록을 생성하는 경우도 본조의 위작에 포함된다(대판 2005.6.9, 2004도6132).

〈허위진단서등 작성죄(第233條)= 의사, 한의사, 치과의사 또는 조산사가 진단서, 검안서 또는 생사에 관한 증명서를 허위로 작성한 때에는 3년 이하의 징역이나 금고, 7년 이하의 자격정지 또는 3천만원 이하의 벌금에 처한다〉

- 허위진단서 등은 사문서이지만 무형위조를 벌한다.
- 작성자가 허위라고 생각했으나 객관적으로 진실하면 본죄가 성립하지 아니한다.

  반대로 착오로 진실하다고 믿었으나 객관적으로 진실에 반한 진단서를 작성했을 때도 같다.

〈허위공문서작성죄(第227條)= 공무원이 행사할 목적으로 그 직무에 관하여 문서 또는 도화를 허위로 작성하거나 변개한 때에는 7년 이하의 징역 또는 2천만원 이하의 벌금에 처한다〉

- 공문서의 무형위조를 처벌.
- 주체는 작성권한이 있는 공무원이지만 그가 꼭 명의인일 필요는 없다.
- 사문서의 사본에 공무원이 '원본대조필'이라 기재하고 도장을 날인하면 공문서이다.
- 직무에 관한 문서란 공무원이 직무권한 내에서 작성한 문서를 말한다.

  공무원의 행위가 직무에 속하는지는 그것이 공무의 일환으로 행해졌는가 라는 형식적 측면과 그 공무원이 수행할 직무와의 관계에서 합리적으로 필요하다고 보여지는가 라는 실질적 측면을 고려하여 판단한다.
- 허위내용에 대한 관련판례를 보면

  * ① 인감증명서는 각종의 법률행위에 있어서 본인여부 및 본인의 진정한 의사여부를 확인케 하는데 일반적으로 사용된다. 따라서 이 인감증명서가 누구의 신청에 의해 발행되었는지도 그 증명력을 담보함에 있어 필요한 사항인데 작성권한있는 공무원이 인감증명서에 인적 사항과 인감 및 용도를 일치하게 기재했으나 대리인이 신청한 것을 본인에 의한 것으로 기재했다면 본죄에 해당한다(대판 1985.6.25, 85도758).

  ② 준공검사관이 준공검사를 함에 있어 시공 후 매몰된 부분의 검사는 공사감독관의 감독조서를 근거로 검사를 행하면 되고 이를 실제로 검사하지 않고 준공조서를 작

성해도 허위준공검사조서작성죄는 되지 않는다. 그러나 매몰된 부분의 공사가 완성되지 않았음을 알면서도 준공검사조서를 작성하면 본죄가 성립한다(대판 1995.6.13, 95도491).

③ 고의로 법령을 잘못 적용하여 공문서를 작성해도 그 법령적용의 전제가 된 사실관계에 대해 거짓이 없으면 허위공문서작성죄는 성립할 수 없다. 따라서 뇌물을 받고 적용해서는 안 되는 조항을 고의로 적용하여 과세표준을 결정하고 그에 기해 세액을 산출하였어도 그 세액계산서에 허위내용의 기재가 없으면 본죄에 해당하지 않는다(대판 1996.5.14, 96도554).

④ 교통사고 가해자가 사고 후 즉시 피해자를 구호하지 않고 사고현장에서 600미터 정도 도주한 후 다시 돌아와 경찰관에게 자신이 사고야기자라고 말한 사안에서, 가해자의 사고 후 행동이 기재된 가해자 및 피해자의 관련자 진술서만 첨부하고 교통사고 실황조사서의 사고원인기재란 중 사고도주표시란에는 아무 표시를 하지 않는 것은 허위공문서작성이 아니다(대판 1997.3.11, 96도2329). 축소기재였을 뿐 거짓사실을 기재한 것이 아니므로.

- 신고를 받아 공문서를 작성하는 경우 신고내용이 허위임을 알고도 작성하면 그가 비록 형식적 심사권만을 갖는다고 해도 본죄가 성립한다.
- 변개란 작성권한이 있는 공무원이 기존문서를 허위로 고치는 것을 말한다.
- 본죄의 간접정범이 가능한가?

① 작성권한이 있는 공무원이 다른 공무원을 이용하는 방식으로 간접정범이 가능하다.

② 작성권한 없는 자가 권한이 있는 공무원을 이용한 경우

1) 비공무원이 공무원을 이용한 경우

본죄는 신분범이므로 신분없는 비신분자의 단독정범(간접정범도 여기에 해당)은 성립할 수 없다.

허위신고를 통해 정을 모르는 공무원을 이용하여 허위문서를 작성시킬 수 있는 경우 가운데서 오직 공정증서원본부실기재죄만 규정되어 있고 그 형도 본죄의 형보다 가벼우므로 입법자의 의도는 비공무원에 의한 본죄의 간접정범을 부정한다고 새겨야 한다. 공동정범은 물론 가능하다.

2) 작성권자인 공무원을 보좌하거나 지시하는 공무원이 작성권자를 이용한 경우

긍정설[9]= 보좌하거나 지시하는 자는 사실상 작성권한을 갖는 자이므로 본죄 가능하다. 판례도 이 입장이다(대판 1992.1.17, 91도2837; 1996.10.11, 95도1706). 그러나 이 경우에도 위계에 의한 공무집행방해죄가 성립한다는 판례가 있다(대판 1997.2.28, 96도2825).

부정설[10]= 본죄는 진정신분범이고 비신분자(작성권한이 없다면 공무원일지라도 비신분자이다)는 간접정범이 될 수 없기 때문이다. 처벌의 흠결은 입법을 통하거나 위계에 의한 공무집행방해죄를 적용하는 것으로 보충해야 한다.

그러나 상사의 결재가 있어야 함에도 이를 거치지 않고 임의로 허위내용의 공문서를 작성하면 작성권자를 이용하지 않았으므로 본죄가 아닌 공문서위조죄가 된다.

- 타죄와의 관계
  ① 공무원인 의사가 허위진단서를 작성하면 본죄와 허위진단서작성죄의 상상적 경합이 아니라 허위공문서작성죄만 성립한다(대판 2004.4.9, 2003도7762). 상상적 경합관계로 보는 견해[11]도 유력하다.
  ② 허위공문서작성죄는 직무유기죄를 포함하므로 본죄만 성립한다.
  ③ 공무원이 뇌물을 받고 허위공문서를 작성해 주면 수뢰후 부정처사죄와 본죄의 상상적 경합이 된다.

〈공정증서원본 등의 부실기재죄(제228조)= ① 공무원에 대해 허위신고를 하여 공정증서원본 또는 이와 동일한 전자기록 등 특수매체기록에 부실의 사실을 기재 또는 기록하게 한 자는 5년 이하의 징역 또는 1천만원 이하의 벌금에 처한다.
② 공무원에 대하여 허위신고를 하여 면허증, 허가증, 등록증 또는 여권에 부실의 사실을 기재하게 한 자는 3년 이하의 징역 또는 7백만원 이하의 벌금에 처한다〉

- 간접정범의 형식으로 허위공문서작성죄를 범하는 경우를 처벌하는 규정이다. 객체는 조문상의 그것으로 엄격히 한정된다.

---

9) 김성천, 1189면; 배종대, 713면; 백형구, 523면; 유기천(하), 171면; 정/박, 655면 이하; 정영일, 600면.

10) 권오걸, 1090면; 김성돈, 611면; 김/서, 769면; 박상기, 542면; 오영근, 758면; 이재상, 597면; 이정원, 583면 이하; 이형국, 621면; 임웅, 683면.

11) 박상기, 538면; 백형구, 524면; 이재상, 597면; 이형국, 616면; 정/박, 656면.

- 공정증서란 공문서 일반을 지칭하는 것이나 본죄에서는 이를 제한적으로 이해해야 한다. 이로부터 본죄의 공정증서를 권리·의무관계를 증명하는 효력을 가진 공문서[12]라거나(대판 1988.5.24, 87도2696), 사실을 증명하는 효력을 가진 공문서로 보는 입장으로 갈리지만 다수는 본죄의 객체가 중요한 증명력을 가진 공문서이기 때문에 전자의 의미로 이해한다.
  다수견해에 따르면 호적부나 부동산등기부는 공정증서에 해당하지만
  주민등록부나 인감대장, 토지대장이나 가옥대장, 주민등록부나 예고등기는 사실증명에 관한 것으로서 권리·의무의 변동을 초래하지 않아 공정증서가 아니게 된다.

예) 가옥대장에는 가옥의 소재, 가옥번호, 구조나 건평, 소유자의 주소와 성명을 등록하여 가옥의 상황을 명확하게 한다. 이처럼 가옥의 사실상의 상황을 기재하는 점에서 가옥에 관한 권리관계를 공시하는 건조물등기와는 구별된다. 그리고 이 두개의 公簿는 동일사항에 관하여는 일치해야 할 것이므로 건물의 사실상의 상황에 대해서는 대장기재를 토대로 등기부에 기재하게 되고 건물에 대한 권리의 변동에 관해서는 등기부의 기재를 기초로 하여 대장에 기재한다.

- 原本은 正本과 다르다.
  원본(Urschrift)이란 작성자가 일정 내용을 표시하기 위하여 확정적인 것으로서 최초로 작성한 문서를 말하며 일정 장소에 보존한다(예를 들면 판결원본은 법원에 보관).
  정본(Ausfertigung)은 권한을 가진 자가 원본에 의해 작성하는 謄本으로 법률상 외부에 대해 원본과 동일한 효력이 부여된 문서이다. 따라서 소송당사자는 판결정본의 부여를 받아 강제집행을 할 수 있게 되고 정본에는 작성자가 반드시 정본이라고 기재해야 한다.
- 본죄는 공무원에게 허위사실을 신고하여 부실의 사실- 작성자의 판단, 조사결과의 수록이 아니다 -이 그대로 공정증서원본에 기재되게 하는 것이므로 법원의 판결원본은 본죄의 공정증서원본이 될 수 없다.
- 공정증서원본과 동일한 특수매체기록의 예로는 전산화한 부동산등기파일, 자

12) 김성돈, 613면; 김/서, 772면; 박상기, 543면; 배종대, 715면; 이재상, 599면; 이형국, 623면; 임웅, 686면; 정/박, 658면; 정영석, 176면; 정영일, 605면.

동차등록파일, 가족관계등록파일, 세무자료파일 등을 들 수 있다.

- 허위신고란 진실에 반하는 신고이다.

  예를 들면 주금납입이 없는 가장납입사실을 숨기고 주식인수인에 의해 납입이 완료된 것처럼 증자등기를 신청한다거나(대판 1987.11.10, 87도2072), 참다운 부부관계를 설정할 의사없이 국내취업을 위해 입국이 가능하도록 조선족 여자와 혼인신고를 하는 것(대판 1996.11.22, 96도2049)이 여기에 해당한다.

  마찬가지로 확정판결이나 화해조서에 의해 등기신청을 하더라도 그 내용이 진실에 반한다는 사실을 알고 있으면 역시 허위사실의 신고가 된다(대판 1996.5.31, 95도1967).

- 부실의 사실을 기재하게 함은 객관적 진실에 반하게 기재하도록 하는 것이지만 세부항목이 다를지라도 전체적으로 진실하면 진실한 기재로 본다.

  판례에 따르면

  본죄가 성립하는 경우로는

  ① 토지거래허가구역 안의 토지를 실제로는 매입했으면서 토지거래허가를 잠탈할 목적으로 등기원인을 증여로 하여 소유권이전등기를 경료한 때(대판 2007.11.30, 2005도9922)

  ② 공정증서원본부실기재가 성립한 후 피해자의 동의나 추인이 있을 때(대판 2007.6.28, 2007도2714)

  ③ 공정증서원본 등에 기재된 사실이 존재하지 않거나 존재하더라도 무효인 때(대판 2007.5.31, 2006도 8488)

  ④ 부동산 매수인이 매도인과 사이에 소유권이전에 관한 물권적 합의가 없는 상태에서, 대리권없이 그저 소유권이전등기에 필요한 서류를 보관하고 있을 뿐인 법무사를 기망하여 매수인명의의 소유권이전등기를 신청하게 하면 이는 단지 소유권이전등기신청절차상의 하자가 아니라 허위사실을 신고 한 것이고 위 소유권이전등기는 원인무효의 등기로서 부실기재에 해당한다(대판 2006.3.10, 2005도9402)

  ⑤ 종중대표자가 종중총회의 결의없이 종중재산인 부동산에 근저당권설정등기를 한 경우(대판 2005.8.25, 2005도4910)

  본죄가 성립하지 않는 경우는

  ① 협의상 이혼의 의사표시가 기망에 의해 이루어졌어도 그것이 취소되기까지는 유효하게 존재하므로 이혼의사의 합치에 따라 호적에 협의상 이혼사실이 기재된 경우(대판 1997.1.24, 95도448)

  ② 피고인과 매도인 사이에 매매계약이 이루어졌고 계약금과 대부분의 중도금이 지급되었으며 매도인이 등기이전에 필요한 서류 일체를 법무사에게 맡기고 후에 잔금이 지급되면 등기신청을 하도록 위임하였던 바, 피고인에게 기망당한 법무사는 잔금이 지급된

것으로 오해하여 등기신청을 하고 소유권이전등기가 경료된 경우 법무사의 등기신청 행위에 하자는 있지만 등기이전의 원인된 법률관계인 매매 내지 물권적 합의가 객관적으로 존재하므로 부실기재를 시킨 행위는 아니다(대판 1996.6.11, 96도233).

반면 현실적으로 지급된 매매대금은 계약금 3천5백만원에 불과하고 중도금의 지급에 갈음하여 매수인이 매도인의 채무를 인수하기로 하였지만 채권자의 승낙 등 인수절차가 모두 마쳐지지는 않았으며 피고인(매수인)이 인수하기로 한 채무를 공제하더라도 잔대금이 1억3천2백6십만원이나 남은 상태에서 피고인 명의로 소유권이전 등기에 필요한 서류를 법무사 사무실 직원에게 보관시킨 것은 잔금지급에 앞서 이 건 부동산을 피고인에게 이전하겠다는 물권적 합의를 했다거나 소유권이전등기 신청의 대리권을 법무사에게 수여하였다고 볼 수 없고 따라서 피고인이 법무사를 기망하여 얻은 소유권이전등기는 원인무효의 등기이고 부실기재에 해당한다(대판 2006.3.10, 2005도9402).

③ 점유에 의한 소유권취득시효가 완성된 피고인이 사건 토지에 관해 사망한 등기명의자를 상대로 매매를 원인으로 하는 소유권이전등기절차이행청구의 소를 제기하여 의제자백에 의한 승소판결을 받고 그에 기해 소유권이전등기를 경료한 경우 비록 절차상 하자는 있어도 실체적 권리관계에 부합한 등기로서 유효하다(대판 1987.3.10, 86도864).

④ 등기의무자인 제1심공동피고인과 등기권리자인 피고인 간의 소유권이전등기신청의 합의에 따라 소유권 이전등기가 된 이상, 제1심공동피고인 명의의 소유권이전등기가 원인이 무효인 등기로서 피고인이 그 점을 알고 있었고 소유권등기명의자를 피고인으로 변경할 목적으로 이들은 가장매매를 원인으로 피고인에게 소유권이전등기를 하였다면 어쨌든 이전등기를 경료시킬 의사는 있었으므로 부실의 사실을 기재하게 한 것은 아니다(대판 1991.9.24, 91도1164).

- 중간생략등기

① 중간생략등기란 부동산물권이 최초양도인⇨중간취득자⇨최후양수인으로 이전되어야 할 경우에 중간취득자명의의 등기를 생략하고 바로 최초양도인에서 최후양수인으로 행해진 등기를 말한다.

이와 같은 형태의 등기는 세금포탈목적으로 행해진 경우가 대부분이어서 이를 방지하기 위해 1990.9.1부터 부동산등기특별조치법을 시행하게 되었으며 이 법에 따라 중간생략등기자를 처벌할 수 있게 되었다.

② 중간생략등기자에 대해 위 특별법 외에 다시 공정증서원본부실기재죄를 적용할 수 있을까?

부정설[13]= 중간생략등기는 부동산거래에서 일반적인 관행이 되어 있고

13) 김성천, 1199면; 김/서, 777면; 배종대, 720면; 유기천(하), 161면; 이재상, 602면; 이형국, 626면; 정/박, 663면; 정영일, 610면; 진/이, 707면 이하.

등기란 현재의 권리상태를 나타내는 것인데 중간생략등기에 도 이 기능은 있다.

긍정설[14]= 등기란 해당부동산의 이력서에 해당하므로 권리변동과정이 빠짐없이 전부 나타나야 한다.

또한 부동산등기특별조치법은 중간생략등기를 금지하고 위반 행위에 대해서는 3년 이하의 징역이나 1억원 이하의 벌금을 부과하고 있다(동법 제8조제1호).

판례는 민사실체법상의 권리관계에 부합됨을 이유로 부정설을 취하고 있다(대판 1967.11.28, 66도1682).

- 소송사기로 승소판결을 받아 소유권이전등기를 경료하면 사기죄와 본죄의 경합범이 된다.

〈위조사문서등 행사죄(제234조)= 제231-233조의 죄에 의해 만들어진 문서, 도화 또는 전자기록등 특수매체기록을 행사한 자는 그 각 죄에 정한 형에 처한다〉

- 행사란 가짜를 진정한 문서로서(처럼) 사용하는 것, 따라서 위조사실을 알고 있는 자를 상대로 한 행사일 때는 본죄가 성립할 수 없다.
- 행사의 방법에 제한은 없으므로 위조된 문서를 제시, 송부, 비치나 열람의 어느 것도 좋다. copy한 복사본의 제시나 모사전송의 방법 또는 스캔한 이미지 파일을 제3자에게 전송하는 것도 제시에 해당한다.
- 상대방이 문서 내용을 인식하지 않더라도 상관없다.
따라서 위조된 문서를 우송한 경우 이 문서가 상대에 도달한 때에 기수가 되며 상대방이 실제로 이를 읽어야 하는 것은 아니다.

〈위조등 공문서행사죄(제229조)= 제225조-제228조의 죄에 의해 만들어진 문서, 도화, 전자기록등 특수매체기록, 공정증서원본, 면허증, 허가증, 등록증 또는 여권을 행사한 자는 그 각죄에 정한 형에 처한다〉

---

14) 박상기, 545면; 오영근, 766면; 임웅, 692면; 황산덕, 146면.

- 위조된 운전면허증을 소지한 상태로 운전했으나 경찰관으로부터 면허증제시를 요구받지 않았다면 본죄는 성립하지 않는다.[15)]

〈공문서등의 부정행사죄(제230조)= 공무원 또는 공무소의 문서 또는 도화를 부정행사한 자는 2년 이하의 징역이나 금고 또는 5백만원 이하의 벌금에 처한다〉

- 진정하게 성립된 공문서를 부정하게 행사하는 범죄.
  단 그 사용권한자와 용도가 특정된 공문서라야 부정행사가 가능하다(아무라도, 아무렇게 사용해도 좋다면 부정행사가 자리할 공간이 없기 때문이다).
  * ① 주민등록표등본은 그 사용권자가 특정되어 있지 않고 용도도 다양하므로 타인의 주민등록표등본을 그와 아무 관련이 없는 자가 자신의 것처럼 행사해도 공문서부정행사죄가 성립하지 아니한다(대판 1999.5.14, 99도206).
  ② 운전면허증은 면허를 받은 사람이 자동차의 운전이 허락된 자임을 증명하는 공문서로서 면허증에 표시된 사람이 운전면허시험에 합격하였다는 자격증명과 이를 내보이는 사람이 바로 그 사람이라는 동일인증명의 기능을 함께 갖고 있다. 따라서 경찰관으로부터 신분증명서의 제시를 요구받고 타인의 운전면허증을 제시한 행위는 그 사용목적(본래적 용도)에 따른 행사로서 공문서부정행사죄가 된다(대판 2001.4.19, 2000도1985).
- 부정행사의 유형으로 문제되는 것은
  ① 사용권한이 없는 자가 문서 본래의 용도에 따라 사용하는 경우에는 본죄가 성립한다.
  예) 다른 사람의 학생증(국립대학)을 주워 출입이 제한된 대학도서관에 출입하는 행위
  ② 사용권한이 없는 자의 용도를 벗어난 사용.
  타인의 주민등록증을 채권담보로 제공하는 경우가 이에 해당한다.
  이에 대해서는 견해가 나뉘는 바
  긍정설[16)]= 권한없이 사용했다는 점에 방점이 있으며 본래 용도에 따른 사용인지, 벗어난 것인지는 중요치 않다고 한다.

---

15) Wessels/Hettinger, Rn.852.

16) 권오걸, 1121면; 박상기, 553면 이하; 백형구, 528면 이하; 오영근, 776면; 임웅, 701면; 정/박, 671면; 진/이, 716면.

더욱 권한없이 용도대로 사용하거나 권한이 있더라도 용도 밖으로 사용하면 본죄가 되는 데 그것보다 이 경우가 더 관대해서는 곤란하다고 본다.

그러나 보다 근본적으로는 이렇게 했을 때 공문서의 용법에 대한 공공의 신용이 위협받게 되므로 처벌해야 한다는 것이다.

부정설[17]= 이런 사용방식으로는 문서의 명의인과 용도에 대한 공공의 신용을 해할 우려가 없어(조금만 주의해서 살펴도 부정사용임을 알 수 있으니까) 본래 용도에 맞는 사용으로 제한되어야 한다고 하며 판례도 이 입장이다.

* 피고인이 습득한 타인의 주민등록증을 피고인 가족 것이라고 제시하면서 그 주민등록법상의 명의로 이동전화가입신청을 한 경우, 이 주민등록증을 본래의 사용용도인 신분확인용으로 사용한 것이 아니어서 공문서부정행사죄가 되지 아니한다(대판 2003.2.26, 2002도4935).

③ 사용권한이 있는 자가 본래의 용도를 벗어나 사용한 경우

자신의 주민등록증을 채권담보로 제공하는 경우가 이에 해당한다.

긍정설[18]= 권리자가 특정된 용도에 따라 사용할 때만 정당한 행사이므로 이를 벗어나면 부정행사이고 이러한 행위는 문서의 용도에 대한 공공의 신용을 위태롭게 한다. 판례도 이 입장이다.

* 부정행사란 사용권한자와 용도가 특정되어 작성된 공문서 또는 공도화를 사용권한이 없는 자가 있는 것처럼 가장하여 부정한 목적으로 행사하거나 또는 권한이 있는 자라도 정당한 용법에 반하여 부정하게 행사하는 것이다(대판 1999.5.14, 99도206).

부정설[19]= 권리자가 정해진 용도를 벗어나 사용했다고 하여 처벌할 필요가 없으며 필요하다면 해당 공문서에 대해 처벌규정을 두는 것으로 충분하다.

- 유형별로 견해가 갈리는 이유

① 사례는 문서의 진정에 대한 공공의 신용이 훼손될 위험이 아주 크고

---

17) 김성돈, 625면; 김/서, 786면; 이재상, 608면; 정영일, 617면.

18) 배종대, 723면; 백형구, 528면; 임웅, 700면; 정/박, 671면; 진/이, 717면.

19) 권오걸, 1121면; 김성돈, 625면; 김성천, 1295면; 김/서, 786면; 박상기, 550면; 오영근, 775면; 이재상, 608면; 이정원, 595면; 이형국, 631면; 정영일, 616면.

② 사례에서는 그와 같은 위험이 거의 없다(부정사용임이 바로 체크된다).

③ 사례는 그 중간인데 거래상대가 모르고 넘어갈 위험이 당벌적 수준이라고 보면 본죄를 긍정할 것이고 반대이면 부정설에 따를 것이나 긍정설을 취하기로 한다.

〈사문서부정행사죄(제236조)= 권리 · 의무 또는 사실증명에 관한 타인의 문서 또는 도화를 부정행사한 자는 1년 이하의 징역이나 금고 또는 3백만원 이하의 벌금에 처한다〉

- 진정하게 성립된 사문서를 부정하게 사용하는 경우이다.
  공문서부정사용죄에서처럼 문서의 사용권자와 용도가 특정되어야 한다.

  * ① 사문서부정행사죄는 사용권한자와 용도가 특정되어 작성된 권리의무 또는 사실증명에 관한 타인의 사문서 또는 사도화를 사용권한없는 자가 사용권한이 있는 것처럼 가장하여 부정한 목적으로 행사하거나 또는 권한있는 자라도 정당한 용법에 반하여 부정하게 행사하는 경우에 성립한다. 따라서 실질적인 채권채무관계없이 당사자들의 합의로 차용증 및 이행각서를 작성했다면 이 문서의 사용권자와 용도가 특정되지 않았으므로 피고인이 위 작성명의인들의 의사를 묻지 않고 위 문서상의 채권이 실제로 존재하는 것처럼 그 지급을 구하는 민사소송을 제기하면서 소지하고 있던 이 문서를 법원에 제출하였더라도 사문서부정행사죄는 아니다(대판 2007.3.30, 2007도629).

  ② 사용자에 관한 정보가 전자기록되어 있는 자기띠가 카드번호 등이 문자로 인쇄된 플라스틱 카드에 부착되어 있는 전화카드의 경우 이 둘은 불가분적으로 결합되어 전체가 하나의 문서를 구성하므로 전화카드를 공중전화기에 넣어 사용하면 비록 전화기가 판독하는 부분이 자기띠 부분에 수록된 전자기록에 한정될지라도 카드 전체가 하나의 문서로 사용된 것이다. 따라서 절취한 전화카드를 공중전화기에 넣어 사용하는 것은 사문서부정행사에 해당한다(대판 2002.6.25, 2002도461).

- 부정사용이란 사용권한이 없는 자가 자신이 문서에 표기된 명의인인 것처럼 행세하면서 사용하는 것이 대표적이다.
  사용권한있는 자가 용도밖으로 사용했을 때는 견해가 갈리는 바
  긍정설[20]= 이때에도 문서에 대한 공공의 신용이 훼손될 수 있다고 보며 판례도 이 입장이다(대판 1985.5.28, 84도2999).

---

20) 배종대, 722면; 백형구, 539면; 정영일, 615면; 진/이, 714면.

부정설[21]= 사용자가 책임을 지면 되는 것이므로 신용이 훼손되지 않으니까.

- 나머지 부분은 공문서부정행사죄에서의 설명과 대동소이하므로 앞의 설명참조.

〈**미수범(제235조)=** 제225조 내지 제234조의 미수범은 처벌한다〉

〈**자격정지의 병과(제237조)=** 제225조 내지 제227조의2 및 그 행사죄를 범하여 징역에 처할 경우에는 10년 이하의 자격정지를 병과할 수 있다〉

〈**복사문서등(제237조의2)=** 이 장의 죄에 있어서 전자복사기, 모사전송기 기타 이와 유사한 기기를 사용하여 복사한 문서 또는 도화의 사본도 문서 또는 도화로 본다〉

Q) 입학시험의 답안지는 사실증명에 관한 문서인가?

사실증명에서의 사실이란 무엇을 말하는가?

타인의 작품을 자기 것인양 거짓하여 신춘문예에 응모한 행위도 사문서위조죄와 동행사죄가 되는가?

Q) 누가 신청하든 신청만으로 발급되는 공문서를 타인명의로 신청했을 때 문서위조죄가 되는가?

Q) 종전에 복사문서는 문서가 아니라고 했던 이유는 무엇이며 지금은 이를 인정하는 이유가 무엇인가?

Q) 택배원이 내민 수령증에 남편이름을 기재해도 문서위조죄가 성립하는가?

Q) 피의자신문조서의 말미에 있는 서명, 날인란에 피의자가 친구의 이름을 기재했다면 공문서위조죄 혹은 인장위조죄중 어느 것인가?

Q) 문서에 작성명의인을 요하는 까닭이 무엇인가?

Q 면허없이 한방병원을 개업, 운영하면서 장기간 자신의 명의로 진단서를 발급해온 경우, 이 진단서에 대한 사회적 신용은 〈한의사면허가 있는 이 병원의 원장에 의해 작성된 진단서〉이기 때문이다. 이로부터 명의인을 〈한의사 면허를 가진 이사람(실제로는 존재하지 않은 가공인)〉으로 한 사문서위조죄가 성립할 수 있을까?

---

21) 권오걸, 1117면; 김성돈, 623면; 김/서, 783면; 박상기, 549면; 오영근, 778면; 이정원, 594면; 이형국, 630면; 임웅, 698면; 정/박, 669면.

Q) 피고인 홍길동은 변호사가 아님에도 이를 사칭, 몇 차례 변호사 홍길동이라는 문서를 작성하였다. 그런데 이 사람과 동명이인인 변호사 홍길동은 실제로 다른 도시에서 개업중이다.

① 작성된 문서의 명의인은 누구인가?

② 이들 문서 중에 어떤 것은 피고인의 실재 주소가 쓰여 있고 또 다른 문서에는 피고인의 전화번호가 적혀 있었다. 이들 사정은 피고인을 특정함에 있어 고려할 사항인가?

③ 피해자들은 변호사 홍길동은 전혀 모르고 그저 자기들이 상대한 홍길동을 변호사로 알고 문서를 교부받았다. 이 점을 근거로 피고인은 피해자들이 인격의 동일성에 대해서는 착오가 없고 인격의 성질에 대해서만 착오가 있어 문서위조죄는 될 수 없다고 주장한다. 인격의 동일성에 대한 착오란 무엇이며 피고인의 주장은 타당한가?

Q) 대리나 대표와 같이 타인의 자격을 모용하는 대신 의사, 변호사와 같은 자격을 모용한 경우에도 유형위조가 되는가? 된다면 그 근거는 무엇일가?

Q) 지명수배 중인 자가 취직을 위해 이력서 상에 허위의 성명, 생년월일, 주소를 기재하면서 자신의 사진을 붙여 제출했다면 명의인은 누구인가? 이 경우 인격의 동일성을 판단함에 있어 허위기재한 성명이 사진보다 우선하는가?

Q) 음주운전으로 면허가 정지된 A는 동업자 B의 승낙을 얻어 B의 면허증 번호, 주소, 생년월일을 사용하기로 하였다. 경찰관이 면허증제시를 요구하자 A는 이를 집에 두고 왔다고 하면서 검문서에 B의 인적 사항을 기재하였다. 이 경우 승낙이 있어도 문서위조죄가 성립하는가?

Lesson 35 인장에 관한 죄

- 인장 등은 사람, 공무소, 공무원의 동일성이나 이들과 특정물과의 관계를 나타낸다.
- 인장 등의 진정에 대한 공공의 신용이 보호대상이고 추상적 위험범이다.
- 문서위조의 과정을 형성할 때는 문서죄에 흡수된다.
- 인장은 인영(문서 등에 나타난 문자의 표시)과 인과(이 문자가 조각된 물체)를 뜻한다.
- 우체국의 日附印은 그 날자에 우체국에서 대상물을 취급했다는 사실을 표시하고 있으므로(비인격적 사실에 대한 증명기능 있음) 생략문서로 본다.
- 명승지의 기념스탬프는 법적 거래상 중요한 사실증명에 관한 것이 아니어서 인장이 못되며 연애인의 sign 역시 법률상, 거래상 중요사항과 관련이 없어 서명이 아니다.
- 記號란 물건에 압날하여 그 동일성을 증명하는 문자 또는 부호임.
  인장과는 압날된 물체가 문서이면 인장이고 그 외의 물체일 때는 기호라는 입장과 인격의 동일성을 증명하는 것이 인장이고 그 밖의 사항을 증명하는 것은 기호라는 입장이 대립하나 후자를 따른다.

〈私印등의 위조, 부정사용죄(제239조)= ① 행사할 목적으로 타인의 인장, 서명, 기명 또는 기호를 위조 또는 부정사용한 자는 3년 이하의 징역에 처한다.
② 위조 또는 부정사용한 타인의 인장, 서명, 기명, 또는 기호를 행사한 때에도 전항의 형과 같다.

- 위조란 권한없이 타인의 인장 등을 만들거나 물체상에 현출시키는 행위이며 일반인이 진정한 것으로 오신할 정도이면 된다.
- 부정사용이란 진정한 인장 등을 권한없이 사용하거나 권한이 있더라도 이를 남용한 경우를 말한다.
- ②항의 위조私印 등 행사죄에서의 행사는 위조된 인장을 진정한 것처럼 용법에 따라 사용하는 것을 말한다.

위조된 인과 자체를 타인에게 교부한 것만으로는 행사가 아니지만 타인이 열람할 수 있는 상태에 두면 행사가 된다.

〈**公印등의 위조, 부정사용죄(제238조)=** ① 행사할 목적으로 공인 등을 위조 또는 부정 사용한 자는 5년 이하의 징역에 처한다.
② 위조 또는 부정사용한 공인 등을 행사한 자도 전항과 같다.
③ 전2항의 경우에는 7년 이하의 자격정지를 병과할 수 있다〉

〈**미수범(제240조)=** 본장의 미수범은 처벌한다〉

Lesson 36 성풍속에 관한 죄

- 형법은 성에 관한 범죄를 크게 개인적 법익을 침해하는 범죄(강간죄나 강제추행죄)와 사회적 법익을 침해하는 범죄(간통죄, 음행매개죄, 음난물죄, 공연음난죄)로 분류한다.
- 범죄현상은 사회변화와 연동하는데 사회적 법익을 침해하는 성관련 범죄군의 비범죄화경향을 간취할 수 있다.

〈간통죄(제241조)= ① 배우자있는 자가 간통한 때에는 2년 이하의 징역에 처한다. 그와 상간한 자도 같다.
② 전항의 죄는 배우자의 고소가 있어야 논한다. 단, 배우자가 간통을 종용 또는 유서한 때에는 고소할 수 없다〉

- 필요적 공범이며 대향범.
  자수범인가? 다수설[1]은 그렇다고 한다.
- 보호법익은 건전한 성도덕, 성풍속을 드는 것이 보통이나
  이외에 부부간의 성적 성실의무, 이 의무와 가정, 혼인 등을 들기도 한다.

  그러나 형벌을 통해 지켜야 할 건전한 성풍속이나 성도덕 수준이 어느 정도인지가 모호하고 부부간의 성적 성실의무는 개인적 법익으로 치부해야 한다.
  가정, 혼인제도의 존속·유지에 대해 개인이 책임을 져야할 이유가 없다.
  요컨대 보호법익의 실체가 애매하고 위반행위에 대한 당벌성의 정도가 낮다.
- 존폐를 둘러싸고 논쟁이 치열하다.
  * 선량한 성도덕과 일부일처주의 혼인제도의 유지 및 가족생활의 보장을 위하여나 부부간의 성적 성실 의무의 수호를 위하여 그리고 간통으로 야기되는 배우자와 가족의 유

---

1) 김/서, 629면; 백형구, 548면; 이재상, 639면; 이형국, 676면; 임웅, 734면; 정/박, 669면; 진/이, 573면 이하.

기, 혼외자녀 문제, 이혼 등 사회적 해악의 사전예방을 위하여 배우자 있는 자의 간통행위를 규제하는 것은 불가피한 것이며, 그런 행위를 한 자를 2년 이하의 징역에 처하게 하는 형법 제241조는 성적 자기결정권에 대한 필요 및 최소한의 제한으로서 헌법 제37조제2항에 위반하지 않는다(헌결 2001.10.25, 2000헌바60).

- 배우자는 법률상의 배우자를 뜻하며 동거여부는 문제삼지 않는다.
  외국에서 그 나라법이 정하는 방식으로 혼인하면 비록 호적법에 따른 신고가 없어도 법률상 배우자이다.
  무효인 혼인일때는 배우자가 아니지만 취소사유에 해당하면 취소전까지는 배우자이다.
- 간통은 성기의 결합이므로 유사성교행위는 간통이 아니다.
- 고소는 혼인이 해소되거나 이혼소송을 제기한 후에 가능하며 고소가 있었어도 다시 혼인을 하거나 이혼소송을 취하하면 고소가 취소된 것으로 간주한다.
  * 형소법 제229조 제2항에 의해 고소를 취소한 것으로 간주되는 이혼소송의 취하는 그것에 의하여 혼인관계를 해소하려는 의사가 철회되어 결과적으로 혼인관계가 존속하는 경우를 의미하는 것일 뿐, 배우자가 이혼소송을 제기한 후 그 소송 외에서 협의이혼 등의 방법으로 혼인해소의 목적을 달성하게 되어 더이상 이혼소송을 유지할 실익이 없어 이혼소송을 취하한 경우까지 의미하는 것은 아니므로 이 경우의 간통고소는 이혼소송의 계속과 선택적 관계에 있는 혼인관계의 부존재라는 고소의 유효조건을 충족시키므로 여전히 유효하다(대판 2007.1.25, 2006도7939).
- 종용(사전 동의)이나 유서(사후 승낙)가 있으면 고소할 수 없다.
  * ① 혼인 당사자가 더 이상 혼인관계를 지속할 의사가 없고 이혼의사가 명백하게 합치된 경우라면 이혼 심판이 확정되기 전이어서 법률적 혼인관계가 존속하더라도 간통에 대한 종용의 의사표시가 그 합의안에 포함되어 있다고 볼 것이다(대판 1991.3.22, 90도1188).
    ② 피고소인들이 수년간 동거하면서 간통하고 있음을 고소인이 알면서 특별한 의사표시나 행동을 하지 않은 경우에 그러한 사정만으로는 고소인이 위 간통을 묵시적으로 유서하였다고 볼 수 없다(대판 1999.5.14, 99도826).

〈음행매개죄(제242조)= 영리목적으로 미성년 또는 음행의 상습이 없는 부녀를 매개하여 간음하게 한 자는 3년 이하의 징역 또는 1천500만원 이하의 벌금에 처한다〉

- 보호법익은 선량한 성풍속이며 부차적으로 부녀의 성적 자유를 든다.

- 매개란 간음을 알선하는 행위를 총칭하나 폭행, 협박은 제외된다.
- 미성년의 부녀란 13세 이상 20세 미만의 부녀를 말한다(다수설).
- 영리목적 없는 음행매개는 본죄에 해당하지 아니한다.
- 18세 미만의 아동에게 음행을 시키거나 음행을 매개하면 아동복지법 제29조 제6호에 따라 10년 이하의 징역 또는 5천만원 이하의 벌금을, 19세 미만 청소년의 성매매를 강요하거나 매개하는 행위는 아동·청소년의 성보호에 관한 법률 제11조와 제12조를, 성매매를 강요하거나 알선한 자는 성매매알선 등 행위의 처벌에 관한 법률 제4조와 제18, 제19조를 적용한다.
- 폭행·협박을 통해 간음하도록 매개하면 강간죄나 미성년자간음죄의 공범이 된다.

〈음화반포등의 죄(제243조)= 음란한 문서, 도화, 필름 기타 물건을 반포·판매 또는 임대하거나 공연히 전시 또는 상영한 자는 1년 이하의 징역 또는 5백만원 이하의 벌금에 처한다〉

- 동영상file은 물건이 아니므로 본 규정의 적용대상이 아니다(대판 1999.2.24, 98도3410).
- 인터넷을 통한 음란물 반포는 정보통신망이용촉진 및 정보보호등에 관한 법률 제74조 제1항 제2호를 적용한다.
  - * 정보통신망이용촉진 및 정보보호등에 관한 법률

    제44조의7(불법정보의 유통금지 등): ① 누구든지 정보통신망을 통하여 다음 각 호의 어느 하나에 해당하는 정보를 유통하여서는 아니된다.

    1. 음란한 부호, 문언, 음향, 화상 또는 영상을 배포, 판매, 임대하거나 공공연하게 전시하는 내용의 정보

    제74조(벌칙): ① 다음 각 호의 어느 하나에 해당하는 자는 1년 이하의 징역 또는 1천만원 이하의 벌금에 처한다.

    2. 제44조의7제1항제1호를 위반하여 음란한 부호, 문언, 음향, 화상 또는 영상을 배포, 판매, 임대하거나 공공연하게 전시한 자
- 보호법익은 선량한 성풍속이다.
- 음란성

  ① 성욕을 자극 또는 흥분시키고 보통인의 정상적인 성적 수치심을 해하며 선량한 성도덕감정을 현저히 침해하는 것.

이처럼 음란성의 내용은 유동적이고 불확실하여 명확성의 요청을 충족하기가 어렵다.

② 음란성의 판단은 일반인의 관점에서 객관적으로 행하며 한 부분만 보는 대신 전체적 판단이어야 한다.

③ 음란성과 학문성 · 예술성

양자는 차원을 달리하는 것이므로 학문적 노작이나 예술품에도 음란성이 있을 수 있다고 한다(통설 · 판례).

그러나 새로운 것에 대한 탐구나 묘사가 학문과 예술의 본질이므로 이 방향에 충실하다면 음란성을 부정해야 한다는 견해도 있다.

④ 상대적 음란개념

음란한지를 가리기 위해 내용, 출판사의 의도, 선전방법, 독자층 등을 고려한다.

판례는 이 입장이나(대판 1970.10.30, 70도1819) 다수설은 기준이 자의적이어서 학문과 예술의 자유가 심하게 위축된다는 이유로 반대한다.[2)]

* 형법 제243조 및 제244조에서 말하는 '음란'이란 정상적인 성적 수치심과 선량한 성도덕관념을 현저히 침해하기에 적합한 것을 가리킨다 할 것이고, 이를 판단함에 있어서는 그 시대의 건전한 사회통념에 따라 객관적으로 판단하되 그 사회의 평균인의 입장에서 문서 전체를 대상으로 하여 규범적으로 평가하여야 할 것이며, 문학성 내지 예술성과 음란성은 차원을 달리하는 관념이므로 어느 문학작품이나 예술작품에 문학성 내지 예술성이 있다고 하여 그 작품의 음란성이 당연히 부정되는 것은 아니라 할 것이고, 다만 그 작품의 문학적 · 예술적 가치, 주제와 성적 표현의 관련성 정도 등에 따라서는 그 음란성이 완화되어 결국은 형법이 처벌대상으로 삼을 수 없게 되는 경우가 있을 수 있을 뿐이다(대판 2000.10.27, 98도679).

- 본죄는 필요적 공범이지만 매수자를 처벌하지 않는다. 매수자가 판매자를 교사했을 때 공범이 되지 않는다는 입장[3)]과 적극적 가담자는 본죄의 공동정범이 된다는 입장[4)]으로 나누어진다.

---

2) 권오걸, 1150면; 김/서, 642면; 박상기, 586면; 배종대, 757면 이하; 백형구, 560면; 이재상, 646면; 이형국, 684면; 정/박, 745면; 정영일, 648면 이하.

3) 오영근, 809면; 이재상, 647면; 임웅, 755면; 정/박, 748면.

4) 김성돈, 644면; 김일수, 651면.

〈**음화등 제조·소지·수입·수출죄(제244조)=** 제243조의 행위에 공할 목적으로 음난한 물건을 제조, 소지, 수입 또는 수출한 자는 1년 이하의 징역 또는 5백만원 이하의 벌금에 처한다〉

〈**공연음란죄(제245조)=** 공연히 음란한 행위를 하면 1년 이하의 징역 또는 5백만원 이하의 벌금, 구류 또는 과료에 처한다〉

- 보호법익은 건전한 성풍속이나 성도덕이고 추상적 위험범이다.
- 공연성이란 불특정 또는 다수인이 인식할 수 있는 상태를 말한다.
- 다수설[5]은 음란행위란 성행위를 의미한다고 하나 근거없다.
  그러나 단순히 신체를 과다노출시킨 정도는 경범죄처벌법에 해당할 뿐이다.
  다수설[6]은 음담패설을 음란행위가 아니라고 한다.
  * 경범죄처벌법 제1조 제41호가 '여러 사람의 눈에 뜨이는 곳에서 함부로 알몸을 지나치게 내놓거나 속까지 들여다 보이는 옷을 입거나 또는 가려야 할 곳을 내어놓아 다른 사람에게 부끄러운 느낌이나 불쾌감을 준 사람을 10만원이하의 벌금, 구류 또는 과료의 형으로 벌'하고 있는 점에 비추어 볼 때 신체 노출이 그 일시와 장소, 노출부위, 노출방법, 정도, 노출동기, 경위 등 구체적 사정에 비추어 그것이 일반 보통인의 성적 흥분을 유발하고 성적 수치심을 해하는 것이 아니라 단순히 부끄러운 느낌이나 불쾌감을 주는 정도라면 본조의 음란행위에 해당한다고 할 수 없다. 그러므로 말다툼 후 항의표시로 엉덩이를 노출시킨 행위는 음란한 행위가 아니다(대판 2004.3.12, 2003도6514).
- 음란행위가 영업적으로 행해지면 집합범으로 포괄일죄
  공연히 강제추행을 하면 양죄의 상상적 경합
  공중밀집장소추행죄(성폭력처벌법상)와는 상상적 경합이 된다.
  * 성폭력범죄의 처벌 등에 관한 특례법 제11조(공중밀집장소에서의 추행):
    대중교통수단, 공연·집회장소 그 밖에 공중이 밀집하는 장소에서 사람을 추행한 자는 1년 이하의 징역 또는 300만원 이하의 벌금에 처한다.

---

5) 김/서, 649면; 박상기, 588면; 배종대, 761면; 이재상, 650면; 진/이, 590면.

6) 백형구, 555면; 이재상, 650면; 이형국, 688면; 정/박, 750면.

Lesson 37 도박과 복표에 관한 죄

- 건전한 근로의식과 사회경제적 기풍을 보호법익이라 하나 사행심은 인간의 본성이므로 단순도박죄나 복표에 관한 죄 정도는 형법전에서 삭제함이 타당하다.

〈단순도박죄(제246조제1항)= 재물로써 도박한 자는 500만원 이하의 벌금 또는 과료에 처한다. 단 일시오락정도에 불과하면 예외로 한다〉

- 재물에 재산상 이익을 포함시키는 것이 일반적이다.
- 도박이란 우연의 승부로 재물을 얻거나 잃게 하는 것.
  이때 전적으로 우연일 필요는 없고 기량, 정보 등이 어느 정도 승부에 영향을 미치더라도 우연성이 있으면 도박으로 인정한다. 그러나 압도적으로 기량에 의해 승부가 갈린다면(바둑이나 당구처럼) 더 이상 도박이 아니다.
  * '우연'이란 주관적으로 '당사자에 있어서 확실히 예견 또는 자유로이 지배할 수 없는 사실에 관하여 승패를 결정하는 것'을 말하고, 객관적으로 불확실할 것을 요구하는 것이 아니다. 따라서 당사자의 능력이 승패의 결과에 영향을 미친다고 하더라도 다소라도 우연성의 사정에 의하여 영향을 받을 때는 도박죄가 성립할 수 있다. 그러므로 피고인들이 각자 핸디캡을 정하고 홀마다 또는 9홀마다 별도의 돈을 걸고 총 26회 내지 32회에 걸쳐 내기 골프를 한 행위는 도박에 해당한다(대판 2008.10.23, 2006도736).
- 우연성이 도박참가자의 한편에만 있는 소위 편면적 도박(사기도박)도 도박인가? 도박이 아니라는 점에서는 견해가 일치하나 참여자의 처리를 둘러싸고 견해가 대립한다. 이때도 사기도박꾼에게 사기죄를 묻는 점에 다툼은 없지만 그 상대를 사기도박의 피해자로 볼지 아니면 도박꾼(편면적 도박을 인정하여)으로 볼지를 두고 입장이 갈린다. 통설[1]과 판례[2]는 우연성이 결여된 사기도박의 피해자로 본다.
- 일시오락여부는 도박의 시간과 장소, 도박자의 사회적 지위 및 재산정도, 판돈의 규모와 도박에 이르게 된 경위 등 모든 사정을 참조하여 판단한다.

---

1) 김성돈, 649면; 박상기, 590면; 이재상, 654면; 정영일, 657면.

2) 대판, 1960.11.16, 4293형상743.

판례는 도박이 일시오락정도에 불과하면 위법성이 조각된다고 하나(대판 2004.4.9, 2003도6351) 이 때는 구성요건이 조각된다.

- 도박행위를 하면 바로 기수이므로 화투패를 돌릴 때가 기수시점이다.
- 추징의 대상이 되는지 여부는 엄격한 증명을 필요로 하는 것은 아니지만 그 대상이 되는 범죄수익을 특정할 수 없으면 추징할 수 없고, 또한 범죄수익은닉의 규제 및 처벌 등에 관한 법률 제10조 소정의 추징은 임의적인 것이므로 추징 여부는 법원의 재량에 속한다(대판 2007.6.14, 2007도2451).

〈상습도박죄(제246조제2항)= 상습으로 제1항의 죄를 범한 자는 3년 이하의 징역 또는 2천만원 이하의 벌금에 처한다〉

- 상습성이란 반복하여 도박행위를 하는 습벽으로서 행위자의 속성을 말한다. 전과는 상습성을 가리는 중요한 판단자료이기는 하나 전과가 없더라도 상습성을 인정할 수 있다.

* ① 도박의 전과없는 피고인이 1982.3.15, 19시부터 21시까지, 동월 17일 17:30부터 18:30까지, 동월 21일 17시부터 22시까지 1회에 2만원 내지 10만원씩의 판돈을 걸고 도리짓고땡을 수십회 하였지만 3.21 이후에는 전혀 도박을 하지 않았다. 반면 공범들은 1982.10 하순경까지 이 같은 도박행위를 계속한 경우 피고인에게 도박의 상습성을 부정한다(대판 1985.9.24, 85도1272).

② 도박전과는 없으나 2개월 10일 동안 9회에 걸쳐 도박을 한 경우 상습성을 인정한다(대판 1983.10.25, 83도2448).

〈도박개장죄(제247조)= 영리목적으로 도박을 개장하면 3년 이하의 징역 또는 2천만원 이하의 벌금에 처한다〉

- 자신이 주재자가 되어 도박장소를 개설하는 범죄[3]이지만 주재자라고 하여 직접 도박을 해야 하는 것은 아니다.
- 장소제공은 물리적 공간이어도 되고 인터넷상 도박사이트를 개설하여 결제하도록 해도 좋다.
- 본죄의 범인이 도박을 했다면 양죄의 경합범이 된다.

---

3) 김성돈, 652면; 배종대, 768면 이하; 오영근, 821면; 유기천(하), 112면; 이재상, 658면; 이형국, 698면; 정/박, 761면. 그러나 주재자일 필요가 없다는 견해로는 권오걸, 1185면; 박상기, 594면; 임웅, 769면이 있다.

〈**복표의 발매 · 중개 · 취득죄(제248조)=** ① 법령에 의하지 아니한 복표를 발매한 자는 3년 이하의 징역 또는 2천만원 이하의 벌금에 처한다.
② 전항의 복표발매를 중개한 자는 1년 이하의 징역 또는 500만원 이하의 벌금에 처한다.
③ 제1항의 복표를 취득한 자는 500만원 이하의 벌금 또는 과료에 처한다〉

- 법령에 의한 복표발행(복권 및 복권기금법 같은)은 본 조문에 해당하지 않는다.
- 복표이기 위해서는 ① 특정한 표찰이어야 하고
② 이를 발매하여 다수로부터 금품을 모아야 하며
③ 추첨등 우연한 방법으로 당첨자에게 재산상의 이익을 주고 다른 참가자에게 손실을 주어야 한다.

〈**벌금의 병과(제249조)=** 제246조제2항, 제247조와 제248조제1항의 경우에는 500만원 이하의 벌금을 병과할 수 있다〉

Lesson 38 신앙에 관한 죄

- 여기에는 장례식등의 방해죄
  사체등의 오욕죄
  분묘의 발굴죄
  사체등의 영득죄
  변사체검시방해죄가 속한다.

위 범죄 중에는 신앙과 관련되지 않는 것도 있어 장의 제목이 부적절하다는 지적이 있지만 거기에 큰 의미는 없다고 본다.

〈장례식등의 방해죄(제158조)= 장례식, 제사, 예배 또는 설교를 방해하는 자는 3년 이하의 징역 또는 5백만원 이하의 벌금에 처한다〉

- 보호법익은 위 행사의 평온이고 추상적 위험범이다.

* 예배방해죄는 공중의 종교생활의 평온과 종교감정을 보호법익으로 하므로, 예배중이거나 예배와 시간적으로 밀접불가분한 준비단계에서 이를 방해하는 경우에만 성립한다. 따라서 장기간 예배당 건물의 출입을 통제하는 행위는 예배 내지 그와 밀접불가분의 관계에 있는 준비단계를 계속하여 방해한 것으로 볼 수 없다(대판 2008.2.1, 2007도5296).

〈사체등 오욕죄(제159조)= 사체, 유골, 또는 유발을 오욕한 자는 2년 이하의 징역 또는 5백만원 이하의 벌금에 처한다〉

- 死者(死胎포함)에 대한 존숭의 감정(이를 종교적 감정으로 볼 수 있다)이 보호법익
- 오욕은 유형력을 행사하는 것이므로 경멸의 언사를 쓰는 것은 오욕행위가 아니다.

〈분묘발굴죄(제160조)= 분묘를 발굴한 자는 5년 이하의 징역에 처한다〉

- 고분처럼 제사의 대상이 아닌 것은 본죄의 분묘가 아니다.
- 발굴은 봉분에 가해져야 한다.

- 토지구획정리사업시행자로부터 분묘의 개장명령을 받았어도 분묘주의 승낙 없이 발굴하면 본죄가 성립한다.
- 실행의 착수는 복토 등을 제거하기 시작할 때이고 기수는 관이나 사체, 유골을 외부에서 인식할 수 있는 상태에 이르렀을 때라는 외부인지설(통설)[1]과 복토가 제거되었을 때라는 복토제거설(대판 1962.3.29, 4294형상539)로 갈린다.

〈**사체등 손괴 · 유기 · 은닉 · 영득죄(제161조)=** ① 사체, 유골, 유발 또는 관내에 장치한 물건을 손괴 · 유기 · 은닉 또는 영득한 자는 7년 이하의 징역에 처한다
② 분묘를 발굴하여 전항의 죄를 범한 자는 10년 이하의 징역에 처한다〉

- 관내장치 물건은 재물성을 가지므로 이들에 대해서는 본죄와 재물죄의 상상적 경합
- 살해 후 범죄의 흔적을 은폐하기 위해 그 시체를 다른 곳으로 옮겨 유기하면 살인죄와 본죄의 경합범이 된다.

〈**미수범(제162조)=** 전2조의 미수범은 처벌한다〉

〈**변사체검시방해죄(제163조)=** 변사체 또는 변사의 의심있는 사체를 은닉 또는 변경하거나 기타 방법으로 검시를 방해한 자는 7백만원 이하의 벌금에 처한다〉

- 기본적으로 공무방해죄의 일종이다.
- 변사자란 자연사 또는 통상의 병사가 아닌, 범죄로 인한 사망으로 의심되는 자를 말한다. 따라서 범죄로 사망한 것이 명백한 사체나 검시가 끝난 사체는 변사체가 아니다.
- 단순히 변사체가 있는 현장을 변경하면 경범죄로 처벌받는다.
- 검시는 수사의 단서로 행하는 것이고 검증은 수사활동이다.
- 공무집행방해죄가 성립하면 본죄는 따로 논하지 않는다.[2]

---

1) 백형구, 575면 이하; 유기천(하), 10면; 이재상, 666면; 이형국, 709면; 정영석, 210면; 황산덕, 103면.
2) 김성돈, 663면; 백형구, 580면; 오영근, 836면; 이재상, 670면; 이형국, 772면; 임웅, 781면; 정영일, 674면. 양죄의 상상적 경합설은 권오걸, 1203면; 김/서, 675면; 박상기, 600면.

국가적 법익을 침해하는 범죄

- 국가적 법익을 침해하는 범죄는 국가의 존립과 안전 및 국가의 권위나 지위를 침해하거나 이를 위태롭게 하는 그룹과 국가의 기능을 위태롭게 하는 범죄군으로 구성되어있다.
  내란의 죄, 외환의 죄와 국기에 관한 죄 및 국교에 관한 죄는 전자에 속하고 공무원의 직무에 관한 죄, 공무방해에 관한 죄, 도주와 범인은닉의 죄, 위증과 증거인멸의 죄, 무고의 죄는 후자에 속한다.

Lesson 39 내란의 죄

내란의 죄는 국가 내부로부터 국가의 존립을 위태롭게 하는 점에서 외부에서 이를 위태롭게 하는 외환의 죄와 구별된다.

〈**내란죄(제87조)**= 국토를 참절하거나 국헌을 문란할 목적으로 폭동한 자는 다음의 구별에 의하여 처단한다.

1. 수괴는 사형, 무기징역 또는 무기금고에 처한다.
2. 모의에 참여하거나 지휘하거나 기타 중요한 임무에 종사한 자는 사형, 무기 또는 5년 이상의 징역이나 금고에 처한다.
   살상, 파괴 또는 약탈의 행위를 실행한 자도 같다.
3. 부화수행하거나 단순히 폭동에만 관여한 자는 5년 이하의 징역 또는 금고에 처한다〉

- 보호법익은 국가의 존립이고 보호받는 정도를 둘러싸고 추상적 위험범설[1]과 구체적 위험범설[2]이 대립한다.
- 본죄는 필요적 공범이며 집합범이고 목적범이다.
- 본죄의 주체에 특별한 제한은 없지만 국가의 존립을 위태롭게 할 만한 정도의 조직된 다수여야 한다.
  형법은 주체의 역할에 따라 이들을 구분, 처벌을 달리하고 있다.
  ① 수괴는 내란을 조직・지휘・통솔하는 자를 말한다.
  수괴는 수인이어도 무방하며 반드시 폭동현장에 있어야 하는 것은 아니다.
  ② 모의참여자는 내란을 계획하는데 참여하는 자이고
  지휘자는 폭동을 전후하여 폭동가담자의 전부 또는 일부를 지휘하는 자이다.
  기타 중요임무종사자는 전2자 이외의 자로서 폭동시에 살상, 파괴, 약탈을 하거나 요인의 포섭, 물자의 조달 등 내란의 중요임무를 담당하는 자

---

1) 김성돈, 668면; 김성천, 1272면; 박상기, 603면; 오영근, 843면; 이정원, 645면; 이형국, 722면; 정영일, 679면.

2) 김/서, 947면; 배종대, 786면; 백형구, 691면; 정/박, 931면; 진/이, 953면.

이다.

③ 부화수행자와 단순관여자는 위의 주체들 외의 사람으로 폭동에 가담한 자이다.

- 실행행위는 폭동이다.

폭동은 최광의의 폭행, 협박을 내용으로 하며 한 지방의 평온을 해할 만한 것이어야 한다.

폭동을 행하는 과정에서 범해진 손괴, 방화, 상해, 살인은 폭동에 흡수되나[3] 폭동의 기회에 별개의 고의로 절도, 강도, 강간이 행해졌다면 본죄와 상상적 경합관계이다.

* ① 내란죄에서의 폭동은 다수인이 결합하여 폭행, 협박을 하는 것으로서 다수인의 결합은 어느 정도 조직화될 필요는 있으나 수효를 특정할 수는 없다. 또한 이 폭동행위로 한 지방의 평온을 해할 정도에 이르렀을 때 기수가 되고, 폭동의 내용으로서의 폭행, 협박은 최광의의 것으로 이를 준비하거나 보조하는 행위를 총체적으로 파악한 개념이라고 할 것이다(대판 1980.5.20, 80도306).

  ② 폭동행위에 수반하여 개별적으로 발생한 살인행위는 내란행위의 한 구성요소를 이루는 것이므로 내란행위에 흡수되어 내란목적 살인의 별죄를 구성하지 아니한다. 폭동은 국토참절이나 국헌문란의 목적을 수행하기 위한 것이어야 하고 이와 관계없이 행한 폭행, 손괴, 약탈행위 등은 별도의 범죄가 된다. 따라서 폭동과정에서 강간 등을 한 경우에는 국토참절과 국헌문란의 목적을 수행한 것이라고 할 수 없으므로 별도의 강간죄 등이 성립한다(대판 1997.4.17, 96도3376).

- 목적범이므로 주관적 구성요건요소로서 고의 외에 국토를 참절하거나 국헌을 문란할 목적이 있어야 한다.

국토참절이란 대한민국의 주권이 미치는 영역에 대해 그 주권행사를 사실상 배제시키는 행위를 말한다.

국헌을 문란하는 행위는 제91조에서 정한 바에 따르므로 헌법기관의 폐지나 권한행사를 못하게 하는 행위는 국헌문란행위에 해당하지만 대통령이나 국무위원을 살해하는 것은 그렇지 않다.

* 국헌문란의 목적은 현행의 헌법 또는 법률이 정한 정치적 기본조직을 불법으로 파괴하는 것을 말하고 구체적인 국가기관인 자연인만을 살해하거나, 그 계승을 기대하는 것은 이에 해당하지 않지만 반드시 초법규적인 의미는 아니라고 할 것이며, 공산, 군주

---

3) 살인, 상해, 강도, 방화는 내란죄와 상상적 경합이라는 견해로는 박상기, 607면; 이재상, 678면; 이정원, 649면이 있다.

또는 독재제도로 변경하여야 하는 것은 더욱 아니고, 그 목적은 엄격한 증명사항에 속하고 직접적임을 요하나 결과발생의 희망, 의욕임을 필요로 한다고 할 수는 없고, 또 확정적 인식임을 요하지 아니하며 미필적 인식으로 족하다(대판 1980.5.20, 80도306).

- 본죄는 상태범이며 미수를 처벌한다.
- 본죄는 필요적 공범으로 폭동참여자의 역할에 따라 수괴, 중요임무종사자, 부화수행자로 구분, 정범을 이들로 한정한다. 따라서 폭동에 참여하지 않은 외부인은 본죄의 공동정범이 될 수 없지만 교사와 방조는 가능하다 할 것이다.[4]
- 타법과의 관계

① 국가보안법

반국가단체란 정부를 참칭하거나 국가를 변란할 것을 목적으로 하는 국내외의 결사 또는 집단으로서 지휘통솔체제를 갖춘 단체를 말하며(동법 제2조) 이와 같은 단체를 구성, 가입하거나(동법 제3조) 단체의 목적수행을 위한 행위를 하면(동법 제4조) 처벌한다.

이들 행위들은 내란죄의 예비(형법 제90조 제1항)에도 해당하지만 특별법인 국가보안법이 적용된다. 단 국가보안법에는 내란목적의 폭동을 규정하는 조문이 없으므로 내란목적폭동이 있으면 형법의 내란죄규정을 적용한다.

* 피고인들이 무력으로 현정부를 전복하고 국회의 기능을 정지하며 소장급 이상의 육·해·공군, 해병대 장성으로 구성된 구국위원회를 설치하고, 대통령이 피고인들의 건의를 받아들이면 그대로 유임시킬 것이나 동의하지 아니하면 국무총리로 하여금 대통령의 직무를 대행케 하는 등 방법으로 정부를 새로 조직하기로 하고 이 목적을 달성하기 위한 결사를 구성하고 빈번히 회합하여 그 실천방법으로서 특정부대의 병력을 동원하여 무력으로 정부기관을 점거하고, 대통령을 위시한 정부요인을 체포하고, 이에 대항할 것으로 예상되는 부대병력을 무력으로 저지하기로 계획하였다면 이는 형법의 내란죄에서 말하는 국헌을 문란할 목적으로 폭동을 할 것을 계획한데 그치는 것이 아니고 한 걸음 더 나아가서 정부를 참칭하고 국가를 변란할 목적이 있었다고 볼 것이며, 만일 피고인들이 계획한 대로 막대한 병력의 군대가 통수계통을 무시하고 동원되어 정부전복과 정권획득의 목적으로 사용되어 극도의 혼란과 수습할 수 없는 국가적 위기에 봉착하게 된다면 이는 대한민

---

4) 총칙상의 공법규정을 필요적 공범인 내란죄에 적용할 수 없다는 견해로는 김/서, 951면; 서일교, 373면; 이정원, 649면; 이형국, 723면; 정영석, 22면.

국의 기본질서가 파괴되고 실로 국운에 중대한 영향이 미칠 것이라 할 것이니 결국 이는 국가보안법 제1조에서 말하는 정부를 참칭하고 국가를 변란케 하는 경우에 해당한다 할 것이다(대판 1966.4.21, 66도152).

② 군형법상의 반란죄

본죄는 대한민국의 군인 또는 군인에 준하는 사람들이 작당하여 병기를 휴대하고 국권에 반항함으로써 성립한다. 국권에는 군의 통수권 및 지휘권도 포함되므로 대통령의 재가없이 반란가담자들이 작당하여 병기를 휴대하고 적법한 체포절차없이 육군참모총장을 체포한 행위는 반란에 해당한다(대판 1997.4.17, 96도3376).

내란죄에 비해 불법이 가중된 구성요건이다.

* 군형법 제5조(반란)

작당하여 병기를 휴대하고 반란을 일으킨 사람은 다음 각 호의 구분에 따라 처벌한다.

1. 수괴: 사형
2. 반란모의에 참여하거나 반란을 지휘하거나 그 밖에 반란에서 중요한 임무에 종사한 사람과 반란시 살상, 파괴 또는 약탈행위를 한 사람: 사형, 무기 또는 7년 이상의 징역이나 금고
3. 반란에 부화뇌동하거나 단순히 폭동에만 관여한 사람: 7년 이하의 징역이나 금고

〈내란목적살인죄(제88조)= 국토를 참절하거나 국헌을 문란할 목적으로 사람을 살해한 자는 사형, 무기징역 또는 무기금고에 처한다〉

- 보호법익은 국가의 존립과 사람의 생명이다.
  따라서 본죄는 침해범이며 목적범이다.
- 본죄의 성격을 ① 제87조 제2호에 대한 가중규정(일반인이 아닌 요인을 대상으로 하므로)이나[5)]
  ② 살인죄의 가중적 구성요건으로 보기도 하나[6)]
  ③ 폭동에 수반하여 사람을 살해하면 내란죄이고 폭동과 무관하게 내란 목적을 갖고 살해하면 본죄가 된다.[7)]

---

5) 김/서, 953면; 박상기, 609면; 이정원, 651면 이하; 정영일, 687면.
6) 배종대, 790면; 이재상, 681면; 정/박, 940면.
7) 김성돈, 672면; 오영근, 849면; 이형국, 724면; 임웅, 794면.

* 내란목적살인죄는 국헌을 문란할 목적을 가지고 직접적인 수단으로 사람을 살해함으로써 성립하는 범죄라 할 것이므로, 국헌문란의 목적을 달성함에 있어 내란죄가 폭동을 그 수단으로 함에 비하여 내란목적살인죄는 살인을 그 수단으로 하는 점에서 두 죄는 엄격히 구별된다. 따라서 내란의 실행과정에서 폭동행위에 수반하여 개별적으로 발생한 살인행위는 내란행위의 한 구성요소를 이루는 것이므로 내란행위에 흡수되어 내란목적살인의 별죄를 구성하지 아니하나, 특정인 또는 일정한 범위 내의 한정된 집단에 대한 살해가 내란의 와중에 폭동에 수반하여 일어난 것이 아니라 그것 자체가 의도적으로 실행된 경우에는 이러한 살인행위는 내란에 흡수될 수 없고 내란목적살인의 별죄를 구성한다(대판 1997.4.17, 96도3376).

- 폭동의 준비단계에서 사람을 살해하면 내란예비죄와 본죄의 상상적 경합이다. 양죄의 법조경합이라거나 피살자가 요인이 아닌 일반인일 때는 내란예비죄와 단순살인죄의 상상적 경합이라는 견해[8]도 있다.

〈**미수범(제89조)=** 전2조의 미수범은 처벌한다〉

〈**예비 · 음모 · 선동 · 선전죄(제90조)=** ① 제87조 또는 제88조의 죄를 범할 목적으로 예비 또는 음모한 자는 3년 이상의 유기징역이나 유기금고에 처한다.
단, 그 목적한 죄의 실행에 이르기 전에 자수한 때에는 그 형을 감경 또는 면제한다.
② 제87조 또는 제88조의 죄를 범할 것을 선동 또는 선전한 자도 전항의 형과 같다〉

8) 김/서, 955면; 박상기, 610면; 이정원, 651면; 이형국, 725면.

Lesson 40 외환의 죄

- 국가의 존립을 외부로부터 위태롭게 하는 점에서 내적 존립을 보호법익으로 하는 내란죄와 구별된다.
- 본죄는 추상적 위험범.
  구체적 위험범으로 보는 견해[1]도 있다.
- 본 장의 규정은 동맹국에 대한 행위에 대해서도 적용하므로 외국인이 국외에서 외국에 대해 행한 죄를 포함한다.
- 입법론적으로는 민법이나 한시법으로 처리함이 타당한 전시군수계약불이행죄를 형법에서 삭제해야 하며 일반이적죄 규정이 명확성의 원칙에 반하는 것은 아닌지, 또한 전체적으로 본 장의 죄에 정한 형의 상한이 지나치게 높다는 등의 비판이 제기되고 있다.

〈외환유치죄(제92조)= 외국과 통모하여 대한민국에 대하여 전단을 열게 하거나 외국인과 통모하여 대한민국에 항적한 자는 사형 또는 무기징역에 처한다〉

- 본죄의 주체는 내외국인을 가리지 않는다.
  다만 제93조에 해당한 자(적국과 합세하여 대한민국에 항적하는)는 본죄의 주체에서 제외된다.
- 외국은 대한민국 이외의 국가를 말하며 국제법상 승인되지 않더라도 상관없다.
- 외국과 통모한다 함은 외국의 정부기관과 의사연락이나 모의를 하는 것을 뜻한다.
- 전단을 열게 하는 것은 전투행위를 시작하도록 하는 행위를 말하고 대한민국에 항적하는 것은 군무를 수행하는 방식의 적대행위를 가리킨다.

〈여적죄(제93조)= 적국과 합세하여 대한민국에 항적한 자는 사형에 처한다〉

- 합세하는 국가는 외국 가운데서 우리나라와 전쟁상태에 있는 국가, 즉 적국이어야 한다. 전쟁상태에는 휴전상태도 포함되며 대한민국에 적대하는 외국

---

1) 김/서, 958면; 배종대, 792면; 백형구, 682면; 정/박, 932면; 진/이, 962면.

또는 외국인의 단체도 적국으로 간주한다.

- 적국과의 합세는 적국과 힘을 합쳐 대한민국에 적대행위를 하는 것으로 적대행위에는 전투업무나 비전투업무를 가리지 않는다.

〈**이적죄**에는 **제94조** 내지 **제97조**와 **제99조**가 있다.

모병이적죄(제94조)= ① 적국을 위하여 모병한 자는 사형 또는 무기징역에 처한다.
② 전조의 모병에 응한 자는 무기 또는 5년 이상의 징역에 처한다.

시설제공이적죄(제95조)= ① 군대, 요새, 진영 또는 군용에 공하는 선박이나 항공기 기타 장소, 설비 또는 건조물을 적국에 제공한 자는 사형 또는 무기징역에 처한다.
② 병기 또는 탄약 기타 군용에 공하는 물건을 적국에 제공한 자도 전항의 형과 같다.

시설파괴이적죄(제96조)= 적국을 위하여 전조에 기재한 군용시설 기타 물건을 파괴하거나 사용할 수 없게 한 자는 사형 또는 무기징역에 처한다.

물건제공이적죄(제97조)= 군용에 공하지 아니하는 병기, 탄약 또는 전투용에 공할 수 있는 물건을 적국에 제공한 자는 무기 또는 5년 이상의 징역에 처한다.

일반이적죄(제99조)= 전7조에 기재한 이외에 대한민국의 군사상 이익을 해하거나 적국에 군사상 이익을 공여하는 자는 무기 또는 3년 이상의 징역에 처한다〉

〈**간첩죄(제98조)=** ① 적국을 위하여 간첩하거나 적국의 간첩을 방조한 자는 사형, 무기 또는 7년 이상의 징역에 처한다.
② 군사상의 기밀을 적국에 누설한 자도 전항의 형과 같다〉

- 간첩죄를 이적죄의 일종으로 보는 입장도 있고 이적죄와는 별개의 독립된 범죄로 보기도 한다.
- 행위의 객체는 국가기밀이고 보호의 객체는 국가의 존립과 안전이다.
- 국가기밀은 대한민국의 안전을 위해 적국에 대해 비밀로 해야 할 사항으로 여기에는 군사상 기밀만이 아니라 정치 · 경제 · 사회 · 문화의 모든 사항이 포함된다.

  위법한 기밀도 적국에 알려질 경우 국가의 안전을 위태롭게 할 수 있으므로 본죄의 기밀에 해당한다.

통설과 판례(대판 1997.7.16, 97도985)에 따르면 공지의 사실은 더 이상 기밀이 아니다.

나아가 개별내용은 공지의 사실일지라도 이들이 결합한 전체는 새로운 기밀이 될 수 있다는 모자이크 이론 역시 성립할 수 없다.[2)]

* [다수의견]

현행 국가보안법 제4조 제1항 제2호 (나)목에 정한 기밀을 해석함에 있어 그 기밀은 정치, 경제, 사회, 문화 등 각 방면에 관하여 반국가단체에 대하여 비밀로 하거나 확인되지 아니함이 대한민국의 이익이 되는 모든 사실, 물건 또는 지식으로서 그것들이 국내에서의 적법한 절차 등을 거쳐 이미 일반인에게 널리 알려진 공지의 사실, 물건 또는 지식에 속하지 아니한 것이어야 하고 또 그 내용이 누설되는 경우 국가의 안전에 위험을 초래할 우려가 있어 기밀로 보호할 실질가치를 갖춘 것이어야 할 것이다. 다만 그것들이 공지된 것인지 여부는 신문, 방송 등 대중매체나 통신수단 등의 발달 정도, 독자 및 청취의 범위, 공표의 주체 등 여러 사정에 비추어 보아 반국가단체 또는 그 지령을 받은 자가 더 이상 탐지 · 수집이나 확인 · 확증할 필요가 없는 것이라고 판단되는 경우인지 여부에 의하여 결정할 것이고, 누설할 경우 실질적 위험성이 있는지 여부는 그 기밀을 수집할 당시의 대한민국과 북한 또는 기타 반국가단체와의 대치현황과 안보사항 등이 고려되는 건전한 상식과 사회통념에 따라 판단하여야 할 것이며, 그 기밀이 사소한 것이라 하더라도 누설될 경우 반국가단체에는 이익이 되고 대한민국에는 불이익을 초래할 위험성이 명백하다면 이에 해당한다 할 것이다.

[소수의견]

국가기밀의 개념 그 자체는 절대적인 것이 아니고 상대적인 것으로서 시기와 장소 및 상황에 따라 달리 평가될 수 있는 것이므로 남북대치현황 등 상황의 변경 여부에 따라 국가기밀의 범위의 판단기준을 신축성 있게 해석하여야 할 것이고, 오늘날 전자매체의 발달로 국내에서 발간되는 신문이나 잡지 등이 세계 각국으로 배포되고 있고 인터넷을 통하여도 정보를 얻을 수 있는 점 등에 비추어 보면, 이미 반국가단체인 북한이 손쉽게 접근, 파악할 수 있는 사항 등은 이제는 탐지 · 수집 · 전달 등의 대상이 되는, 북한에게는 유리한 자료가 되고 대한민국에는 불이익을 초래할 수 있는 것에 해당하지 아니한다고 판단되는 것이므로, 이 점에서도 굳이 종래 판례의 견해를 변경할 필요까지는 없다고 할 것이다(대판 1997.7.16, 97도985).

- 본죄의 행위는 간첩, 간첩방조, 군사상 기밀누설이다.

간첩이란 적국을 위하여 국가기밀을 탐지 · 수집하는 행위이고 편면적 간첩

---

2) 김성돈, 680면; 김성천, 1289면; 김/서, 965면; 박상기, 618면; 배종대, 797면; 오영근, 861면; 이재상, 692면; 이형국, 734면; 임웅, 806면; 정/박, 950면; 정영일, 700면.

죄는 성립하지 않는다(의사연락없이 편면적으로 기밀을 탐지 · 수집하면 간첩예비에 해당하니까)고 하지만[3](대판 1975.9.23, 75도1773) 의사연락은 포괄적인 것으로 족하다.

판례 가운데는 외국에서 간첩목적으로 침투한 경우 국내에 침투 상륙하는 것으로 기밀탐지가 가능해 이때를 실행의 착수로 보기도 하나(대판 1984.9.11, 84도1381) 국가기밀의 탐지 · 수집을 개시할 때가 실행의 착수이므로 무인포스트의 설정만으로는 실행에 착수했다고 볼 수 없다(대판 1974.11.11, 74도2662).

나아가 수집한 국가기밀을 적국에 전달한 행위는 간첩죄에 포괄됨에 불과하다.

간첩방조란 간첩행위를 용이하게 하는 행위를 말하므로 간첩행위 자체가 아닌 그저 간첩에게 숙식을 제공하는 행위나 안부편지의 전달은 간첩방조행위가 아니다. 또한 간첩방조에는 총칙상의 종범규정을 적용하지 아니한다.

군사상 기밀누설은 이 기밀을 적국에 전달하는 행위지만 일반이적죄와의 관계에서 본 죄의 주체를 직무와 관련하여 군사상 기밀을 지득한 자(신분범)로 이해한다.

– 국가보안법상의 특칙이 있다.

* 국가보안법 제4조(목적수행)

① 반국가단체의 구성원 또는 그 지령을 받은 자가 그 목적수행을 위한 행위를 한 때에는 다음의 구별에 따라 처벌한다.

2. 형법 제98조(간첩죄)에 규정된 행위를 하거나 국가기밀을 탐지 · 수집 · 누설 · 전달하거나 중개한 때에는 다음의 구별에 따라 처벌한다.

가. 군사상 기밀 또는 국가기밀이 국가안전에 대한 중대한 불이익을 회피하기 위하여 한정된 사람에게만 지득이 허용되고 적국 또는 반국가단체에 비밀로 하여야 할 사실, 물건 또는 지식인 경우에는 사형 또는 무기징역에 처한다.

나. 가목 외의 군사상 기밀 또는 국가기밀의 경우에는 사형 · 무기 또는 7년 이상의 징역에 처한다.

나목의 군사상 기밀 또는 국가기밀을 일반인에게 알려지지 아니한 것으로서 그 내용이 누설되는 경우 국가의 안전에 명백한 위험을 초래한다고 볼 만큼의 실질가치를 지닌 사실, 물건 또는 지식이라고 해석하는 한 헌법에 위반되지 않는다(헌결 1997.1.16, 92헌바6, 26, 93헌바 34, 35, 36).

② 제1항의 미수범은 처벌한다.

---

3) 김성돈, 680면; 김/서, 964면; 배종대, 796면; 백형구, 686면; 유기천(하), 242면; 이재상, 690면; 이형국, 733면; 임웅, 804면; 정/박, 948면; 정영일, 702면; 진/이, 968면.

③ 제1항 제1호 내지 제4호의 죄를 범할 목적으로 예비 또는 음모한 자는 2년 이상의 유기징역에 처한다.

〈**전시군수계약불이행죄(제103조)=** ① 전쟁 또는 사변에 있어서 정당한 이유없이 정부에 대한 군수품 또는 군용공작물에 관한 계약을 이행하지 아니한 자는 10년 이하의 징역에 처한다.
② 전항의 계약이행을 방해한 자도 전항의 형과 같다〉

- 계약의 불이행이나 이행방해행위는 국가의 존립과 안전을 위태롭게 하기 때문이다.
- 주체는 징역형이 부과될 수 있는 자이다.
- 정부에는 지방정부도 포함되며 군수품 또는 군용공작물은 군에서 사용하는 물자와 시설 일체를 말한다.

〈**미수범(제100조)=** 전8조의 미수범은 처벌한다〉

〈**예비, 음모, 선동, 선전죄(제101조)=** ① 제92조 내지 제99조의 죄를 범할 목적으로 예비 또는 음모한 자는 2년 이상의 유기징역에 처한다. 단, 그 목적한 죄의 실행에 이르기 전에 자수한 때에는 그 형을 감경 또는 면제한다.
② 제92조 내지 제99조의 죄를 선동 또는 선전한 자도 전항의 형과 같다〉

〈**준적국(제102조)=** 제93조 내지 전조의 죄에 있어서는 대한민국에 적대하는 외국 또는 외국인의 단체는 적국으로 간주한다〉

〈**동맹국(제104조)=** 본장의 규정은 동맹국에 대한 행위에 적용한다〉

Lesson 41 국기에 관한 죄

- 國旗와 國章은 국가의 권위를 나타내는 상징물.
  형법은 외국의 국기와 국장도 보호하지만 공용일 때로 한정한다(제109조).
- 보호법익은 국가의 권위이며 추상적 위험범설과 구체적 위험범설로 갈린다.

〈**국기, 국장모독죄(제105조)=** 대한민국을 모욕할 목적으로 국기 또는 국장을 손상, 제거 또는 오욕한 자는 5년 이하의 징역이나 금고, 10년 이하의 자격정지 또는 700만원 이하의 벌금에 처한다〉

- 목적범.
- 국기나 국장을 손상, 제거 또는 오욕하는 행위일 것.
- 국장은 나라문장, 軍旗나 대사관의 휘장처럼 국기 이외의 휘장으로 국가를 상징하는 물건을 말한다.

〈**국기, 국장비방죄(제106조)=** 전조의 목적으로 국기 또는 국장을 비방한 자는 1년 이하의 징역이나 금고, 5년 이하의 자격정지 또는 200만원 이하의 벌금에 처한다〉

- 비방은 언어, 거동, 문장, 그림으로 모욕의 의사를 표시하는 행위이다.
  비방은 공연하여야 한다.

Lesson 42 國交에 관한 죄

- 국교에 관한 죄는 우리나라와 외국과의 관계를 악화시켜 양국의 이익을 위태롭게 하는 범죄이다.
- 보호법익을 ① 대한민국의 대외적 지위라는 국가주의설
  ② 대한민국의 국제법상 의무이행을 통해 보호되는 외국의 이익이라는 국제주의설
  ③ 이 둘을 모두 포함하는 절충설이 있으나 ③설이 타당하다.

  보호의 정도는 추상적 위험범이다.
- 입법방식은 외국의 형법에 동일한 규정이 있을 때만 내국법을 적용하는 상호주의와 이를 요하지 않는 단독주의가 있는데 우리형법은 단독주의를 취하고 있다.
- 본 장의 죄는 외교관계를 위태롭게 하여 우리나라의 권위를 훼손하는 제107조 내지 제109조의 죄와 외국과의 평화로운 관계를 침해하는 제111조 내지 제112조의 죄 및 외교상 기밀을 누설하는(제113조) 세 유형으로 구분된다.

〈외국원수에 대한 폭행등 죄(제107조)= ① 대한민국에 체재하는 외국의 원수에 대하여 폭행 또는 협박을 가한 자는 7년 이하의 징역이나 금고에 처한다.
② 전항의 외국원수에 대하여 모욕을 가하거나 명예를 훼손한 자는 5년 이하의 징역이나 금고에 처한다〉

- 대한민국에 체재한다 함은 비공식적 방문도 포함한다.
  그러나 통과에 불과할 때는 체재가 될 수 없다.
- 외국의 원수란 해당 국가를 대표할 권한이 있는 자이므로 대통령이 있는 내각책임제 하의 총리는 원칙적으로 원수가 아니다.
  또한 외국은 우리나라가 승인했는지 와는 상관없으나 망명정부의 수반까지를 포함하는 뜻은 아니다.
- 폭행, 협박, 모욕, 명예훼손의 뜻은 폭행죄, 협박죄, 모욕죄와 명예훼손죄에

서의 그것과 같다. 단 후 2자에 대해서는 공연성을 요건으로 하지 않으며 위법성을 조각시키는 제310조가 적용되지 아니한다.

〈**외국사절에 대한 폭행등 죄(제108조)=** ① 대한민국에 파견된 외국사절에 대하여 폭행 또는 협박을 가한 자는 5년 이하의 징역이나 금고에 처한다.
② 전항의 외국사절에 대하여 모욕을 가하거나 명예를 훼손한 자는 3년 이하의 징역이나 금고에 처한다〉

- 파견된 외교사절이어야 하므로 일시 체재하거나 그저 통과중일 때는 본죄의 객체가 될 수 없다.

〈**외국의 국기, 국장모독죄(제109조)=** 외국을 모욕할 목적으로 그 나라의 공용에 공하는 국기 또는 국장을 손상, 제거 또는 오욕한 자는 2년 이하의 징역이나 금고 또는 300만원 이하의 벌금에 처한다〉

- 국제기구는 외국이 아니므로 이들 기구의 휘장은 본죄의 객체가 될 수 없다.

〈**피해자의 의사(제110조)=** 제107조 내지 제109조의 죄는 그 외국정부의 명시한 의사에 반하여 공소를 제기할 수 없다〉

〈**외국에 대한 私戰죄(제111조)=** ① 외국에 대하여 사전한 자는 1년 이상의 유기금고에 처한다.
② 전항의 미수범은 처벌한다.
③ 제1항의 죄를 범할 목적으로 예비 또는 음모한 자는 3년 이하의 금고 또는 500만원 이하의 벌금에 처한다. 단 그 목적한 죄의 실행에 이르기 전에 자수한 때에는 감경 또는 면제한다〉

- 사전이란 국가의 의사와는 상관없이 개인이나 사적 단체가 임의로 외국과 벌이는 전투를 말한다.

〈**중립명령위반죄(제112조)=** 외국간의 교전에 있어서 중립에 관한 명령에 위반한 자는 3년 이하의 금고 또는 500만원 이하의 벌금에 처한다〉

- 중립명령의 구체적 내용은 중립명령에 따라 판단한다.
- 백지형법규정이며 성질상 한시법의 성격을 띤다.

〈**외교상의 기밀누설죄(제113조)=** ① 외교상의 기밀을 누설한 자는 5년 이하의 징역 또는 1천만원 이하의 벌금에 처한다.
② 누설할 목적으로 외교상의 기밀을 탐지 또는 수집한 자도 전항의 형과 같다〉

- 주체에 제한이 없으므로 일반인도 본죄를 범할 수 있다.
- 외교상의 기밀이란 외국과의 관계에서 비밀로 해야할 사항을 말한다. 따라서 외국에 알려진 사실은 기밀이 아니며 누설 또한 반드시 외국에 알리는 것만을 의미한다고 볼 수 없다. 적국에 알리면 간첩죄가 성립한다.

Lesson 43 공무원의 직무에 관한 죄

- 공무원은 국가기능을 담당하는 주체.
  형법상 공무원의 직무관련 범죄는 직무위배, 직권남용, 뇌물의 3유형이 있다.
- 공무원개념
  ① 원칙적으로 공법(국가공무원법과 지방공무원법이 대표적임)상의 공무원 개념을 차용한다. 따라서 공무원은 법령에 의해 국가나 공공단체의 사무에 종사하는 자이며 국회의원이나 지방의회의원도 공무원이다.
  그러나 본죄의 직무내용은 국가기능의 정상적인 작동과 관련하므로 공법상의 공무원개념과 항상 일치할 수는 없다.
  ② 직무범죄와 관련하여 공무원성이 문제되는 사례로는
  담당사무의 내용이 단순한 육체적, 기계적 노무의 제공이라면 그는 직무범죄상의 공무원이 아니다(통설.[1] 대판 2002.11.22, 2000도4593). 따라서 군의 사병이나 우편배달원은 본죄의 공무원이다.
  공법인의 직원도 공무원인가?
  행정기관에 준하는 공법인의 직원이면 공무원이라고 보는 것이 다수설과 판례(대판 1978.4.25, 77도3709)의 태도이다.
  반면 법률로 공법인의 직원도 공무원에 준한다고 규정되어 있지 않는 한 공무원이 될 수 없다는 소수의견[2]도 있다. 공법인의 직원이 수행하는 사무일체를 공무로 보호할 필요가 없고 공법인과 사법인의 구별이 분명치 않는 경우도 있음을 감안하면 후자의 입장이 타당하다.
  * 지방공기업법 제83조(벌칙적용시의 공무원의제): 공사와 공단의 임원 및 대통령령으로 정하는 직원은 형법 제129조부터 제132조까지의 규정을 적용할 때에는 공무원으로 본다.
    한국은행법 제106조(벌칙적용에 있어서의 공무원의제):
    ① 금융통화위원회위원과 한국은행의 부총재보·감사 및 직원은 형법 기타 법률에 의한 벌칙의 적용에 있어서 이를 공무원으로 본다.

---

1) 김/서, 798면; 오영근, 881면; 이정원, 663면; 진/이, 805면.
2) 오영근, 882면.

② 제1항의 규정에 의하여 공무원으로 보는 직원의 범위는 대통령령으로 정한다.

- 직무범죄의 종류로는
  ① 진정직무범죄(직무유기죄나 수뢰죄처럼 공무원만이 범할 수 있는 범죄)와 부진정직무범죄(주체가 공무원이므로 형이 가중되는 불법체포·감금죄가 이에 해당한다)
  ② 일반직무범죄(모든 공무원이 주체가 되는 범죄로서 직권남용죄나 뇌물죄)와 특수직무범죄(불법체포·감금죄처럼 특수한 공무원만이 주체가 된다).

이하 직무위배범죄들을 보면

〈**직무유기죄(제122조)=** 공무원이 정당한 이유없이 직무수행을 거부하거나 유기하면 1년 이하의 징역이나 금고 또는 3년 이하의 자격정지에 처한다〉

- 정당한 이유없이 직무를 유기하는 것은 직무에 관한 의식적인 방임 내지 포기처럼 정당한 사유없이 직무를 수행하지 아니한 경우이다.
- 계속범이면서 추상적 위험범이다.

  * 직무유기죄는 그 직무를 수행하여야 하는 작위의무의 존재와 그에 대한 위반을 전제로 하고 있는 바, 그 작위의무를 수행하지 아니함으로써 구성요건에 해당하는 사실이 있었고 그 후에도 계속하여 그 작위의무를 수행하지 아니하는 위법한 부작위상태가 계속되는 한 가벌적 위법상태는 계속 존재하고 있다고 할 것이며 형법 제112조 후단은 이를 전체적으로 보아 1죄로 처벌하는 취지로 해석되므로 이를 즉시범이라고 할 수 없다(대판 1997.8.29, 97도675).

- 직무유기죄는 다른 범죄의 수단 혹은 다른 범죄를 범하는 과정에서 행해진 경우가 많은바 이때는 일반적으로 직무유기죄를 별도로 논하지 않는다.

  * ① 피고인이, 출원인이 어업허가를 받을 수 없는 자라는 사실을 알면서도 그 직무상의 의무에 따른 적절한 조치를 취하지 않고 오히려 부하직원으로 하여금 어업허가 처리기안문을 작성하게 한 다음 피고인 스스로 중간결재를 하는 등 위계로써 농수산국장의 최종결재를 받았다면, 직무위배의 위법상태가 위계에 의한 공무집행방해행위 속에 포함되어 있는 것이라고 보아야 할 것이므로, 이와 같은 경우에는 작위범인 위계에 의한 공무집행방해죄만 성립하고 부작위범인 직무유기죄는 따로 성립하지 아니한다(대판 1997.2.28, 96도2825).

  ② 공무원이 어떠한 위법사실을 발견하고도 직무상 의무에 따른 적절한 조치를 취하지 아니하고 위법 사실을 적극적으로 은폐할 목적으로 허위공문서를 작성·행사한 경

우에는 직무위배의 위법상태는 허위공문서작성 당시부터 그 속에 포함되는 것으로 작위범인 허위공문서작성, 동행사죄만이 성립하고 부작위범인 직무유기죄는 따로 성립하지 아니하나, 위 복명서 및 심사의견서를 허위작성한 것이 농지일시전용허가를 신청하자 이를 허가하여 주기 위하여 한 것이라면 직접적으로 농지불법전용 사실을 은폐하기 위하여 한 것은 아니므로 위 허위공문서작성, 동행사죄와 직무유기죄는 실체적 경합관계에 있다(대판 1993.12.24, 92도3334).

③ 하나의 행위가 직무유기죄와 범인도피죄의 구성요건을 동시에 충족하는 경우 검사는 재량에 의해 범인도피죄로 공소를 제기하지 않고 직무유기죄로만 공소를 제기할 수 있다(대판 1999.11.26, 99도1904).

특가법 제15조와 폭처법 제9조 제1항은 범죄수사공무원이나 사법경찰관리의 직무유기에 대해 가중처벌하고 있다.

* 특정범죄가중처벌 등에 관한 법률 제15조(특수직무유기): 범죄수사의 직무에 종사하는 공무원이 이 법에 규정된 죄를 범한 사람을 인지하고 그 직무를 유기한 경우에는 1년 이상의 유기징역에 처한다.

폭력행위 등 처벌에 관한 법률 제9조(사법경찰관리의 직무유기): ① 사법경찰관리로서 이 법에 규정된 죄를 범한 자를 수사하지 아니하거나 범인을 알면서 이를 체포하지 아니하거나 수사상 정보를 누설하여 범인의 도주를 용이하게 한 자는 1년 이상의 유기징역에 처한다.

② 뇌물의 수수요구 또는 약속을 하고 제1항의 죄를 범한 자는 2년 이상의 유기징역에 처한다.

- 불법의 정도에 따라 본죄가 성립하거나 이에 미치지 못하면 징계처분의 대상이 되지만 이는 양자의 불법이 질적으로 달라서가 아니라 양적인 차이를 반영한 것에 불과하다.

* 교도소 보안과 출정계장과 감독교사가 호송지휘관 및 감독교사로서 호송교도관 5명을 지휘하여 재소자 25명을 전국의 각 교도소로 이감하는 호송업무를 수행함에 있어, 시간이 촉박하여 호송교도관들이 규정에 맞게 피호송자들에 대한 검신 등의 절차를 철저히 이행하지 않고 호송하는데도 이들 호송교도관들에게 호송업무 등을 대강 지시, 그들이 이를 제대로 수행할 것으로 믿고 구체적인 확인·감독을 하지 않아 피호송자들이 집단으로 도주하였다. 이 경우 출정계장과 감독교사한테는 성실하게 직무를 수행하지 않는 충근의무위반의 잘못은 있지만 고의로 호송계호업무를 포기하거나 직무나 직장을 이탈한 것은 아니므로 직무유기죄를 구성하지 아니한다(대판 1991.6.11, 91도96).

- 직무란 공무원법상 그에게 부과된 본래의 직무여야 하며 이때의 직무도 지금하지 않으면 안 되는 구체적 직무여야 한다.

〈피의사실공표죄(제126조)= 검찰, 경찰 기타 범죄수사의 직무를 행하는 자 또는 이를 감독하거나 보조하는 자가 그 직무를 행함에 당하여 지득한 피의사실을 공판청구 전에 공표하면 3년 이하의 징역 또는 5년 이하의 자격정지에 처한다〉

- 보호법익은 범죄수사기능과 피의자의 명예이다.
- 공표란 불특정 또는 다수의 사람들에게 피의사실을 알리는 행위이고 특정한 1인에게 알려도 다수가 알 수 있다면 공표에 해당한다.
- 피의자의 승낙여부는 본죄의 성립과는 무관하다.

  공개수배는 법령에 근거한 수사방법이므로 정당행위[3]로 보이지만 피의자의 명예도 보호법익인 이상 긴급피난[4]이나 혹은 적법할 수 없다는 주장[5]도 있다. 수사단계에서 기자회견을 통하여 피의사실을 적시하는 경우에도 같은 문제가 발생한다.

  * 수사기관의 발표는 원칙적으로 일반국민들의 정당한 관심의 대상이 되는 사항에 관하여 객관적이고도 충분한 증거나 자료를 바탕으로 한 사실 발표에 한정되어야 하고, 이를 발표할 수 있는 권한을 가진 자에 의하여 공식의 절차에 따라 행하여져야 하며, 무죄추정의 원칙에 반하여 유죄를 속단하게 할 우려가 있는 표현이나 추측 또는 예단을 불러일으킬 우려가 있는 표현을 피하는 등 그 내용이나 표현 방법에 대하여도 유념하지 않으면 안되므로, 수사기관의 피의사실 공표행위가 위법성을 조각하는지의 여부를 판단함에 있어서는 공표 목적의 공익성과 공표 내용의 공정성, 공표의 필요성, 공표된 피의사실의 객관성 및 정확성, 공표의 절차와 형식, 그 표현 방법, 피의사실의 공표로 인하여 생기는 피침해 이익의 성질, 내용 등을 종합적으로 참작하여야 한다.........

    언론기관이 피의사실을 보도함에 있어서는 보도에 앞서 피의사실의 진실성을 뒷받침할 적절하고도 충분한 취재를 하여야 함은 물론이고, 보도내용 또한 객관적이고도 공정하여야 할 뿐만 아니라, 무죄 추정의 원칙에 입각하여 보도의 형식 여하를 불문하고 혐의에 불과한 사실에 대하여 유죄를 암시하거나 독자들로 하여금 유죄의 인상을 갖게 할 우려가 있는 용어나 표현을 사용하여서는 아니되며, 특히 공적인물이 아닌 사인의 경우 가급적 익명을 사용하는 등 피의자의 신원이 노출되지 않도록 주의해야 하지만, 한편으로 보도기관은 수사기관과는 달리 사실의 진위 여부를 확인함에 있어 현실적으로 상당한 제약을 받을 수밖에 없고, 신속한 보도의 필요성이 있을 때에는 그 조사에는 어느 정도 한계가 있을 수밖에 없는 점도 있다(대판 1999.1.26, 97다10215, 10222).

---

3) 김/서, 809면; 권오걸, 1252면; 김성돈, 702면; 백형구, 659면.

4) 임웅, 836면.

5) 박상기, 634면; 이재상, 712면; 이형국, 760면; 정/박, 787면; 정영일, 734면.

〈**공무상 비밀누설죄(제127조)= 공무원 또는 공무원이었던 자가 법령에 의한 직무상 비밀을 누설한 때에는 2년 이하의 징역이나 금고 또는 5년 이하의 자격정지에 처한다**〉

- 보호법익은 직무상의 비밀이 아니라 누설을 통해 위협받는 국가기능이다.
  * 본죄는 기밀 그 자체를 보호하는 것이 아니라 공무원의 비밀엄수의무의 침해에 의하여 위험하게 되는 이익, 즉 비밀의 누설에 의하여 위협받는 국가의 기능을 보호하기 위한 것이다(대판 1996.5.10, 95도780).
- 누설이란 타인에게 비밀을 알리는 행위이고 대상은 법령에 의한 직무상 비밀로 한정한다.
  ① 비밀이란 일반적으로 알려져 있지 않은 사실로서 이를 알리지 않는 것이 국가에게 이익이 되는 것을 말한다.
  * 감사원 감사관이 부동산투기가 심각한 사회문제로 되어 정부에서 토지공개념 도입 등의 대책을 강구하고 있고 기업의 비업무용 부동산 보유실태에 대해 국민의 관심이 집중된 상황에서 30대 재벌의 비업무용 토지비율이 총보유면적의 1.2%라는 한국은행감독원의 국회제출자료와는 달리 감사원 조사결과는 그 비율이 43.3%라는 감사보고서를 언론에 공개하였다. 그러나 이 공개는 국민전체의 이익에 이바지하는 것으로 그것이 공개되어 국가의 기능이 위협을 받는 것이 아니므로 감사원보고서의 내용은 공무상 비밀이 될 수 없다(대판 1996.5.10, 95도780).

  ② 다수설[6]은 누설대상을 법령에 의해 비밀로 규정된 것으로 한정하나 판례와 소수설[7]은 비밀로 해야 할 사항이 확대일로에 있음을 들어 법령에 없어도 객관적으로 비밀로 할 이익이 있다면 누설해서는 안 된다고 한다. 법규정의 표현이나 비밀여부가 자의적으로 판단되어서는 곤란하다는 점에서 다수설을 지지한다.
  * 도시계획법 등에 도시계획시설결정 사실을 비밀 사항으로 규정한 바 없더라도 도시계획시설결정 사실은 실질적으로 비밀성을 지녔으므로 본조 소정의 비밀에 해당한다(대판 1982.6.22, 80도2822).

  ③ 이미 비밀을 알고 있는 자에게 한 누설은 누설이 될 수 없다.

---

6) 김성돈, 703면; 김/서, 811면; 박상기, 634면; 백형구, 661면; 오영근, 892면; 이형국, 761면; 정/박, 788면.

7) 권오걸, 1253면; 이재상, 714면; 정영일, 735면.

다음으로 직권남용범죄들을 살펴본다.

〈직권남용죄(제123조)= 공무원이 직권을 남용하여 사람으로 하여금 의무없는 일을 하게 하거나 권리행사를 방해하면 5년이하의 징역, 10년 이하의 자격정지 또는 1천만원 이하의 벌금에 처한다〉

- 보호법익은 국가권력의 공정한 행사이다.
  강요죄와 같이 개인의 의사결정의 자유도 포함되는가?
  다수견해는 직권남용(괴롭히거나 성가시게 하는 것도 포함됨)이 수단이어서 폭행·협박으로 한정되는 강요죄와는 다르고 사회적 법익을 보호하는 것이어서 강요죄와는 상상적 경합이 된다[8]고 한다. 개인의 의사결정의 자유까지를 보호법익에 포함시키는 견해도 있다.
  본죄는 추상적 위험범이다.
- 직권이란 당해 공무원이 갖는 일반적 직무권한이고 그 유무와 내용은 법령에 비추어 판단한다. 이때 직무에 관한 명문규정이 없어도 관련 법제도를 종합해 볼 때 일정 직무가 도출되면 직권도 있다고 본다.
- 본죄의 주체는 공무원이지만 이 가운데 직·간접의 강제력을 수반하는 직무를 수행하는 공무원으로 한정하는 입장[9](권리행사를 방해하거나 의무없는 일을 하게 하는 점에서는 강요죄와 동일하므로 상대방의 의사를 억압할 수 있는 직무여야 한다고 본다)과 일반적 직무권한을 갖는 공무원으로 족하다[10]는 판례의 입장(폭행, 협박이 아니라 직권을 남용하는 점에서 강요죄와는 다르다고 생각한다)으로 갈린다. 판례의 입장이 타당하다.
  * 직권남용죄는 공무원이 그 일반적 직무권한에 속하는 사항에 관하여 직권의 행사에 가탁하여 실질적, 구체적으로 위법·부당한 행위를 한 경우에 성립하고, 그 일반적 직무권한은 반드시 강제력을 수반하는 것임을 요하지 아니하며, 그것이 남용될 경우 직권행사의 상대방으로 하여금 법률상 의무없는 일을 하게 하거나 정당한 권리행사를 방해하기에 충분한 것이면 된다(대판 2004.10.15, 2004도2899).

---

8) 권오걸, 1263면; 김성돈, 706면; 김/서, 817면; 백형구, 654면; 이재상, 715면; 이형국, 766면; 정/박, 791면; 정영일, 738면.

9) 김/서, 814면; 배종대, 817면; 백형구, 654면; 오영근, 895면; 유기천(하), 279면; 이재상, 715면; 정영일, 738면.

10) 권오걸, 1258면; 김성돈, 705면.

따라서 순경이 상사의 명령도 없고 입건되지도 아니한 범죄수사를 빙자하여 서류를 제출하게 하는 행위는(대판 1955.10.18, 4288형상266) 직권을 남용한 경우이지만 대검찰청 공안부장인 피고인이 조폐공사 사장에게 위 공사의 쟁의행위 및 구조조정에 관하여 전화통화를 한 행위는 피고인의 일반적 직무권한 밖의 사항으로 본다(대판 2005.4.15, 2002도3453).

- 직권남용은 권한의 부당한 행사이고 권한이 없이 하는 일탈과는 구별된다. 직권행사를 빙자하여 실질적으로 위법, 부당한 행위를 하거나 직권행사과정에서 위법, 부당한 행위가 있으면 남용이 된다.

  * ① 대통령비서실 정책실장이 공무원으로 하여금 특별교부세 교부대상이 아닌 특정 사찰의 증·개축사업을 지원하는 특별교부세 교부신청 및 교부결정을 하게 한 행위는 직권남용죄가 된다(대판 2009.1.30, 2008도6950).

    ② 대통령비서실 정책실장이 임원들과 개인적 친분이 있는 기업체들에 대하여 기업 메세나활동의 일환인 미술관 전시회 후원을 요청하여 기업관계자들이 특정 미술관에 후원금을 지급한 경우 이는 공무원이 직무와는 상관없이 개인적 친분에 근거하여 문화예술활동에 대한 협조를 의뢰한 것에 불과하여 직권남용이라 할 수 없다(대판 2009.1.30, 2008도6950).

- 의무없는 일에서 의무란 법률상 의무를 말한다.
- 의무없는 일을 하거나 권리행사가 방해된 결과가 발생할 때 기수가 된다.

  * 권리행사의 방해에 해당하려면 구체화된 권리의 현실적인 행사가 방해된 경우라야 할 것이고, 또한 공무원의 직권남용행위가 있었다 할지라도 현실적으로 권리행사의 방해라는 결과가 발생하지 아니하였다면 본죄의 기수를 인정할 수 없다(대판 2006.2.9, 2003도4599).

〈불법체포·감금죄(제124조)= ① 재판, 검찰, 경찰 기타 인신구속에 관한 직무를 행하는 자 또는 이를 보조하는 자가 그 직권을 남용하여 사람을 체포 또는 감금한 때에는 7년 이하의 징역과 10년 이하의 자격정지에 처한다.
② 전항의 미수범은 처벌한다〉

- 다수설은 본죄를 부진정신분범으로 이해하나 소수설은 체포·감금과는 독립된 범죄이므로 진정신분범[11]이라고 한다. 부진정신분범설을 취한다.
- 본죄의 주체는 재판, 검찰, 경찰 기타 인신구속에 관한 직무를 행하는 자 또

11) 이재상, 716면; 정/박, 796면; 정영일, 742면.

는 이를 보조하는 자이다. 기타 인신에 관한 직무를 행하는 자 또는 이를 보조하는 자란 사법경찰관의 직무를 행할 자와 그 직무범위에 관한 법률에 규정된 자를 말하므로 사실상 보조하는 자는 본 규정상의 보조자에 포함되지 않는다. 판례는 집행관을 본죄의 주체로 인정한다(대판 1969.6.24, 68도1218).

- 수사기관이 구속영장없이 피의자를 구금하거나, 경찰서 안에서 식사도 하고 사무실 안팎을 내왕해도 경찰서 밖으로 나가지 못하도록 신체의 자유를 제한하는 유형, 무형의 압박을 가하면 불법체포·감금행위가 된다.
- 간접정범의 형태로도 본죄는 가능하다.

  * 본죄는 간접정범의 형태로도 가능하므로, 인신구속에 관한 직무를 행하는 자 또는 보조자가 피해자를 구속하기 위하여 진술조서 등을 허위로 작성한 후 이를 기록에 첨부하여 구속영장을 신청하고 진술조서 등이 허위로 작성된 정을 모르는 검사와 영장전담판사를 기망하여 구속영장을 발부받은 후 그 영장에 의하여 피해자를 구금하였다면 형법 제124조 제1항의 직권남용감금죄가 성립한다(대판 2006.5.25, 2003도3945).

- 특가법 제4조의2에서는 본죄와 제125조의 죄를 범하여 피해자를 치상하거나 치사하면 가중하여 처벌한다.

  * 형사소송법이나 경찰관직무집행법 등의 법률에 정해진 구금 또는 보호유치 요건에 의하지 않고는 즉결 심판피의자라는 이유만으로 그를 구금·유치할 수 없다. 그럼에도 즉심피의자의 정당한 귀가요청을 거절한 채 다음날 즉심법정이 열릴 때까지 피의자를 경찰서 보호실에 강제유치시키려 함으로써 피의자를 경찰서 내 즉결피의자 대기실에 10-20분 동안 있게 한 행위는 형법 제124조 제1항의 불법감금죄에 해당하고 이 과정에서 피의자에게 상해를 입혔다면 특가법 제4조의2 제1항에 위반한다(대판 1997.6.13, 97도877).

  특정범죄가중처벌 등에 관한 법률 제4조의2:

  ① 형법 제124조, 제125조에 규정된 죄를 범하여 사람을 상해에 이르게 한 경우에는 1년 이상의 유기징역에 처한다.

  ② 형법 제124조, 제125조에 규정된 죄를 범하여 사람을 사망에 이르게 한 경우에는 무기 또는 3년 이상의 징역에 처한다.

〈폭행·가혹행위죄(제125조)= 전조의 자가 그 직무를 행함에 당하여 형사피의자 또는 기타 사람에 대하여 폭행 또는 가혹한 행위를 가한 때에는 5년 이하의 징역과 10년 이하의 자격정지에 처한다〉

- 본조는 국가의 인신구속기능이 공정하게 발휘되어 피처분자의 신체와 인격

이 부당하게 침해받지 않도록 하는 규정으로 추상적 위험범이다.

- 폭행 또는 가혹한 행위는 직무를 행함에 당하여 행해져야 한다.
  "직무를 행함에 당하여" 란 직무를 행하는 기회에 라는 뜻이므로 직무와 시간적·공간적으로 뿐만 아니라 내적으로도 관련되어야 한다.[12)]
- 폭행은 협의의 폭행, 즉 사람의 신체에 대한 유형력의 행사로 보는 것이 일반적이다. 그러나 사람에 대한 유형력의 행사로 보다 넓게 해석하는 입장도 있다.
- 가혹행위란 폭행이 아닌 방법으로 사람에게 정신적·육체적 고통을 주는 일체의 행위를 말한다.
  구금되어 있는 부녀와 간음하면 본죄와 제303조 제2항의 피구금부녀간음죄의 상상적 경합이 된다. 가혹행위로서 형사피의자를 강간하면 다수설은 본죄와 강간죄의 상상적경합이라고 보나 강간죄만 성립한다는 견해도 있다.
  * 경찰관의 가혹행위로 허위자백을 한 피의자가 무죄판결을 받기 위해 변호사를 선임하고 그 보수를 지출했다면 이 보수와 경찰관의 가혹행위 사이에는 상당인과관계가 있다 (대판 1997.11.28, 97다28377).

〈선거방해죄(제128조)= 검찰, 경찰, 군의 직에 있는 공무원이 법령에 의한 선거에 관하여 선거인, 입후보자 또는 입후보자가 되려는 자에게 협박을 하거나 기타 방법으로 선거의 자유를 방해한 때에는 10년 이하의 징역과 5년 이상의 자격정지에 처한다〉

- 보호법익은 선거의 자유이고 보호의 정도는 추상적 위험범이다.
  직권남용죄에 대한 특별구성요건이다.
- 군의 직에 있는 공무원이란 군인과 군무원을 말한다.

뇌물죄

〈 뇌물범죄 일반론 〉

- 뇌물죄는 공무원 또는 중재인이 그 직무와 관련하여 부정한 이익을 취득하는 죄로서 뇌물의 수수·요구·약속·공여를 내용으로 한다.

---

12) 내용적 관련까지는 요하지 않는다는 견해로는 김성돈, 709면; 박상기, 640면.

- 보호법익을 둘러싸고 견해가 갈리며 각 설의 차이점을 꼼꼼히 살펴야 한다.
  ① 불가매수설(no touch설)[13]

  뇌물죄란 직무행위를 매수하기 위해 이익을 제공하는 범죄이므로 매수로부터의 자유에 방점을 찍는다.

  이처럼 이익을 제공하는 것만으로 범죄가 완성되므로 정당하게 공무를 수행해도 죄가 성립한다(단순수뢰죄의 처벌은 이 점을 잘 드러내고 있다). 따라서 뇌물죄의 실행행위는 증뢰자의 증뢰행위가 중심이다.

  그러나 불가매수설을 극단화하면 직무의 공정한 수행을 도외시 하게 되어 법규상의 직무관련성을 무의미하게 만들고 만다.

  ② 순수설

  뇌물죄의 본질은 이익 때문에 직무의 공정한 수행이 방해받는 데 있다(가중수뢰죄가 수뢰죄의 기본유형이고 단순수뢰죄는 이에 대한 위험범이다). 따라서 수뢰하고 나서 공정하게 직무를 수행하면 직무의 순수성(온전성)은 유지되므로 뇌물죄는 성립하지 않게 된다.

  이처럼 전설과는 달리 직무의 공정여부를 중시하나 현행법은 단순수뢰죄도 처벌하고 수뢰후 부정처사를 가중하여 처벌하므로 뇌물죄규정이 순전히 직무의 공정만을 위한다고 볼 수 없다.

  ③ 신뢰보호설[14]

  직무집행의 공정과 이에 대한 사회적 신뢰라고 한다.

  그리하여 단순수뢰의 경우에도 이미 공중의 신뢰가 훼손되었으므로 수뢰죄가 성립하게 된다.

  * 뇌물죄는 공무원의 직무집행의 공정과 이에 대한 사회적 신뢰 및 직무행위의 불가매수성을 그 보호법익으로 하고 있고, 직무에 관한 청탁이나 부정한 행위를 필요로 하는 것은 아니기 때문에 수수된 금품의 뇌물성을 인정하는 데 특별한 청탁이 있어야만 하는 것은 아니며, 또한 금품이 직무에 관하여 수수된 것으로 족하고 개개의 직무행위와 대가적 관계에 있을 필요는 없고, 공무원이 그 직무의 대상이 되는 사람으로부터 금품 기타 이익을 받은 때에는, 사회상규에 비추어 볼 때에 의례상의 대가에 불과한 것이라고 여겨지거나 개인적인 친분관계가 있어서 교분상의

13) 배종대, 823면; 정영일, 750면.

14) 권오걸, 1271면 이하; 김성돈, 711면; 김/서, 827면; 박상기, 642면; 오영근, 904면; 이재상, 721면; 이형국, 775면; 임웅, 850면; 정/박, 800면.

필요에 의한 것이라고 명백하게 인정할 수 있는 경우 등 특별한 사정이 없는 한, 직무와의 관련성이 없는 것으로 볼 수 없으며, 공무원이 직무와 관련하여 금품을 수수하였다면 비록 사교적 의례의 형식을 빌려 금품을 주고받았다고 하더라도 그 수수한 금품은 뇌물이 되고, 나아가 뇌물죄가 직무집행의 공정과 이에 대한 사회의 신뢰를 그 보호법익으로 하고 있음에 비추어 볼 때 공무원이 금품을 수수하는 것으로 인하여 사회 일반으로부터 직무집행의 공정성을 의심받게 되는지의 여부도 하나의 판단기준이 된다고 할 것이다(대판 2009.9.10, 2009도5657).

여기서는 사회적 신뢰라는 기준이 추가되고 있지만 신뢰란 보호법익 혹은 보호대상이 아니라 법익을 보호했을 때 거기에서 파생된 결과나 상태를 의미할 뿐이라는 반론도 가능하다. 보호의 대상은 직무의 공정과 관련하여 일반인이 이를 신뢰할 수 있게 만드는 기초나 토대이며 이 토대가 훼손되지 않도록 하는 일이다. 그리고 이 토대가 정상적이라면(이익의 제공은 신뢰할 수 없게 만드는 대표적인 행위일 것이다) 이로부터 신뢰는 자연스럽게 형성된다.

직무의 공정과 이에 대한 신뢰는 대상(몸체)과 그에 대한 그림자의 관계로도 비유할 수 있으므로 신뢰보호설은 불가매수나 순수설을 다르게 표현함에 불과하다.

결국 불가매수설은 직무관련성을 무시하고(직무의 공정이 훼손됐는지를 도외시하므로) 순수설은 그것을 너무 강조하여 돈을 받아도 공무처리만 공정하면 뇌물죄가 안 된다고 하지만 어느 쪽도 곤란하다. 신뢰보호설은 직무집행의 공정을 방해했는지 여부를 판단하는 기준을 말할 뿐 보호법익을 논하는 것이 아니다.

법규는 불가매수성을 기본으로 직무집행의 공정을 추가하는 형식이다.

〈 뇌물 개념 〉

- 뇌물은 직무와 관련한 불법한 이익을 말하며 이때의 직무는 공무원이 그 직위에 따라 담당하는 일체의 직(사)무를 뜻한다.

* 직무에는 법령에 정하여진 직무뿐만 아니라 그와 관련있는 직무, 과거에 담당하였거나 장래에 담당할 직무 외에 사무분장에 따라 현실적으로 담당하지 않는 직무라도 법령상 일반적인 직무권한에 속하는 직무 등 공무원이 그 직위에 따라 공무로 담당할 일체의 직무로서 직무와 밀접한 관계가 있는 행위 또는 관례상이나 사실상 소관하는 직무행위도 포함된다(대판 2000.1.28, 99도4022).

결정권자를 보좌하거나 영향을 줄 수 있는 직무행위도 직무에 포함된다.

포괄적 직무권한과 관련하여 논의되는 것으로 국회의원의 직무권한을 들 수 있는 데 모든 국회의원은 본회의 참석권이 있으므로 자기가 소속하지 않는 상임위의 심의사항에 대해서도 일반적 직무권한을 갖는다.

따라서 상임위 심의안건에 대해 상위소속의 동료의원에게 특정사안의 통과를 권유하는 일은 직부행위는 아니지만 동료의원의 직무권한행사에 영향을 미쳤으므로 그와 관련하여 금품을 수수하면 뇌물수수죄가 성립한다.

* 국회의원이 그 직무권한의 행사로서의 의정활동과 전체적 · 포괄적으로 대가관계에 있는 금원을 교부받았다면 그 금원의 수수가 어느 직무행위와 대가관계에 있는 것인지 특정할 수 없다고 하더라도 이는 국회의원의 직무와 관련된 것으로 보아야 한다(대판 1997.12.26, 97도2609).

- 직무관련성

뇌물은 직무행위 자체 혹은 이와 밀접한 관계가 있는 행위와 관련되는 것이므로 돈을 받더라도 이것이 사적 행위에 대한 대가라면 뇌물이 아니다.

직무관련성은 특히 알선행위에서 문제된다. 알선을 통해 취득한 이익은 직무의 대가가 아니라 사실상의 영향력 행사인 알선에 대한 대가이기 때문이다.

판례는 직무관련성 판단과 관련하여 직무내용, 직무와 이익제공자와의 관계, 쌍방간의 특수한 친분관계, 이익의 크기와 수수경위 및 시기, 일반인이 직무집행의 공정성을 의심하는지 등을 고려해서 판단한다(대판 2002.3.15, 2001도970).

* ① 서울대학교 의과대학 교수 겸 서울대학교병원 의사가 구치소로 왕진을 나가 진료하고 진단서를 작성해 주거나 법원의 사실조회에 대하여 회신을 해주는 것은 의사로서의 진료업무이지 교육공무원인 서울대학교 의과대학 교수의 직무와 밀접한 관련있는 행위라고 할 수 없어 뇌물수수의 공소 사실에 대해 무죄를 선고한 원심의 조치는 수긍할 수 있다(대판 2006.6.14, 2005도1420).

② 해양수산부가 지정고시한 어업손실액 조사기관인 국립대학교 부설연구소가 국가와는 별개의 지위에서 연구소라는 단체의 명의로 체결한 어업피해조사용역계약상의 과업 내용에 의하여 국립대학교 교수가 이 연구소 소속 연구원으로서 수행하는 조사용역업무는 뇌물죄에서 말하는 공무원의 직무라 할 수 없다(대판 2002.5.31, 2001도670).

③ 토지소유자들이 구획정리사업조합을 설립하여 시행하는 토지구획정리사업에 관하여, 울산시의회 의장은 위 토지구획정리사업에 대한 시의회의 심의와 관련하여 영

향을 미칠 수 있는 지위에 있다 할 것이다(대판 1996.11.15, 95도1114).

④ 토지개발공사 서울지사 공사부장으로서 택지개발현장에서의 공사관리를 총괄하는 직무를 담당하는 자가 특정기업이 하도급 받을 수 있도록 시공회사에 청탁하는 것은 직무와 밀접한 관계가 있는 행위이다(대판 1998.2.27, 96도582).

– 대가관계

뇌물이 되려면 그것이 직무에 대한 대가여야 하지만 대가관계는 일반적, 포괄적인 관계이면 충분하다. 그러나 소수 견해는 뇌물죄 규정이 직무에 대한 대가라고 표시하지 않고 있으므로 직무와 뇌물 사이에 대가관계가 아닌 인과관계만 있으면 충분하다고 한다.

대가관계의 유무와 관련된 논의는 사교적 의례인 선물과 정치헌금을 둘러싸고 활발하다.

선물의 경우 대가관계가 있으면 소액이라도 뇌물로 보는 설과

대가관계일지라도 교부가 관습상 인정되는 것이라면 뇌물성을 부정하는 견해로 갈린다(이 경우 다시 위법성이 조각된다는 견해[15]와 구성요건이 조각된다는 입장[16]차가 있다).

* 공무원이 그 직무의 대상이 되는 사람으로부터 금품을 받은 때에는 그것이 종전에 공무원으로부터 접대받은 것을 갚는 것으로서 사회상규에 비추어 볼 때 의례적 대가에 불과하거나, 개인적인 친분관계가 있어서 교분상의 필요에 의한 것이라고 명백하게 인정할 수 있는 등의 특별한 사정이 없다면 직무관련성이 있는 것이고 비록 사교적 의례의 형식을 빌어 금품을 받았더라도 이 금품은 뇌물이 된다(대판 2002.7.26, 2001도6721).

정치헌금의 경우 정치가가 직무권한을 행사함에 있어 구체적인 이익을 기대한 헌금이어야 뇌물이지만 후보자에게 자신에게 유리한 일반적인 주의나 정책노선을 지지하게 하려고 하는 헌금은 뇌물이 될 수 없다.

* ① 정치자금, 선거자금, 성금 등의 명목으로 이루어진 금품의 수수라 할지라도 그것이 정치가인 공무원의 직무행위에 대한 대가로서의 실체를 갖는 한 뇌물로서의 성격을 잃지 않는다(대판 1997.4.17, 96도3378).

② 정치인의 정치활동 전반에 대한 지원의 성격을 갖는 것이 아니라 공무원으로서의 정치인의 특정한 구체적 직무행위와 관련하여 제공자에게 유리한 행위를 기대하거

---

15) 김성돈, 717면; 오영근, 913면; 임웅, 859면; 정영일, 757면; 진/이, 836면.

16) 김/서, 834면; 배종대, 828면; 유기천(상), 291면; 이재상, 726면; 이형국, 780면; 정/박, 870면.

나 혹은 그에 대한 사례로서 이루어짐으로써 정치인인 공무원의 직무행위에 대한 대가로서의 실체를 가진다면 뇌물성이 인정된다(대판 2008.6.12, 2006도8568).

- 이익은 사람의 경제적 · 법적 · 인격적 지위와 관련된 욕구나 수요를 충족시켜주는 일체의 유형 · 무형의 것을 말한다. 직접적 이익이든 수령자의 활동을 통해 간접적으로 실현되는 이익이든 상관없으며 반드시 재산적 가치가 있어야 하는 것도 아니다.

  그러나 단순히 학문적 평판을 높여 주거나 유력자에게 소개시키는 정도는 이익이라 할 수 없다.

  * 뇌물죄에서 뇌물의 내용인 이익이라 함은 금전 · 물품 기타의 재산적 이익뿐만 아니라 사람의 수요 · 욕망을 충족시키기에 족한 일체의 유형 · 무형의 이익을 포함한다고 해석되고, 투기적 사업에 참여할 기회를 얻는 것도 이에 해당한다 할 것이다(대판 2010.5.31, 2009도7040).

- 뇌물죄는 수뢰죄와 증뢰죄로 구성되어 있다.

  수뢰죄의 기본적 구성요건은 단순수뢰죄이며(제129조 제1항) 사전수뢰죄(제129조 제2항)은 불법이 감경된 구성요건이고 수뢰 후 부정처사죄와 사후수뢰죄(제131조 제1항, 제2항)은 불법이 가중된 구성요건이다.

  제3자뇌물제공죄(제130조)와 알선수뢰죄(제132조)는 수정된 구성요건이다.

  증뢰죄에는 증뢰죄(제133조 제1항)과 제3자증뢰물전달죄(제133조 제2항)이 있다.

- 특별법으로는 특정범죄가중처벌 등에 관한 법률, 특정경제범죄가중처벌 등에 관한 법률, 공무원범죄에 관한 몰수특례법이 있다.

  * 특정범죄가중처벌 등에 관한 법률

    제2조(뇌물죄의 가중처벌):

    ① 형법 제129조, 제130조 또는 제132조에 규정된 죄를 범한 사람은 그 수수 · 요구 또는 약속한 뇌물의 가액에 따라 다음 각호와 같이 가중처벌한다.

    1. 수뢰액이 1억원 이상인 때에는 무기 또는 10년 이상의 징역에 처한다.
    2. 수뢰액이 5천만원 이상 1억원 미만인 때에는 7년 이상의 유기징역에 처한다.
    3. 수뢰액이 3천만원 이상 5천만원 미만인 때에는 5년 이상의 유기징역에 처한다.

    ② 형법 제129조, 제130조 또는 제132조에 규정된 죄를 범한 자는 그 죄에 대하여 정한 형(제1항의 경우를 포함한다)에 수뢰액의 2배 이상 5배 이하의 벌금을 병과한다.

    제3조(알선수재): 공무원의 직무에 속한 사항의 알선에 관하여 금품이나 이익을 수

수·요구 또는 약속한 자는 5년 이하의 징역 또는 1천만원 이하의 벌금에 처한다.

제4조(뇌물죄적용대상의 확대):

① 다음 각호의 어느 하나에 해당하는 기관 또는 단체로서 대통령령으로 정하는 기관 또는 단체의 간부직원은 형법 제129조부터 제132조까지의 규정을 적용할 때에는 공무원으로 본다.

1. 국가 또는 지방자치단체가 직접 또는 간접으로 자본금의 2분의 1 이상을 출자하였거나 출연금·보조금 등 그 재정지원의 규모가 그 기관 또는 단체 기본재산의 2분의 1 이상인 기관 또는 단체
2. 국민경제 및 산업에 중대한 영향을 미치고 있고 업무의 공공성이 현저하여 국가 또는 지방자치단체가 법령에서 정하는 바에 따라 지도·감독하거나 주주권의 행사 등을 통하여 중요사업의 결정 및 임원의 임면 등 운영전반에 관하여 실질적인 지배력을 행사하고 있는 기관 또는 단체

② 제1항의 간부직원의 범위는 기관 또는 단체의 설립목적, 자산, 직원의 규모 및 해당 직원의 구체적인 업무 등을 고려하여 대통령령으로 정한다.

특정경제범죄가중처벌 등에 관한 법률

제5조(수재 등의 죄):

① 금융기관의 임·직원이 그 직무에 관하여 금품 기타 이익을 수수·요구 또는 약속한 때에는 5년 이하의 징역 또는 10년 이하의 자격정지에 처한다.

② 금융기관의 임·직원이 그 직무에 관하여 부정한 청탁을 받고 제3자에게 금품 기타 이익을 공여하게 하거나 공여하게 할 것을 요구 또는 약속한 때에는 제1항의 형과 같다.

③ 금융기관의 임·직원이 그 지위를 이용하여 소속 금융기관 또는 다른 금융기관의 임·직원의 직무에 속한 사항의 알선에 관하여 금품 기타 이익을 수수·요구 또는 약속한 때에는 제1항의 형과 같다.

④ 제1항 내지 제3항의 경우에 수수·요구 또는 약속한 금품 기타 이익의 가액(이하 수수액이라 한다)이 3천만원 이상인 때에는 다음의 구분에 따라 가중처벌한다.

1. 수수액이 1억원 이상인 때에는 무기 또는 10년 이상의 징역에 처한다.
2. 수수액이 5천만원 이상 1억원 미만인 때에는 7년 이상의 유기징역에 처한다.
3. 수수액이 3천만원 이상 5천만원 미만인 때에는 5년 이상의 유기징역에 처한다.

⑤ 제1항부터 제4항까지의 경우에 수수액의 2배 이상 5배 이하의 벌금을 병과한다.

제6조(증재 등의 죄):

① 제5조의 규정에 의한 금품 기타 이익을 약속·공여 또는 공여의 의사를 표시한 자는 5년 이하의 징역 또는 3천만원 이하의 벌금에 처한다.

② 제1항의 행위에 제공할 목적으로 제3자에게 금품을 교부하거나 그 정을 알면서 교부받은 자는 제1항의 형과 같다.

공무원범죄에 관한 몰수특례법

제1조(목적):

이 법은 특정공무원범죄를 범한 사람이 그 범죄행위를 통하여 취득한 불법수익 등을 철저히 추적·환수하기 위하여 몰수 등에 관한 특례를 규정함으로써 공직사회의 부정부패요인을 근원적으로 제거하고 깨끗한 공직풍토를 조성함을 목적으로 한다.

제2조(정의):

이 법에서 사용하는 용어의 뜻은 다음과 같다.

1. 특정공무원범죄란 다음 각 목의 어느 하나에 해당하는 죄 [해당죄와 다른 죄가 형법 제40조에 따른 상상적 경합관계인 경우에는 그 다른 죄를 포함한다]를 말한다.
   가. 형법 제129조부터 제132조까지의 죄
   나. 회계관계직원 등의 책임에 관한 법률 제2조 제1호·제2호 또는 제4호(같은 조 제1호 또는 제2호에 규정된 사람의 보조자로서 그 회계사무의 일부를 처리하는 사람만 해당한다)에 규정된 사람이 국고 또는 지방자치단체에 손실을 입힐 것을 알면서도 그 직무에 관하여 범한 형법 제355조의 죄
   다. 특정범죄가중처벌 등에 관한 법률 제2조 및 제5조의 죄
2. 불법수익이란 특정공무원범죄의 범죄행위로 얻은 재산을 말한다.
3. 불법수익에서 유래한 재산이란 불법수익의 과실로서 얻은 재산, 불법수익의 대가로서 얻은 재산, 이들 재산의 대가로서 얻은 재산 등 불법수익이 변형되거나 증식되어 형성된 재산 (불법수익이 불법수익과 관련없는 재산과 합하여져 변형되거나 증식된 경우에는 불법수익에서 비롯된 부분으로 한정한다)을 말한다.
4. 불법재산이란 불법수익과 불법수익에서 유래한 재산을 말한다.

제3조(불법재산의 몰수):

① 불법재산은 몰수한다.

② 제1항에 따라 몰수하여야 할 재산에 대하여 재산의 성질, 사용상황, 그 재산에 관한 범인외의 자의 권리유무, 그 밖의 사정을 고려한 결과 그 재산을 몰수하는 것이 타당하지 아니하다고 인정될 경우에는 제1항에도 불구하고 몰수하지 아니할 수 있다.

③ 제1항의 경우 형사소송법 제333조 제1항 및 제2항을 적용하지 아니한다.

- 뇌물죄 가운데 뇌물수수죄와 약속죄는 필요적 공범이지만 뇌물의 요구나 공여의 의사표시는 단독범이다.

* 필요적 공범에서는 범죄의 실행에 다수인의 협력이 필요하지만 협력자 전부가 책임이 있어야 하는 것은 아니므로 오로지 공무원을 함정에 빠뜨릴 의사로 직무와 관련된 형태를 통해 공무원에게 금품을 공여한 경우에도 공무원이 그 금품을 직무와 관련하여 수수한다는 의사로 받으면 뇌물수수죄가 성립한다(대판 2008.3.13, 2007도10804).

〈단순수뢰죄(제129조)= ① 공무원 또는 중재인이 그 직무에 관하여 뇌물을 수수 · 요구 또는 약속한 때에는 5년 이하의 징역 또는 10년 이하의 자격정지에 처한다〉

- 진정신분범이며 추상적 위험범이다.
- 중재인이란 법령에 의해 중재의 직무를 수행하는 자(노동조합 및 노동관계조정법상의 중재위원 등)를 말하며 따라서 사적 조정자는 본조의 중재인이 될 수 없다.
- 수수란 영득의 의사로 받는 것이므로 후일 기회를 보아 반환할 의사로 일단 받아둔데 불과하다면 뇌물의 수수가 아니다.

  받은 금품을 부하직원을 위해 사용했더라도 뇌물수수죄가 성립한다.

  뇌물로서 투기적 사업에 참여할 기회를 제공받았다면 이 사업에 참여한 행위가 종료된 때가 뇌물수수죄의 기수시점이 된다.
- 뇌물을 제3자가 받았지만 사회통념상 이를 공무원이 직접 받은 것으로 평가할 수 있으면 본죄가 성립하나 제130조에 해당하면 제3자뇌물제공죄가 된다.
- 공무원이 직무집행의 의사나 직무처리와 대가적으로 상대를 공갈하여 금품을 취득하면 본죄와 공갈죄의 상상적 경합이고,

  직무집행의 의사없이 공갈했다면 공갈죄만 성립하게 되어 피해자인 상대방의 증뢰죄는 부정된다.

  사기의 경우일 때도 이와 동일하게 처리한다. 단 판례는 공갈일 때와는 달리 상대방에게 증뢰죄를 인정한다.

  * 뇌물을 수수함에 있어 공여자를 기망한 점이 있다 하여도 뇌물수수, 뇌물공여죄의 성립에는 아무런 소장이 없다(대판 1985.2.8, 84도2625).

〈事前수뢰죄(제129조)= ② 공무원 또는 중재인이 될 자가 그 담당할 직무에 관하여 청탁을 받고 뇌물을 수수 · 요구 또는 약속한 후 공무원 또는 중재인이 된 때에는 3년 이하의 징역 또는 7년 이하의 자격정지에 처한다〉

- 주체는 공무원 또는 중재인이 될 것이 확실한 자를 말한다. 발령을 대기중인 자가 이에 해당한다.
- 담당할 직무에 관해 청탁이 있어야 한다.
  * 사전수뢰는 단순수뢰와는 달리 청탁을 받을 것을 요건으로 하는 바, 여기서의 청탁이란 공무원에 대하여 일정한 직무행위를 할 것을 의뢰하는 것을 말하는 것으로서 그 직무행위가 부정한 것인지는 문제삼지 아니하며 청탁이 반드시 명시적이어야 하는 것도 아니다(대판 1999.7.23, 99도1911).
- 임기만료 직전의 시장이 시장으로서의 일반적인 직무권한에 속하는 사항이기는 하나 재선됐을 때 비로소 구체적으로 담당하게 될 직무권한의 집행에 대해 청탁과 함께 수뢰했다면 본죄에 해당하는가?
  현재 그가 시장이고 장래 수행할지도 모르는 사무와 지금의 뇌물수수가 관련이 있으므로 본죄를 긍정하기도 하나[17] 이 경우는 단순수뢰죄로 처리함이 옳다.
- 공무원 또는 중재인이 되는 것은 객관적 처벌조건이다.

〈제3자뇌물제공죄(제130조)= 공무원 또는 중재인이 그 직무에 관하여 부정한 청탁을 받고 제3자에게 뇌물을 공여하게 하거나 공여를 요구 또는 약속한 때에는 5년 이하의 징역 또는 10년 이하의 자격정지에 처한다〉

- 제3자뇌물제공죄는 공무원 아닌 제3자에게 뇌물의 혜택이 돌아가도록 하는 점이 특이하다. 제3자를 통해 간접적으로 받으면(간접수뢰) 공무원 자신이 직접 받는 것(직접수뢰)과 다를 바 없어 이때는 본죄가 아닌 단순수뢰죄가 성립한다.[18]
  * 다른 사람으로 하여금 뇌물을 받도록 한 경우라 할지라도 그 다른 사람이 공무원의 使者 또는 대리인으로서 뇌물을 받은 경우나 그밖에 예컨대 평소 공무원이 그 다른 사람의 생활비 등을 부담하고 있었다거나 혹은 그 다른 사람에 대하여 채무를 부담하고 있었다는 등의 사정이 있어서 그 다른 사람이 뇌물을 받음으로써 공무원은 그만큼 지출을 면하게 되는 경우 등 사회통념상 그 다른 사람이 뇌물을 받은 것을 공무원이 직접 받은 것과 같이 평가할 수 있는 관계가 있는 경우에는 단순수뢰죄가 성립한다(대판 2004.3.26, 2003도8077).

17) 김/서, 837면; 정/박, 746면; 정영일, 763면.

18) 배종대, 833면; 오영근, 926면; 유기천(하), 295면; 이재상, 734면.

- 제3자에는 정범을 제외한 교사범이나 방조범이 포함된다.
- 부정한 청탁이란 직무수행을 위법 또는 부당하게 수행해 달라는 청탁을 말한다. 법정형이 단순수뢰죄와 같지만 부정한 청탁을 요건으로 하는 점에서 단순수뢰죄에 비해 요건이 더 엄격하다.

  그렇다면 부정한 청탁없이 제3자에게 뇌물을 공여하게 하는 행위는 단순수뢰죄가 성립하지 않는 한 무죄라는 결론인데 법익보호와 관련하여 과연 이를 수긍할 수 있을까?

  판례는 실제로 부정한 청탁의 해석을 통해 이 요건을 거의 유명무실하게 만들고 있다.

  * 형법 제130조의 "부정한 청탁"이란 그 청탁이 위법하거나 부당한 직무집행의 경우만이 아니라 비록 청탁의 대상이 된 직무집행 그 자체는 위법·부당한 것이 아니더라도 당해 직무집행을 어떤 대가관계와 연결시켜 그 직무집행에 관한 대가의 교부를 내용으로 하는 청탁이라면 이는 부정한 청탁에 해당한다(대판 2006.6.15, 2004도3424).

〈수뢰후 부정처사죄(제131조 제1항)= 공무원 또는 중재인이 수뢰, 사전수뢰, 제3자뇌물제공죄를 범하여 부정한 행위를 한 때에는 1년 이상의 유기징역에 처한다〉

- 수뢰 후 부정행위를 하여 공무의 공정을 해하였으므로 불법이 가중되는 가중적 구성요건이다. 부정처사후 수뢰죄와 함께 가중수뢰죄로 불린다.
- 특가법 제2조는 본죄에 대한 가중처벌을 명시하지 않지만 수뢰죄를 가중처벌하고 있는 이상 본죄에 대해서도 특가법을 적용한다.
- 뇌물죄와 부정한 행위 간에는 인과관계가 있어야 한다.
- 부정한 행위란 직무에 위배되는 행위의 총칭으로 직무행위 자체는 물론 그것과 객관적으로 관련있는 행위까지를 포함한다.

〈사후수뢰죄(제131조 제2·3항)= ② 공무원 또는 중재인이 그 직무상 부정한 행위를 한 후 뇌물을 수수, 요구 또는 약속하거나 제3자에게 이를 공여하게 하거나 공여를 요구 또는 약속한 때에는 1년 이상의 유기징역에 처한다.

③ 공무원 또는 중재인이었던 자가 그 재직 중에 청탁을 받고 직무상 부정한 행위를 한 후 뇌물을 수수, 요구 또는 약속한 때에는 5년 이하의 징역 또는 10년 이하의 자격정지에 처한다.

④ 전3항의 경우에는 10년 이하의 자격정지를 병과할 수 있다〉

- ②항범죄는 부정한 행위와 뇌물죄가 결합된 결합범으로 轉職여하는 문제되지 않으나 행위시에는 현직 공무원이어야 하는 점에서 ③항 범죄와 다르다.
  轉職전후의 직무에 대해 동일한 일반적 직무권한을 가져야 하는가에 대해
    부정설은 과거의 직무가 매수되었기 때문에 직무일반(현재직무도 포함하여)의 공정에 대한 사회적 신뢰가 훼손되었다고 한다.
    본죄는 수뢰후 부정처사죄와 순서가 바뀐 모습을 보여준다.
  ③항범죄는 재직시의 부정행위+퇴직후의 수뢰행위의 결합범이다.
- 부정한 행위가 아니면 본죄는 성립하지 않으므로 공정하게 직무를 수행한 후에 그것과 관련하여 대가를 받으면 단순수뢰죄에 해당한다.
  * 과세 대상에 관한 규정이 명확하지 않고 그에 관한 확립된 선례도 없었던 경우, 뇌물을 받은 후 이 회사에 유리한 쪽으로 법령을 해석하여 감액처분하였더라도 수뢰후 부정처사죄를 범하였다고 볼 수는 없다(대판 1995.12.12, 95도2320).
- 수뢰후 행한 부정행위가 공도화변조 및 동행사죄의 구성요건을 충족하면 수뢰후 부정처사죄와 공도화변조 및 동행사죄는 상상적 경합관계이다.
  특가법 제5조 소정의 배임에 의한 국고손실죄의 공동정범이 다른 공범으로부터 그 범행에 의하여 취득한 금원의 일부를 받은 경우, 별도로 사후수뢰죄는 성립하지 않는다.

〈**알선수뢰죄(제132조)=** 공무원이 그 지위를 이용하여 다른 공무원의 직무에 속한 사항의 알선에 관하여 뇌물을 수수, 요구 또는 약속한 때에는 3년 이하의 징역 또는 7년 이하의 자격정지에 처한다〉

- 알선뇌물요구죄가 성립하려면 뇌물요구의 명목이 그 사항의 알선에 관련된 것임이 어느 정도 구체적으로 나타나야 한다. 단순히 상대방에게 뇌물요구자에게 잘 보이면 그로부터 어떤 도움을 받을 수 있다거나 손해를 입을 염려가 없다는 정도의 막연한 기대감을 갖게 하는 것으로는 알선뇌물요구죄가 성립하지 않는다.
- 알선행위는 장래의 것이라도 무방하며 뇌물을 요구할 당시에 알선을 통해 해결해야 할 현안이 존재해야 하는 것은 아니다.
- 단지 공무원(신분)이면 족한 것이 아니라 지위를 이용해야 하므로 다른 공무원의 직무와 직·간접적 관련을 갖고 법률상, 사실상 영향을 미칠 수 있는

공무원이어야 한다.[19)]

따라서 단순한 친분관계만으로는 본죄가 성립하지 않는다.

* ① '공무원이 그 지위를 이용하여' 란 친구와 같은 사적 관계나 단순히 공무원의 신분이 있다는 사실을 이용하는 경우가 아니라 다른 공무원의 업무처리에 법률상 또는 사실상으로 영향을 줄 수 있는 공무원이 그 지위를 이용하는 경우를 말한다. 이들이 반드시 상하관계나 협동관계, 감독권한 등의 특수한 관계이거나 같은 부서에 근무할 것을 요하는 것은 아니다(대판 1994.10.21, 94도852).

② 농업협동조합이 해외에서 구입한 물품이 한국 도착시 물량부족이 발견되었음에도 그 배상문제가 신속히 타결되지 않아 피고인 갑이 해외여행 중인 국회의원인 피고인 을에게 이의 타결에 힘써 달라고 요청하여 피고인 을이 개인자격으로 외국수출업체의 부사장을 만나 부족 물량의 변상을 설득, 그에 대한 승낙을 받아내자 피고인 갑이 감사의 뜻으로 피고인 을에게 미화 2천달러를 준 것이라면, 이는 피고인 갑이 다른 공무원의 직무에 속한 사항의 알선에 관하여 교부한 것이라고 볼 수 없다(대판 1984.4.10, 82도766).

– 비공무원이거나 공무원이라도 그 지위를 이용하지 않고 알선수재를 하면 특가법, 특경법, 변호사법이 적용되어 가중처벌된다.

특정범죄가중처벌 등에 관한 법률 제3조(알선수재):

공무원의 직무에 속한 사항의 알선에 관하여 금품이나 이익을 수수·요구 또는 약속한 사람은 5년 이하의 징역 또는 1천만원 이하의 벌금에 처한다.

특정경제범죄가중처벌 등에 관한 법률 제7조(알선수재의 죄):

금융기관의 임·직원의 직무에 속한 사항의 알선에 관하여 금품 기타 이익을 수수·요구 또는 약속한 자 또는 제3자에게 이를 공여하게 하거나 공여하게 할 것을 요구 또는 약속한 자는 5년 이하의 징역 또는 5천만원 이하의 벌금에 처한다.

변호사법 제111조(벌칙):

① 공무원이 취급하는 사건 또는 사무에 관하여 청탁 또는 알선을 한다는 명목으로 금품·향응, 그 밖의 이익을 받거나 받을 것을 약속한 자 또는 제3자에게 이를 공여하게 하거나 공여하게 할 것을 약속한 자는 5년 이하의 징역 또는 1천만원 이하의 벌금에 처한다. 이 경우 벌금과 징역은 병과할 수 있다.

② 다른 법률에 따라 형법 제129조부터 제132조까지의 규정에 따른 벌칙을 적용할 때에 공무원으로 보는 자는 제1항의 공무원으로 본다.

---

19) 김성돈, 729면; 김/서, 854면; 배종대, 835면; 백형구, 647면; 오영근, 933면; 이재상, 737면; 이정원, 706면; 이형국, 792면; 정/박, 825면; 정영일, 770면; 진/이, 854면. 그러나 공무원이 그 지위를 이용한 알선이 되기 위해 이처럼 제한할 이유가 없으므로 공무원이기만 하면 충분하다는 입장은 박상기, 655면; 임웅, 874면이 있다.

* 자신의 이득을 취하기 위하여 공무원이 취급하는 사건 또는 사무에 관하여 청탁한다는 명목으로 금품 등을 교부받은 것이 아니고, 공무원이 취급하는 사무에 관한 청탁을 받고, 청탁상대방인 공무원에게 제공할 금품을 받아 그 공무원에게 단순히 전달한 경우에는 알선수뢰죄나 증뢰물전달죄만이 성립하고, 이와 같은 경우에 변호사법 제90조 제1호 위반죄는 성립할 수 없다(대판 1997.6.27, 97도439).

- 알선이란 사람과 사람의 사이에 서서 일정사항을 중개하거나 편의를 도모해 주는 것. 따라서 청탁의 취지를 전달하거나 그를 대신하여 스스로 상대 공무원에게 청탁하는 등의 행위가 알선이다.
- 다른 공무원의 직무에 속한 사항의 알선행위란 그 공무원의 직무에 속하는 사항에 관한 것이면 충분하고 그것이 반드시 부정행위여야 한다거나 다른 공무원이 그 직무에 관해 결재권이나 최종결정권을 갖고 있어야 하는 것은 아니다.

〈증뢰죄(제133조제1항)= 제129조 내지 제132조에 기재한 뇌물을 약속, 공여 또는 공여의 의사를 표시한 자는 5년 이하의 징역 또는 2천만원 이하의 벌금에 처한다〉

- 주체에 제한이 없다.
- 한 개의 행위로 수인의 공무원에게 본죄를 범하면 1죄로 보여지나 다수설은 상상적 경합으로 본다.

〈증뢰물전달죄(제133조제2항)= 전항의 행위에 공할 목적으로 제3자에게 금품을 교부하거나 그 정을 알면서 교부를 받은 자도 전항의 형과 같다〉

- 증뢰죄의 예비를 별도로 규정하고 있다.
- 증뢰물전달죄가 성립하면 따로 뇌물공여죄(증뢰죄)는 성립하지 않는다.

* 제3자의 증뢰물전달죄는 제3자가 증뢰자로부터 교부받은 금품을 수뢰할 사람에게 전달하였는지 여부에 관계없이 제3자가 그 정을 알면서 금품을 교부받음으로써 성립하는 것이며, 나아가 제3자가 그 교부받은 금품을 수뢰할 사람에게 전달하였다고 하여 증뢰물전달죄 외에 별도로 뇌물공여죄가 성립하는 것은 아니다(대판 1997.9.5, 97도1572).

- 자신이 이득을 취하기 위해 공무원이 취급하는 사건·사무에 관해 청탁한다는 명목으로 금품을 교부받으면 변호사법위반죄가 성립하고 본죄는 성립하지 않지만 공무원이 취급하는 사무에 관한 청탁을 받고, 청탁상대방인 공무

원에게 제공할 금품을 받아 그 공무원에게 단순히 전달한 경우에는 알선수뢰죄나 증뢰물전달죄만 성립한다.

* 공무원이 취급하는 사건 또는 사무에 관한 청탁을 받고 청탁 상대방인 공무원에게 제공할 금품을 받아 그 공무원에게 단순히 전달한 경우와는 달리, 자기 자신의 이득을 취하기 위하여 공무원이 취급하는 사건 또는 사무에 관하여 청탁한다는 등의 명목으로 금품 등을 교부받은 경우에는 그로써 곧 구 변호사법 제90조 제1호 위반죄가 성립하고 이와 같은 경우에는 형법 제133조 제2항 증뢰물전달죄는 성립할 여지가 없다(대판 2006.11.24, 2005도5567).

  청탁 또는 알선할 의사와 능력이 없음에도 알선을 한다고 기망하여 피해자로부터 청탁이나 알선의 명목으로 금품을 받으면 구 변호사법(2007.3.29. 법률 제8321호로 개정되기 전의) 제111조 위반죄와 특가법상의 알선수재죄 외에 사기죄도 성립한다(대판 2008.2.28, 2007도10004).

〈몰수, 추징(제134조)= 범인 또는 정을 아는 제3자가 받은 뇌물 또는 뇌물에 공할 금품은 몰수한다. 그를 몰수하기 불능한 때에는 그 가액을 추징한다〉

- 몰수와 추징은 한편으로 범죄로부터 얻은 이익을 보유할 수 없게 하지만 다른 한편으로 징벌적 성격도 가지고 있다. 본 규정은 필요적 몰수, 추징인 점에서 임의적 규정인 형법 제48조의 특칙에 해당한다.
- 몰수, 추징의 대상은 범인 또는 정을 아는 제3자가 받은 뇌물 또는 뇌물에 공할 금품이다.

① 수수·공여된 뇌물은 수뢰자한테, 수뢰자가 이를 그대로 반환하면 증뢰자한테 몰수, 추징하나 수뢰자가 소비한 후 같은 액수를 반환한 경우 수뢰자한테 추징.

수뢰자가 받은 뇌물을 제3자에게 다시 증뢰했을 때(소비에 해당) 수뢰자한테는 추징, 제3자한테는 몰수한다. 이 때 제3자가 소비했다면 제3자한테도 추징한다(2번의 추징이 행해지게 됨).

* 뇌물로 받은 돈을 은행에 예금하였다가 같은 액수의 돈을 증뢰자에게 반환한 경우, 수뢰자로부터 그 가액을 추징하여야 한다(대판 1996.1.25, 96도2022).

② 약속·공여의 의사를 표시했을 때는 증뢰자한테 몰수, 추징한다. 단 제공하려는 금품은 특정되어야 한다(특정되지 않으면 처음부터 몰수는 불가능하니까).

③ 요구한 경우에는 몰수는 불가능하고 요구하는 사람에게 추징한다.

④ 알선에 관해 금품을 받고 받은 금품 중 일부를 알선의 취지에 따라 공무원에게 전달했다면 이 부분은 실질적으로 알선인에게 귀속된 것이 아니므로 알선인한테는 이를 제외한 나머지 금품에 대해서만 몰수, 추징한다.

⑤ 뇌물을 받기 위해 비용이 들었어도 뇌물가액 전부에 대해 몰수하거나 추징한다.

⑥ 수인이 공동으로 뇌물을 수수한 경우 각인은 실제로 받은 뇌물에 대해서만 몰수, 추징을 당하며 이를 알 수 없으면 평등하게 나누어 몰수, 추징한다(대판 1993.10.12, 93도2056).

* 수인이 공동하여 뇌물수수죄를 범한 경우에 공범자는 자기의 수뢰액 뿐만 아니라 다른 공범자의 수뢰액에 대해서도 그 죄책을 면할 수 없는 것이므로, 특가법 제2조 제1항의 적용여부를 가리는 수뢰액을 정함에 있어서는 그 공범자 전원의 수뢰액을 합한 금액을 기준으로 하여야 할 것이고, 각 공범자들이 실제로 취득한 금액이나 분배받기로 한 금액을 기준으로 할 것이 아니다(대판 1999.8.20, 99도1557).

⑦ 금품을 무상으로 차용했을 때는 통상적인 대출이자분을 추징하고 이를 알 수 없으면 민·상법상의 법정이율을 적용하여 추징한다.

⑧ 정교와 같이 금전으로 환산할 수 없는 이익은 추징이 불가능하다.

\- 추징가액산정시기는 몰수할 수 없게 된 사정이 발생한 시점에서의 가액이다. 판례는 재판선고시의 가격을 기준으로 한다(대판 1991.5.28, 91도352).

〈형의 가중(제135조)= 공무원이 직권을 이용하여 본장 이외의 죄를 범한 때에는 그 죄에 정한 형의 2분의 1까지 가중한다. 단 공무원의 신분에 의하여 특별히 형이 규정된 때에는 예외로 한다〉

Q) 판례는 직권남용죄에서의 직권에 법률상 강제력이 수반되지 않는 것도 포함된다고 한다. 강제력불요설의 근거는 무엇인가?

Q) 신뢰보호설에 대해서는 살인죄의 보호법익이 생명이 보호받는다는 신뢰에 있지 않는 것처럼 신뢰자체는 보호법익이 될 수 없다는 비판이 행해진다. 그 당부를 논하라.

Q) 순수성설은 단순수뢰죄의 성격을 어떻게 이해하고 있는가?

Q) 직무집행의 공정에 대한 사회적 신뢰를 보호법익으로 한다면 뇌물죄에서 직무관련성을 특별히 강조할 이유가 없다고 한다. 이 지적은 타당한가?

Q) 직무와 관련되지만 금품의 교부가 의례적이면 뇌물이 되지 않는다고 한다.

이유가 무엇이며 수긍할 만한가?

Q) ②항 사후수뢰죄와 ③항 사후수뢰죄는 범죄자가 현직공무원인가, 퇴직공무원인가의 차이뿐인데도 법정형에 차이가 있다. 그 이유가 무엇인가?

Q) 알선수뢰죄는 지위를 이용할 것을 요건으로 하며 이 지위이용행위는 알선대상이 되는 공무원의 직무행위와 반드시 밀접하게 관련되어 있는 것이 아니다. 이처럼 직무관련성이 없는데도 알선자를 직무관련 범죄자로 취급하는 이유가 무엇인가? 또 이같은 태도는 타당한가?

Q) 알선수뢰죄는 주체를 공무원으로 제한한다. 따라서 비공무원이 알선수재하면 특가법, 특경법, 변호사법 등이 적용되지만 이들의 법정형이 형법상의 알선죄보다 더 중하다. 이유가 무엇이며 타당한가?

Q) 수뢰자가 받은 금원을 소비한 후 같은 액수의 금원을 반환하면 수뢰자한테 추징한다. 이때 증뢰자에 대해서도 임의적 추징을 할 수 있어야 한다는 주장에 대해 논평하라.

Lesson 44 공무방해에 관한 죄

- 보호법익은 공무

〈공무집행방해죄(제136조)= ① 직무를 집행하는 공무원에 대하여 폭행 또는 협박한자는 5년 이하의 징역 또는 1천만원 이하의 벌금에 처한다〉

- 보호법익은 공무의 원할한 집행.
- 행위의 객체는 직무를 집행하는 공무원이며 외국의 공무원은 여기에 해당되지 아니한다.
- 직무란 공무원이 법령에 의해 정해진 지위와 권한에 따라 행하는 사무이고 직무집행에는 이 집행과 불가분하게 연결되어 있는 직전의 준비행위나 직후의 행위도 포함된다.

  따라서 불법주차 스티커를 붙였다가 떼어낸 직후인 당 공무원을 폭행하면 본죄가 성립하지만 수도검침차 피고인 집으로 가다가 그 집과 32미터 떨어진 공터에서 피고인에게 폭행을 당한 경우는 본죄가 성립하지 않는다.
- 공무를 권력적 공무와 비권력적 공무로 나누어 본조를 전자에만 적용할지, 이를 구별하지 않고 모두 본조를 적용해야 할지를 둘러싸고 견해가 갈리는 바
  ① 전자의 논거는 국가가 민간기업과 동일한 지위에서 행하는 공무란 사경제주체의 활동과 다를 바 없으므로 본조 대신 업무방해죄로 규제하면 족하다.

  그러나 권력적 공무, 예컨대 국민의 권리를 제한하는 공무는 기본권의 침해를 내용으로 하므로 그만큼 저항도 거세 권력의 지원 없이는 이를 수행하기가 어려우므로 업무방해죄를 통한 보호보다 더 강한 보호가 필요하다.[1)]

  ② 후자의 논거는 본죄의 구성요건이 직무의 내용을 구별하지 않는다는 점을 든다(다수설).[2)]

---

1) 김/서, 865면.
2) 김성천, 1341면; 박상기, 660면; 배종대, 846면; 오영근, 924면; 유기천(하), 308면; 이재상, 743면; 이형국, 800면; 임웅, 882면; 정/박, 835면; 정영일, 783면.

* 공무원의 직무집행이란 법령의 위임에 따른 공무원의 적법한 직무집행인 이상 공권력의 행사를 내용으로 하는 권력적 작용뿐만 아니라 사경제주체로서의 활동을 비롯한 비권력적 작용도 포함한다(대판 2003.12.26, 2001도6349).

그러나 폭행, 협박을 수단으로 할 때만 본죄가 성립하게 한 것은 가해자 측에서 보면 그만큼 방해가 쉽지 않은 공무집행을 말하고(즉 권력적 공무) 피해자 측으로서도 폭행, 협박수단이 아닌 방해행위는 자력으로 제거할 수 있다는 뜻(권력적 공무란 그 처분대상자의 권리나 의무에 미치는 영향이 커서 일단 저항을 시작하면 저항도 거세고 이를 무마하기가 쉽지 않을 때 대체로 행해진다고 보고)으로 이해하면 소수설의 입장도 일리가 있다.

공무집행방해죄가 한편으로 국가권력의 원활한 행사를 담보하면서 다른 한편으로 반대편에 있는 국민의 인권을 제한하는 양면성이 있음을 생각하면, 그리고 이 둘을 조화시켜야 하는 것이라면 더욱 그러하다.

– 직무집행은 적법해야 한다.

적법하기 위해서는 그 집행행위가 해당 공무원의 추상적(일반적) 직무권한에 속하고
다시 구체적(개별사안에서도) 직무권한에 속해야 하며
절차와 방식이 법령에 정한 대로일 것을 요한다.

* ① 폭행사건의 신고를 받고 출동한 경찰관들이 현장에 도착했을 때 싸움은 이미 끝난 상태였고 임의동행을 거부한 피고인을 강제로 연행하려 하자 경찰관을 밀치고 몸싸움을 한 행위는 정당방위에 해당한다. 그러나 여기서 더 나아가 경찰관들의 모자를 벗겨 모자로 머리를 툭툭치고 뺨을 때린 행위는 저항의 상당한 정도를 벗어나는 것이어서 폭처법위반죄가 되고 경찰관들이 피고인을 체포한 것은 현행범체포의 요건을 충족시켰다고 보여진다. 또한 체포함에 있어 범죄사실의 요지 등의 고지는 폭력으로 대항하는 범인을 제압하는 과정에서나 일단 제압한 후에 지체없이 하면 되는 것으로 이의 위반도 없었다. 그럼에도 피고인이 순찰차 뒷좌석에 누운 상태에서 경찰관들을 발로 차 상해를 입힌 행위는 공무집행방해죄에 해당한다(대판 2004.12.23, 2004도6184).

  ② 도로교통법 제118조는 "경찰서장은 범칙자로 인정되는 사람에 대해서는 그 이유를 명시한 범칙금납부통고서로 범칙금을 납부할 것을 통고할 수 있으나, 납부통고서를 받기를 거부한 사람에 대해서는 그러하지 아니한다"고 규정하고 같은 법 제120조는 "범칙금납부통고서를 받기를 거부한 사람에 대해서는 지체없이 즉결심판을 청구하여야 한다"고 규정하고 있다.

따라서 교통경찰관이 교통단속업무를 수행함에 있어 신호위반을 한 피고인이 납부통고서를 받지 않겠다고 분명히 밝힌 이상 위 법규에 따른 조치로 나아갔어야 함에도 이러한 절차를 밟지 않고 범칙금납부 통고처분을 강행할 목적으로 무리하게 운전면허증의 제시를 계속 요구한 것은 적법한 교통단속업무행위가 아니어서 피고인의 폭행 또한 공무집행방해죄에 해당하지 않는다(대판 2004.7.8, 2003도 8336).

③ 경찰관들이 주류판매 여부를 확인하기 위해 노래연습장을 검색하는 행위는 풍속영업의 규제에 관한 법률 제9조 제1항이 규정한 "검사"에 해당하지 않고 또 이를 일반적으로 허용하는 법령도 없어 영장 없이 연습장업주의 의사에 반하여 이를 행할 수 없다 할 것이다. 그런데도 경찰관들이 의사에 반하여 영장없이 노래연습장을 검색하는 행위는 적법한 직무집행이 될 수 없고 따라서 피고인이 이를 방해해도 공무집행방해죄를 구성하지 아니한다(대판 2005.10.28, 2004도4731).

④ 차량을 일단 정차한 다음 경찰관의 운전면허증 제시요구에 불응하고 다시 출발하는 과정에서 경찰관이 잡고 있던 운전석 쪽의 열린 유리창 윗부분을 놓지 않은 채 어느 정도 진행하다가 차량속도가 빨라지자 따라가지 못하고 손을 놓아버린 사실만으로는 공무집행방해죄에 있어서의 폭행에 해당한다고 할 수 없다(대판 1996.4.26, 96도281).

⑤ 의경이 피고인을 파출소로 끌고 가려고 한 것은 음주측정을 하기 위한 것일 뿐, 피고인을 음주운전이나 음주측정거부의 현행범으로 체포하려는 의사였는지도 의심스러울 뿐 아니라, 가사 현행범으로 체포하려 하였더라도 현행범을 체포함에 있어서는 체포 당시에 헌법 및 형사소송법에 규정된 바와 같이 피의자에 대하여 범죄사실의 요지, 체포 또는 구속의 이유와 변호인을 선임할 수 있음을 말하고 변명할 기회를 주는 등 적법절차를 준수하여야 함에도 현행범으로 체포한다는 사실조차 고지하지 아니한 채 실력으로 연행하려 하였다면 그 의경의 행위는 적법한 공무집행으로 볼 수 없다(대판 1994.10.25, 94도2283).

⑥ 의결사항 중에 지방의회의 권한에 속하지 아니하는 사항이 포함되어 있었다 하더라도 지방의회 의원들이 그 회의에 참석하고 그 회의에서 의사진행을 하는 직무행위는 적법한 것이다(대판 1998.5.12, 98도662).

- 적법성의 판단기준으로
  ① 법원이 법령해석을 통해 내려야 한다는 객관설[3]
  ② 집행공무원이 적법하다고 믿었는가를 기준으로 하는 주관설
  ③ 일반인이 적법한 것으로 보았는지가 기준이라는 일반인기준설이 있으나 (애매함)

---

3) 권오걸, 1339면; 김성돈, 740면; 박상기, 662면; 백형구, 588면; 이재상, 748면 등

①번 객관설이 타당하다. 단 직무는 실행시점에서 합리적이면 되므로 폭행한 피의자에게 후일 무죄가 선고되었다고 하여 직무행위가 소급하여 위법하게 되는 것은 아니므로 이 점에서 순객관설은 아니다.

* 추상적 권한에 속하는 공무원의 어떠한 공무집행이 적법한지 여부는 행위당시의 구체적 상황에 기하여 객관적·합리적으로 판단하여야 하고 사후적으로 순수한 객관적 기준에서 판단할 것은 아니다(대판 1991.5.10, 91도453).

통칭하여 객관설로 불리지만 그 의미를 좀 더 자세히 보면

(행위 시)	(행위 후, 재판 전에 추가된 사실)	(재판 시 고려사항에 따라)
Ⓐ 인식한 사실	Ⓐ 예견한 사실	ex ante방식
Ⓑ 인식할 수 있었던 사실	Ⓑ 예견가능한 사실	ex ante방식
Ⓒ 순전히 객관적으로 존재한 사실	Ⓒ 예견할 수 없었지만 어쨌든 발생한 사실	ex post방식

* 순객관설 혹은 ex post방식은 Ⓒ+Ⓒ의 합을 기초로 판단하는 방식임.

그러나 완화된 객관설은 여러 조합이 가능하다. 즉

행위시		중간시				
Ⓐ	+	Ⓐ의	합을	기초로	하기도 하고	
Ⓐ,Ⓑ	+	Ⓐ	〃	〃	〃	
Ⓐ,Ⓑ	+	Ⓐ,Ⓑ	〃	〃	한다.	

– 적법한 공무집행을 위법하다고 오해하고 해당 공무원을 폭행했을 때 처리를 둘러싸고 적법성의 요건을

① 처벌조건으로 보고 이에 대한 착오는 본죄성립에 하등의 영향을 미치지 않으며 처벌만 조각될 수 있다는 입장과

② 구성요건에는 이 요소가 없고 적법성판단은 구체적·개별적이어서 위법판단에 더 잘 어울리며 구성요건요소설의 방만한 고의조각을 저지해야 하므로 위법요소라는 설.[4]

③ 적법하지 않는 행위를 감수하라고 할 수는 없으므로 구성요건요소라는 입장[5]이 있다.

구성요건요소설이 타당하며 직무집행이 적법한데도 위법하다고 오신하여 폭행·협박을 한 경우 일반적으로 직무적법성이 구성요건요소이므로 사실

---

4) 오영근, 948면; 유기천(하), 313면; 정/박, 842면.

5) 김성돈, 741면; 김/서, 866면; 배종대, 851면; 이재상, 749면; 이형국, 803면; 정영일, 789면.

의 착오가 된다.

다만 이를 어느 때나 사실의 착오로 처리하면 적법한 직무집행을 경솔하게 위법하다고 오신했을 때도 고의가 조각되어 공무를 적절히 보호하지 못할 경우도 예상된다.

이리하여 일본에서는 적법성구성인자의 특징에 따른 이분설[6]이 유력한데 이에 따르면

Ⓐ 직무의 적법성의 기초가 되는 사실에 대해 오해하면(ex. 적법한 체포영장이 제시되었는데도 이를 인식하지 못한 경우처럼) 고의가 조각된다.

Ⓑ 이 같은 전제사실을 인식하고 있지만 그에 대한 평가를 오해하고 있으면(ex. 영장에 의한 체포라도 저항할 수 있다고, 다시 말해 자신의 행위가 적법하다고 오해한 것처럼) 이때는 법률의 착오로서 고의가 인정된다.

이분설 지지자들은 이렇게 함으로써 공무의 보호와 공무대상자(가해자인)의 권리보호 간의 균형이 적절히 유지된다고 한다.

- 폭행, 협박은 사람에 대한 것이어야 한다.

신체에 대한 유형력의 행사일 필요는 없지만 폭행과 협박이 공무원에게 심리적 영향을 미쳐 공무집행을 방해할 수 있어야 한다. 단순한 부작위로는 안 된다.

- 죄수결정은 공무의 수에 따른 개수기준설(다수설),[7] 집행공무원의 수가 기준이라는 설(판례), 방해행위기준설 등이 있으나 여러 부서가 한 곳에 몰려있는 사무실에 들어가 한 개의 폭행을 했을 경우에 비춰보면 행위기준이 타당하다.

강도가 체포를 면탈할 목적으로 경찰관을 폭행하면 강도죄와 본죄의 실체적 경합이나 준강도일 때는 준강도죄와 본죄의 상상적 경합이 된다.

폭행이 정도를 지나쳐 상해나 살인의 결과에 이르면 양 죄의 상상적 경합관계이다.

- 본죄와 업무방해죄의 관계

① 특별과 일반의 관계로 보는 입장과

② 업무방해죄에 포함되지 않는 범죄로 보는 입장이 있다.

---

6) 西田, 402頁; 曾根, 298頁; 今井 等 4人共著, 355頁 以下.

7) 김/서, 872면; 박상기, 663면; 유기천(하), 307면; 이재상, 752면; 정/박, 845면.

공무집행은 사인의 업무수행에 비해 방해하기가 쉽지 않고(국가의 방어능력이 높다는 뜻이기도 하다) 양 죄의 행위태양이 다르게 규정되어 있음을 생각하면 이들을 별개의 범죄로 이해함이 타당하다.

〈직무 · 사직강요죄(제136조)= ② 공무원에 대하여 그 직무상의 행위를 강요 또는 저지하거나 그 직을 사퇴하게 할 목적으로 폭행 또는 협박한 자도 전항의 형과 같다〉

- 공무집행방해죄와는 달리 장래의 공무집행을 보호하려는 것으로 목적범이다.
- 보호법익은 공무라는 견해와 공무 및 공무원지위의 안전이라는 견해가 있으나 다수설[8]의 입장은 후자이다.
- 당해 공무원이 직무행위에 대해 추상적 권한을 갖는 것으로 충분하다.
- 직무행위는 적법해야 하는가?
  ① 긍정설
  ② 부정설
  ③ 저지의 경우에는 적법해야 하나 강요의 경우에는 이를 요하지 않는다.[9]
- 공무원에게 적법한 행위를 시킬 목적이었어도 본죄가 성립하지만
  위법한 행위를 저지할 목적은 본죄의 목적에 포함되지 않는다.
- 사퇴케 한다함은 직무행위와 상관없이 사퇴하게 하는 경우도 포함된다.
- 강요죄와는 상상적 경합이지만 양죄를 특별과 일반의 관계로 보면 본죄만을 긍정하게 된다.

〈위계에 의한 공무집행방해죄(제137조)= 위계로써 공무원의 직무집행을 방해한 자는 5년 이하의 징역 또는 1천만원 이하의 벌금에 처한다〉

- 공무집행방해죄와는 달리 행위방법이 위계이고 대상 또한 현재 직무집행 중인 공무원 외에 장래 직무를 집행할 공무원도 포함한다.
- 직무집행에는 공권력의 행사를 내용으로 하는 권력적 작용뿐만 아니라 사경제주체로서의 활동을 비롯한 비권력적 작용도 포함된다.

---

8) 김성돈, 744면; 배종대, 854면; 백형구, 591면; 손동권, 792면; 이형국, 808면; 정영일, 793면; 진/이, 875면.

9) 권오걸, 1353면; 김성돈, 745면; 오영근, 954면; 이재상, 754면; 임웅, 892면; 정/박, 848면.

- 僞計란 상대를 부지나 착오에 빠뜨리는 행위를 말하며 유혹은 상대가 공무집행이 방해됨을 알고 있으므로 위계에 포함되지 않는다.

① 위계라 함은 행위자의 행위목적을 이루기 위해 상대방에게 오인, 착각, 부지를 일으키게 하여 이를 이용하는 것으로 상대방이 이에 따라 그릇된 행위나 처분을 하여야만 이 죄가 성립하므로 만약 범죄행위가 구체적인 공무집행을 저지하거나 현실적으로 곤란하게 하는 데까지는 이르지 아니하고 미수에 그치면 위계에 의한 공무집행방해죄로 처벌할 수 없다(대판 2003.2.11, 2002도4293). 따라서 경매업무를 담당하는 집행관의 구체적인 직무집행을 저지하거나 현실적으로 곤란하게 하는 데까지는 이르지 않고 입찰의 공정을 해하는 정도이면 위계공무집행방해죄는 성립하지 않는다(대판 2000.3.24, 2000도102).

② 법령에서 어떤 행위의 금지를 명하면서 이를 위반하는 행위에 대한 벌칙을 두는 한편, 공무원으로 하여금 그 금지규정의 위반 여부를 감시, 단속하게 하고 있는 경우 단순히 공무원의 감시, 단속을 피하여 금지규정에 위반하는 행위를 한 것에 불과하다면 그에 대하여 벌칙을 적용하는 것은 별론으로 하고 그 행위가 위계에 의한 공무집행방해죄에 해당한다고 할 수는 없다(대판 2005.3.10, 2004도8470).

③ 일반적으로 출원 등에 의한 행정관청의 인가처분은 신청서 기재와 부속소명자료 등에 의하여 그 인허가요건을 심사, 결정하는 것이며 이는 출원사유가 사실과 부합되지 않는 경우가 있음을 전제로 하는 것이므로 출원자가 그 출원사유에 허위의 사실을 기재하고 허위의 소명자료를 첨부하였음에도 불구하고 행정관청이 그 출원사유에 대해 진실한 것으로 가볍게 믿은 나머지 인허가처분을 하였다면 이는 행정 관청의 불충분한 심사에 기인한 것이어서(출원자의 위계가 결과발생의 주된 원인이었다고 할 수 없다) 출원자의 위계에 의한 것이라고 할 수 없다(대판 1988.5.10, 87도2079).

④ 출원에 대한 심사업무를 담당하는 공무원이 출원사유가 허위임을 알면서도 결재권자로 하여금 오인, 착각, 부지를 일으키게 하여 이를 이용, 인허가처분에 대한 결재를 받아내었다면 이는 출원자가 허위의 자료를 제출한 경우와는 달리 더 이상 출원에 대한 적정한 심사업무를 기대할 수 없게 되었으므로 이는 위계에 의한 공무집행방해죄가 성립한다(대판 1997.2.28, 96도2825).

⑤ 출원자가 허위의 출원사유를 주장하면서 이에 부합하는 허위의 소명자료를 첨부하여 제출한 경우 허가 관청이 관계법령이 정한 바에 따라 인허가요건의 존부에 관하여 나름대로 충분히 심사를 하였으나 출원사유 및 소명자료가 허위임을 발견하지 못하여 인허가처분을 하였다면 이는 허가관청의 불충분한 심사가 그 원인이 된 것이 아니라 출원인의 위계행위가 원인이 된 것이어서 위계에 의한 공무집행방해죄가 성립한다(대판 2002.9.4, 2002도2064).

⑥ 음주운전을 하다가 교통사고를 야기한 후 그 형사처벌을 면하기 위해 타인의 혈액을

자신의 혈액인 것처럼 조사경찰관에게 제출, 감정하도록 한 행위는 단순히 피의자가 수사기관에 대하여 허위사실을 진술하거나 자신에게 불리한 증거를 은닉하는 데 그치지 않고 수사기관의 착오를 이용하여 적극적으로 피의사실에 관한 증거를 조작한 것으로서 위계에 의한 공무집행방해죄가 성립한다(대판 2003.7.25, 2003도1609).

- 본죄를 추상적 위험범으로 보는 설이 다수[10]이나 구체적 위험범설, 침해범설(대판 2003.2.11, 2002도4293)도 주장되고 있다.
- 본죄가 성립하면 직무유기죄는 여기에 포함된다(대판 1997.2.28, 96도2825).

범인을 은닉하기 위해 피의자인 체 하면서 수사기관에 대해 허위의 진술을 하면 범인은닉죄만 성립한다.

〈법정 · 국회회의장모욕죄(제138조)= 법원의 재판 또는 국회의 심의를 방해 또는 위협할 목적으로 법정이나 국회회의장 또는 그 부근에서 모욕 또는 소동한 자는 3년 이하의 징역 또는 7백만원 이하의 벌금에 처한다〉

- 법정과 국회의 기능을 보호법익으로 하므로 이 기능이 방해될 정도의 모욕이나 소란 행위가 있어야 한다.
- 법정모욕죄규정과 법원조직법상의 법정경찰권규정은 유사한 부분이 많다.

법원조직법 제61조(감치 등) 제1항: 법원은 직권으로 법정내외에서 제58조 제2항의 명령 또는 제59조에 위배하는 행위를 하거나 폭언 · 소란 등의 행위로 법원의 심리를 방해하거나 재판의 위신을 현저하게 훼손한 자에 대하여 결정으로 20일이내의 감치 또는 100만원 이하의 과태료에 처하거나 이를 병과할 수 있다.

제58조(법정의 질서유지) 제2항: 재판장은 법정의 존엄과 질서를 해할 우려가 있는 자의 입정 금지 또는 퇴정을 명하거나 기타 법정의 질서유지에 필요한 명령을 발할 수 있다.

제59조(녹화 등의 금지): 누구든지 법정 안에서는 재판장의 허가없이 녹화 · 촬영 · 중계방송 등의 행위를 하지 못한다.

법정모욕죄가 목적범이고 수단에 모욕이 있는 점에서 본죄의 성립요건이 보다 엄격하게 보이지만 실질적 차이는 거의 없다.

그럼에도 한편은 형벌, 또 다른 편에 대해서는 질서벌로 제재하므로 법정모욕죄가 성립하면 이들 제재는 병과하게 된다.

---

10) 김/서, 875면; 박상기, 665면; 이재상, 757면; 이정원, 721면; 이형국, 811면; 정/박, 851면.

〈인권옹호직무방해죄(제139조)= 경찰의 직무를 행하는 자 또는 이를 보조하는 자가 인권옹호에 관한 검사의 직무집행을 방해하거나 그 명령을 준수하지 아니한 때에는 5년 이하의 징역 또는 10년 이하의 자격정지에 처한다〉

- 보호법익은 인권옹호에 관한 검사의 직무집행이고 추상적 위험범이다.
- 위반행위에 대해서는 중한 것은 공무집행방해죄로, 경한 것은 징계처분함이 마땅하므로 이 규정을 삭제하자는 의견이 지배적이다.
- 주체에 특별사법경찰관리는 포함되지만 사실상 보조자는 제외된다.
- 인권옹호에 관한 검사의 직무로는 강제처분에 대한 검사의 집행지휘나 검사의 수사지휘, 구속장소감찰 등을 들 수 있다.
- 검사의 직무집행은 적법해야 한다.

〈공무상봉인등표시무효죄(제140조제1항)= 공무원이 그 직무에 관하여 실시한 봉인 또는 압류 기타 강제처분의 표시를 손상 또는 은닉하거나 기타 방법으로 그 효용을 해한 자는 5년 이하의 징역 또는 7백만원 이하의 벌금에 처한다〉

- 강제처분의 표시기능을 보호하는 것으로 침해범이다.
- 봉인이란 物의 처분, 사용, 기타 현상변경을 금지하기 위해 물건의 외부에 시행한 물적 설비를 말하며 보통은 인영을 사용한다.
  압류란 공무원이 직무상 보전해야 할 물건을 자기의 점유로 옮기는 것을 말한다.
- 압류 이외의 기타 강제처분에는 타인에 대해 일정한 작위나 부작위를 명하는 처분으로 가압류나 가처분이 여기에 해당한다.
- 강제처분은 적법・유효해야 한다.
  * ① 채무를 변제하였지만 압류가 아직 해제되지 않았다면 그 압류는 유효하다(대판 1982.10.13, 80도1441).
    ② 공무원이 그 직권을 남용하여 위법하게 실시한 강제처분의 표시임이 명백하여 법률상 당연무효 또는 부존재라고 볼 수 있는 경우에는 그 표시는 공무상표시무효죄의 객체가 되지 않아 이를 손상, 은닉 기타 방법으로 그 효용을 해하여도 공무상표시무효죄가 성립하지 아니한다. 그러나 공무원이 실시한 봉인 등의 표시에 절차상

또는 실체상의 하자가 있다고 하여도 객관적·일반적으로 그것이 공무원이 그 직무에 관하여 실시한 봉인 등으로 인정할 수 있는 상태에 있다면 적법한 절차에 의하여 취소되지 아니하는 한 공무상표시무효죄의 객체라 할 것이다(대판 2000.4.21, 99도5563).

③ 집행관이 그 점유를 옮기고 압류표시를 한 다음 채무자에게 보관을 명한 유체동산에 관하여 채무자가 이를 다른 장소로 이동시켜야 할 특별한 사정이 있고, 그 이동에 앞서 채권자에게 이동사실 및 이동장소를 고지하여 승낙을 얻은 때에는 비록 집행관의 승인을 얻지 못한 채 압류물을 이동시켰다 하더라도 형법 제140조1항 소정의 기타 방법으로 그 효용을 해한 경우에 해당한다고 할 수 없다(대판 2004.7.9, 2004도3029).

④ 공무상표시무효죄는 공무원이 그 직무에 관하여 구체적인 강제처분을 실시하였다는 표시를 손상 또는 은닉하거나 기타 방법으로 그 효용을 해하는 범죄이다. 따라서 집행관이 법원으로부터 피신청인에 대하여 부작위를 명하는 가처분이 발령되었음을 고시하는데 그치고 아직 봉인 등 구체적인 집행행위를 하지 아니하였다면, 피신청인이 단순히 위 가처분의 부작위명령을 위반하였다는 것만으로는 공무상 표시의 효용을 해하는 행위에 해당하지 않는다(대판 2008.12.24, 2006도1819).

⑤ 압류는 채무자의 처분행위를 금하는 것이므로 압류의 효용을 손상하지 않는다면 압류상태에서 그 용법에 따라 종전대로 사용하는 것은 허용된다 할 것이므로 피고인이 압류표시된 원동기를 가동하였다하여 공무상표시무효죄를 구성한다고 볼 수 없다(대판 1984.3.13, 83도3291).

⑥ 봉인 등의 표시를 손상하여 그 효용을 해함에 있어 봉인 등의 표시가 법률상 효력이 없다고 착각한 것은 법규의 해석을 잘못한 법률의 착오에 해당한다(대판 2000.4.21, 99도5563).

- 봉인 등이 표시된 물건을 절취하면 양죄의 상상적 경합이지만
  봉인 등의 표시를 제거하고 절취하면 양죄는 실체적 경합이 된다.

〈공무상 비밀침해죄(제140조 제2·3항)= 공무원이 그 직무에 관하여
봉함 기타 비밀장치한 문서 또는 도화를 개봉하거나
봉함 기타 비밀장치한 문서, 도화 또는 전자기록 등 특수매체기록을 기술적 수단을 이용하여 그 내용을 알아낸 자는 5년 이하의 징역 또는 7백만원 이하의 벌금에 처한다〉

〈부동산강제집행효용침해죄(제140조의2)= 강제집행으로 명도 또는 인도된 부동산에 침입하거나 기타 방법으로 강제집행의 효용을 해한 자는 5년 이하의 징역 또는 7백만원 이하의 벌금에 처한다〉

- 보호법익은 강제집행의 효력이고 침해범이다.
- 명도란 임차인등 그 부동산에 거주하는 사람들과 그들의 물건을 완전히 배제하고 채권자에게 부동산의 점유를 넘겨주는 것이고 인도는 점유의 이전만을 의미한다.
- 기타 방법으로는 주택을 손괴, 파괴하는 행위를 들 수 있고 침입 등의 행위는 강제집행과 어느 정도 시간적으로 근접해 있어야 한다.
  * 집달관이 채무자겸 소유자의 건물에 대한 점유를 해제하고 이를 점유자에게 인도한 후 채무자의 출입을 봉쇄하기 위해 출입문을 판자로 막아 둔 것을 채무자가 이를 뜯어내고 그 건물에 들어간 것은 강제 집행이 완결된 후의 행위로서 공무상비밀표시무효죄가 되는 것이 아니라 본죄에 해당한다(대판 1985.7.23, 85도1092).
- 본죄가 성립하면 주거침입죄나 손괴죄를 따로 문제삼지 않는다.

〈공용서류등 무효죄(제141조 제1항)= 공무소에서 사용하는 서류 기타 물건 또는 전자기록 등 특수매체기록을 손상 또는 은닉하거나 기타 방법으로 그 효용을 해한 자는 7년이하의 징역 또는 1천만원 이하의 벌금에 처한다〉

- 공무소란 공무원이 직무를 집행하는 관공서 기타의 조직체를 말한다.
- 본죄의 객체는 공무소에서 사용하는 서류이면 족하고 그것이 공문서든 사문서든, 정식 절차를 밟아 접수 혹은 작성되었는지, 완성되었는지 여부를 불문한다.

  따라서 상사에게 정식으로 보고하지 않고 수사기록에 편철되지 아니한 채 보관중인 진술조서나 경찰작성의 진술조서가 아직 미완성이고 작성자와 진술자가 서명·날인한 것이 아니어서 무효인 공문서라 할지라도 공무소에서 사용하는 한 본죄의 객체가 된다.

  단, 파기할 권한이 있는 자가 파기한 경우나, 작성자가 결재자인 상사와 상의하여 언제든지 그 내용을 변경할 수 있는 단계에서 내용을 허위로 변경하면 허위공문서작성죄는 별론으로 하더라도 본죄의 객체는 아니다.
- 공문서에 첨부되어 있는 인지를 절취하면 절도죄와 본죄의 상상적 경합이 된다.

〈공용물파괴죄(제141조제2항)= 공무소에서 사용하는 건조물, 선박, 기차 또는 항공기를 파괴하면 1년 이상 10년 이하의 징역에 처한다〉

〈**공무상 보관물무효죄(제142조)=** 공무소로부터 보관명령을 받거나 공무소의 명령으로 타인이 관리하는 자기의 물건을 손괴 또는 은닉하거나 기타 방법으로 그 효용을 해한 자는 5년 이하의 징역 또는 7백만원 이하의 벌금에 처한다〉

- 주체는 물건의 소유권자이므로 진정신분범이다.
- 보관명령의 예로는 민사집행법상의 보관명령을 들 수 있다.

* 채무자가 채권가압류결정의 정본을 송달받고서 가압류된 돈을 제3채무자에게 지급하였어도 채권가압류 결정의 송달을 받은 것이 형법 142조 소정의 공무상 보관명령이 있는 경우도 아니고 형법 140조1항 소정의 강제처분의 표시가 있었다고 볼 수 없으니 공무상 보관물의 무효죄 또는 공무상 비밀표시 무효죄가 성립하지 않는다(대판 1975.5.13, 73도2555).

〈**미수범(제143조)=** 제140조 내지 제142조의 미수범은 처벌한다〉

〈**특수공무방해죄(제144조)=** ① 단체 또는 다중의 위력을 보이거나 위험한 물건을 휴대하여 제136조, 제138조와 제140조 내지 전조의 죄를 범한 때에는 각조에 정한 형의 2분의1까지 가중한다.
② 제1항의 죄를 범하여 공무원을 상해에 이르게 하면 3년 이상의 유기징역, 사망에 이르게 하면 무기 또는 5년 이상의 징역에 처한다.

- 단체·다중의 위력을 보이거나 위험한 물건을 휴대한 상태로 공무를 방해하므로 불법이 가중된 범죄이다.

* 위험한 물건이란 흉기가 아니더라도 널리 사람의 생명·신체에 해를 가하는데 사용할 수 있는 일체의 물건을 말하므로 본래 살상용·파괴용이 아닌 다른 목적으로 만들어진 칼, 유리병, 각종 공구, 자동차나 사주된 동물 등도 그것이 사람의 생명·신체에 해를 가하는데 사용되었다면 본조의 위험한 물건에 해당하고 "휴대하여" 란 소지뿐만 아니라 널리 이용한다는 뜻도 포함한다(대판 1984.10.23, 84도2001).

그리하여 자동차로 직무집행중인 경찰관을 충격한 사례에서 판례(대판 2008.2.28, 2008도3)는 본죄의 성립을 인정하였다.

- 특수공무방해치상죄는 부진정결과적 가중범이지만
특수공무방해치사죄는 진정결과적 가중범이다.

* 특수공무집행방해치상죄는 중한 결과에 대한 예견이 가능하였음에도 이를 예견하지 못

한 경우만이 아니라 고의가 있는 경우까지를 포함하는 부진정결과적 가중범이다(대판 1995.1.20, 94도2842).

Q) 권력적 공무집행을 방해했을 때만 공무집행방해죄를 적용한다는 주장의 논거는 무엇인가? 또 이는 업무방해죄의 법정형이 본죄의 형보다 중한 사실을 어떻게 설명하는가?

Q) 적법성을 판단함에 있어 객관설과 순객관설의 차이는 무엇이며 이와 같은 차이의 근저에는 어떤 생각이 자리하는가? 나아가 수정된 객관설을 적용했을 때 일반인기준설을 적용했을 때와 결론이 달라지는 사례를 들어보라.

Q) 적법한 공무집행임에도 행위자가 경솔하게 위법하다고 생각하여 이를 방해했을 때 그 처리는 어떻게?

Q) 재난현장을 둘러보던 공무원을 보고 피해주민들이 거칠게 항의하자 일시 이를 중단한 경우에도 여전히 공무집행 중이라고 말할 수 있는가?

Q) 직무집행이 법령상의 적법요건을 충족시키지는 못했지만 그 때문에 상대방이 부당한 손해를 입은 것이 아니라면 적법한 직무집행이라고 할 수 있을까?

Lesson 45 도주와 범인은닉의 죄

- 국가의 구금기능을 보호한다.

  구금은 형사사법절차의 중심을 이루나 다른 영역에서도 구금작용은 보호되어야 하므로 보호법익을 형사사법기능으로 한정할 필요는 없다.

  반면, 범인은닉죄의 보호법익은 국가의 형사사법기능이다.
- 도주죄는 단순도주죄와 도주원조죄로 구성된다.
- 단순도주죄를 처벌해야 할까?

  ① 존치론

  법률에 의해 체포 또는 구금된 자가 도주하면 처벌할 필요가 있다.

  ② 폐지론[1)]

  1) 자유에 대한 열망은 인간의 본능이므로 기회를 찾아 도주하지 않을 것을 기대할 수 없고
  2) 자기증거를 인멸하는 행위는 벌하지 않고 있으며 이것과 다르게 취급할 이유가 없다.
  3) 독·불·오스트리아 등 외국법에서도 이를 벌하지 않고 있다.

  폐지함이 옳다.

〈단순도주죄(제145조제1항)= 법률에 의해 체포 또는 구금된 자가 도주한 때에는 1년 이하의 징역에 처한다〉

- 주체는 법률에 의해 체포 또는 구금된 자로서 수형자, 구속된 피고인·피의자, 노역장에 유치된 자, 감정을 위해 유치된 자 등이 여기에 해당한다.

  * 사법경찰관이 피고인을 수사관서까지 동행한 것이 사실상의 강제연행, 즉 불법체포에 해당하고, 불법체포로부터 6시간 상당이 경과한 후에 이루어진 긴급체포 또한 위법하므로 피고인이 불법체포된 자로서 형법 제145조 1항에 정한 법률에 의하여 체포 또는 구금된 자가 아니어서 도주죄의 주체가 될 수 없다(대판 2006.7.6, 2005도6810).

  논란이 되고 있는 몇 가지 사례를 보면

1) 서일교, 344면; 손동권, 815면; 오영근, 980면; 임웅, 909면; 정영석, 72면.

① 구인된 피고인, 피의자

부정설[2]은 본 규정이 구금된 자라고 규정하며 구인과 구금은 구별해야 함을 이유로 든다.

긍정설[3]은 구인도 형사소송법상 구속의 일종이고 자유박탈이란 점에서 체포나 구금과 다를 바 없다고 본다. 긍정설이 타당하다.

② 구인된 증인

긍정설은 구인된 증인도 법률상 구속된 자임을 내세우지만

증인의 경우에는 증언획득이 목적이므로 국가의 구금권행사와는 무관하다 할 것이다.

③ 사인에 의해 현행범으로 체포된 자

현행범체포가 국가권력을 대리한 것으로서 법률의 규정에 따른 체포이므로 긍정하는 입장[4]과 국가의 구금권을 침해할 여지가 없다는 부정설(다수설)[5]이 대립한다.

④ 치료감호법상의 치료감호처분을 받은 자

부정설은 이때는 형법이 아닌 치료감호법 제52조가 적용된다고 하며

긍정설은 특별규정인 치료감호법이 우선 적용될 뿐 본죄 적용이 없다는 뜻은 아니라고 한다.

⑤ 보호처분을 받은 소년

소년원수용, 소년분류심사원수용, 보호관찰소년에 대한 구인 등에 대해서는 본죄를 적용한다. 소수의 반대의견도 있다.

⑥ 아동복지법에 의해 아동복지시설에 수용된 자나 전염병예방법에 의해 격리수용되어 있는 자는 구금된 자가 아니다.

- 미수범을 처벌한다.

따라서 방을 빠져 나왔으나 아직 수용시설을 벗어나지 못했거나 벗어났지만 여전히 추격을 받고 있다면 미수이다.

- 즉시범.

---

2) 박상기, 676면; 정영일, 668면.

3) 오영근, 981면; 이재상, 771면; 임웅, 911면.

4) 오영근, 982면; 정영일, 819면.

5) 김/서, 900면; 박상기, 677면; 백형구, 604면 이하; 이재상, 771면.

간수자의 실력적 지배를 벗어나면 기수이고 이후에는 도주원조죄가 성립할 수 없다.

또한 더 이상 현행범도 아니므로 사인은 체포할 수 없고 준현행범인에 대한 사인체포는 법령의 근거가 없다.

* 도주원조죄는 범인의 도주행위를 야기시키거나 이를 용이하게 하는 등 그와 공범관계에 있는 행위를 독립한 구성요건으로 하는 범죄이므로, 도주죄의 범인이 도주행위를 하여 기수에 달한 이후에 범인의 도피를 도와주는 행위는 범인도피죄에 해당할 수 있을 뿐 도주원조죄에는 해당하지 아니한다(대판 1991.10.11, 91도1656).

〈**집합명령위반죄(제145조제2항)=** 전항의 구금된 자가 천재, 사변 기타 법령에 의하여 잠시 해금된 경우에 정당한 이유없이 그 집합명령에 위반한 때에도 전항의 형과 같다〉

- 진정신분범으로서 통설은 이를 계속범으로 본다.
- "기타 법령에 의해서"란 천재·사변에 준하는 상태에서 법령에 의해 해금된 경우를 의미하므로 귀휴허가를 받고 출소한 자는 도주죄가 성립한다.

〈**특수도주죄(제146조)=** 수용설비 또는 기구를 손괴하거나 사람에게 폭행 또는 협박을 가하거나 2인 이상이 합동하여 전조 제1항의 죄를 범한 자는 7년 이하의 징역에 처한다〉

- 손괴여야 하므로 단순히 수갑을 푸는 것은 손괴가 아니다.

〈**단순도주원조죄(제147조)=** 법률에 의해 구금된 자를 탈취하거나 도주하게 한 자는 10년 이하의 징역에 처한다〉

- 도주죄보다 형이 중한 이유는 도주죄에 비해 도주원조자한테는 적법행위를 기대할 수 있는 가능성이 더 높기 때문이다.
- 범인이 도주하여 기수에 이른 후에 그의 도피를 도와주면 범인도피죄가 성립한다.
- 구금된 자 자신이 타인을 교사하여 본죄를 범하게 하면 본인은 도주죄에 해당한다.

〈**간수자도주원조죄(제148조)=** 법률에 의해 구금된 자를 간수 또는 호송하는 자가 이를 도주하게 하면 1년 이상 10년 이하의 징역에 처한다〉

- 본죄의 주체인 간수자 등은 법령의 근거없이 사실상 이 임무에 종사하는 자이면 된다.

〈**미수범(제149조)=** 전4조의 미수범은 처벌한다〉

〈**예비 · 음모(제150조)=** 제147조와 제148조의 죄를 범할 목적으로 예비 또는 음모한 자는 3년 이하의 징역에 처한다〉

〈**범인은닉죄(제151조)=** ① 벌금 이상의 형에 해당하는 죄를 범한 자를 은닉 또는 도피하게 한 자는 3년 이하의 징역 또는 5백만원 이하의 벌금에 처한다.
② 친족 또는 동거의 가족이 본인을 위하여 전항의 죄를 범한 때에는 처벌하지 아니한다.

- 구성요건상 범인 자신만 빼고 모두 본죄의 주체가 될 수 있으므로 심지어 공동정범도 다른 공동정범에 대해 본죄를 범할 수 있다.
  * 범인도피죄에서 공동정범 중의 1인이 타 공동정범을 도피시키는 것은 범인도피죄의 죄책을 면하지 못하고 따라서 갑이 을의 도피행위를 용이하게 함은 동 방조죄를 구성한다(대판 1958, 1.14, 4290형상393).
- 행위는 범인을 은닉 또는 도피하게 하여 관헌의 발견 · 체포를 어렵게 하는 것이다.
  * ① 범인 아닌 자가 수사기관에서 범인임을 자처하고 허위사실을 진술하여 진범의 체포와 발견에 지장을 초래하게 한 행위는 범인은닉죄에 해당한다(대판 1996.6.14, 96도1016).
    ② 원래 수사기관은 범죄사건을 수사함에 있어 피의자나 참고인의 진술여하에 불구하고 피의자를 확정하고 그 피의사실을 인정할 만한 객관적인 제반 증거를 수집, 조사하여야 할 권리와 의무가 있으므로 참고인이 범인에 관해 조사를 받으면서 알고 있는 사실을 묵비하거나 허위로 진술했어도 그것이 적극적으로 수사기관을 기만하여 착오에 빠지게 함으로써 범인의 발견 또는 체포를 곤란 내지 불가능하게 할 정도의 것이 아니라면 범인도피죄를 구성하지 않는다(대판 1997.9.9, 97도1596).
    ③ 범인이 기소중지자임을 알고도 범인의 부탁으로 다른 사람 명의로 대신 임대차계약을 체결해 주었다면 비록 이 계약서가 공시되는 것은 아니지만 수사기관이 탐문수사나 신고를 통해 범인을 발견, 체포하는 것을 곤란하게 하므로 범인도피죄에 해당한다(대판 2004.3.26, 2003도8226).

도피는 은닉행위에 비견될 정도로 수사기관의 발견·체포를 곤란하게 하는 행위여야 한다. 따라서 범인도피를 직접적인 목적으로 하지 않은 행위로 간접적으로 범인을 도피하게 하는 것은 본조에 해당하지 않는다. 나아가 어떤 행위가 범인도피죄에 해당하는 것처럼 보이더라도 그것이 사회적으로 상당성이 있는 행위일 때는 이 또한 처벌할 수 없다(대판 1995.3.3, 93도3080).

- 사고운전자가 타인으로 하여금 그가 운전했다고 시킨 경우처럼 범인이 타인을 교사하여 자신을 은닉 또는 도피하게 했다면 본인도 본죄의 공범이 되는가?

  ① 긍정설[6]

  범인이 스스로 도피, 은닉하는 경우와는 정상을 달리 하며(자기비호권일탈= 이같은 일탈은 자제할 것이 기대되므로) 타인을 범죄자로 만들면서 자기는 그 타인의 범죄로부터 자유로울 권리는 없다.

  이 입장이 타당하다.

  * 범인이 자신을 위하여 타인으로 하여금 허위의 자백을 하게 하여 범인도피죄를 범하게 하는 행위는 방어권의 남용으로 범인도피교사죄에 해당한다(대판 2000.3.24, 2000도20).

  ② 부정설(다수설)[7]

  교사는 자기비호활동일 뿐이다.

  스스로 도피하면 정범성을 부정하면서 다른 한편으로 타인을 통하면 공범이 가능하다고 하는 것도 어불성설이라고 한다.

- 행위의 객체

  ① 벌금 이상의 형이란 법정형에 벌금형이 포함된 경우이다.

  ② 죄를 범한 자란

    1) 구성요건·위법성·책임·처벌조건·소추조건 모두를 갖추고 있는 자이다.

    어차피 처벌하지 못할 자라면 은닉하여도 형사사법기능이 침해되지 않기 때문이다.

    단, 친고죄의 경우 고소기간이 경료되지 않은 상태에서는 본죄가 가능하다.[8]

---

6) 백형구, 613면; 정영석, 80면; 정영일, 829면; 황산덕, 85면.

7) 김/서, 912면; 박상기, 680면; 배종대, 875면; 오영근, 992면; 이재상, 777면; 이형국, 8380면; 임웅, 920면; 정/박, 886면.

2) 불기소처분사건에서는 본죄 긍정설(다시 기소할 수 있다), 부정설(실제로 사건은 종결되었으니까), 절충설(기소중지처럼 기소의 가능성이 있는 불기소처분이면 긍정설을 따르고 사실상 종결이면 부정하는)이 있지만 절충설[9]을 따른다.

3) 죄를 범한 자란 진범인을 말하는가?

긍정설[10]= 구성요건이 "죄를 범한 자"로 하고 있으므로 이를 지켜야 하고 수사기관이 오판한 범죄혐의자를 은닉하더라도 형사사법작용에 무해하기 때문이다.

긍정설에 대해서는 은닉, 도피행위시에 진범인지를 정확히 판단하기가 어렵고 경솔하게 진범이 아니라고 생각하여도 고의가 없어 실제로 수사와 재판에 커다란 장애를 끼친 자를 벌할 수 없게 된다고 한다.

부정설[11]= 진범이 아닐지라도 수사나 재판중인 자를 은닉하면 국가의 형사사법 기능이 훼손되는데 이를 벌하지 않는다면 본조를 둔 취지가 상실된다.

그러나 명백히 진범이 아닌 자임에도 그를 은닉하면 본죄가 성립하게 되어 국가의 사법작용을 과도하게 보호하게 될 것이다.

절충설= 진범으로 강하게 의심받는 자를 은닉한 경우에만 본죄를 긍정하나 이 기준은 너무 모호하다.

다수설과 판례는 부정설을 취한다.

* 형법 제151조 1항의 이른바, 죄를 범한 자라 함은 범죄의 혐의를 받아 수사대상이 되어있는 자를 포함하며, 나아가 벌금 이상의 형에 해당하는 죄를 범한 자라는 것을 인식하면서도 도피하게 한 경우에는 그 자가 당시에는 아직 수사대상이 되어 있지 않았다고 하더라도 범인도피죄가 성립한다.

한편, 증거인멸죄에 관한 형법 제155조 1항의 이른바 타인의 형사사건이란 인멸행

---

8) 김성돈, 774면; 김/서, 912면; 백형구, 611면; 이재상, 778면; 임웅, 921면; 정/박, 886면. 반대설은 배종대, 876면.

9) 백형구, 612면.

10) 권오걸, 1402면; 서일교, 349면; 오영근, 994면; 유기천(하), 327면 이하; 이재상, 779면; 정/박, 888면.

11) 김성돈, 775면; 박상기, 681면; 배종대, 876면; 백형구, 611면; 이형국, 839면; 임웅, 922면.

위시에 아직 수사절차가 개시되기 전이라도 장차 형사사건이 될 수 있는 것까지 포함한다(대판 2003.12.12, 2003도4533).

〈친족간의 특례(제151조)= ② 친족 또는 동거의 가족이 본인을 위하여 전항의 죄를 범한 때에는 처벌하지 아니한다〉

- "처벌하지 아니한다"를 다수설은 책임조각사유로 본다.[12)]
  그러나 인적 처벌조각사유로 보는 입장도 있다.
- 친족과 동거가족의 범위는 민법의 정한 바에 따른다.
  사실상의 배우자에 대해서는 본 특례적용을 부정하는 판례의 입장과 기대불가능을 이유로 긍정해야 한다는 긍정설(통설)[13)]로 나뉘지만 후설을 취한다.
- "본인을 위하여"란 본인의 형사책임상의 이익을 뜻하며 본인의 이익과 공범자의 이익을 함께 위할 때도 본 특례를 적용해야 한다. "본인만을 위하여"는 아니니까.
- 친족이 제3자를 교사, 방조하여 본죄를 범하게 해도 친족에게 이 규정을 적용할 수 있을까?
  부정설[14)](기대가능성이 없음을 이유로 하며 다수설이다), 긍정설이 대립하나 비호권의 남용으로서 본죄의 교사범을 긍정함이 옳다.
- 제3자가 친족을 교사하면 제3자한테는 본죄가 성립한다(제한적 종속형식에 따를 때).
- 범인이 친족을 교사한 경우 판례는 본죄의 교사범을 인정한다.
  * 범인이 자신을 위하여 타인으로 하여금 허위의 자백을 하게 하여 범인도피죄를 범하게 하는 행위는 방어권의 남용으로 범인도피교사죄에 해당하는 바, 이 경우 그 타인이 처벌을 받지 아니하는 친족, 호주 또는 동거가족에 해당한다 하여 달리 볼 것은 아니다(대판 2006.12.7, 2005도3707).
- 친족이 범인을 교사하면 두 사람 모두 처벌받지 않는다.

---

12) 김성천, 1376면; 김/서, 917면; 백형구, 613면; 오영근, 998면; 이재상, 782면; 정영일, 835면.

13) 권오걸, 1409면; 김성돈, 779면; 박상기, 684면; 백형구, 796면; 이재상, 783면; 이형국, 841면.

14) 김/서, 918면; 박상기, 685면; 배종대, 879면; 오영근, 1000면; 이재상, 783면; 이형국, 842면; 정/박, 893면; 정영일, 836면.

Lesson 46 위증과 증거인멸죄

〈**위증죄(제152조제1항)=** 법률에 의해 선서한 증인이 허위의 진술을 한 때에는 5년 이하의 징역 또는 1천만원 이하의 벌금에 처한다〉

- 보호법익은 국가의 사법작용이며
- 추상적 위험범, 진정신분범, 자수범이다.
- 선서의무가 법률 또는 법률에 의해 위임된 명령에 규정되어 있어야 하며 그 법률이란 민사소송, 형사소송, 비송사건, 징계사건, 특허사건 등에 관한 규정을 들 수 있다.

  선서무능력자에게 시킨 선서는 무효이며

  심문절차로 진행되는 소송비용확정신청사건이나 가처분신청사건에서 제3자가 증인으로 출석하여 선서하고 거짓으로 진술하더라도 이는 법률의 근거가 없는 선서이므로 본죄가 성립하지 않는다.

  * 가처분사건이 변론절차에 의해 진행될 때는 제3자를 증인으로 선서하게 하고 증언을 거부하게 할 수 있으나 심문절차에 의할 경우에는 법률상 명문의 규정도 없고 또 구 민사소송법(2002.1.26 개정전 법)의 증인신문에 관한 규정이 준용되지도 아니 하므로 선서를 하게 하고 증언을 시킬 수 없다고 할 것이므로 제3자가 심문절차로 진행되는 가처분 신청사건에서 증인으로 출석하여 선서를 하고 진술함에 있어서 허위의 공술을 하였다고 하더라도 그 선서는 법률상 근거가 없어 무효라고 할 것이므로 위증죄가 성립하지 않는다(대판 2003.7.25, 2003도180).

  선서한 법원에 관할위반이 있거나 기소절차가 적법하지 않더라도 절차상의 하자에 불과하므로 위증죄는 가능하다.

  진술 후에 선서를 한 경우에도 본죄가 성립한다(통설. 대판 1974.6.25, 74도1231). 선서는 자기 진술의 진실함을 담보하려는 것이고 이는 선진술, 후선서를 통해서도 가능하기 때문이다.

  통설은 위증처벌에 대한 경고나 증언거부권에 대한 고지없이 선서한 경우에도 본죄의 성립을 긍정한다.[1] 그러나 증언거부권을 고지받지 못해 이 권리를 행사하는데 사실상 장애가 초래되었다면 위증죄의 성립은 부정된다.[2]

---

1) 반대설은 오영근, 1004면.

* 위증죄의 의의 및 보호법익, 형사소송법에 규정된 증인신문절차의 내용, 증언거부권의 취지 등을 살펴보면, 증인신문절차에서 법률에 규정된 증인보호를 위한 규정이 지켜지지 않은 경우에는 증인이 허위의 진술을 했다하여도 위증죄 구성요건의 '법률에 의해 선서한 증인'에 해당하지 않아 위증죄로 처벌할 수 없는 것이 원칙이다. 다만 법률에 규정된 증인보호절차라 하더라도 개별 보호절차 규정들의 내용과 취지가 같지 아니하고, 당해 신문 과정에서 지키지 못한 절차규정과 그 경위 및 위반의 정도 등 제반사정이 개별 사건마다 각기 상이하므로, 이러한 사정을 전체적·종합적으로 고려해 볼 때, 당해 사건에서 증인보호에 사실상 장애가 초래되었다고 볼 수 없는 경우까지 예외없이 위증죄의 성립을 부정할 것은 아니라고 할 것이다........

  그러므로 헌법 제12조 제2항에 정한 불이익진술강요금지 원칙을 구체화한 자기부죄거부특권에 관한 것이거나 기타 증언거부사유가 있음에도 증인이 증언거부권을 고지받지 못함으로 인하여 그 증언거부권을 행사하는 데 사실상 장애가 초래되었다고 볼 수 있는 경우에는 위증죄의 성립을 부정해야 할 것이다(대판전 2010.1.21, 2008도942).

- 주체는 선서한 증인이다.

  따라서 형사피고인이나 민사소송에서의 당사자처럼 증인적격을 결한 자는 증인이 될 수 없어 그의 선서는 무효이다.

  공범 아닌 공동피고인 상호간은 증인적격이 인정되나 공범인 공동피고인끼리는 증인이 될 수 없다(통설.[3] 판례).

  * 공범인 공동피고인은 당해 소송절차에서는 피고인의 지위에 있으므로 다른 공동피고인에 대한 공소사실에 관하여 증인이 될 수 없으나, 소송절차가 분리되어 피고인의 지위에서 벗어나게 되면 다른 공동피고인에 대한 공소사실에 대해 증인이 될 수 있다(대판 2008.6.26, 2008도3300).

  증언거부권이 있는 자가 선서하고 위증하면 본죄가 성립한다(대판 1987.7.7, 86도1724).

- 허위의 진술이란?

  ① 객관설[4]

  진술이 증인의 기억에 반할지라도 객관적으로 진실하면 본죄를 부정한다. 국가의 사법기능에 대한 위험은 진실하지 않은 증언일 때 발생하는 것이

---

2) 임웅, 931면.

3) 권오걸, 1414면; 김성돈, 783면; 김성천, 1380면; 김/서, 929면; 박상기, 688면; 배종대, 882면; 오영근, 1004면; 이재상, 788면; 이정원, 746면; 이형국, 850면; 임웅, 932면; 정/박, 898면.

4) 김성천, 1381면; 김/서, 931면; 이재상, 791면; 이정원, 748면.

니까.

나아가 기억에 합치한 진술은 대개 객관적으로도 진실하고 기억에는 반하지만 이것이 진실이라고 착각하여 진술하면 위증의 고의가 없다.

② 주관설[5)]

허위의 진술이란 증인의 기억에 반한 진술이고 이것만으로 국가의 사법기능을 추상적으로 위태롭게 할 위험이 존재한다고 본다.

나아가 증인에게 자신이 기억하는 것 이상을 진술하라고 요구할 수 없고 기억에 따른 진술이라면 사법작용을 해하지 않을 것이기 때문이다.

내심의 의사와 진술이 불일치하는 표현범의 적례이기도 하다.

다수설과 판례도 이 입장이다.

* 위증죄는 법률에 의하여 선서한 증인이 자기의 기억에 반하는 사실을 진술함으로써 성립하는 것이므로 그 진술이 객관적 사실과 부합하지 않는다고 하여 그 증언이 곧바로 위증이라고 단정할 수 없다(대판 19968.23, 95도192).

생각건대 재판에서 증인의 역할이란 사실을 판단하여 자기의 의견을 말하는 것이 아니라 자신의 경험을 기억에 따라 진술하는 데 있다. 그에 대한 평가는 법관의 몫이므로 주관설이 타당하다.

- 증인이 착오에 빠져 기억에 반한다는 인식이 없이 증언하였다면 위증의 범의를 인정할 수 없다(대판 1991.5.10, 89도1748).
- 허위여부는 증언 전체를 일체로 파악해야 한다.

증언의 의미가 불분명하거나 다의적일 때는 언어의 통상적 의미와 용법, 문제된 증언이 나오게 된 전후 문맥, 신문의 취지, 증언이 행하여진 경위 등을 종합하여 증언의 의미를 명확히 한 다음 허위여부를 가린다.

- 미수범을 벌하지 않으므로 언제가 기수인가를 확정짓는 일도 중요하다.

보통은 선서한 증인이 허위의 진술을 할 때 기수이므로 허위의 진술을 하였더라도 그 신문이 끝나기 전에 그 진술을 철회 시정하면 위증이 되지 않는다. 증인에 대한 신문절차가 종료되거나 개개 신문절차 종료 후 선서할 때는 선서를 종료할 때가 기수시점이 된다.

위증이 판결에 실제로 영향을 미쳐야 하는 것은 아니다.

---

5) 권오걸, 1417면; 김성돈, 785면; 배종대, 885면; 서일교, 355면; 오영근, 1006면; 유기천(하), 338면; 정/박, 901면; 정영일, 844면.

- 자수범이므로 제3자는 교사범, 방조범 및 공동정범도 가능하다.
- 형사피고인이 자신의 형사피고사건에 관해 타인을 교사·방조하여 위증하도록 했을 때 그도 위증죄의 공범이 되는가?
  ① 긍정설[6]
  자기사건의 증거를 위조, 인멸하는 것은 죄가 아니지만 위증을 교사, 방조하여 타인을 범죄자로 만드는 것은 방어권의 남용이고
  피고인한테는 기대가능성이 없어 허위진술에 대한 책임이 조각되지만 타인에 대한 교사, 방조까지 같은 이유로 책임을 조각시킬 수 없다.
  ② 부정설[7]
  정범으로 처벌할 수 없는 피고인을 공범으로 벌한다는 것은 곤란하며
  타인을 교사하여 위증케 하는 것은 피고인 자신의 허위진술과 다를 바 없다.
  판례는 긍정설의 입장.
  * 피고인이 자기 사건에 대해 허위진술을 해도 형사소송에서 피고인에게 방어권을 인정하는 취지에 비추어 볼 때 처벌의 대상이 되지 않으나, 선서한 증인이 타인사건에 대해 위증하면 위증죄가 성립하므로 자기의 형사사건에 타인을 교사하여 위증죄를 범하게 하는 것은 이러한 방어권을 남용한 것으로 교사범이 된다(대판 2004.1.27, 2003도5114).

  사실 법관은 피고인의 진술은 별로 신뢰하지 않지만 선서한 증인의 증언에 대해서는 그렇지 않다. 따라서 피고인의 허위진술보다도 위증을 교사한 편이 재판의 적정을 해할 위험이 훨씬 크다.
  또한 묵비권을 갖는 피고인으로서는 내키지 않으면 묵비하는 것이고 이를 넘어 허위진술을 하지 않을 것을 기대할 수 없다거나, 위증을 교사할 수밖에 없을 것이라고 말하기도 어려우므로 긍정설을 따른다.
- 위증이나 모해위증죄를 범한 자가 그 공술(진술)한 사건의 재판 또는 징계처분이 확정되기 전에 자백 또는 자수한 때에는 그 형을 감경 또는 면제한다(제153조).

---

6) 김성돈, 787면; 김성천, 1383면 이하; 백형구, 600면; 유기천(하), 336면 이하; 황산덕, 91면.
7) 권오걸, 1428면; 김/서, 934면; 박상기, 694면; 배종대, 887면; 서일교, 354면; 오영근, 1011면; 이재상, 795면; 이정원, 750면; 이형국, 856면; 임웅, 937면; 정/박, 905면; 정영석, 85면.

자백이란 법원이나 수사기관에 자신이 위증하였음을 고백하는 것이며 자수란 범인이 자발적으로 수사기관에게 자기의 범죄사실을 신고하고 소추를 구하는 의사표시를 말한다.

- 같은 신문기일에 수회위증을 했어도 포괄일죄이며 나아가 선서한 증인이 같은 심급의 다른 변론기일에 수회 위증을 해도 최초의 선서효력을 유지한 채 증언하였다면 일죄이다.

〈모해위증죄(제152조제2항)= 형사사건 또는 징계사건에 관하여 피고인, 피의자 또는 징계혐의자를 모해할 목적으로 위증의 죄를 범하면 10년 이하의 징역에 처한다〉

- 피의사건이라도 증거보전절차(형소법 제184조)나 증인신문절차(형소법 제221조의2)에서는 증인신문이 가능하다.
- 국가보안법 제12조는 본죄에 대한 특별규정이다.
  * 국가보안법 제12조(무고 · 날조):
    ① 타인으로 하여금 형사처분을 받게할 목적으로 이 법의 죄에 대하여 무고 또는 위증을 하거나 증거를 날조 · 인멸 · 은닉한 자는 그 각조에 정한 형에 처한다.
    ② 범죄수사 또는 정보의 직무에 종사하는 공무원이나 이를 보조하는 자 또는 이를 지휘하는 자가 직권을 남용하여 제1항의 행위를 한 때에도 제1항의 형과 같다. 다만 그 법정형의 최저가 2년 미만일 때에는 이를 2년으로 한다.
- 모해할 목적이란 피고인 · 피의자 또는 징계혐의자를 불리하게 할 목적을 말하고, 허위진술의 대상이 되는 사실에는 공소 범죄사실을 직접, 간접적으로 뒷받침하는 사실은 물론 이와 밀접한 관련이 있는 것으로서 그것이 사실로 받아들여질 때는 피고인 등이 불리한 상황에 처하게 되는 사실도 포함된다. 모해의 목적은 이같은 진술이 피고인 등에게 불리하게 될 것임을 인식하는 것으로 족하고 이를 희망해야 하는 것은 아니다.
- 본죄에 대해서도 형법 제33조(공범과 신분)가 적용되는가?
  판례는 이를 긍정하나 수긍하기 어렵다.
  * ① 형법 제152조 1항과 2항은 위증을 한 범인이 형사사건의 피고인 등을 모해할 목적을 가지고 있었는가, 그렇지 않는가 라는 범인의 특수한 상태의 차이에 따라 범인에게 과할 형의 경중을 구별하고 있으므로, 이는 바로 형법 제33조 단서 소정의 "신분관계로 인하여 형의 경중이 있는 경우"에 해당한다고 봄이 상당하다(대판 1994.12.23, 93도1002).

② 피고인이 갑을 모해할 목적으로 을에게 위증을 교사한 이상, 정범인 을에게 모해의 목적이 없었다고 하더라도, 형법 제33조 단서의 규정에 의하여 피고인을 모해위증교사죄로 처단할 수 있다(대판 1994.12.23, 93도1002).

〈허위감정·통역·번역죄(제154조)= 법률에 의하여 선서한 감정인, 통역인 또는 번역인이 허위의 감정, 통역 또는 번역을 한 때에는 전2조의 예에 의한다〉

- 수사기관으로부터 감정을 위촉받은 감정수탁자는 벌률에 의해 선서한 자가 아니므로 본죄의 주체가 될 수 없다.
  감정증인 또한 그저 증인일 뿐 본조의 감정인이 아니다.
- 허위판단에 있어 판례는 주관설의 입장을 취한다.
- 하나의 소송사건에서 동일한 선서 하에 이루어진 법원의 감정명령에 따라 감정인이 동일한 감정명령사항에 대하여 수차례에 걸쳐 허위의 감정보고서를 제출하는 경우에는 각 감정보고서 제출행위시마다 각기 허위감정죄가 성립하나 이는 단일한 범의하에 계속하여 허위의 감정을 한 것으로서 포괄하여 1개의 허위감정죄를 구성한다(대판 2000.11.28, 2000도1089).

* 국회에 출석하여 선서한 증인 또는 감정인이 허위의 진술을 하거나 허위의 감정을 한 경우에는 국회에서의 증언·감정 등에 관한 법률(제14조)이 적용된다.

위법 제14조(위증 등의 죄): ① 이 법에 의하여 선서한 증인 또는 감정인이 허위의 진술이나 감정을 한 때에는 1년 이상 10년 이하의 징역에 처한다. 다만 범죄가 발각되기 전에 자백한 때에는 그 형을 감경 또는 면제할 수 있다.
② 제1항의 자백은 국회에서 안건심의 또는 국정감사나 국정조사를 종료하기 전에 하여야 한다.

〈증거인멸죄(제155조)= ① 타인의 형사사건 또는 징계사건에 관한 증거를 인멸·은닉·위조 또는 변조하거나 위조 또는 변조한 증거를 사용한 자는 5년 이하의 징역 또는 7백만원 이하의 벌금에 처한다.
② 타인의 형사사건 또는 징계사건에 관한 증인을 은닉 또는 도피하게 한 자도 제1항의 형과 같다.
③ 피고인, 피의자 또는 징계혐의자를 모해할 목적으로 전2항의 죄를 범한 자는 10년 이하의 징역에 처한다.

④ 친족 또는 동거의 가족이 본인을 위하여 본조의 죄를 범한 때에는 처벌하지 아니한다〉

- 타인의 형사사건 또는 징계사건에는 아직 수사나 징계절차가 개시되지 않았지만 장차 형사 또는 징계사건이 될 수 있는 것도 포함된다.
- 증거란 타인의 형사사건 또는 징계사건에 관하여 수사기관이나 법원 또는 징계기관이 형벌권 또는 징계권의 유무를 확인하는데 관계가 있다고 인정되는 일체의 자료를 말한다. 이때 타인에 대한 유·불리나 증거로서의 가치의 유무나 정도는 불문한다.
- 증거가운데 증인에 대해서는 항을 나누어 증인은닉죄를 따로 두나 법정형은 동일하다.

  증인은닉죄에서의 증인에는 참고인도 포함된다.
- 자기 범죄에 대한 증거를 인멸하면 본죄불성립(기대가능성이 없으므로).

  그러나 이때 타인을 교사하면 판례는 본죄의 교사범을 긍정한다.

  * 타인이 타인의 형사사건에 관한 증거를 그 이익을 위하여 인멸하면 본법 제155조 1항의 증거인멸죄가 성립하므로 자기의 형사사건에 관한 증거를 인멸하기 위하여 타인을 교사하여 죄를 범하게 한 자에 대하여도 교사범의 죄책을 부담케 함이 상당할 것이다(대판전 1965.12.10, 65도826).
- 공범의 형사사건이나 징계사건에 대한 증거를 인멸할 때 본죄가 성립하는가?

  ① 제한적 긍정설[8)]

  타공범자의 이익을 위해서일 때는 본죄 성립하나 자기와 공범의 이익을 함께 지키기 위해서이면 본죄의 성립을 부정한다(다수설. 판례).

  * 피고인 자신이 직접 형사처분이나 징계처분을 받게 될 것을 두려워한 나머지 자기의 이익을 위해 그 증거가 될 자료를 인멸하였다면, 그 행위가 동시에 다른 공범자의 형사사건이나 징계사건에 관한 증거를 인멸하였다 하더라도 이를 증거인멸죄로 다스릴 수 없고, 이 법리는 그 행위가 피고인의 공범자가 아닌 자의 형사사건이나 징계사건에 관한 증거를 인멸한 경우에도 마찬가지이다(대판 1995.9.29, 94도2608).

  ② 부정설[9)]

  공범자의 사건은 타인의 사건이 아니라 자기사건이다(이해관계의 공동).

---

8) 김성돈, 792면; 김/서, 919면; 박상기, 698면; 백형구, 626면; 임웅, 942면; 정/박, 912면; 정영석, 92면; 정영일, 854면; 진/이, 934면.

9) 권오걸, 1435면; 배종대, 896면; 오영근, 1016면; 이재상, 800면; 황산덕, 94면.

또한 자기의 이익을 위한 것인지, 공범자의 이익을 위함인지를 구별하기도 쉽지 않다.

- 공범자를 은닉, 피신시킨 경우는 어떠한가?

  공범이란 증거(인증)지만 다른 한편 범인이기도 하므로 자기 형사사건의 증거라면 증거인멸죄는 성립하지 않을 것이다. 그러나 범죄자인 그를 은닉, 도피시키는 행위는 범인은닉에 해당하므로 그를 범인은닉죄로 처벌할 수 있을지가 문제된다.

  범인은닉죄나 증거인멸죄는 다같이 국가의 형사사법작용을 침해하지만 구체적으로는 전자가 범인을 비호하여 그에 대한 수사, 재판과 형의 집행을 직접 저해함에 반해 후자의 경우에는 증거의 이용을 방해하는 범죄라 할 수 있다. 이 차이를 강조하면 비록 증거인멸죄의 성립은 부정할지라도 범인은닉죄로의 처벌은 가능하게 될 것이다. 그러나 공범을 숨긴 경우 법정형이 경한 범인은닉죄로 처벌하는 것은 사실상 기대불가능을 근거로 면책시키는 증거인멸죄의 취지를 무색하게 만들어 버린다. 따라서 이 경우에는 범인은닉죄도 함께 부정해야 할 것이다. 그럼에도 굳이 범인은닉죄를 적용해야 한다면 이는 아마 이마저도 불가벌로 했을 때 발생할 수인하기 어려운 처벌의 공백을 우려해서가 아닐까?

- 민사, 행정, 조세, 가사사건은 본죄에서는 제외된다.

  통설과 판례는 형사피의사건도 형사사건에 포함하며 수사개시 전의 사건도 포함시키고 있다.

  형사사건인 한 재심이나 비상상고 사건도 여기에 포함된다.

- 위조·변조는 문서위조죄와는 달리 작성권한이 있고 내용이 진실해도 긍정된다.

  단 위·변조란 물리적 존재인 증거방법을 작출하는 것이므로 증거로부터 얻은 증거자료(증거조사란 증거방법으로부터 증거자료를 얻는 절차이다)가 허위라고 해서 증거위·변조죄가 되는 것은 아니다.

  * 형법 제155조 제1항에서 증거를 위조한다 함은 증거 자체를 위조함을 말하는 것이므로 선서무능력자로서 사고현장을 목격한 일이 없는 사람에게 현장을 목격한 것처럼 허위의 진술을 하게 하는 것은 이에 해당하지 아니한다(대판 1998.2.10, 97도2961).

  따라서 수사단계에서 진술한 참고인이 허위진술을 했을 때 증거방법인 참고인 자체에 허위는 없고, 그의 진술내용인 증거자료가 거짓일 뿐이어서 증거위조죄가 성립하지 않게 된다. 그러나 위증죄가 성립하지 않는 선서하지 않은 증인의 위증이나 참고인의 허위진술에 대해 위증죄와 보충관계에 있는 증거위조죄로 벌해야 한다는 반론도 가능하다.

한편 참고인이 허위진술을 통해 참고인진술조서를 작성케 했을 때 이 진술조서는 증거방법이므로 증거위조죄가 되는 것일까?[10] 진술이 물리적 존재성을 갖게 되었음을 이유로 이를 긍정하는 입장과 이 경우에는 진술조서가 참고인의 진술을 그저 기록한 것에 불과하므로 수사기관에 하는 허위의 진술이 증거위조죄가 되지 않는 것처럼 증거위조죄가 될 수 없다는 견해(千葉地判平8.1.29, 判時1583.156)로 갈린다.

- 친족이나 동거의 가족이 본인을 위하여 본조의 죄를 범한 때에는 처벌하지 않는다. 기대가능성이 없으니까.

  사실혼 관계에 있는 자는 민법 소정의 친족이라 할 수 없어 본조의 친족에 해당하지 않는다고 한다(대판 2003.12.12, 2003도4533).
- 증거를 위조하고 사용해도 위조증거사용죄만 성립한다(보충관계).
- 통설은 수사절차에서의 참고인도 본조의 증인에 해당한다고 한다.

Q) 공동정범이 자기의 형사사건에 대해 증인(증거)가 되는 경우 이를 은닉, 도피시키면 죄가 되지 않지만 공동피고인일 때에는 증인이 될 수 없어 이를 도피시키면 범인은닉죄가 성립하게 된다. 이 같은 차이는 어디에서 연유하며 거기에 합리적 근거가 있는가?

Q) 증거인멸죄의 법정형은 5년 이하의 징역이나 7백만원 이하의 벌금이지만 범인은닉죄의 경우는 3년 이하의 징역이나 5백만원 이하의 벌금에 처한다. 이처럼 국가의 형사사법작용을 침해하는 정도가 증거인멸죄에서 더 높다고 보는 이유는 무엇인가?

10) 참고인이 적극적으로 허위내용의 진술서를 작성, 제출한 경우와 소극적으로 허위의 진술을 하고 이 진술이 조서에 기재되어 여기에 참고인이 서명, 날인한 경우는 법익침해의 정도가 달라 전자일 때만 증거위조죄가 된다는 견해와(前田雅英, 參考人の虛僞供述と證據僞造罪, 硏修574号 8頁以下) 양자의 구별이 애매하다는 반론(西田, 435頁)이 있다.

Lesson 47 무고의 죄

〈**무고죄(제156조)=** 타인으로 하여금 형사처분 또는 징계처분을 받게 할 목적으로 공무소 또는 공무원에 대하여 허위의 사실을 신고한 자는 10년 이하의 징역 또는 1천오백만원 이하의 벌금에 처한다〉

- 보호법익은 국가의 사법작용과 피무고인의 개인적 법익.
  추상적 위험범이다.
- 신고는 형사처분이나 징계처분을 할 권한이 있는 공무소나 공무원에게 해야 한다.
  수사기관을 총괄하는 대통령에게 신고해도 본죄가 성립한다. 지휘나 명령 혹은 이첩을 통해 사건을 형사처분을 할 수 있는 기관에 도달하게 할 수 있으니까.
- 허위의 사실은 위증죄에서와는 달리 객관적 진실에 반하는 사실을 말한다.
- 허위인지는 중요내용의 진위에 의해 판가름난다.
  허위의 내용 또한 형사처분이나 징계처분을 받을 만큼 구체적이어야 한다.
  * ① 피고인 자신이 상대방의 범행에 공범으로 가담하였음에도 자신의 가담사실을 숨기고 상대방만을 고소한 경우, 피고인의 고소내용이 상대방의 범행부분에 관한 한 진실에 부합하므로 이를 허위의 사실로 볼 수 없고, 상대방의 범행에 피고인이 공범으로 가담한 사실을 숨겼다고 하여도 그것이 상대방에 대한 관계에서 독립하여 형사처분 등의 대상이 되지 아니할뿐더러 전체적으로 보아 상대방의 범죄사실의 성립여부에 직접 영향을 줄 정도에 이르지 아니하는 내용에 관계되는 것이므로 무고죄가 성립하지 않는다(대판 2008.8.21, 2008도3754).
  ② 강간을 당한 것이 사실인 이상 이를 고소함에 있어 강간에 의한 상해가 아닌 다른 상해사실을 포함시켰어도 이는 고소내용의 정황을 과장한 것에 불과하므로 무고죄가 되지 않는다(대판 1983.1.18, 82도2170).
- 허위사실을 신고했어도 그 사실이 범죄가 되지 않거나
  공소시효가 도과했거나
  친고죄의 고소기간이 경과했거나
  사면 등으로 형벌권행사가 불가능하면
  본죄 불성립.

- 고의는 확정적이어야 하는가?
  ① 필요설(다수설)[1)]
  고소·고발은 범죄혐의가 있으면 할 수 있는 데 이를 미필적일 때까지로 확장하면 무고죄가 너무 쉽게 인정되어 곤란하다.
  ② 불요설[2)]
  미필적 고의도 고의인데 이를 무고죄에서만 제외할 이유가 없고
  불연이면 무고죄의 성립범위가 너무 좁아진다.
  판례는 불요설의 입장으로
  * ① 무고죄의 범의는 미필적 고의로도 충분하다. 따라서 신고자가 진실하다는 확신없이 신고하면 족하고 신고사실이 허위임을 확신할 필요는 없다(대판 1997.3.28, 96도2417).
    ② 허위신고로 다른 사람이 형사처벌을 받게 될 것이라는 인식이 있으면 충분하므로 고소목적이 처벌이 아니라 시비를 가려달라는 데에 있어도 본죄의 범의는 인정된다(대판 1995.12.12, 94도3271).
- 타인에는 법인도 포함되며 형사미성년자나 책임무능력자도 타인에 해당한다. 그러나 형사처분이나 징계처분을 받을 수 없는 사자나 허무인에 대한 무고는 성립하지 않는다.
- 형사처분이란 모든 형사제재가 가해질 수 있는 처분이므로 보호처분이나 치료감호처분 등도 여기에 해당한다.
- 자기무고는 본죄에 해당하지 않지만 자기무고를 교사하면 판례는 무고죄의 교사범을 인정하고 있다(대판 2008.10.23, 2008도4852).
- 기수시점은 신고가 공무소나 공무원에게 도달한 때이고 미수범은 처벌하지 않는다.
  신고를 받은 공무원이 수사에 착수했는지 여부는 본죄의 성립에 영향을 주지 않는다.
- 한 개의 행위로 동일인에 대한 여러 허위사실을 신고해도 단순일죄, 한 개의

---

1) 김/서, 942면; 배종대, 904면; 서일교, 366면; 이재상, 809면; 이형국, 873면; 임웅, 953면; 정/박, 925면.

2) 권오걸, 1458면; 김성돈, 801면; 김성천, 1399면; 박상기, 704면; 오영근, 1029면; 유기천(하), 347면; 이정원, 758면; 정영석, 98면; 정영일, 867면; 진/이, 945면; 황산덕, 99면 이하.

행위로 수인을 무고하면 상상적 경합이 된다.

- 동일인에 대해 같은 내용으로 여러 기관에 신고하면 수죄이다.

〈**자백. 자수(제157조)=** 제153조는 전조에 준용한다〉

참고문헌

1. 국내문헌

강구진, 형법강의 각론 I (1984).
권오걸, 형법각론 (2009).
김성돈, 형법각론 (2009).
김성천, 형법 (2009).
김일수, 형법각론 (1999).
김일수/서보학(김/서), 형법각론 (2009).
김종원, 형법각론(상) (1971).
남흥우, 형법강의(각론) (1965).
박상기, 형법각론 (2008).
배종대, 형법각론 (2010).
백형구, 형법각론 (1999).
서일교, 형법각론 (1082).
손동권, 형법각론 (2010).
오영근, 형법각론 (2010).
유기천, 형법학(각론강의 상) (1985), (각론강의 하) (1983).
이건호, 형법각론 (1976).
이재상, 형법각론 (2010).
이정원, 형법각론 (1999).
이형국, 형법각론 (2007).
임 웅, 형법각론 (2011).
정성근/박광민(정/박), 형법각론 (2008).
정영석, 형법각론 (1985).
정영일, 형법각론 (2008).
진계호/이존걸(진/이), 형법각론 (2008).
황산덕, 형법각론 (1985).

2. 구미문헌

Arzt/Weber, Strafrecht BT. Lehrhaft1(1988), 2(1983), 3(1986), 4(1989), 5(1982).
Kindhäuser, Strafrecht BT. Bd.Ⅰ(2009), Ⅱ(2008).
Maurach/Schröder/Maiwald, Strafrecht BT. Tb1(2009), 2(2005).
Samaha, Criminal Law(1999).
Wessels/Hettinger, Strafrecht BT. Teil1(2009).
Wessels/Hillenkamp, Strafrecht BT. Teil2(2009).
Fischer, Strafgesetzbuch(2010).
Leipziger Kommentar(LK), 2009.
Münchener Kommentar zum Strafgesetzbuch(MüK), 2006.
Schönke/Schröder(Sch/Sch), Strafgesetzbuch(2010).
Systematischer Kommentar zum Strafgesetzbuch(SK)(2009).

3. 일본문헌

伊東研祐, 現代社會と刑法各論(2002).
大谷 實, 新版 刑法講義各論(2002).
曾根威彦, 刑法各論(2006).
中森喜彦, 刑法各論(1991).
西田典之, 刑法各論(1999).
前田雅英, 刑法各論講義(1999).
松宮孝明, 刑法各論講義(2006).
山口 厚, 刑法各論(2005).
山中敬一, 刑法各論Ⅰ.Ⅱ(2004).
今井猛嘉/小林憲太郎/島田聰一郎/橋瓜 隆, 刑法各論(2007).

찾아보기

ㄱ

ㅂ

ㅅ

ㅈ

ㅍ

ㅎ

저자소개

안동준

- 전남대학교 법과대학 동 대학원 수료 법학석사
- 오스트리아 비엔나대학교 법과대학 박사과정 수료 법학박사
- 독일 뮌헨대학교 법과대학, 프라이부르크 막스 플랑크 국제형법연구소와 일본국 교토대 법대에서 연구
- 전남대학교 법과대학 학장
- 사법시험, 행정고시, 군법무관시험 위원
- 현 전남대학교 법학전문대학원 교수

형법각론

인쇄 | 2011년 8월 25일
발행 | 2011년 8월 30일

저 자 | 안동준
발행인 | 김윤수
발행처 | 전남대학교출판부

등록 | 1981. 5. 21. 제53호
주소 | 500-757 광주광역시 북구 용봉로 77
전화 | (062) 530-0571~3
팩스 | (062) 530-0579
홈페이지 | http://altair.chonnam.ac.kr/~cnup

값 20,000원

ISBN 978-89-7598-941-4 (93360)

이 도서의 국립중앙도서관 출판시도서목록(CIP)은 e-CIP홈페이지(http://www.nl.go.kr/ecip)와 국가자료공동목록시스템(http://www.nl.go.kr/kolisnet)에서 이용하실 수 있습니다.
(CIP제어번호 : CIP2011003566)